Heinz-Werner Kubitza

Der Jesuswahn

Heinz-Werner Kubitza

Der Jesuswahn

Wie die Christen sich ihren Gott erschufen

Die Entzauberung einer Weltreligion
durch die wissenschaftliche Forschung

Tectum Verlag

Heinz-Werner Kubitza

Der Jesuswahn.
Wie die Christen sich ihren Gott erschufen.
Die Entzauberung einer Weltreligion
durch die wissenschaftliche Forschung
3., leicht verbesserte Auflage
ISBN: 978-3-8288-2435-5
Coverabbildung: joshblake – www.istockphoto.com
Druck: Finidr, Český Těšín

© Tectum Verlag Marburg, 2013 (Erstauflage 2011)
www.tectum-verlag.de

Weitere Informationen unter www.jesuswahn.de

Bibliografische Informationen der Deutschen Nationalbibliothek
Die Deutsche Nationalbibliothek verzeichnet diese Publikation in der
Deutschen Nationalbibliografie; detaillierte bibliografische Angaben
sind im Internet über http://dnb.ddb.de abrufbar.

Inhaltsverzeichnis

Freiheit der Vernunft erfechten,
Heißt für alle Völker rechten,
Gilt für alle ewge Zeit.

Friedrich Schiller

Vorwort

Die Bibel ist das am meisten überschätzte Buch der Weltliteratur. Weil sie die grundlegenden Schriften der bislang noch größten Weltreligion enthält und in hohen Auflagen in fast allen Sprachen gedruckt wird, schreiben selbst der Kirche Fernstehende diesem Buch eine gewisse inhaltliche Qualität zu. Die Bibel profitiert von einem Klassikerkult, die auch denen Respekt abnötigt, die selbst gar keine Christen sind. Sie wird gelobt, obwohl die meisten sie kaum gelesen haben. Und geschichtliche Wirkung hat sie ja auf alle Fälle gehabt.

Doch bedeutet geschichtliche Wirkung nicht immer auch inhaltliche Qualität. Und so ist es ein hartnäckig sich haltendes Gerücht, dass die Bibel eine wertvolle Lektüre sei, dass sich in ihr nicht nur Glauben, sondern auch ein werthaftes Ethos spiegele, dass sie Orientierung und Sinnhaftigkeit vermitteln und dass sie deshalb besonders auch Heranwachsenden empfohlen werden könne.

Doch dies ist falsch oder stimmt zumindest heute nicht mehr. Wir haben es bei den Schriften des Alten und des Neuen Testaments mit antiken Texten zu tun, die mit unserer Zeit und unserer Gesellschaft nicht nur nichts mehr zu tun haben, sondern die an unzähligen Stellen elementaren Grundsätzen einer modernen und freiheitlichen Rechts- und Gesellschaftsordnung widersprechen. Viele Handlungsmuster und Prämissen der Bibel sind über weite Strecken für den heutigen Menschen nicht nur unbrauchbar geworden, die Bibel zeigt an vielen Stellen geradezu beispielhaft, wie man *nicht* handeln sollte. Man kann ihr daraus nicht einmal einen Vorwurf machen. Denn die Bibel ist ein Relikt aus einer anderen Zeit, Überbleibsel einer Epoche und eines Paradigmas, welches zu Recht auf den Schutthaufen der Geschichte gehört. Der Begründung dieser These sind die ersten Kapitel dieses Buches gewidmet, die den Blick freigeben auf manches Abgründige, Erschreckende und Absurde in den Heiligen Schriften der Christenheit.

Das Ansehen und der Einfluss der Kirchen war schon einmal größer. In 10–20 Jahren werden die Konfessionslosen gegenüber den beiden großen Kirchen in Deutschland in der Mehrheit sein. Obwohl sie sich so menschlich und mitfühlend zeigen wie selten in ihrer Geschichte, laufen ihr die Gläubigen davon. Dagegen erfreut sich die Person Jesus, ihr angeblicher Gründer, weiter ungebrochener Sympathie, sogar bei ausgewiesenen Kirchengegnern oder Anhängern der esoterischen Subkultur. Jesus ja, Kirche nein – mit dieser Kurzformel kann man die Haltung vieler Zeitgenossen umreißen. Jesus als aufrechter Mann mit einer guten Botschaft, dessen gewaltsamer Tod durch die Mächtigen ehrliche Anteilnahme auch bei Nichtchristen auslösen kann.

Doch war seine Botschaft wirklich so gut? Eignet er sich wirklich als Vorbild oder gar als anzubetender Gott? Die historische Forschung ist sich weitgehend einig, dass der Jesus, wie ihn die Kirchen verkündigen und wie er teilweise schon in der Bibel verkündet wird, so niemals existiert hat. Wie die Bibel das am meisten überschätzte Buch der Weltliteratur ist, dürfte Jesus die am meisten überschätzte Person der Weltgeschichte sein. Wer Jesus wirklich war und was man heute wissenschaftlich verantwortbar über ihn sagen kann, soll deshalb in einem zentralen Kapitel über ihn festgehalten werden. Es muss dabei auch der Blick freigegeben werden auf die Begrenztheiten und die Abgründe dieses Wanderpredigers aus Galiläa. Die Ergebnisse sind für Gläubige und auch seine profanen Verehrer nicht immer angenehm. Nicht jeder möchte das so genau wissen.

Was hat die Kirche aus Jesu Lehre gemacht? Hat er überhaupt eine tragende Rolle gespielt bei der Ausgestaltung der Kirche und ihrer Glaubenssätze? Hat die Kirche auf ihn Rücksicht genommen? Oder kam ihm bei der Aufführung der theologischen Oper nur die Rolle des Hausmeisters zu? Diesen Fragen zu den Dogmen der Kirche wird im Anschluss an die Kapitel über Jesus nachgegangen, auch hier mit interessanten Ergebnissen.

Abschließend begeben wir uns auf die Suche nach den christlichen Werten, die nicht zuletzt von Politikern in Sonntagsreden immer wieder beschworen werden. Auch jeder Nichtpolitiker glaubt zu wissen, was damit gemeint ist, doch die christlichen Werte genau zu benennen fällt umso schwerer, je genauer man hinsieht – ähnlich einer Fata Morgana, die verschwimmt, je genauer man sie fixieren will. Denn vieles, was ein modernes Gemeinwesen konstituiert, hat mit christlichen Wurzeln oder Prämissen schlechterdings nichts zu tun. Ja man darf geradezu froh sein, dass unsere Gesellschaft gerade *nicht* auf den so oft beschworenen biblischen oder christlichen Grundlagen beruht. Das Christentum wird deshalb auch als Quelle der Ethik und als Grundlage für eine moderne Gesellschaft bei Weitem überschätzt.

Dieses Buch will die Grundlagen und die Ausprägungen des christlichen Paradigmas kritisch beleuchten, welches die abendländische Geschichte über mehr als 1500 Jahre bestimmt hat. Es zeigt dabei die fast völlige Differenz und Unterschiedenheit der Lehren der christlichen Kirchen von demjenigen an, auf den sich diese Kirchen fälschlicherweise berufen. Die wissenschaftliche Forschung, besonders die Erforschung des Neuen Testaments mit wissenschaftlicher Methodik, hat die historische Haltlosigkeit der Fundamente des Christentums weitgehend und hinlänglich belegt. Die Wahrheit des Christentums ist prinzipiell keine Frage des Glaubens mehr, nichts, wofür man sich entscheiden kann oder auch nicht. Denn noch vor aller zu glaubenden Dogmatik ist das Christentum bereits durch die *historische* Vorprüfung gefallen. Die historische Forschung hat die Frage nach der Wahrheit des Christentums nachhaltiger gelöst, als es Bibliotheken von Dogmatiken je hätten tun können. Die Frage der Entscheidung stellt sich nun gar nicht mehr, sondern nur noch die Frage, ob man persönlich bereit ist, diese Ergebnisse zu akzeptieren oder vor ihnen die Augen zu verschließen. Das christliche Paradigma kann intellektuell verantwortbar als erledigt, die Frage nach seiner Wahrheit in negativem Sinne als gelöst betrachtet werden. Und dies auch ungeachtet des Umstands, dass das Christentum selbst sicher noch Jahrhunderte bestehen wird, wie einst auch die germanische und römische Götterwelt nach dem Sieg des Christentums noch Jahrhunderte Bestand hatte.

Denn trotz religiöser Sperrstunde lassen sich die Stammgäste auch vom erfahrensten Wirt nicht so einfach vor die Tür setzen. Die Kirchen haben als soziologische und institutionelle Größen ein nicht zu unterschätzendes Sitzfleisch und Beharrungsvermögen. Und die Gläubigen *wollen* glauben und sind Argumenten in diesem für sie ja existenziellen Bereich nur sehr schwer zugänglich. Trotzdem oder gerade deshalb sind kritische Argumente nicht von vornherein vergebliche Liebesmüh, sondern umso notwendiger.

Dieses Buch richtet sich deshalb sowohl an Glieder und Freunde der christlichen Kirchen, die sich nicht scheuen mit Gedanken konfrontiert zu werden, die geeignet sind, ihre Lebens- und Glaubensprämissen zu hinterfragen oder sogar zur Disposition zu stellen. Es kann für sie neue Einsichten eröffnen und zu einer besseren Erschließung der Wirklichkeit führen, aber auch die gewohnten und als angenehm empfundenen Sinnzusammenhänge schal werden und fragwürdig erscheinen lassen. Sie werden es wenig erbaulich, aber dafür hoffentlich umso mehr erkenntniserweiternd empfinden. Und dieses Buch richtet sich gleichermaßen auch an Kritiker des Christentums und an solche, die immer schon vermutet hatten, dass mit dem Christentum *etwas nicht stimmen kann*. Sie erhalten mit diesem Buch die Möglichkeit, ihr richtiges Gefühl argumentativ zu unterlegen. Denn tatsächlich lässt sich manches zum bestehenden Christentum und seiner Entstehung sagen.

Dieses Buch versteht sich so in bester aufklärerischer Tradition. Dass Aufklärung ein *alter Hut* und speziell Religionskritik ein Relikt aus dem 19. Jahrhundert sei, kann dabei nicht zugestanden werden. Sie ist es zumindest so lange nicht, wie allsonntäglich in Zigtausenden von Kirchen das Gegenteil gepredigt wird. Dieses Buch ist jedoch kein Beitrag zu einem *grundsätzlichen* Atheismus. Es beschäftigt sich ausschließlich mit dem Christentum als der Hauptreligion dieses Kulturkreises. Das Christentum ist dabei auch diejenige Religion, die von allen Religionen am meisten wissenschaftlich untersucht wurde. Allerdings drängt sich stark der Verdacht auf, dass auch viele andere Religionen, würden sie sich ernsthaft einer wissenschaftlichen Untersuchung stellen, ebenfalls ohne Fahrschein dastünden.

Um einem Missverständnis gleich hier vorzubeugen: Wenn im Titel dieses Buches vom *Jesuswahn* die Rede ist, meint dies natürlich nicht, dass es sich bei den Gläubigen um irgendwie religiös „Wahnsinnige" handeln würde. Es finden sich unter Christen und den Amtsträgern der Kirchen oft ausgesprochen sympathische und freundliche Menschen. Und es geht auch nicht darum, Gläubige oder deren Glauben zu diffamieren. Doch schon bei an sich kritischen und nichtreligiösen Menschen lassen sich, ein interessantes Phänomen, zuweilen Inseln des Irrationalen finden, man denke nur an z.B. Karlsruher Philosophen, die von der Wahrheit der Homöopathie überzeugt sind oder Politiker, die regelmäßig Horoskope lesen. Seitensprünge ins Abergläubische, die bei diesen wie ein Spleen erscheinen, sind bei Gläubigen jedoch konstitutiv, sie bilden die Grundlage ihrer Weltanschauung im Ganzen, sind ein permanenter Ehebruch gegen die Wirklichkeit. Wobei Gläubige sich selbst natürlich nicht als abergläubig verstanden wissen wollen. Die Kirchen und ihre Dogmen sind jedoch, dies hat nicht zuletzt die historische Forschung gezeigt, geradezu Formen der organisierten Irrationalität.

Gläubige müssen es sich schon gefallen lassen, dass Behauptungen wie die, dass ein Mensch gewordener Gottessohn für unsere Sünden am Kreuz gestorben ist, dass er von den Toten auferstanden und dass er Teil einer göttlichen Trinität ist, aus dem Kirchendunkel und Beichtstuhlmief ins vergleichsweise klare Licht der historischen Betrachtung gezogen werden. Das starre Festhalten an überlieferten und angeblich ewigen und heiligen Glaubenssätzen trotz des klaren Nachweises ihres historischen Gewordenseins, das Behaupten einer Scheinwelt neben der empirisch erfahrbaren Welt, gar die Erwartung einer Hölle mit ewigen Qualen oder eines Paradieses (mit oder ohne Jungfrauen) samt eines Lebens nach dem Tod; dies hat durchaus wahnhafte Züge.

1. Der peinliche Gott des Alten Testaments

Nichtchristen mögen zunächst fragen: Was habe ich mit einem alten Gott zu schaffen? Und warum so viel Aufwand wegen einiger antiker Texte? Doch die Texte blieben ja nicht in der Antike. Noch heute werden die Kirchen nicht müde, das Lesen der Bibel anzuempfehlen, noch heute werden Kinder in Schulen und religiösen Unterweisungen mit diesen Texten konfrontiert, wird ein Leben nach „biblischen Grundsätzen" von Frommen und Kirchentreuen als Lebensmaxime angestrebt.

Dabei sind die biblischen Schriften in ihrem Gottes- und Menschenbild mit humanen und freiheitlichen Grundsätzen nicht zur Deckung zu bringen. Das vermeintlich positive Bild der Bibel rührt vor allem daher, dass sie nur bruchstückhaft zur Kenntnis genommen wird. Den Gläubigen wird von den Kirchen eine entschärfte Version angeboten, eine Text*auswahl*, die nur *die* Stellen den Gläubigen meint anbieten zu können, die gut verdaulich sind. Ein saftiger Braten wird wegen seiner Gemüsedekoration den Gläubigen so als vegetarisches Gericht verkauft. Es ist die Steinbruchmethode, die aber nicht nur die Kirchen bewusst, sondern die auch private Bibelleser unbewusst anwenden, das Heraussuchen von erbaulichen und positiven Stellen und das Weglassen und Herausfiltern von allem, was diesem Schema nicht entspricht. Und es ist die Person Jesus von Nazareth, die für die Christen zentrale Bedeutung hat. Wenn man ihn versteht, meint man die Bibel, auch das Alte Testament, verstanden zu haben. Mit Jesus von Nazareth, zu dem es einiges festzustellen gibt, werden wir uns an späterer Stelle in diesem Buch eingehend beschäftigen. Doch vor dem vermeintlichen Sohn interessiert uns hier zunächst der vermeintliche Vater, der Gott des Alten Testaments.

Jahwe – Gott des Krieges und der Gewalt

Der Gott des Alten Testaments begegnet, aller Schönfärberei der Kirchen zum Trotz und diesen vielfach auch Anlass zur Peinlichkeit, über weite Teile als Kriegsgott. Jahwe ist der, der das Volk

Israel aus Ägypten herausführt und von dem sie das Land Palästina erhalten, das sie freilich erst von den rechtmäßigen Bewohnern erobern sollen. Die Zuwendung Gottes zu Israel zeigt sich vielfach im Krieg. Und dieser Gott Jahwe hat noch ein völlig unbefangenes Verhältnis zu Krieg und Mord. Angriffs- und Vernichtungskriege sind nicht nur erlaubt, sie werden sogar ausdrücklich von ihm gefordert. Ethische Skrupel scheint dieser Gott nicht zu kennen, vornehme Zurückhaltung ist seine Sache nicht. Gott ist der *Herr Zebaoth*, der Gott der Heerscharen, mit denen die Kirchen (das *Herr Zebaoth* wird in den Kirchen immer noch verwendet) heute gerne „himmlische Heerscharen" meinen, die aber in ihrer Ursprungsbedeutung eine Kriegerschar bezeichneten. Jahwe war ein Kriegsgott.

Die Kriege, zu denen Jahwe aufruft, sind dann natürlich heilige Kriege, die Schlachterfolge, die Israel erzielt, sind Zeichen seiner Macht. Er selbst kämpft mit. Vor dem Durchzug durch den Jordan heißt es:

> So sollst du denn heute erfahren, dass Jahwe, dein Gott, selbst vor dir als ein verzehrendes Feuer hinüberzieht; er wird sie vertilgen, und er wird sie vor dir niederwerfen, so daß du sie rasch aus ihrem Besitze vertreiben und vernichten kannst, wie dir Jahwe zugesagt hat. (Dtn 9,3)

Die Landnahme wird von Juden und Christen gleichermaßen als Segnung Gottes verstanden. Dabei handelt es sich aus heutiger Sicht eindeutig um Eroberungs- und Vernichtungsfeldzüge. Und diese werden religiös gerechtfertigt und sind gekennzeichnet durch außergewöhnliche Grausamkeit.

> Wenn du gegen eine Stadt anrückst, um sie zu bekriegen, so sollst du ihr zuerst eine friedliche Regelung anbieten. Geht sie auf die friedliche Lösung ein und öffnet sie dir die Tore, dann soll dir die ganze darin befindliche Bevölkerung frondienstpflichtig und untertan sein. Wenn sie aber keine friedliche Übereinkunft mit dir eingeht [...] dann magst du alles Männliche in ihr mit der Schärfe des Schwertes erschlagen. Die Frauen und Kinder jedoch, das Vieh und alles, was sich in der Stadt findet, alles in ihr Erbeutete sollst du an dich nehmen und das von deinen Feinden Erbeutete, welches dir Jahwe, dein Gott, gibt, genießen. Auf diese Weise sollst du mit all den Städten verfahren, die sehr weit von dir entfernt liegen, die nicht zu den Städten dieser Völker dazugehören. Nur aus den

16

Städten dieser Völker, welche dir Jahwe, dein Gott, als Erbbesitz geben will, sollst du keine Seele am Leben lassen, denn an ihnen musst du den Bann unbedingt vollstrecken. (Dtn 20,10–16)

Vor dem Einzug der Israeliten nach Palästina liest man an anderer Stelle:

Wenn dich Jahwe, dein Gott, in das Land bringt, in das du nun einziehst, um es in Besitz zu nehmen, und wenn er viele Völker vor dir vertreibt [...] und wenn sie Jahwe, dein Gott, dir preisgibt und du sie dann besiegst, dann sollst du an ihnen unbedingt den Bann vollstrecken; du darfst weder einen Vertrag mit ihnen abschließen noch Gnade an ihnen üben [...]. Ihr sollt vielmehr mit ihnen so verfahren: ihre Altäre sollt ihr niederreißen, ihre Malsteine zertrümmern, ihre heiligen Bäume umhauen und ihre Gottesbilder im Feuer verbrennen [...]. Du aber sollst alle Völker, welche Jahwe, dein Gott, dir preisgibt, verschlingen; du darfst sie nicht mitleidigen Blickes schonen, und ihre Götter darfst du nicht verehren [...]. (Dtn 7, 1,2,5,17)

Das Alte Testament ist voll solcher Stellen, in denen Jahwe sein Volk zu Krieg und Vernichtung aufruft. Und der Gehorsam des Volkes zeigt sich gerade darin, dass es den göttlichen Blutrausch in die Tat umsetzt.

Und Jahwe redete zu Mose also: Nimm an den Midianitern für die Israeliten Rache [...]. So zogen sie gegen Midian, wie Jahwe Mose geboten hatte, und machten alle männlichen Personen nieder. [...] Dann führten die Israeliten die Frauen und die Kinder Midians gefangen fort, schleppten all ihr Vieh, ihre sämtlichen Habe als Beute mit, steckten alle ihre Städte in ihren Wohngebieten und alle ihre Zeltlager in Brand [...]. Mose fuhr sie an: „Habt ihr wirklich alle Weiber am Leben gelassen? [...] Tötet sofort alle männlichen Kinder, ebenso tötet jedes Weib, das bereits mit einem Manne geschlechtlich verkehrt hat! Alle jungen Mädchen aber, die mit einem Mann noch nicht geschlechtlich zu tun hatten, laßt für euch am Leben. (Num 31, 1–2,7–10,15–18)

Religiöse Helden wie Mose und Josua entpuppen sich nach unserem Verständnis als Kriegsverbrecher, die in religiösem Wahn sich als Werkzeug ihres Gottes sehen. Mose kann singen:

17

Mach' trunken vom Blut meine Pfeile, und Fleisch soll fressen mein Schwert – Von Erschlagener und Verwundeter Blut, vom Haupte feindlicher Führer. (Dtn 32,42)

Es ist unbegreiflich, dass die Bibel trotz solch ungezügelter Gewaltphantasien immer noch als eine moralische Instanz angesehen wird, dass immer noch fromme Eltern ihren Kindern deren Lektüre empfehlen. Denn religiöse Helden können leicht die Ausbildung einer humanen Ethik behindern. Richard Dawkins erzählt in seinem Buch „Der Gotteswahn" (S. 354ff.) von einem Experiment mit über 1000 Schülern in Israel im Alter von acht bis vierzehn Jahren, denen der Bericht von der Schlacht um Jericho vorgelesen wurde:

Als die Priester beim siebten Mal die Hörner bliesen, sagte Josua zum Volk: Erhebt das Kriegsgeschrei! Denn der Herr hat die Stadt in eure Gewalt gegeben. Die Stadt mit allem, was in ihr ist, soll zu Ehren des Herrn dem Untergang geweiht sein. […] Alles Gold und Silber und die Geräte aus Bronze und Eisen sollen dem Herrn geweiht sein und in den Schatz des Herrn kommen. Darauf erhob das Volk das Kriegsgeschrei und die Widderhörner wurden geblasen. Als das Volk den Hörnerschall hörte, brach es in lautes Kriegsgeschrei aus. Die Stadtmauer stürzte in sich zusammen, und das Volk stieg in die Stadt hinein, jeder an der nächstbesten Stelle. So eroberten sie die Stadt. Mit scharfem Schwert weihten sie alles, was in der Stadt war, dem Untergang, Männer und Frauen, Kinder und Greise, Rinder, Schafe und Esel. […] Die Stadt aber und alles, was darin war, brannte man nieder; nur das Silber und Gold und die Geräte aus Bronze und Eisen brachte man in den Schatz im Haus des Herrn. (Jos 6,16–24)

Anschließend wurde den Schülern die Frage gestellt, ob Josua und die Israeliten richtig gehandelt haben oder nicht. Zwei Drittel der Kinder fanden das Handeln richtig. Gott habe es ja befohlen und die Menschen in Jericho hatten ja eine andere Religion, war von den Kindern als Begründung zu hören. Für israelische Schüler ist Josua eben einfach ein Volksheld, das hat ihnen ihre Religion eingeschärft. Seine Taten sind deshalb nicht nur entschuldbar, sondern sogar richtig. Interessant ist das Ergebnis einer Kontrollgruppe. Bei 168 israelischen Schülern ersetzte man den Namen *Josua* durch *General Lin* und *Israel* durch *ein chinesisches Königreich vor 3000 Jahren.*

Das Ergebnis können Sie sich vielleicht denken? Nur 7 % fanden das Verhalten von General Lin gut, aber 75 % lehnten es ab.

Viele Geschichten aus dem Alten Testament sind aus ethischer Sicht mehr als bedenklich. In Gen 22 soll Abraham seinen Sohn Isaak opfern, wie zu hören ist, weil Gott ihn auf die Probe stellen will. Abraham ist festen Willens zu gehorchen, erst am Schluss erklärt Gott das Geschehen quasi als göttlichen Aprilscherz. Diese realiter religiös-perverse Geschichte wird dennoch gerne in den Kirchen als Beweis für große Glaubensstärke gewertet. Soll aber ein Vater, der bereit ist, seinen Sohn auf religiöses Geheiß abzuschlachten, wirklich ein Vorbild sein? Oder zeigt sich darin nicht eher Fanatismus und religiöser Wahn? Auch eine solche Geschichte wird Kindern zugemutet.

Die Tochter des Jephtach hatte übrigens weniger Glück (Ri 11, 28–40). Ihr Vater hatte geschworen, im Falle eines Sieges gegen die Ammoniter das Erste zu opfern, was ihm zu Hause begegnen würde. Dies war jedoch dann seine geliebte Tochter. Er trauert und klagt, doch er steht zu seinem Wort, die Tochter muss sterben. Jephtach also auch ein Glaubensheld? Oder doch eher ein religiöser Fanatiker, der auch vor Kindesmord nicht zurückschreckt? Was ist das für ein Gott, der solche Opfer fordert, und was sind das für Menschen, die solche Opfer zu geben bereit sind?

Bei der Sintflut bringt dieser Gott gleich die ganze Menschheit um. Natürlich ist dies nie geschehen, die Israeliten bedienen sich hier nachweisbar an Versatzstücken der babylonischen Mythologie. Doch welches Gottesbild spricht aus dieser frommen Erzählung? Noah und seine Arche sind auch heute noch in christlichen Kindergärten gern verwendete Motive für Spiel- und Bastelnachmittage. Ein Völkermord als Kinderspiel? Und die Taube wirklich ein Zeichen der Hoffnung? Nachdem der Rest der Welt gerade von seinem Schöpfer ertränkt worden ist?

Bedenklich auch die völlig überzogenen Drohungen und angedrohten Strafen für den Fall, das Israel nicht gehorcht. Sklavischer Gehorsam scheint im Alten Testament die höchste Tugend zu sein.

> Wenn du aber der Stimme Jahwes [...] nicht gehorchst, so kommen die nachfolgenden Flüche über dich und treffen dich: Verflucht bist du in der Stadt und verflucht auf dem Felde [...]. Verflucht ist

die Frucht deines Leibes und die Frucht deines Bodens […]. Jahwe hängt dir die Pest an, bis er dich gänzlich aus dem Lande ausgerottet hat […]. Jahwe schlägt dich mit Schwindsucht, Fieber, Hitze und Entzündung […]. Deine Leichen werden ein Fraß für die Vögel des Himmels und die wilden Tiere der Erde […]. Jahwe schlägt dich mit ägyptischem Geschwüre, mit Pestbeulen, Krätze und Grind, von denen du keine Heilung finden kannst. Jahwe schlägt dich mit Wahnsinn, Blindheit und Geistesverwirrung. (Dtn 28,15–28)

Eine gewisse Geistesverwirrung scheint bei solchen Sprüchen tatsächlich im Spiel zu sein. Natürlich sind solche primitiven Ausfälle nicht wirklich Reden einer Gottheit. Keinem Gott sollte man ein solch niedriges Niveau unterstellen. Es sind alles erfundene Sprüche und Drohgebärden von interessierten Kreisen, die allermeisten wohl aus der Priesterschaft. Doch spielt auch dies keine Rolle, sie kommen oft mit der Einleitung *So spricht Gott* (co amar Jahwe) daher und wollen als Gotteswort gelten. Und es besteht kein Zweifel, dass man sie zumeist dafür gehalten hat, und dass fromme Bibelleser und ein von der Aufklärung ungeküsster Katholizismus sie noch heute dafür halten. Abzulehnen sind das Gottesbild und die ethischen Maximen, welche hier vermittelt werden. Sie sind den Werten unserer Gesellschaftsordnung in extremer Weise entgegengesetzt. Die Bibel zeigt, wie man gerade nicht handeln soll.

Vor dem Auszug aus Ägypten lässt dieser Gott über Mose ankündigen:

So spricht Jahwe: Um Mitternacht gehe ich durch Ägypten. Dann wird jede Erstgeburt im Land Ägypten sterben, von dem Erstgeborenen des Pharao, der auf dem Thron sitzt, bis zu dem Erstgeborenen der Magd hinter der Handmühle und alle Erstgeburt des Viehs. (Ex 11,4–6)

Und Jahwe lässt seiner Drohung Taten folgen und drangsaliert die Ägypter noch mit einer Reihe anderer Plagen. Auch hier gilt: Nicht dass dies tatsächlich geschehen wäre, die Historiker sind sich einig, dass es sich um recht späte Ausschmückungen eines viel prosaischeren Geschehens handelt, wenn es überhaupt nicht gänzlich erfunden wurde. Entscheidend auch hier das Bild eines Schlächtergottes, dem offenbar jedes Mittel recht ist.

Immer wieder die sadistische Grausamkeit Jahwes, der Feuer und Überschwemmungen schickt, der die *Völker frisst*, ihre *Knochen zermalmt* (Num 24,8), der das Hinschlachten von Frauen und Kindern befiehlt, der seine Freude daran hat, *euch auszutilgen und euch zu vernichten* (Dtn 28,61), wenn das Volk nicht gehorcht. Bei diesen Invektiven bleibt für Fremdvölker kaum noch eine Steigerungsmöglichkeit. Bei Jesaja heißt es in den Sprüchen gegen Babylon:

> Jahwe Zebaoth mustert das Kriegsheer [...]. Heult, denn der Tag Jahwes ist nahe [...]. Seht, es kommt der Tag Jahwes, furchtbar und voll Grimm und Zornesglut, um die Erde in eine Wüste zu verwandeln und die Sünder daraus zu tilgen [...]. Wen man findet, der wird niedergestoßen; wer ergriffen wird, fällt durch das Schwert. Ihre Kinder werden vor ihren Augen zerschmettert, ihre Häuser geplündert und ihre Frauen geschändet. Seht, ich biete gegen sie die Meder [...]. Alle Knaben werden zerschlagen und die Mädchen zerschmettert; sie haben kein Erbarmen selbst mit der Leibesfrucht, ihr Auge kennt kein Mitleid mit den Kindern." (Jes 13,4–18)

Die Meder müssen herhalten, weil Israel selber zu einer Gegenwehr gegen das nicht nur militärisch, sondern auch kulturell höher stehende Reich der Babylonier nicht mehr in der Lage ist. Im Übrigen haben auch die Meder, die Jahwe *aufbietet*, an der Vorherrschaft der Babylonier nichts ändern können. Wunschdenken von Priesterkreisen!

Besonders perfide ist die Konstruktion, dass Jahwe selbst die Völker und die Menschen verstockt und diese dann deshalb bestraft werden.

> Sichon, der König von Heschbon, aber weigerte sich, uns bei sich durchziehen zu lassen; denn Jahwe, dein Gott, hatte seinen Sinn hartnäckig und sein Herz unnachgiebig gemacht, um ihn in deine Gewalt zu geben, wie es jetzt geschehen ist. (Dtn 2,30)

Jahwes Wirken wird auch bei anderen kriegerischen Akten gesehen. Über die Ägypter heißt es beim Propheten Jesaja:

> Dann stachle ich Ägypter gegen Ägypter auf, dass Bruder gegen Bruder kämpft, Freund gegen Freund, Stadt gegen Stadt, Gau gegen Gau. (Jes 19,2)

21

Wirklich nett ist das nicht. Andersgläubigen gilt auch sonst nur geringe Sympathie. Zahlreich sind die Aufrufe, fremde Kultstätten zu zerstören. Im sogenannten *Kultischen Dekalog* lesen wir:

> Hüte dich, mit den Bewohnern des Landes, in das du kommen wirst, ein Bündnis zu schließen […]. Ihr sollt vielmehr ihre Altäre niederreißen, ihre Malsteine zertrümmern und ihre Ascheren umhauen. Denn du darfst keinen anderen Gott anbeten. „Eifersüchtig" ist ja sein Name und ein eifersüchtiger Gott ist er. (Ex 34,12–14)

Auch dies ist nicht gerade ein wertvoller Beitrag zum Dialog der Religionen. Doch für Toleranz gab es im Hebräischen noch kein Wort. Die Anhänger fremder Kulte werden verfolgt und getötet, das Erschlagen von Baalspriestern lobend erwähnt. Aber auch wer im eigenen Volk fremden Göttern dienen will, also nicht religiös auf Linie bleibt, soll bestraft werden, natürlich gleich mit dem Tod. Und dies gilt auch für die nächsten Angehörigen, wie eindrücklich eingeschärft wird:

> Wenn dein Bruder […] oder dein Sohn oder deine Tochter oder deine Frau, mit der du schläfst, oder dein Freund, den du liebst wie dich selbst, dich heimlich verführen will und sagt: Gehen wir und dienen wir anderen Göttern […] dann sollst du nicht nachgeben und nicht auf ihn hören. Du sollst in dir kein Mitleid mit ihm aufsteigen lassen, sollst keine Nachsicht für ihn kennen und die Sache nicht vertuschen. Sondern du sollst ihn anzeigen. Wenn er hingerichtet wird, sollst du als Erster deine Hand gegen ihn erheben […]. Du sollst ihn steinigen und er soll sterben; denn er hat versucht, dich vom Herrn, deinem Gott, abzubringen […]. (Dtn 13,7–11)

Nicht erst beim Anstiften zur Denunziation fühlt man sich an schlimme Kapitel der deutschen Geschichte erinnert. Mose führt nach der Anbetung des goldenen Kalbs vor, dass es nicht bei der Theorie bleibt:

> Er sagte zu ihnen: So spricht der Herr, der Gott Israels: Jeder lege sein Schwert an. Zieht durch das Lager von Tor zu Tor! Jeder erschlage seinen Bruder, seinen Freund, seinen Nächsten. Die Leviten taten, was Mose gesagt hatte. Vom Volk fielen an jenem Tag gegen dreitausend Mann. Dann sagte Mose: Füllt heute eure Hände mit Gaben für den Herrn! Denn jeder von euch ist heute gegen seinen

Sohn und seinen Bruder vorgegangen und der Herr hat Segen auf euch gelegt. (Ex 32,27–29)

Du sollst deinen Nächsten erschlagen? Dies meint man auch schon einmal anders gehört zu haben. Man empfindet, wie stark diese antiken Texte von unseren ethischen Maximen entfernt sind, wie groß der Graben der Geschichte sich hier erweist. Und man versteht die Forderung, dass solche Texte in einer freien und toleranten Gesellschaft eigentlich nichts mehr verloren haben. Sie gehören in den Giftschrank der Geschichte, auf keinen Fall aber in die Hände von Kindern. Es ist bereits ein Zeichen religiöser Deformierung, wenn Gläubige das zutiefst Inhumane solcher Stellen nicht mehr empfinden. Nicht nur die Liebe macht blind.

Weit von humanen Vorstellungen entfernt ist auch die Todesstrafe, die der biblische Gott selbst für vergleichsweise harmlose Vergehen ausspricht. Eine schaurige Auflistung findet sich im Buch von Franz Buggle *Denn sie wissen nicht was sie glauben*, der eine Gesamtsicht auf die inhumanen und menschenverachtenden Stellen, nicht nur mit Blick auf die Todesstrafe, des Alten und Neuen Testaments bietet. Unter die todeswürdigen Vergehen fallen nicht nur Mord (nur bei den Angehörigen des eigenen Volkes!) und religiöser „Abfall", sondern auch Ehebruch (jedenfalls der der Frau), Wahrsagerei, Geschlechtsverkehr während der Menstruation und Sodomie. Des Todes würdig war das Brennholzsammeln am Sabbat, der Genuss gesäuerter Brote am Passahfest, der Alkoholgenuss des Priesters vor dem Gottesdienst, aber auch das Essen von mehr als drei Tage altem Fleisch. Todeswürdig war das Berühren des Berges Sinai und unkorrekte Kleidung des Hohepriesters beim Tempeldienst. Mit dem Tode sollte auch bestraft werden der voreheliche Geschlechtsverkehr, das Nichtschreien einer Verlobten bei Vergewaltigung und natürlich Homosexualität. Auch Söhne, die sich schwierig und widerspenstig zeigten, konnten gesteinigt werden. (vgl. Buggle, Denn sie wissen nicht was sie glauben, S. 94ff.)

Stünden solche Anweisungen in den Schriften unbekannter Völker, man würde sie mit Recht als primitiv (im durchaus negativen Sinne des Wortes) ansehen. Doch dieser Bibel wird von den Gläubigen und den Kirchen immer noch eine ethische Kompetenz und Wichtigkeit unterstellt. Und man soll nicht meinen, die menschenverachtenden Stellen wären nur Ausnahmen. Der konservative Theologe und Jesuit Raymund Schwager stellt fest:

> Die Stellen, die von einem ausdrücklichen Tötungsbefehl Gottes sprechen, sind recht zahlreich. Neben ungefähr tausend Versen, in denen Jahwe selber als der direkte Vollstrecker von strafenden Gewalttaten erscheint, und neben vielen Texten, gemäß denen der Herr die Übeltäter dem Schwert der Bestrafer ausliefert, gibt es über hundert weitere Stellen, in denen Jahwe ausdrücklich befiehlt, Menschen zu töten. Nach diesen Aussagen tötet er zwar nicht selber, insofern tritt er etwas in den Hintergrund. Dennoch ist er es, der befiehlt, menschliches Leben zu vernichten, der sein Volk wie Schlachtvieh preisgibt und der Menschen gegeneinander aufhetzt. (Raymund Schwager, Brauchen wir einen Sündenbock. Gewalt und Erlösung in den biblischen Schriften, S. 70; die ganze Schrift ist online verfügbar)

Das Alte Testament ist ein Dokument des religiösen Extremismus, der Gewaltverherrlichung und der Intoleranz. Es ist geprägt von Rassismus, Verachtung Andersdenkender, von perversen Bestrafungsfantasien und einer rückständigen Ethik. „Die zusammengeschusterten alten jüdischen Bücher präsentieren einen übel gelaunten, unerbittlichen, blutigen und provinziellen Gott, der womöglich am meisten Angst verbreitete, wenn er guter Stimmung war – die klassische Eigenschaft des Diktators." (Christopher Hitchens, Der Herr ist kein Hirte, S. 215)

Doch in unserem Kulturkreis sind wir es gewohnt, das Alte Testament vom Neuen her zu lesen und den Gott des Alten Testaments vom Neuen her zu interpretieren. Und der neutestamentliche Gott wird ja, zumindest primär, als ein Gott der Liebe verstanden, als der Vater Jesu Christi. Stellen im Alten Testament, die dieser Sichtweise nicht entsprechen, werden von den Gläubigen unbewusst übergangen oder ignoriert, in den Predigtzyklen der Kirchen kommen sie nicht vor. Unmenschlichkeit und Menschenverachtung finden sich jedoch auch bei Personen, die in der Verkündigung hoch geschätzt sind, und in Teilen der Bibel, die sich eines prinzipiell hohen Ansehens erfreuen.

König David, bedeutendster König von Israel und Juda (obwohl sein Großreich nicht größer war als das Hessen Roland Kochs) wird als Glaubensheld bis in unsere Zeit verehrt, viele der

24

Psalmen werden ihm (fälschlich) zugeschrieben. Vor seinem Königtum jedoch war David, wie man in der Bibel nachlesen kann (1. Sam 27,1–12) sechzehn Monate eine Art Bandenhauptmann bei den Philistern, damals die gefährlichsten Gegner Israels. Als solcher überfiel David das Land und ließ weder Mann noch Frau am Leben. Erst später wechselte er die Seiten und kämpfte nun gegen seine ehemaligen Beschützer. Denn die Philister hatten ihm Schutz vor seinem Widersacher Saul gewährt. Später wird er die Tochter Sauls heiraten, und er sollte Saul dafür die Vorhäute von 100 Philistern (!) zum Geschenk machen. Heute ist für die Schwiegereltern eher eine Kiste Wein ratsam – David erschlägt gleich zweihundert Philister.

Als König führt David dann nahezu ständig Krieg mit fast allen Völkern und Stämmen der Umgebung. „Meinen Feinden jagte ich nach und vertilgte sie, und ich kehrte nie um, bis ich sie umgebracht habe" (2. Sam 22,38). Das gefangene Volk der Ammoniterstadt Rabba legte er „unter eiserne Sägen und Zacken und eiserne Keile und verbrannte sie in Ziegelöfen. So tat er allen Städten der Kinder Ammons" (2. Sam 12,31). Das Verbrennen in den Ziegelöfen war der evangelischen Kirche nach dem Zweiten Weltkrieg offenbar so peinlich, dass sie es, entgegen der Übersetzung Martin Luthers, änderte in „und ließ sie an den Ziegelöfen arbeiten" (vgl. Karlheinz Deschner, Kriminalgeschichte des Christentums, Band 1, S. 86f.). In 1. Sam 6,19 wird berichtet, David habe 50.700 Menschen umbringen lassen, nur weil sie die Bundeslade angeschaut hatten. Auch hier macht die EKD aus der Übersetzung Luthers „bescheiden siebzig Mann" (Deschner, ebenda, S. 88).

Natürlich wird man davon ausgehen können, dass auch die Grausamkeiten an vielen Stellen übertrieben wurden. Je grausamer, desto machtvoller erschien ein Herrscher. Doch unabhängig vom tatsächlichen historischen Geschehen: Welches rückständige ethische Niveau zeigt sich hier erneut? Die Davidsgeschichten werden wegen ihrer Lebendigkeit auch gerne in christlichen Kindergärten nachgespielt. Haben wir nichts Besseres für unsere Kinder?

Trotz aller Gewalttat: David rühmt sich in einem Danklied über die Maßen selbst, denn er sieht sich bei allem Blutvergießen doch in Übereinstimmung mit dem Willen Gottes.

Der Herr ist mein Fels, meine Burg und mein Retter; Gott ist mein Fels, in dem ich mich berge, mein Schild und das Horn meines Heils, meine sichere Festung und meine Zuflucht, mein Retter, der mich von Gewalttat befreit! (1. Sam 22, 2–3)

Wenn ein Herrscher in diesem Ton reden kann (obwohl das Lied vermutlich *nicht* auf David zurückgeht), und das ganze Kapitel ist in diesem Ton gehalten, dann sind die Gläubigen gerne bereit, bei seinen Taten nicht so genau hinzusehen. Auch Jahwe rühmt David ausdrücklich, weil er *tat, was ihm wohlgefiel.* Man muss sich ganz frei machen von dem Gedanken, dass das Alte Testament dies irgendwie spirituell oder in übertragenem Sinne meint. Das Morden wird für gut befunden, wenn es im rechten Glauben geschieht. Nicht anders haben es die Terroristen vom 11. September auch gesehen.

Der unglückliche Saul, erster König Israels und Vorgänger Davids, war zunächst auch ein solcher Liebling Jahwes gewesen. Dieser hatte ihm über den frühen Propheten Samuel befohlen:

So ziehe nun hin und schlage Amalek, und vollstrecke den Bann an allem, was er hat, und schone ihn nicht; sondern töte Männer und Frauen, Kinder und Säuglinge, Rinder und Schafe, Kamele und Esel! (1. Sam 15,3)

Und Saul tat, wie Gott ihm befohlen hatte. Als er aber das beste Vieh verschonte (und nur die Männer, Frauen und Kinder umbrachte!), zeigt sich Jahwe verstimmt.

Es reut mich, daß ich Saul zum König gemacht habe; denn er hat sich von mir abgewandt und meine Worte nicht erfüllt! (1. Sam 15,11)

Über Samuel lässt er Saul nicht nur tadeln, sondern nimmt ihm auch sein Königtum. Saul, der sich herausreden will, die besten Tiere seien als Opfertiere geplant gewesen, muss sich sagen lassen: *Gehorsam ist besser als Schlachtopfer.* Ein Vers, über den auch in den Kirchen immer gerne gepredigt wird, ohne freilich auf den Kontext genauer zu achten.

Denn wäre bei all diesen göttlichen Vernichtungs- und Rachegelüsten nicht eher ein grundsätzlicher Ungehorsam geboten? Sich der geschundenen Menschen gnädig erweisen, wenn Gott sich schon ungnädig zeigt? Natürlich lag ein solches Denken nicht im

Horizont der damals Handelnden, es ist zugegebenermaßen ungeschichtlich. Nur: Was will man mit solchen Geschichten ethisch heute erreichen, was will man Gläubigen vermitteln, was können Kinder anderes aus solchen Geschichten lernen als einen religiös-verbrämten Kadavergehorsam?

Es bleibt dabei, der alttestamentliche Gott hat ethisch gewaltige Defizite, die alttestamentlichen Schriften, die halbmythischen religiösen Helden taugen nicht zur Wertevermittlung. „Die Bibel ist ein Regelwerk der Gruppenmoral mit Anweisungen zum Völkermord, zur Versklavung anderer Gruppen und zur Weltherrschaft." „Der Gott des Alten Testaments ist – das kann man mit Fug und Recht behaupten – die unangenehmste Gestalt in der gesamten Literatur." (Richard Dawkins, Der Gotteswahn, S. 358; 45)

Besonderer Wertschätzung erfreuen sich in den Kirchen die *Psalmen*. Sie werden häufig in den gottesdienstlichen Lesungen berücksichtigt und als Gebetbuch der Bibel besonders gerne zur Lektüre empfohlen. Wer nun hier endlich Besinnliches erwartet, wird erneut enttäuscht, Gewalttätigkeit und Vernichtungswillen dominieren auch hier. Für Buggle sind die Psalmen „ein in weiten Teilen und in einem selten sonst zu findenden Ausmaß von primitiv-unkontrollierten Haßgefühlen, Rachebedürfnissen und Selbstgerechtigkeit bestimmter Text" (vgl. Franz Buggle, Denn sie wissen nicht was sie glauben, S. 75–81, 102–111, das Zitat S. 103). Gleich zu Beginn wird Jahwe gerühmt: „All meinen Feinden hast du den Kiefer zerschmettert, hast den Frevlern die Zähne gebrochen." (Ps 3,8) Der Beter lobt Gott: „[…] du hast die Völker bedroht, die Frevler vernichtet, ihre Namen gelöscht für immer und ewig." (Ps 9,6) „In deinem Namen zertreten wir unsere Gegner." (Ps 44,6) „Der Herr steht dir zur Rechten, er zerschmettert Könige am Tage seines Zorns. Er hält Gericht unter den Heiden, er häuft die Toten, die Häupter zerschmettert er weithin auf Erden". (Ps 110,5–6) Widerlich sind Sprüche wie jener gegen Babylon: „Wohl dem, der deine kleinen Kinder packt und sie am Felsen zerschmettert." (Ps 137,9) Primitive Rachegedanken in Verbindung mit einer kaum zu überbietenden Selbstgerechtigkeit. Doch in den Kirchen betet man stattdessen: „Lobet den Herrn, denn er ist freundlich, und seine Güte währet ewiglich."

Man kann Buggle verstehen, wenn er in Bezug auf den Psalter formulieren muss, „dass ich seit langem keinen so durch exzessiven und ungezügelten Haß und Vergeltungssucht geprägten Text gesehen habe" (Buggle, Denn sie wissen nicht was sie glauben, S. 104). Doch haben wir vom Alten Testament nicht auch ganz andere Töne im Ohr? Ist die Auswahl der gewiss bedenklichen Stellen nicht sehr einseitig? Finden sich nicht auch viele positive Stellen zum alttestamentlichen Gott?

Natürlich ist dies so. Nur ist die Einseitigkeit der Stellenauswahl nicht Buggle, sondern gerade den *Kirchen* vorzuwerfen, die uns ein Gottesbild präsentieren, das nach Möglichkeit mit den freundlicheren neutestamentlichen Gottesbildern in Verbindung gebracht werden kann. Die meisten der inkriminierten Stellen bekommt ein Gottesdienstbesucher in seinem ganzen Leben nicht zu hören, sie werden, sicher auch aus Peinlichkeit, in den Kirchen einfach nicht verwendet. Und bei einer privaten Bibellese wird man sich unbewusst natürlich diejenigen Stellen heraussuchen, die das fromme Gefühl am besten befördern. Das Unbewusste selbst nimmt hier eine Art Zensur vor oder interpretiert Grausamkeiten frömmigkeitskompatibel.

Das ethische Dilemma besteht darin, dass im Alten Testament positiv und negativ assoziierende Texte praktisch übergangslos miteinander verbunden sind. Gottes Güte wird gelobt, eben weil er die Feinde vernichtet hat. Weil Gott treu ist, wird er die Andersgläubigen vertilgen. Weil Gott Gebete erhört, werden die Feinde des Beters sterben. Und in oft unmittelbarer Nähe von als positiv empfundenen Stellen finden sich menschenverachtende Verse und Passagen. Die Propheten sind in diesem kurzen Überblick noch gar nicht zu Worte gekommen, aber auch hier ist das ethische Resümee verheerend. Jeder kennt die folgenden Verse aus der Weihnachtsliturgie:

Das Volk, das im Dunkel lebt, sieht ein helles Licht; über denen, die im Land der Finsternis wohnen, strahlt ein Licht auf […]. Denn uns ist ein Kind geboren, ein Sohn ist uns geschenkt. Die Herrschaft liegt auf seiner Schulter; man nennt ihn: Wunderbarer Ratgeber, Starker Gott, Vater in Ewigkeit, Fürst des Friedens. Seine Herrschaft ist groß und der Friede hat kein Ende. Auf dem Thron Davids herrscht er über sein Reich; er festigt und stützt es durch Recht und Gerechtigkeit, jetzt und für alle Zeiten. Der leidenschaftliche Eifer des Herrn der Heere (!) wird das vollbringen. (Jes 9,1;5–6)

Verse, so ganz nach dem Geschmack einer religiösen Seele. Doch nur wenige Worte später wird das Idyll schon wieder gestört mit der Ankündigung eines göttlichen Strafgerichts. Gott selber stachelt die Feinde Israels an und hetzt diese gegen Israel (Jes 9,10), und bald schon ist wieder Chaos und Vernichtung angesagt:

Deshalb verschont der Herr weder die Männer, noch hat er mit den Witwen und Waisen Erbarmen. Denn alle sind ruchlos und böse; aus jedem Mund kommt verruchtes Geschwätz. Doch bei all dem lässt sein Zorn nicht nach, seine Hand bleibt ausgestreckt. (Jes 9,16)

Es gibt wohl keine Stelle mit einem positiven Gottesbild, die nicht schon wenige Verse später in ihrem Aussagegehalt konterkariert würde. Besonders in den Psalmen folgen Zuckerbrot und Peitsche unmittelbar aufeinander. Und es dominiert die Peitsche.

Wie will man aber ein Heiliges Buch heute zur religiösen und ethischen Unterweisung nutzen, das so ungeschieden bedenkenswerte Passagen, die ja im Alten Testament unbestreitbar auch vorhanden sind, neben einer primitiven Racheethik bringt? Ist ein solches Buch wirklich hilfreich zur geistigen oder geistlichen Orientierung? Gab es da nicht schon in der Antike wesentlich niveauvollere und wertvollere Texte? Es bleibt dabei: Die Bibel ist das am meisten überschätzte Buch der Weltliteratur. Und auf das Alte Testament trifft dies in besonderem Maße zu. Es verdankt seine Bedeutung letztlich einer anfangs halb schicksalhaften Verbindung mit dem sich ausbreitenden Christentum. Und huckepack hat das Christentum das Alte Testament als ein schweres Erbe durch die Jahrhunderte geschleppt. Es war der große Gelehrte Adolf von Harnack, der dies in einer viel zitierten Passage seines Marcion-Buches so ausgedrückt hat:

Das AT im 2. Jahrhundert zu verwerfen war ein Fehler, den die große Kirche mit Recht abgelehnt hat; es im 16. Jahrhundert beizubehalten war ein Schicksal, dem sich die Reformation noch nicht zu entziehen vermochte; es aber im 19. Jahrhundert als kanonische Urkunde im Protestantismus noch zu conservieren, ist die Folge einer religiösen und kirchlichen Lähmung. (Adolf von Harnack, Marcion, Leipzig 1921, S. 248f.)

Im 21. Jahrhundert ist auch vielen Pfarrern dass autoritäre Gottesbild und das rückständige Menschen- und Gesellschaftsbild vieler
alttestamentlicher Stellen regelrecht peinlich. Denn eines darf man
getrost unterstellen: Das ethische Niveau der in den Kirchen Täti-
gen übersteigt das ethische Niveau des alttestamentlichen Gottes
bei Weitem. Wohl kein Pfarrer predigt heute noch im Geiste oder
besser im Ungeiste des Alten Testaments. Es sind dabei vor allem
protestantische Pfarrer, die sich im Rahmen eines Studiums auch
wissenschaftlich mit den Überlieferungen beschäftigt haben und
eine durch die europäische Aufklärung geläuterte Theologie be-
treiben, und die sich häufig nicht nur in der Kirche, sondern auch
in der Gesellschaft engagieren. Sie wissen natürlich um die Probleme mit dem Alten Testament, auch wenn sie diese wohl eher
als Schwächen denn als ethischen Offenbarungseid interpretieren werden. Sie versuchen eben das Beste daraus zu machen. Das
Christentum lebt auch davon, dass seine Amtsträger ein besseres
ethisches Fundament besitzen, als das Alte Testament es bietet, und
dass ein Gott verkündet wird, der sich eben *nicht* an einem Gott
orientiert, der sich wie ein unbeherrschter Choleriker aufführt.

Geschichtsklitterungen im Alten Testament

Zur Ehrenrettung Jahwes wird man aber sagen können, dass *er* es
ja gar nicht ist, der im Alten Testament spricht, sondern dass es
eben priesterliche Kreise sind, die ihre provinzielle Gruppenethik
ihrem Gott in den Mund legen. Menschliche Satzungen werden als
Gottes Gebote ausgegeben und beanspruchen als solche eine unbedingte, weil von Gott abgeleitete Autorität. Ein alter Trick, man
kann ihn in der Religionsgeschichte häufig beobachten. Nicht der
Gott ist damit letztlich grausam und unmenschlich, sondern seine
Verehrer entlarven sich als solche. Sie haben ihren Gott dazu gemacht. Und nur so wird auch verständlich, warum es so viele Gottesworte zu vergleichsweise belanglosen Dingen gibt. Auch fromme Bibelleser werden sich schon gefragt haben, warum Jahwe sich
damals um jede Kleinigkeit gekümmert hat. Kein Gott, der etwas
auf sich hält, würde sich für die wirre Vielfalt der Ritualvorschrif-
ten interessieren, die im Pentateuch verhandelt werden. Wohl aber
haben Priesterkreise an diesen Vorschriften ein gesteigertes Inte-

30

resse gehabt. Sie sind die eigentlichen Urheber der Gottesworte. Und sie hatten offenbar keinerlei Hemmungen, von diesem Mittel intensiv Gebrauch zu machen und den Gott für das rituelle Alltagsgeschäft einzuspannen. Die Gottesreden im Alten Testament sind deshalb absichtliche Fälschungen, die Formel *co amar Jahwe*, das *So spricht Jahwe*, leitet eben kein Gotteswort ein, sondern spiegelt nur kultische und gesellschaftliche Fragestellungen einer Gesellschaft wider, die vor mehr als 2000 Jahren bestanden hat. Mit uns hätten diese Bestimmungen nichts zu tun, genauso wenig wie Ritualgesetze eines Südseestammes etwas mit uns zu tun hätten, wenn nicht das Alte Testament dem Christentum wie ein Schatten folgen und ihm eine Relevanz für das Leben der Gläubigen zuerkannt würde.

Noch einmal sei daran erinnert, dass es für die ethische Beurteilung keine Rolle spielt, ob ein Gott etwas wirklich gesagt hat, ja ob er überhaupt irgendetwas wirklich gesagt hat. Entscheidend ist nur, welche Aussagen ihm in der Überlieferung zugeschrieben worden sind, welches Welt-, Menschen- und Gottesbild sich darin zeigt, welche Ethik sich in ihnen spiegelt.

Doch wer war dann Jahwe wirklich, wenn seine Worte auf Erfindungen der Priester zurückgehen? Diese Frage führt etwas ab von unserem Thema, das sich ja um das Christentum und Jesus von Nazareth drehen soll. Einige Informationen zum Stand der Erforschung des Alten Testaments und des alttestamentlichen Gottes sind dennoch nicht uninteressant. Denn im allgemeinen Bewusstsein, erst recht in frommen Kreisen, erscheint das Alte Testament immer noch als ein relativ einheitlicher Block, wenn auch bestehend aus vielen Schriften mit unterschiedlichen Akzentuierungen. Demgegenüber hat die Erforschung des Alten Testament mit den Mitteln der historischen Kritik die Unterschiedlichkeit und das Gewordensein der alttestamentlichen Schriften zu beschreiben versucht. Seit fast zweihundert Jahren bemüht sich z. B. die Quellenkritik, die Vorbestandteile vor allem des Pentateuchs, also der sogenannten fünf Bücher Mose, zu eruieren. Die Forschung trifft dabei auf wesentlich schwierigere Probleme als bei der Erforschung des Neuen Testaments, denn dem Pentateuch liegt eine viel längere Überlieferungsgeschichte zugrunde.

Klar ist auf alle Fälle, dass das Bild von der ältesten Zeit Israels ein Konstrukt späterer Zeiten ist, oft sehr viel späterer Zeiten, und dass vieles, was uns aus dem Religionsunterricht noch geläufig ist, sich so nicht abgespielt hat. Die folgenden Abschnitte versuchen auf der Basis der alttestamentlichen Forschungsergebnisse, also keineswegs aus der Sicht des Autors, die grundlegenden Unterschiede der biblischen Darstellung und der historisch-kritischen Forschung aufzuzeigen.

Die Erzväter Abraham, Isaak und Jakob, die ja im Alten Testament genealogisch verbunden sind, waren ursprünglich wohl drei unterschiedliche Stammespatriarchen, die vermutlich nichts miteinander zu tun hatten. Ob sie überhaupt historisch sind, ist durchaus ungewiss. Es gibt „keinen Anhaltspunkt mehr, über Ort und Zeit, über Voraussetzungen und Umstände des Lebens der menschlichen Gestalten der Erzväter geschichtlich etwas Sicheres auszusagen" – so der Alttestamentler Martin Noth in seiner berühmten *Geschichte Israels*. Jede Gruppe verehrte offenbar einen oder mehrere unterschiedliche Götter, die sogenannten Vätergötter, von denen Reste noch in Bezeichnungen wie „der Gott Abrahams" oder der „Gott Isaaks" (Gen 31,42) oder „der Starke Jakobs" (Gen 49,24) vorhanden sind (vgl. den Klassiker zum Thema von Albrecht Alt, *Der Gott der Väter*, 1929). Als Nomaden oder Halbnomaden zogen diese Gruppen an den Rändern des Kulturlands umher. Als später diese Stämme sich mit anderen Stämmen verbanden und sesshaft wurden, mussten auch die Erzvätertraditionen irgendwie vereinigt werden. Und man tat dies, indem man die Väter in eine genealogische Reihe brachte. Isaak wurde nun der Sohn Abrahams und Jakob der Sohn Isaaks. Auch die Gottesvorstellungen wurden allmählich angeglichen.

Jakob hatte in der Überlieferung zwölf Söhne. Aus diesen sind dann aber nicht die zwölf Stämme geworden, wie das Alte Testament konstruiert, sondern umgekehrt: Die Stämme muss man bereits voraussetzen, dann erst wurden sie auf einen Erzvater zurückgeführt. Spätere Zeiten haben jedenfalls die Erzvätertraditionen bearbeitet und versucht, einen gemeinsamen Ursprung des Volkes Israel zu konstruieren, der für jedes Volk immer irgendwie im Dunkeln ist. Auch die biblischen Geschichten können den Anschein des Schematischen nicht verbergen. Die Urgeschichte Israels ist also eine Geschichtskonstruktion, mehr Dichtung als Wahrheit.

Im Kulturland kamen also mehrere Gruppen zusammen, die autonom waren. Man traf sich an zentralen Kultorten, z. B. Baumheiligtümern oder heiligen Bergen, und kam sich kulturell und sicher auch menschlich näher. Zu diesen Stammesgruppen gehörte wohl auch jene, die die Exodustradition mitbrachte (vgl. den Artikel Exodusmotiv in der Theologischen Realenzyklopädie TRE Bd. 10, 733–736 von S. Hermann). Aus abhängigem Frondienst unter den Ägyptern, vielleicht zur Zeit Ramses II. (ca. 1298–1213 v. Chr.), hat diese Gruppe sich aus einem halbsklavischen Zustand befreien können und dann dieses Geschehen als von (ihrem!) Gott bewirkt verstanden. Die ausgeschmückten Wunder, die damit in Zusammenhang gebracht wurden, sind spätere Erfindungen. Und wohlgemerkt: Es war nicht das ganze Volk Israel, welches in Ägypten war und geflohen ist, sondern vermutlich nur eine recht kleine Teilgruppe. Auch sie tauchte an den damals bekannten Heiligtümern auf, die ja nicht exklusiv der Verehrung durch nur eine Gruppe dienten. Eine spätere Sicht der Dinge hat dann die schon genealogisch aufgereihte Erzvätertradition mit der Exodustradition in Verbindung gebracht. Nach dieser war es zunächst Joseph, ein Sohn von Jakob, der nach Ägypten kam, später folgten dann seine Verwandten. Und so entsteht dann das Bild, wie es die Bibel vermittelt und wie es viele im Religionsunterricht noch gelernt haben, nämlich dass das ganze Volk Israel bei diesem Exodus beteiligt war. Es wurde auf das Volksganze übertragen, was ursprünglich nur Tradition einer Teilgruppe war.

Ein weiterer Baustein israelitischer Geschichtskonstruktion war die Sinaitradition. Wo dieser Berg liegt, ist bis heute nicht genau feststellbar. Jedenfalls liegt er *nicht* auf der Sinai-Halbinsel, wo sich heute das Katharinenkloster befindet. Diese Ortstradition gibt es erst seit dem sechsten nachchristlichen Jahrhundert. Eher spricht einiges dafür, dass der Berg Sinai sich im Norden der arabischen Halbinsel befand, vermutlich im Gebiet der Midianiter. Jedenfalls müssen wir auch hier einen heiligen Ort, einen Kultberg für nomadisierende und bereits sesshafte Gruppen annehmen. Hier nun hat wohl eine andere Stammesgruppe eine irgendwie geartete Gottesoffenbarung gehabt. Diese hat sie dann ihrerseits ins palästinische Kulturland mitgebracht und sie zum gemeinsamen Überlieferungsbestand beigesteuert. Auch die Sinaitradition wurde nun zu etwas, was das ganze Volk erlebt zu haben glaubte, was aber wohl nur eine Gruppe erlebt hat.

Die Ergebnisse der historischen Forschung ergeben somit ein anderes Bild als das, welches das Alte Testament vermittelt. Dass es verschiedene Erzvätertraditionen mit der Verehrung von vielleicht unterschiedlichen Göttern gab, erscheint klar. Unklar ist, wie die Erzväter hießen und was sie im Einzelnen erlebt haben. Manche Erzählungen werden von mehreren Erzvätern als Dubletten erzählt. Jedenfalls hatten diese Erzväter anfangs nichts miteinander zu tun, sondern wurden erst im Prozess der Sesshaftwerdung in eine genealogische Relation zueinander gebracht. Einen Exodus des Gesamtvolkes Israel (welches damals als Volk sich noch gar nicht konstituiert hatte) hat es nicht gegeben, wohl aber die Exodustradition einer Teilgruppe, die dann in einer späteren Gesamtschau auf das gesamte Volk übertragen wurde. Auch die Sinaitradition war ursprünglich selbstständig. Sie hatte weder etwas mit den Erzvätertraditionen noch mit der Exodustradition zu tun. Wir haben also anstelle eines biblisch-linearen Überlieferungsstrangs die fortlaufende Integration von Einzeltraditionen zu einer Gesamtüberlieferung.

Welche Stellung hatte dann aber eine Person wie Mose, der doch in mehreren Traditionen eine Rolle spielt? Ist er derjenige, der Israel aus Ägypten hinausführt? Oder war er ursprünglich nur mit der Sinaitradition verbunden, gar ein Priester dort? Es gab nicht wenige Forscher, die die Person Mose insgesamt für unhistorisch hielten. Für sie war er nur eine späte künstliche Klammer zur Integration der unterschiedlichen Traditionen. Jedenfalls aber wächst seine Bedeutung im Laufe der Überlieferung stark an, was eher für seine Historizität spricht, von der heute auch die allermeisten Exegeten ausgehen. Und dann wäre Mose wohl eher in der Sinaitradition zu verorten, denn die Exodustradition wird auch überliefert ohne die Mosefigur (vgl. das sogenannte *Kleine geschichtliche Credo* Dtn 26,5–10).

Israel hat die sogenannte Landnahme später stark heroisiert und idealisiert. Das palästinische Kulturland, das *Land, wo Milch und Honig fließen,* war im Wesentlichen besiedelt mit voneinander unabhängigen kanaanäischen Stadtstaaten. Die Landnahme, die ja im Alten Testament als im Wesentlichen kriegerischer Akt dargestellt wird, hat so gar nicht stattgefunden. Denn es war ja nicht ein Großvolk Israel, welches aus Ägypten auf dem Weg durch die Wüste schließlich an den Grenzen Palästinas eintraf. Grenzen des Landes dürfte es bei einer Stadtstaatenstruktur ohnehin nicht wirklich gegeben haben. Es waren einzelne Gruppen, die aus unterschiedlichen Richtungen sich zusammenfanden und langsam versuchten Fuß zu fassen, sicherlich ohne Plan und deshalb auch ohne einen Josua als zentralen Befehlshaber. Zu einem Eroberungskrieg ist dieses Geschehen erst später stilisiert worden. Weitgehend friedlich stellen sich heutige Historiker die *Landnahme* vor, sie war vermutlich ein langsames Einsickern nomadischer und halbnomadischer Gruppen in einen von Stadtkönigtümern geprägten Kulturbereich. Ein Vorgang, wie er sich auch andernorts wiederholt hat. Noch über Jahrhunderte hat man nebeneinander gewohnt, was aber natürlich auch kriegerische Auseinandersetzungen nicht ausschloss. Doch Jericho haben die Israeliten nicht erobert, es war damals bereits zerstört, wie die Archäologie nachgewiesen hat. Und auch die Zerstörung von Ai (Jos 7–8) hat nicht stattgefunden, jedenfalls nicht durch die Israeliten. Denn von dieser Stadt kannte man nicht einmal mehr den Namen; *Ai* heißt übersetzt *Trümmerstätte*.

Viel harmloser also muss man sich die Frühgeschichte Israels vorstellen, groß gemacht und heroisiert erst durch eine spätere Geschichtsschreibung. Die Israeliten hatten gar nicht die Möglichkeit zu einer stärkeren Expansion, selbst das Großreichs Davids war vergleichsweise klein, er war eher ein Provinzfürst denn ein Großkönig, sein kleines Land dazu noch über weite Teile von Wüsten bedeckt. Wenn es existiert hat (ägyptische und mesopotamische Quellen erwähnen es nicht!), dann hatte es seinen Bestand einer zeitweiligen Schwäche sowohl der ägyptischen Großmacht als auch der mesopotamischen Völker zu verdanken. Vielleicht ist sogar König David eine historische Fiktion, ähnlich wie König Arthus bei den alten Briten. Überwiegend geht die Forschung aber von seiner Historizität aus. Und auf alle Fälle wurde seine Bedeutsamkeit später stark gesteigert und übertrieben.

Karriere eines Gottes – erster Teil

Das Alte Testament bietet dem Leser ein Geschichtsbild, welches ein verschriftlichtes Spätstadium einer über mehrere Jahrhunderte dauernden Entwicklung darstellt. Einzeltraditionen sind zu einem Gesamtbild zusammengesetzt worden, deren Bruchkanten man noch mehr oder weniger gut erkennen kann. Und es ist ein idealisiertes Bild, das uns das Alte Testament liefert, wer hätte auch etwas anderes erwartet. Auch andere Völker haben sich ihre Ursprungsgeschichte zurechtgebastelt. Gesetze und Ordnungen werden zurückdatiert und möglichst einem Gott oder zumindest charismatischen Volksgründern zugeschrieben.

Die religiöse Rechtsordnung, die durch Gottesworte vorgeblich begründet wurde, besteht bei der Schaffung der Gottesworte bereits und ist ihr Spiegel. Durch die Gottesrede spricht nicht Gott zu seinem auserwählten Volk, sondern eine religiöse Führungsschicht zum religiösen Fußvolk. Die Kultanweisungen, direkt oder über den Mittler Mose dem Volk mitgeteilt, sind nur eine Inanspruchnahme göttlicher Autorität zur besseren Regelung und Begründung der kultischen Abläufe. Jahwe selbst wird als Gewährsmann für die Richtigkeit priesterlichen Handelns von eben dieser Priesterschaft vereinnahmt. Auch dies hat sich in der Religionsgeschichte tausendfach so abgespielt. Wer war aber nun dieser Jahwe selbst? Wo kam er her? Was war er, bevor Israel ihn als Gott erwählt hat? Hat auch *er* eine Geschichte?

Natürlich hat er die! Sogar eine ausgesprochene Erfolgsgeschichte. Ja man wird sagen können, dieser Gott Jahwe ist einer der weltgeschichtlich erfolgreichsten Götter überhaupt. Und das Geheimnis seines Erfolgs liegt in seiner großen Wandlungsfähigkeit, dem Vermögen, eine Kernkontinuität selbst bei deutlich unterschiedlichen Erscheinungsformen zu beanspruchen oder zumindest zu behaupten. Und sein Erfolg resultiert natürlich auch aus geschichtlichen Zufällen, der Zufälligkeit, zur rechten Zeit am rechten Ort zu sein.

Doch auch er hat einmal klein angefangen. Die Anfänge der Jahweverehrung waren unspektakulär und lagen fast außerhalb Palästinas. Jahwe taucht als Gottesname JHW zuerst in ägyptischen Ortsnamenslisten aus der Zeit Amenhotep II. um das Jahr 1350

v. Chr. auf. Die Rede ist dort vom Land der „Jahwe-Beduinen". Jahwe meint dabei sowohl den Gottesnamen als auch einen Berg, auf dem dieser Gott verehrt wurde. Jahwe wäre demnach eine Art Berggott gewesen, der von Beduinengruppen im südlichen Palästina verehrt worden ist. Forscher bringen diese Beduinen mit den Midianitern in Verbindung, einem kriegerischen Reitervolk von Wüstennomaden, die östlich des Golfs von Akaba lebten. Diese Herkunft mag auf Gläubige befremdlich wirken, doch mit Israel hatte dieser Gott anfänglich überhaupt nichts zu tun. Wir befinden uns ja noch in vorstaatlicher Zeit. Und noch ist er einer von vielen Lokalgöttern, gebunden an einen bestimmten Ort, den Gottesberg.

Und hier kommt nun die Sinaitradition ins Spiel. Nach dem Alten Testament hat hier die entscheidende Gottesoffenbarung stattgefunden, die Selbstoffenbarung seines Namens. Ein Teil der später das Volk Israel bildenden Stämme hat dies als zentrales Ereignis erfahren. Später fand es Eingang in die Gesamtüberlieferung Israels. Es haben sich im Alten Testament noch Hinweise erhalten, dass der Sinai nicht auf der Sinaihalbinsel lokalisiert war, sondern im Gebiet der Midianiter. Jahwe wird geradezu als *der (Gott) vom Sinai* (Ps 68,9) beschrieben, und der Sinai wird in Richtung auf das Gebirge *Seir* und das Land *Edom* lokalisiert (Dt 33,2; Ri 5,4 und öfter), was in das Gebiet der Midianiter weist. Ein Beleg dafür könnte auch sein, dass Mose in Ex 3,1 als Schwiegersohn des Jethro bezeichnet wird, des „Priesters von Midian". Die Jahweverehrung hätten dann also vorisraelitische Stämme mit ins palästinische Kulturland gebracht, evtl. vermittelt durch Mose, der jedenfalls am ehesten in der Sinaitradition vorstellbar ist.

An welchen Gott aber haben nun die Erzväter Abraham, Isaak und Jakob geglaubt? Haben sie überhaupt an ein und denselben Gott geglaubt, wo sie doch ursprünglich Exponenten unabhängiger Stämme waren? Klar scheint nur, dass es wohl nicht der Gott *Jahwe* gewesen sein kann, denn dessen Offenbarung fand ja, Historizität überhaupt vorausgesetzt, um 1200–1000 v. Chr. statt. Abraham und auch die anderen Erzväter müssen aber wohl in Zusammenhang mit der sogenannten *Aramäischen Wanderung* gesehen werden (1500–1200 v. Chr.). Zudem wird als Abrahams Herkunftsort (immer unter dem Vorbehalt, dass die Angaben überhaupt glaubwürdig sind!) *Ur* in Caldäa angegeben, eine Stadt im Süden des heutigen Irak. Von dort sei er nach *Haran* gewandert, das etwa an der heutigen türkisch-syrischen Grenze gelegen hat. Die Jahweoffenbarung ist aber mit dem Norden der arabischen Halbinsel ganz woanders lokalisiert. Weder Ort noch Zeit stimmen also überein. Man stößt also auf den religionsgeschichtlich ziemlich klaren, aber für fromme Christen (und Juden) verwirrenden Tatbestand, dass die Erzväter noch gar nicht an Jahwe glaubten. Besonders im Hinblick auf Abraham ist dies bemerkenswert, da dieser ja später sowohl in christlicher als auch jüdischer Tradition geradezu als Vorbild des Glaubens herausgestellt wird. Und dieser Abraham soll noch an fremde Götter geglaubt haben?

Im Alten Testament ist die Erinnerung daran, dass die Jahweverehrung noch jung ist, aber sogar noch vorhanden.

> Gott redete mit Mose und sprach zu ihm: Ich bin Jahwe. Ich bin Abraham, Isaak und Jakob als El-Schaddai erschienen, aber unter meinem Namen Jahwe habe ich mich ihnen nicht zu erkennen gegeben. (Ex 6,2–3)

Die El-Gottheiten hatten ursprünglich nichts mit der Jahweverehrung zu tun. Und es ist unklar, ob sie ursprünglich mit den Vätergöttern in Verbindung standen oder wir es hier mit einer dritten Gottesform zu tun haben. In diesen Versen jedenfalls haben wir eine klassische Harmonisierung im Gottesbild vor uns. Die ursprünglich unterschiedlichen Götter der verschiedenen Überlieferungstraditionen werden unter dem Jahwenamen quasi eingemeindet nach dem Motto: Das war doch immer schon derselbe Gott. Und diese Harmonisierung wird, damit sie auch wirklich greift, Jahwe in den Mund gelegt. So wie die Erzväter genealogisch verbunden wurden und damit in keiner Konkurrenz mehr standen, so wurden auch jetzt die Gottesvorstellungen (und vor allem die Namen) vereinheitlicht. Und beides war unvermeidlich, wenn die unterschiedlichen Stammesgruppen im Kulturland zusammenleben wollten, oder andersherum, wenn das Zusammenleben so weit gediehen war, dass eine Vereinheitlichung notwendig erschien.

Dass es auch deutlicher geht, kann man ebenfalls dem Alten Testament entnehmen. Auf dem sogenannten *Landtag zu Sichem* redet Josua zum Volk:

So spricht der Herr, der Gott Israels: Eure Väter wohnten vor Zeiten jenseits des Euphratstromes und dienten anderen Göttern. (Jos 24,2)

Moses Nachfolger Josua verpflichtet das Volk auf dem Landtag zu Sichem auf den einen Gott. Man kann daraus ableiten, dass die Glaubensvorstellungen der versammelten Stämme also vorher noch unterschiedlich waren. Und man kann erkennen, dass nicht alle Stämme die Sinaioffenbarung miterlebt hatten, denn sonst wäre eine solche Verpflichtung ja nicht nötig gewesen. Doch wie Israel erst langsam ein gemeinsames Volk wurde, so wird man auch vermuten dürfen, dass die Verpflichtung auf die Verehrung *eines* Gottes nicht von heute auf morgen geschehen ist. Die Bibel warnt ja auch weiterhin vor dem Verehren fremder Götter. Und nicht nur Teile des Volkes, auch Könige haben zuweilen fremde Götter verehrt.

Man sieht, die wirklichen Geschehnisse waren viel komplizierter, als es die glorifizierende Sicht der Späteren und das Alte Testament glauben machen wollten. Die unbedingte Vorrangstellung Jahwes wurde erst relativ spät, vielleicht erst in nachexilischer Zeit (um 500 v. Chr.) verwirklicht. Jahwe vorangegangen waren jedenfalls eine ganze Reihe von Traditionen und eine Vielzahl von Göttern.

Aber letztlich hat Jahwe sich durchsetzen können. Damit war noch kein *Monotheismus* begründet, wie Gläubige oft fälschlich annehmen. Die Existenz anderer Götter wurde auch in Israel noch lange nicht geleugnet. Noch das erste Gebot mit seinem „Du sollst keine anderen Götter haben neben mir" erkennt implizit deren Existenz an. Aber Israel begab sich auf den Weg der *Monolatrie*, der Verehrung nur *eines* Gottes. Man weiß leider viel zu wenig über die Konkurrenten, gegen die er sich durchgesetzt hat. Aber er war auf dem Weg dahin. Zusammen mit einigen Nomadengruppen, die später mit anderen Gruppen das Volk Israel bilden sollten, war auch er mit in das gelobte Land gekommen. Und für den einstigen Lokalgott der Midianiter, den Berggott Jahwe, bedeutete dies einen Sprung auf der Karriereleiter, denn das Volk Israel hatte seine besten Zeiten noch vor sich, und mit ihnen würde auch er steigen. Sein auserwähltes Volk hat bald allerhand Gewaltfantasien auf ihn übertragen, doch war er sicherlich auch schon bei den kriegeri-

schen Midianitern eher ein Mann fürs Grobe. Und auch seine besten Zeiten sollten erst noch kommen.

Das Alte Testament – Ein ethisches Defizit

Die Schriften des Alten Testaments sind aus religionsgeschichtli-
cher Sicht sicherlich interessante Dokumente. Aus heutiger ethischer Sicht jedoch sind sie an vielen Stellen eine Katastrophe. Der
Gott Israels zeigt sich derart häufig von seiner schlechten Seite, dass
er als Richtlinie für verantwortliches Handeln, als Grundlage einer
Moralität schlichtweg nicht zu verwenden ist. Nur die Steinbruchmethode der Kirchen, die die (auch vorhandenen) positiv anmu-
tenden Stellen den Gläubigen präsentiert, vermag den Eindruck zu
stützen, als hätte uns dieser Gott heute noch etwas zu sagen.

In früheren Zeiten war dies nicht so. Eine Gesellschaft und eine
Religion, die sich als die einzig wahre verstand und die Ausbreitung auch mit Gewalt als ihre Aufgabe sah, kann sich durchaus auf
das Alte Testament berufen. Und christliche Missionare haben dies
ja denn auch getan. Allein in Mittel- und Südamerika hat diese religiöse Ideologie, verbunden mit rein machtpolitischen Interessen,
im 16. Jahrhundert Millionen von Toten gefordert. „Du sollst in
dir kein Mitleid aufsteigen lassen" (Dtn 25,12) – die christlichen
Krieger haben sich daran gehalten. Wer aber moderne und allgemein anerkannte Werte sucht wie Toleranz und Gerechtigkeit,
findet stattdessen fast nur Intoleranz und religiöse Selbstgerechtigkeit. Man mache sich den Spaß und ersetze in den einschlägigen
Texten das Wort *Amalekiter* einfach einmal durch *Franzosen*; auch
dem Letzten dürfte dann klar werden, wes Geistes Kinder sich da
tummeln. Israelische Rabbis „diskutieren bis zum heutigen Tage
darüber, ob die Aufforderung zur Vernichtung der Amalekiter
ein verschlüsselter Befehl zur Beseitigung der Palästinenser ist."
(Christopher Hitchens, Der Herr ist kein Hirte, S. 133f.) In Anlehnung an Stendhal und Nietzsche könnte man sagen: Die einzige
Entschuldigung dieses Gottes ist seine Nichtexistenz.

Die von Christen so hoch gehandelte Nächstenliebe findet sich
im Alten Testament nur an wenigen Stellen. Und gemeint sind dort
nur die Angehörigen des eigenen Volkes, die Anhänger der eigenen

Religion. Die Pfarrer und Seelsorger heute sind nicht zu beneiden. Sie verkünden eine Botschaft, die wesentlich anspruchsvoller ist als das Hauen und Stechen, das sie im Alten Testament vorfinden. Und doch sind sie an den alttestamentlichen Gott gebunden wie an einen ungeliebten Verwandten. Doch für den, der nicht christlich gebunden ist, gibt es eigentlich keine Veranlassung, im Alten Testament mehr zu sehen als eine Sammlung historischer Urkunden. Die Bibel ist das am meisten überschätzte Buch der Weltliteratur. Für das Alte Testament liegt dies auf der Hand. Doch gilt dies auch für das Neue Testament?

2. Der fragwürdige Gott des Neuen Testaments

Karriere eines Gottes – zweiter Teil

Der Gott des Alten Testaments hat sich als brutal und herrschsüchtig erwiesen, als Träger solch fragwürdiger Eigenschaften wie Eifersucht und Jähzorn, was zuweilen im Alten Testament noch an prominenter Stelle fast lobend hervorgehoben wird. Und jähzornig und intolerant ist Jahwe geblieben bis in die Spätzeit des Alten Testaments. Als solcher hätte er den Tod durch Vergessen sterben können wie Tausende Götzen und Götter vor und nach ihm. Hätte ihm die Geschichte eine Träne nachgeweint? Hätte sich außer den engen Kreisen der Religionswissenschaftler jemand für ihn interessiert?

Doch die Karriere Jahwes war noch nicht zu Ende. Aus dem einstigen Lokalgott, dem Berggötzen, dem Vatergott, Beschützer eines Stammes oder einer Stammesgruppe wurde auf dem Boden Palästinas langsam der monotheistische Gott der jüdischen Religion, ein Vorgang, der freilich mindestens fünfhundert Jahre gedauert hat. Bis dahin musste sich Jahwe einiger Konkurrenz erwehren. Er war nicht der einzige Gott im Land. Doch der Kreis seiner Verehrer hatte sich deutlich vergrößert, und bald wurde ihm sogar in Jerusalem ein eigener Tempel gebaut und ein Kult etabliert, betreut von einer eigenen Priesterschaft. Eingeklemmt zwischen die Großreiche von Mesopotamien und Ägypten hatte der Gott Israels einen Herrgottswinkel gefunden, belächelt sicherlich von den Großgöttern im Osten und im Westen. Doch während diese ihre besten Jahre schon hinter sich hatten, sollte seine große Zeit erst noch kommen.

Leicht hat er es nicht gehabt, denn sein Volk war politisch schwach. Ständig war es bedroht von den großen Nachbarn, den Ägyptern, den Assyrern, den Babyloniern, Persern, Griechen und schließlich den Römern. Und manche hatten *ihre* Götter mitgebracht. Wie sollte man sich dieser übermächtigen Gegner erwehren? Nach einer verhältnismäßig kurzen Selbstständigkeit ging 722 v. Chr. das Nordreich an die Assyrer verloren, das Volk Israels und sein Gott mussten eine üble Niederlage hinnehmen, die überheblichen Drohungen gegen die Nachbarvölker im Alten Testament offenbarten erst recht die Hilflosigkeit Israels und seines Gottes. Im Jahre 586 v.Chr. kam dann das Ende auch für das Südreich und für Jerusalem unter dem Babylonier Nebukadnezar. Jahwe musste es hinnehmen, dass sein Tempel zerstört und er selbst wie die Oberschicht seines Volkes nach Babylonien verschleppt wurde. Ein Gott im Exil. Doch wie ein echter Held ging er gestärkt aus seiner schwersten Niederlage hervor. Politisch freilich ließ sich nichts bewirken. Sein Volk Israel ist schwach geblieben, die Fremdherrschaft wurde es nicht mehr los. Dafür eroberte Jahwe immer mehr die Seelen seiner Anhängerschaft, Jahwe wurde ein Gott auch ohne Land.

Die Hoffnung, dass sich ihr Gott auch politisch werde durchsetzen können, hat die Jahwegemeinde jedoch nie aufgegeben. In der Makkabäerzeit (165–63 v.Chr.) hatte man zumindest wieder eine gewisse staatliche Unabhängigkeit erreicht, bevor die römischen Legionen dem ohnehin nur zaghaften Pflänzchen einer jüdischen Unabhängigkeit für zweitausend Jahre ein Ende machten. Man hatte immerhin noch erleben dürfen, dass der Tempel unter Herodes dem Großen wieder aufgebaut wurde. Doch nur, um im Jahre 70 n.Chr. dann endgültig zerstört zu werden.

Auch Jahwe musste einsehen, dass der Weg der Gewalt, der bei der Landnahme scheinbar so erfolgreich gewesen ist, nun nicht mehr gangbar war, jedenfalls nicht für den, der selbst zu den Ohnmächtigen gehörte. Ließ sich die äußere Herrschaft schon nicht erreichen, dann sollte sich wenigstens der Glaube an ihn verbreiten. Wer wirklich herrschen will, muss in den Seelen der Menschen herrschen, politische Grenzen und Potentaten sind letztlich nur dürres Stroh. Dies hatte Jahwe, dies hatten seine Anhänger verstanden. Eine Herrschaft war nur möglich, wenn das Reich nicht von dieser Welt ist.

Und in der Tat ist das der Königsweg gewesen. Denn während Israel politisch in Bedeutungslosigkeit hindümpelte, hat sein Gott seinen Herrschaftsbereich über die politischen Grenzen hinaus ausgedehnt. Der Jahweglaube war der zentrale Integrationsfaktor für die vielerorts im Römischen Reich sich bildende jüdische Diaspora. Er ist es geblieben bis über den letzten jüdischen Aufstand durch Bar Kochbar (135 n. Chr.) hinaus.

Die Jahwereligion vereinigte in der Diaspora eine deutlich größere Zahl von Gläubigen als in Palästina selbst. Die römischen Machthaber wurden zuweilen auf sie aufmerksam. Es war ja gerade die Struktur des römischen Weltreichs, welches durch sichere Verkehrswege sowie relative Rechtssicherheit die Diasporabildung nicht nur der jüdischen Gemeinde förderte, sondern auch zur Ausbreitung des Christentums eine hilfreiche Infrastruktur lieferte. Im politischen Rahmen des von frommen Juden verachteten Römischen Reiches gelang dem alttestamentlichen Gott Jahwe der eigentliche Karrieresprung. Denn als Vater von Jesus von Nazareth, den man bald den Sohn Gottes nannte, schickte er sich an, nicht nur sein Einflussgebiet deutlich zu vergrößern, sondern sogar zum bedeutendsten Gott der ganzen bisherigen Religionsgeschichte zu werden. Erst als der, den Jesus seinen Vater nannte, wurde aus einem Provinz- oder Regionalgott der Gott einer eigentlichen Weltreligion, der Gott des Christentums.

Kann ein Gott sich ändern?

Doch dieser Wechsel wirft Fragen auf. Es war schon in der Antike aufgefallen, dass sich der Gott des Alten und des Neuen Testaments nur schwer zur Deckung bringen lässt. Haben wir es hier wirklich mit demselben Gott zu tun, so fragen nicht nur Nichtchristen? Ist der Gott Jesu nicht ein Gott der Liebe, und eben kein Gott der Rache, ist er nicht ein Gott der Vergebung und nicht mehr ein Gott der Vernichtung, des Zuspruchs und nicht mehr der Drohung, ein persönlicher Gott, fast freundlich, und nicht mehr jener schlecht gelaunte Patriarch der alten Schriften? Er ist uns doch auch als Menschenfreund viel angenehmer denn als Choleriker. Doch was will man machen, für seine Verwandtschaft kann man nichts, und wer die Braut freit, erhält die Schwiegereltern dazu. Jesus von Nazareth und die ersten Anhänger der neuen christlichen Religion waren als Juden geboren und als solche in die alte Jahwe-Religion eingebunden.

Doch erneut gefragt: Kann sich ein Gott so ändern? Darf er das? Ist ein Gott vorstellbar, der heute so und morgen so auftritt, der vielleicht sogar (sehr menschlich) sich besinnt, in sich geht und sein Verhalten ändert? Geht man von einem philosophischen Gottesbegriff aus (heute kaum noch vertreten), ist dies unmöglich, sogar anrüchig und Ausweis mangelnden Nachdenkens und Verhaftetseins in anthropomorphen Kategorien. In der Religionsgeschichte ist dies jedoch gang und gäbe. Hier scheint der Wandel fast zum guten Ton zu gehören. Wir werden darauf noch zu sprechen kommen. Die spätere christliche Gemeinde ist jedenfalls davon überzeugt, dass es sich beim alttestamentlichen und neutestamentlichen Gott um denselben Gott handelt, auch wenn die Unterschiede eklatant sind, und dann auch noch zwei „Gottheiten" hinzukommen, der Sohn und der Heilige Geist, was der Theologie nicht geringe Probleme bereitet hat und noch heute dem Christentum gelegentlich den Vorwurf des Tritheismus einträgt.

Als aufgeklärter und humaner ist das Gottesbild des Neuen Testaments oft beschrieben worden. Zu Recht. Der kriegslüsterne und grausame Gott des Alten Testament wandelt sich zu einem Gott der Liebe und des Verzeihens. Die Differenz ist größer kaum zu denken. Die Aufrufe zu Vergewaltigung und Völkermord sind verschwunden, und an ihre Stelle tritt, man glaubt es kaum, in ihrer Spitze sogar die Forderung nach Feindesliebe, wie sie die Evangelisten Jesus in der Bergpredigt verkünden lassen.

Kann dies wirklich der gleiche Gott sein? Liegt hier nicht ein Etikettenschwindel in der einen oder anderen Hinsicht vor? Ist es nicht die biografische Zufälligkeit der Herkunft Jesu aus dem Judentum, ist es nicht darüber hinaus eine dogmatische Klammer, die hier zusammenhält, was eigentlich nicht zusammengehört? Man kann dies berechtigt fragen, und dies ist auch schon oft getan worden. Die Geschichte der Kirche hat uns jedoch diese beiden Gottesbilder zwar unterscheidbar, aber nicht (mehr) trennbar überliefert, wir haben diese Entwicklung hinzunehmen wie die grimmige Schwiegermutter einer schönen Braut. Doch natürlich hält man sich lieber an die Braut, und so hat der geneigte Leser unseres Kulturkreises, der auch heute noch eine christliche Sozialisation genossen hat, das Christentum bei aller Verwandtschaft in erster Linie aus der sympathischeren Sicht des Neuen Testaments kennengelernt. Angenehme Gäste sind uns lieber, und so steht der Gott des Neuen Testaments uns näher.

Jesus – ein religiöser Fundamentalist?

Die Bibel wird menschlicher und freundlicher, und Ausgangspunkt des neuen Bildes vom alten Gott Jahwe ist die Verkündigung und das Wirken Jesu. An ihn hält sich der Glaubende, nicht an seinen gestrengen Vater. So begegnen im Neuen Testament auch kaum noch direkte Gottesworte, was nebenbei auch viele Peinlichkeiten erspart haben mag. Was Gott ist und wie er verstanden werden soll, wird nun im Wesentlichen durch Jesus und (mehr noch) durch seine ersten Anhänger bestimmt, die sich auf ihn berufen. Der Gott des Neuen Testaments scheint sich den Menschen liebevoll zuzuwenden, er scheint an ihrem Leben und Schicksal positiv interessiert zu sein. Durch Krankenheilungen und Exorzismen, Jesus zugeschrieben, scheint er dazu beitragen zu wollen, die mühselige Existenz der Menschen zu erleichtern. Der Richter scheint sich zum Helfer zu wandeln. Und natürlich nehmen Menschen diese frohe Botschaft gerne an.

Die alttestamentliche Gesetzlichkeit scheint abgeschafft zu sein. Der Sabbat ist nun für den Menschen gemacht, Vergebung wird angeboten und Schonung wird selbst einer Ehebrecherin zuteil, die nach alttestamentlichem Gebot hätte gesteinigt werden müssen. Und dieses Gottesbild wird vermittelt durch einen wandernden und predigenden Jesus, der in armer Unschuld mit seinen Jüngern übers Land zieht und den Menschen Zuspruch erteilt. Die Verheißung, die frohe Botschaft wirkt immer stärker als die Drohung. Und dieser freundliche Jesus wurde zum Hauptinhalt der Verkündigung der Kirchen, besonders seit der Aufklärung. Und heute ist er in seiner liebenden Barmherzigkeit immer noch präsent in allen christlichen Denominationen und Gruppen. An diesen Gott richten sich die Gebete seiner Gläubigen, er ist es, der von den Kanzeln der Kirchen und in den frommen Konventikeln verkündet wird. Der Jesus der Kirchen ist wahrlich zu schön, um wahr zu sein.

Denn zu sehr war Jesus Kind seiner Zeit und Anhänger seiner Religion, als dass er sich gänzlich hätte von ihren Wurzeln befreien wollen. So finden sich bei genauerem Hinsehen auch bei ihm fragwürdige Denkstrukturen und Prämissen, deren Bekanntschaft wir schon im Alten Testament gemacht haben. In erster Linie fällt uns wieder jene unsägliche Dichotomie auf, die Unterteilung der Welt *in Schwarz und Weiß*, in Gläubige und Ungläubige, in Schafe und Böcke, in Gut und Böse. Diese fatale Unterscheidung findet sich auch in der Verkündigung Jesu und ist präsent in jeder Schrift des Neuen Testaments.

Die Scheidung der Welt in Gut und Böse kann man als einen grundlegenden Schritt in die Inhumanität sehen, geradezu als deren Grundkonstante. Denn ob es sich nun um Kriege, um die Verfolgung Andersdenkender, um die Wurzeln des Rassismus und Antisemitismus handelt, immer ist es vorher nötig, die Mitmenschen oder einen Teil davon als Gegner und Feinde, als Verblendete oder Ungläubige zu diffamieren. Wer Krieg führen will, muss seinen Anhängern vorher verständlich machen, dass das Anderssein des Anderen ein Verbrechen ist. Dass er ein Feind ist, weil er anders denkt, eine andere Religion hat, eine andere Gesellschaftsordnung, einen anderen Wertekanon. Das Denken in Schwarz und Weiß ist das Fundament, auf dem das Haus der Ungerechtigkeit und Unmenschlichkeit immer wieder neu errichtet wird.

Jesus ist diese Unterteilung in Schwarz und Weiß, in Gläubige und Ungläubige nicht fremd, wie vor allem das Gleichnis vom Weltgericht im Matthäusevangelium (Mt 25,31–46) zeigt. Hier erscheint der kommende Menschensohn als Weltenrichter, der die Völker zu sich ruft, um sie zu richten, und der sie wie ein Hirte (ein anderes Bild des Hirten als das, das fromme Seelen gewohnt sind) in Schafe und Böcke scheidet. Und die Schafe zur rechten Seite erhalten das ewige Leben, während die Böcke zur Linken die ewige Strafe erhalten. Solchen Unterscheidungen liegt die Vorstellung zugrunde, dass es den Menschen als Reintypus gibt, der entweder gut oder böse ist. Religionen neigen oft zu solchen Vereinfachungen. Doch nicht nur gibt es viele Abstufungen, auch der Einzelne ist nicht immer und auf Lebenszeit festlegbar gut und böse, schon diese Kategorien finden in der modernen Psychologie mit Recht keine Verwendung mehr. Vielmehr ergibt sich das Denken und das Verhalten, mithin die Persönlichkeit des Menschen aus einer Vielzahl von Einflüssen und Prägungen, vermeintlichen oder echten Entscheidungen. Die Unterscheidung in Schwarz und Weiß ist nicht nur eine falsche Beschreibung, sie ist geradezu eine Definition dessen, wie der Mensch *eben nicht* ist. Auf vielerlei Art gemischt, in Tausend Grautönen, mit unerwarteten dunklen, aber auch hellen Stellen, in Grundzügen beschreibbar, aber nicht berechen- und definierbar. Es ist nicht nur ein primitives Menschenbild, welches uns in der Geschichte vom Weltgericht begegnet, es ist schlichtweg falsch, und es hilft hier auch nicht wirklich weiter, wenn man (zu Recht) betont, dass die Geschichte quasi gleichnishaften Charakter hat.

Denn mehr noch als bei Jesus wird bei den neutestamentlichen Schriftstellern diese Unterscheidung geradezu dramatisch betont. Das Christentum erfand bald ein neues Kriterium, um festzulegen, wer zu den Guten und wer zu den Bösen gehört. Dies war nun der Glaube an Jesus.

Wer aber glaubt und getauft ist, der soll selig werden, wer aber nicht glaubt, der soll verdammt werden. (Mk 16,16)

Eines der Unworte der Bibel, das es an primitiver Deutlichkeit nicht fehlen lässt. Es wird jedoch von den Gläubigen in seiner grundsätzlichen Inhumanität nicht erkannt, was daran liegt, dass der Gläubige sich selbst auf der guten Seite wähnt und das Schicksal der Anderen weniger in seinen Blick gerät.

Der Glaube an Jesus wurde alsbald ein solches Kriterium, mit dem man sich von anderen abgrenzte und andere ausgrenzte. Hier entschied es sich, ob man gerettet oder verdammt war, ob man sich zu den Sündern zählen musste oder zu den Gerechten zählen durfte. Später, als das Christentum nicht nur allgemein anerkannt, sondern sogar die einzig erlaubte Religion geworden war, wurde dieses Kriterium zur Klinge, über die man Andersgläubige springen ließ. Bei aller vorgetragenen Menschenfreundlichkeit im Wirken Jesu sind doch auch schon bei ihm Tendenzen zur Ausgrenzung eindeutig vorhanden. Die Kirche konnte darauf aufbauen.

Im Bunde mit der Unterteilung in Schwarz und Weiß finden sich auch im Neuen Testament Drohungen mit Strafen, die in keinem vernünftigen, geschweige denn gerechten Verhältnis zur Tat stehen. Gerne werden diese Texte überlesen oder nicht so recht ernst genommen, obwohl sie selbst in zentralen Inhalten der Verkündigung Jesu auftauchen. So findet man besonders in den Gleichnissen Jesu, die von der neutestamentlichen Forschung meist als authentisch angesehen werden, eine deutliche Tendenz zur grausamen Bestrafung von Menschen. Auch wenn diese meist bildlich gemeint sind, ist das Menschen- und Weltbild, das dahinter sichtbar wird, positiv gesagt *archaisch*, negativ ausgedrückt *unmenschlich*.

> Jeder Baum, der keine guten Früchte bringt, wird umgehauen und ins Feuer geworfen. (Mt 7,19)

> Wer seinem Bruder zürnt, soll der Hölle verfallen. (Mt 5,22)

Beide Stellen finden sich in der von Christen besonders geschätzten *Bergpredigt*. Menschen werden als Unkraut beschrieben, das in den Ofen geworfen wird. (Mt 13,36–42; 47–50) Es mutet besonders unmenschlich an, dass für relativ geringe Vergehen Strafen verhängt werden, die mit dem Vergehen in keinem verständlichen Zusammenhang stehen. Endliche Vergehen werden mit unendlichen Strafen belegt, relatives Verschulden zieht absolute Verdammung nach sich. Es wird meist übersehen, „dass derselbe Jesus für die mangelhafte diesseitige Barmherzigkeit ewige jenseitige Folterqualen androht, eine Unbarmherzigkeit, die die angeprangerte irdische Unbarmherzigkeit unendlich übersteigt." (Buggle, Denn sie wissen nicht was sie glauben, S. 24)

Schon wer seinem Bruder zürnt (und wer hätte das nicht schon getan), soll der Hölle verfallen sein? Welch leichtfertiges Wort. Dieses Denken ist nicht nur überzogen und realitätsblind, es widerspricht nicht nur den Rechtsgrundsätzen einer Demokratie, sondern ebenso den „Unrechtsgrundsätzen" der schlimmsten Diktaturen. Nicht einmal in Diktaturen werden solche Forderungen aufgestellt, wie Jesus sie in seinen Predigten beiläufig fallen lässt. Dem frommen Leser jedoch, der von seinem Herrn immer inhaltlich wertvolle Aussagen erwartet, fallen solche geistigen Schnellschüsse gar nicht auf.

Die Forderungen Jesu sind oft derart radikal gehalten, dass sie praktisch von niemand erfüllt werden können. Vermutlich wurden sie deshalb so formuliert. Die Schuldhaftigkeit des Menschen soll damit radikal aufgewiesen werden, wie man vor allem in der protestantischen Theologie betont hat. Doch damit erweisen sich die

Forderungen Jesu als für eine praktische Ethik ungeeignet. Während Jesus an anderen Stellen um die Schwächen der Menschen weiß, wenn er ihnen die Vergebung der Sünden zuspricht, konterkariert er mit ethischen Maximalforderungen seine eigene Lehre. Wenn Theologen hier gerne *Dialektik* sehen wollen, dürten wir hier treffender von Widersprüchlichkeit sprechen. Wegen solcher Widersprüchlichkeiten muss man sich nicht wundern, dass auch viele Theologen den ethischen Weisungen Jesu keinen allgemeinverbindlichen Charakter zubilligen können.

Unverständnis rufen auch solche plakativen Sätze hervor:

Wenn jemand zu mir kommt und nicht hasst Vater und Mutter, Frau und Kinder, Brüder und Schwestern [...], dann kann er nicht mein Jünger sein. (Lk 14,26)

Die Einheitsübersetzung übersetzt hier das griechische Verb *misein* nicht mit *hassen*, sondern mit *gering achten*, wohl weil man die Radikalität der Aussage entschärfen will. Man stelle sich einen solchen Satz einmal gesprochen von einem indischen Guru vor. Würden Eltern, Lehrer und Politiker nicht vor einem solchen Mann warnen? Und man darf fragen: Christliche Politiker und Parteien, die ja den Wert der Familie besonders hochhalten – wie kriegen sie hier noch die Kurve?

Es wäre noch zu reden vom ausgeprägten Höllen- und Teufelsglauben, den Jesus mit seiner Umgebung geteilt hat, dem Gerichtsdenken und vielem anderen mehr. Da aber das ganze folgende Kapitel von Jesus handeln soll, mag dies an dieser Stelle genügen.

Fragwürdiges bei Paulus

Schaut man also etwas genauer hin, finden sich auch im Neuen Testament fragwürdige Vorstellungen, inhumane und ethisch bedenkliche Vorstellungen und Passagen. Nur eine idealisierende Sicht und eine selektierende und tendenziöse Auswahl biblischer Stellen führen dazu, dass das Neue Testament in seiner eben auch vorhandenen rückständigen Weltsicht nicht oder nur unvollständig wahrgenommen wird. Ethisch fragwürdige Positionen finden sich auch in der Briefliteratur des Neuen Testamentes, unter anderem

auch bei Paulus. Auch Paulus, auf den im eigentlichen Sinne die
Kirche gebaut ist (und nicht auf Petrus, wie es im Matthäusevangelium steht und wie die katholische Kirche noch heute glaubt), erweist sich in vielen seiner Äußerungen als ein Kind seiner Zeit und
deren Anschauungen. Wie in den Evangelien finden wir hier ein
Nebeneinander von Zuckerbrot und Peitsche. Auf der einen Seite
Aufrufe zu gegenseitiger Liebe und Verständnis, andererseits aber
schwerste Schmähungen für alle diejenigen, die sich weigern, die
neue Lehre von Christus anzunehmen. Oder sich auch nur erlau-
ben, als Juden bei ihrem alten Glauben zu bleiben. Auch bei Paulus
finden wir das bekannte Schwarz-Weiß-Denken, und wenn man
die Reichweite seiner Schriften und seiner Theologie bedenkt, hat
dieser Missstand später zu gravierenden Konsequenzen geführt.
An einer bekannten Stelle im Römerbrief „überführt" er zunächst
die Ungläubigen der Sünde. Der Unglaube ist unentschuldbar.

> Der Zorn Gottes wird geoffenbart vom Himmel her über alle Gott-
> losigkeit und Ungerechtigkeit der Menschen, welche die Wahrheit
> durch Ungerechtigkeit niederhalten, weil das von Gott Erkennbare
> unter ihnen offenbar ist, denn Gott hat es ihnen geoffenbart. (Röm
> 1,18–19)

Nach Paulus kann also jeder Mensch durch eigene Bemühungen
Gott erkennen. Wenn er Gott nicht erkennt, ist dies ein Zeichen
seiner Sünde. Es versteht sich von selbst, dass bei dieser Grundan-
schauung es auch bei Paulus keine Werte wie Toleranz oder die Re-
spektierung von Andersgläubigen gibt. Und so finden sich neben
positiven Passagen in seinen Briefen auch viele Hasstiraden gegen
Andersgläubige. Es wurde in der altchristlichen Literatur und bei
den Kirchenvätern später geradezu üblich, den Andersgläubigen
alle möglichen sittlichen Verfehlungen pauschal zuzuweisen und
alle Schlechtigkeit auf ihnen zu vereinigen.

> Und wie sie [die Ungläubigen] es nicht für gut fanden, Gott in der
> Erkenntnis festzuhalten, hat Gott sie dahingegeben in einen ver-
> worfenen Sinn, zu tun, was sich nicht geziemt: erfüllt mit aller
> Ungerechtigkeit, Bosheit, Habsucht, Schlechtigkeit, voll von Neid,
> Mord, Streit, List, Tücke, Ohrenbläser, Verleumder, Gottverhass-
> te, Gewalttäter, Hochmütige, Prahler, Erfinder böser Dinge, den
> Eltern Ungehorsame, Unverständige, Treulose, ohne natürliche
> Liebe, Unbarmherzige. Obwohl sie Gottes Rechtsforderung erken-

nen, dass, die solches tun, des Todes würdig sind, üben sie es nicht allein aus, sondern haben auch Wohlgefallen an denen, die es tun. (Röm 1,28–32)

Der Psychologe Buggle schreibt dazu:

> Wir haben hier eines der zahlreichen Beispiele undifferenzierter Schwarzweißmalerei und Verteufelung gegenüber Außengruppen, wie es weniger entwickelte, unreife psychische Strukturen generell kennzeichnet […]." (Franz Buggle, Denn sie wissen nicht was sie glauben, S. 85)

Auch für Paulus ist es unstrittig, dass die derart Abqualifizierten das Gericht zu erwarten haben, dass ihnen ewiges Verderben droht; auch sie enden im flammenden Feuer der Hölle. Es ist erschütternd zu sehen, dass auch bei Paulus, der mit seiner Lehre von der Rechtfertigung allein aus dem Glauben einen theologischen Entwurf vorgelegt hat, der durchaus bemerkenswert ist, das Bedürfnis zu richten (das selbstverständlich nicht *sein* Bedürfnis ist, sondern das unterstellte Bedürfnis Gottes) so ausgeprägt ist, dass es seine eigene Gnadenlehre konterkariert.

> Dann übt er Vergeltung an denen, die Gott nicht kennen, und dem Evangelium Jesu, unseres Herrn, nicht gehorchen […], mit ewigem Verderben werden sie bestraft. (2. Thess 1,7–9)

Es spielt keine Rolle, dass es sich beim zweiten Thessalonicherbrief nach fast übereinstimmender Meinung der Forschung gar nicht um einen echten Paulusbrief handelt, sondern um eine Fälschung. Das Gericht ist auf alle Fälle einer seiner theologischen Topoi. Unverblümt äußert er sich im ersten Brief an die Korinther:

> Wer den Herrn nicht liebt, der sei verflucht. (1. Kor 16,22)

Die Schrecken der Apokalypse

Die Offenbarung des Johannes treibt alles, was wir bislang über das negative Menschen- und Weltbild gesagt haben, auf die Spitze. Diese Schrift, die einzige prophetische Schrift des Neuen Testamentes, steht nicht nur am Ende der Bibel, weil sie sich mit der

Endzeit beschäftigt, sondern ebenso deshalb, weil sie innerhalb der Kirchen- und Theologiegeschichte lange umstritten war und auch einflussreiche Theologen (zum Beispiel Luther) sich sehr reserviert über sie äußerten. Haben wir gesehen, dass die Ethik Jesu und der neutestamentlichen Schriftsteller bei allem Negativen im Menschenbild und in der Gottesvorstellung doch auch positive Aspekte brachte, so begegnet uns mit der Offenbarung des Johannes eine abschreckende und widerliche Schrift, der „Gipfelpunkt der in der biblisch-christlichen Religion enthaltenen sadistisch-inhumanen Aspekte" (Buggle, S. 140). Selbst die nicht zimperlichen alttestamentlichen Schriftsteller hätten von dieser Schrift noch etwas lernen können. Die einschlägigen Stellen lassen sich dabei nicht dadurch entschuldigen, dass es sich um keine realen Geschehnisse, sondern um Visionen handelt. Eben als Visionen beanspruchen sie ja, künftiges Geschehen zu enthüllen. Und die Drohung, das ist eine alte Regel beim Schach, ist stärker als ihre Ausführung.

Diese merkwürdige Schrift am Ende der Bibel, die in der Verkündigung der christlichen Kirchen nur eine Nebenrolle spielt und die, wenn sie überhaupt zitiert wird, nur in einigen wenigen ausgewählten Passagen verwendet wird, gehört der jüdischen Literaturgattung der *Apokalyptik* an, die etwa vom zweiten vorchristlichen Jahrhundert an verbreitet war. Die bekannteste Apokalypse (von griechisch *apokalyptein*: offenbaren, enthüllen) hat mit dem Buch Daniel Einzug in das Alte Testament gehalten, war aber nicht die einzige dieser Schriften, die zur Zeit Jesu bekannt waren. Es gab eine ganze Reihe von Apokalypsen, später auch im christlichen Bereich.

Der Verfasser der Apokalypse des Johannes wurde in der alten Kirche mit dem Jesusjünger Johannes, dem Sohn des Zebedäus, identifiziert, was dieser Schrift eine vergleichsweise hohe Wertschätzung zukommen ließ, meinte man doch damit der Verkündigung Jesu ganz nahe zu sein. Die neutestamentliche Forschung hat jedoch ergeben, dass der Verfasser der Offenbarung, der sich selbst nur Johannes nennt, kein Augenzeuge des Lebens Jesu gewesen sein kann. Die Forschung verortet ihn am ehesten zur Zeit der Kaiserschaft Domitians (81–96). Dem Sprach- und Gedankengut nach ist dieser Johannes auch nicht identisch mit dem Verfasser des Johannesevangeliums.

Schon in der Antike waren die apokalyptischen Schriften selbst Christen suspekt. Die Offenbarung des Johannes wurde in Teilen der Ostkirche deshalb nicht anerkannt. Dafür beriefen sich im Laufe der Kirchengeschichte immer wieder Fanatiker, Endzeitsekten, Pietisten und christliche Fundamentalisten auf dieses letzte Buch der Bibel. In unserer heutigen Zeit spielt die Offenbarung vor allem bei den Zeugen Jehovas und den Adventisten eine große Rolle. Die jüdischen Apokalypsen waren alle pseudepigrafisch, sie gaben vor, von berühmten Personen der Vorzeit verfasst zu sein (Mose, Henoch). Dieser Trick war in der Antike nicht unüblich. Der vermeintlich angesehene Verfasser behauptete die Geschichte zu kennen und gab einen Geschichtsabriss der künftigen Ereignisse, die (da sie ja bereits geschehen waren) natürlich exakt zutrafen. Die zukünftige Geschichte konnten die fiktiven Verfasser jedoch nicht kennen, und so sind ihre Geschichtsbeschreibungen ab einem bestimmten Zeitpunkt fehlerhaft. Dadurch lässt sich dann die Entstehungszeit relativ genau bestimmen.

Die Offenbarung des Johannes ist jedoch rein eschatologisch ausgerichtet, d. h., die Vergangenheit spielt für sie keine Rolle, sie ist nur an der Endzeit interessiert. Johannes bildete sich ein, in der Endzeit zu leben. Für ihn ist die Welt von bösen mythologischen Mächten bestimmt, und der Geschichte liegt ein Plan zugrunde, der die Geschicke der Menschen bestimmt. Wer von den übrigen Büchern des Neuen Testaments kommt, wo die Geschehen der Endzeit zwar angedeutet, aber kaum ausgemalt werden, der findet bei Johannes das volle Programm. Und wer etwas von Liebe und Vergebung des neutestamentlichen Gottes zu wissen meint, der wird hier eines Schlechteren belehrt. Denn der Gott der Apokalypse bringt Tod und Vernichtung, er bringt Folter und sadistische Quälereien.

Schon der Beginn hat nichts von einer frohen Botschaft: „Siehe, er kommt aus den Wolken [...] und alle Völker der Erde werden seinetwegen jammern und klagen" (Off 1,17). Die Bühne wird freigegeben für den Apokalyptischen Reiter, der als von Gott gesandt verstanden werden muss. Beim Öffnen der ersten sechs Siegel zeigt es sich deutlich: Gott selbst ist es, der zu Vernichtung und Krieg anstiftet.

Da erschien ein [...] Pferd; das war feuerrot. Und der, der auf ihm saß, wurde ermächtigt, der Erde den Frieden zu nehmen, damit die Menschen sich gegenseitig abschlachteten. Und es wurde ihm ein großes Schwert gegeben. (Off 6,4)

Mord und Todschlag sind die Mittel des Gottes der Apokalypse, und sie richten sich auch nun wieder, wie könnte es anders sein, gegen die Andersgläubigen, gegen die, die die christliche Botschaft nicht angenommen haben. Aber sie richten sich auch schon gegen Querdenker in den eigenen Reihen. So wird die Gemeinde in *Thyatira* getadelt, weil sie die Prophetin *Isebel* gewähren lässt, die offenbar selbst Christin ist, aber eben nicht im Sinne des Autors der Apokalypse. In einem Christuswort (!) droht er ihr:

So spricht der Sohn Gottes [...] darum werfe ich sie auf das Krankenbett. Ihre Kinder werde ich töten, der Tod wird sie treffen, und alle Gemeinden werden erkennen, daß ich es bin, der Herz und Nieren prüft, und ich werde jedem von euch vergelten, wie es seine Taten verdienen. (Off 2,18;22–23)

Das ist nicht wirklich nett. Doch damit kommt sie noch vergleichsweise gut weg. Denn die folgenden Visionen sind Ausgeburten einer geradezu widerlichen Fantasie, genauer einer widerlichen *christlichen* Fantasie. Und diese lässt schließlich sieben Racheengel auftauchen, deren erklärte Aufgabe es ist, einen Großteil der Menschheit zu quälen und zu vernichten.

Und der erste Engel posaunte: Und es kam Hagel und Feuer, mit Blut vermischt, und wurde auf die Erde geworfen. Und der dritte Teil der Erde verbrannte, und der dritte Teil der Bäume verbrannte, und alles grüne Gras verbrannte. Und der zweite Engel posaunte: Und etwas wie ein großer feuerflammender Berg wurde ins Meer geworfen; und der dritte Teil des Meeres wurde zu Blut. Und es starb der dritte Teil der Geschöpfe im Meer, die Leben hatten, und der dritte Teil der Schiffe wurde zerstört. Und der dritte Engel posaunte: und es fiel vom Himmel ein großer Stern, brennend wie eine Fackel, und er fiel auf den dritten Teil der Ströme und auf die Wasserquellen. Und der Name des Sterns heisst *Wermut*; und der dritte Teil der Wasser wurde zu Wermut, und viele der Menschen starben von den Wassern, weil sie bitter gemacht waren. (Off 8,7–10)

Im Folgenden verfinstern sich Sonne und Gestirne, und ein Adler verkündet mit lauter Stimme: „Wehe, wehe, wehe denen, die auf der Erde wohnen." (Off 8,13) Mit Heuschrecken und Skorpionen werden die Menschen gequält. Ihnen wurde gesagt,

> dass sie nicht dem Gras der Erde noch irgendetwas Grünem, noch irgendeinem Baum Schaden zufügen sollten, sondern nur den Menschen, die nicht das Siegel Gottes an den Stirnen haben. Und es wurde ihnen der Befehl gegeben, dass sie sie nicht töteten, sondern dass sie nur fünf Monate gequält würden (sic!); und ihre Qual war die Qual eines Skorpions, wenn er einen Menschen sticht. Und in jenen Tagen werden die Menschen den Tod suchen und werden ihn nicht finden und werden zu sterben begehren, und der Tod flieht vor ihnen. (Off 9,4–6)

Der Tag des Gerichts ist der Tag des Zornes, so hatte es schon das Alte Testament verstanden. Doch zu welchen perversen Phantasien versteigt sich der „Visionär" Johannes hier? Stellen wie diese lassen zu Recht fragen, was noch übrig bleibt von dem Gott der Liebe und der Versöhnung, vom Gott der Barmherzigkeit und der Gerechtigkeit, von den zentralen Inhalten der Botschaft Jesu. Seinen Herrn Christus selbst macht der Verfasser der Schrift zu einem Kindermörder, um sich an seinen eigenen Rachefantasien zu berauschen.

Weltliteratur? Es wird klar, warum auch unter vielen Theologen diese Schrift des Neuen Testamentes nach Möglichkeit gemieden wird. Sie ist ihnen peinlich. Und sie ist auch nicht wirklich hilfreich für den heute angesagten *Dialog der Weltreligionen*. Denn auch bei Johannes werden die Ungläubigen wieder pauschal der Unzucht, des Diebstahls und überhaupt aller möglichen Verbrechen bezichtigt. Ungläubige sind per se zu keiner moralischen Leistung fähig. Stattdessen feiert die religiöse Selbstgerechtigkeit ein rauschendes Fest. Wer das Tier anbetet (also einer anderen Religion angehört, hier dem Kaiserkult),

> wird mit Feuer und Schwefel gequält werden vor den heiligen Engeln und vor dem Lamm. Und der Rauch ihrer Qual steigt auf in alle Ewigkeit; und sie haben keine Ruhe Tag und Nacht […]. (Off 14,10b–11)

Bewahrenswerte Überlieferung? Gegen die Hure Babylon (= das Römische Reich) ergeht das Wort:

Zahlt ihr mit gleicher Münze heim, gebt ihr doppelt zurück, was sie getan hat. Mischt ihr den Becher, den sie gemischt hat, doppelt so stark. Im gleichen Maß, wie sie dem Trunk und Luxus lebte, lasst sie Qual und Trauer erfahren." (Off 18,6–7)

Hatte Jesus sich da nicht doch etwas anders ausgedrückt? Hatte er nicht gesagt: „Liebt eure Feinde, segnet, die euch fluchen, tut wohl denen, die euch hassen, und bittet für die, welche euch beleidigen und verfolgen". (Mt 5,44) Auf der einen Seite also ein hoher ethischer Anspruch, auf der anderen Seite niedere Instinkte und grausamer Sadismus. Und alles vereinigt unter dem gemeinsamen Dach angeblich Heiliger Schriften. Ist eine solche Gemengelage wirklich hilfreich als ethische Richtschnur für Heranwachsende? Kann man wirklich die Lektüre der Bibel guten Gewissens empfehlen? Sollte man nicht eher vor ihr warnen?

Im 19. Kapitel der Offenbarung sieht der Fantast einen Reiter auf einem weißen Pferd, dessen Name *Treu und Wahrhaftig* heißt und der Kriege führt (natürlich in Gerechtigkeit). Er ist bekleidet mit einem in Blut getauchten Gewand und sein Name lautet *Wort Gottes* (!). Es ist Christus, der hier indirekt genannt wird. „Aus seinem Mund geht ein scharfes Schwert hervor, damit er mit ihm die Völker schlage." (Off 19,15) Ein Engel ruft die Vögel zum großen Mahl Gottes, bei dem Menschenfleisch gegessen wird.

Kommt her, versammelt euch zum großen Mahl Gottes, damit ihr Fleisch von Königen fresst und Fleisch von Obersten und Fleisch von Mächtigen und Fleisch von Pferden und von denen, die darauf sitzen, und Fleisch von allen, sowohl von Freien als Sklaven, sowohl von Kleinen als Großen! (Off 19,17b–18)

Es ist, als wollte der große Visionär Johannes die Spirale des Wahnsinns immer weiter nach oben drehen. Dabei wäre dies doch gar nicht nötig gewesen, ist er doch längst als ein Mann mit offensichtlicher religiöser Neurose erkannt.

Nicht was er schreibt, ist bemerkenswert, sondern der Umstand, dass seine Schrift es tatsächlich bis ins 21. Jahrhundert geschafft hat. Und doch findet man in den Kirchen oft eine andere Beurteilung. Dort wird die Apokalypse des Johannes, man mag es kaum glauben, nicht selten als Trostbuch bezeichnet. Diese Anschauung gründet sich vor allem auf zwei Stellen. Die erste sind lediglich ein paar Verse aus dem siebten Kapitel.

Sie werden keinen Hunger und keinen Durst mehr leiden und weder Sonnenglut noch irgendeine sengende Hitze wird auf ihnen lasten. Denn das Lamm in der Mitte vor dem Thron wird sie weiden und zu den Quellen führen, aus denen das Wasser des Lebens strömt, und Gott wird alle Tränen von ihren Augen abwischen. (Off 7,16–17)

Besonders bei Beerdigungen wird diese Stelle gerne verwendet, selbst der Kirche Fernstehende werden sie von daher kennen. Zweifellos klingt sie tröstlich, jedoch nur, wenn man vom Kontext absieht. Die zweite Stelle ist die Schilderung des neuen Himmels und der neuen Erde, die die Gläubigen (die die vorausgehenden göttlichen Massaker überlebt haben) erwarten.

Und ich sah einen neuen Himmel und eine neue Erde. Denn der erste Himmel und die erste Erde waren vergangen, auch das Meer war nicht mehr. Ich sah die heilige Stadt, das neue Jerusalem, von Gott her aus dem Himmel herabkommen; sie war bereit wie eine Braut, die sich für ihren Mann geschmückt hat. Da hörte ich eine laute Stimme vom Thron her rufen: Seht, die Wohnung Gottes unter den Menschen! Er wird in ihrer Mitte wohnen, und sie werden sein Volk sein; und er, Gott, wird bei ihnen sein. Er wird alle Tränen von ihren Augen abwischen: Der Tod wird nicht mehr sein, keine Trauer, keine Klage, keine Mühsal. Denn was früher war, ist vergangen (Off 21,1–4)

Inmitten des christlichen Gemetzels wirken diese Verse tatsächlich wie ein Ort der Ruhe. Wohl dem, der verweilt. Doch liest man weiter, so findet man fast übergangslos die Worte

[…] aber die Feiglinge und Treulosen, die Befleckten, die Mörder und Unzüchtigen, die Zauberer, Götzendiener und alle Lügner – ihr Los wird der See von brennendem Schwefel sein. (Off 21,8)

Unser „Seher" Johannes kann eben nicht aus seiner Haut. Und es versteht sich von selbst, dass dieser Vers bei Predigten gerne unterschlagen wird, obwohl er inhaltlich und formal dazugehört.

Man darf darüber spekulieren, ob die Johannesoffenbarung ohne das 21. Kapitel es überhaupt in den neutestamentlichen Kanon geschafft hätte. Nur Mord und Todschlag, Vernichtung und Gewalt wären wohl auch den hartgesottensten Frühchristen inhaltlich zu dünn gewesen. Und man wird es auch menschlich verständlich finden, dass die Kirchen bestimmte Verse besser nicht zitieren. Auch wenn dies nicht im Sinne des Visionärs Johannes war, der zum Abschluss seines unseligen Buches den Lesern noch einmal eindringlich einschärft.

> Ich bezeuge jedem, der die prophetischen Worte dieses Buches hört: Wer etwas hinzufügt, dem wird Gott die Plagen zufügen, von denen in diesem Buch geschrieben steht. Und wer etwas wegnimmt von den prophetischen Worten dieses Buches, dem wird Gott seinen Anteil am Baum des Lebens und an der heiligen Stadt wegnehmen, von denen in diesem Buch geschrieben steht. (Off 22,18–19)

Welcher Gott soll es denn nun sein?

Ist also am Ende des Neuen Testaments Gott doch wieder ein Moloch, ein blindwütiger Rächer wie der Gott im Alten Testament? Man kann dies ruhig verneinen, denn die sogenannte Offenbarung des Johannes ist ein Sonderfall, nicht von zentraler Bedeutung in der Lehre der Kirchen. Theologen haben zu allen Zeiten andere Glaubensinhalte als wichtiger angesehen. Aber dennoch kann sich die Kirche aus historischen Gründen nicht von ihr distanzieren, sie ist ein Teil der für heilig gehaltenen Schriften. Und entscheidend ist auch nicht das Extrem, das sie repräsentiert. Bedenklich ist das Nebeneinander von ungezügelten inhumanen Gewaltfantasien und durchaus bedenkenswerten Passagen. Die bunte Vermischung von beidem macht die Bibel als ethische Quelle zu einem Problem.

Als positiv empfundene Stellen finden sich vor allem in der Verkündigung Jesu. Dabei spielt es erst einmal keine Rolle, welche Sentenzen tatsächlich auf Jesus zurückgehen und welche aus der späteren Gemeinde ihm erst angedichtet worden sind. Im nächsten Kapitel werden wir einiges dazu sagen. Auch heute offensichtliche Fälschungen sind ja über die Jahrhunderte als Herrenworte verstanden worden und haben eine normgebende Wirkung entfaltet, zumindest auf den einzelnen Gläubigen. In Worten Jesu finden sich vielleicht die geistig anspruchsvollsten Teile der Bibel. Doch selbst bei ihm gibt es Stellen, die die dunkle Seite seiner Verkündigung offenbaren und die inhumanen und ethisch rückständigen Prämissen und Vorstellungen offenlegen. Das religiöse Gemüt blendet diese Tendenzen unbewusst aus. Eine nüchterne Betrachtung wird sich aber mit ihnen beschäftigen müssen.

In anderen Teilen der Bibel und vor allem im Alten Testament ist dieses Ineinander von Zuspruch und Gewalt deutlicher. Viele Geschichten und Anweisungen Gottes im Alten Testament sind so grausam und inhuman, dass Richard Dawkins lapidar feststellen kann: „Die Bibel ist ein Regelwerk der Gruppenmoral mit Anweisungen zum Völkermord, zur Versklavung anderer Gruppen und zur Weltherrschaft." (Dawkins, Der Gotteswahn, S. 358) Hat er recht? Er hat, aber eben nur zum Teil, denn es finden sich auch ganz andere Tendenzen vor allem im Neuen Testament. Neben dem Feindeshass findet sich auch die Feindesliebe, neben dem Aufruf zum Völkermord auch die Mahnung zur Langmut und Güte, neben dem Rache- und Kriegsgott Jahwe eben auch der liebende Vater Jesu. Was soll denn nun gelten?

Heute scheint die Sache klar. Es gilt fast überwiegend nur der menschenfreundliche Gott, an den Jesus wohl vorwiegend geglaubt hat. Der aufgeklärte Christ kann wenig anfangen mit dem Rächergott des Alten Testaments, und selbst die Frommen im Lande möchten mit diesem Gott eher nichts zu tun haben. Doch es gab auch Zeiten, in denen gerade der Kriegsgott des Alten Testaments verkündet wurde. Wann immer es galt, Kriege religiös zu rechtfertigen, Andersgläubige und vermeintliche Ketzer zu verfolgen und zu töten, Kreuzritter ideologisch auszurüsten und Glaubenszucht zu erzwingen, konnte man sich vor allem an einschlägigen Stellen im Alten Testament munter bedienen. Es gibt fast kein Verbrechen, für das man im Alten Testament nicht irgendwie eine geeignete Stelle und Bestätigung finden könnte.

Die häufig gehörte Entschuldigung, frühere Zeiten haben die Bibel eben falsch verstanden, greift zu kurz. Sie haben sie nicht falsch verstanden, sondern haben nur andere Stellen *richtig* verstanden. Sie haben einfach *andere* Stellen wörtlich genommen. Es ist eben gerade das Problem, dass man mit der Bibel alles und jedes rechtfertigen kann, Friedenslied und Folterpein, Völkermord und Gotteslob, und auch alles zusammen. Und die Kirchen haben es nicht bei der Theorie belassen. Für alles eignen sich also die Heiligen Schriften, nur für eines nicht: Eine Quelle für Handlungsnormen können sie nicht sein, dafür weiß die Bibel viel zu wenig, was sie will.

Nicht bei allen scheint sich diese gar nicht so neue Erkenntnis herumgesprochen zu haben. Immer noch versuchen die Kirchen, den Gläubigen die biblischen Panschereien als reinen Wein zu verkaufen, rekurrieren nicht nur christliche Politiker auf christliche Grundwerte, ein christliches Menschenbild und die Bedeutung der Bibel auch (oder gerade) für *unsere* Zeit. Was meinen sie damit? Es besteht der Verdacht, dass sie es selbst nicht wissen. In diesem Buch soll an späterer Stelle den „christlichen Werten" etwas auf den Zahn gefühlt und gefragt werden, ob es tatsächlich *christliche* Werte sind, die unser Gemeinwesen bestimmen.

Ein verständlicher Einwand sei noch erwähnt, der vielen sicher schon auf den Nägeln brennt: Ist es nicht völlig unhistorisch, antike Texte derart auf eine moderne Folter zu spannen? Man kann doch keinem König David unsere heutigen ethischen Maximen unterzuschieben versuchen oder ihn daran messen, ob er über das ethische Hölzchen springt, das wir ihm hinhalten. Er lebte eben in einer anderen Welt mit anderen Gesetzen und Vorstellungen. Dieser Einwand ist natürlich richtig. Doch es sind ja gerade die Kirchen, die der Meinung sind, diese Texte wären *mehr* als nur historische Urkunden. Gerade die Kirchen meinen ja, dass diesen Texten eine ethische Dignität und normative Kraft zukommt. Wenn sie dieser Meinung sind, dann müssen sie sich aber auch deren Inkonsequenzen und Unzulänglichkeiten vorhalten lassen. Es geht eben nicht um die Äußerungen einer toten Religion, die man religionsphänomenologisch nüchtern beschreibt, es geht um eine Religion, die für sich und ihre Überlieferungen eine Würde und Bedeutung auch für den heutigen Menschen in Anspruch nimmt, die diesen nicht zukommt. *Darin* liegt das Unhistorische.

Auf vor allem die negativen Seiten eines überschätzten Buches werden wir auch im Folgenden immer wieder zu sprechen kommen. Im nächsten Kapitel soll es aber nun darum gehen, unter Berücksichtigung der wissenschaftlichen Forschung zu fragen, inwieweit sich die christlichen Kirchen zu Recht auf Jesus von Nazareth als ihren Gründer berufen. Wer war er? Was hat er gewollt? Und vor allem: Was hat er nicht gewollt?

3. Jesus von Nazareth –
ein entzauberter Gottessohn

Das Schweigen der Quellen

Stell dir vor, ein Gott wird geboren, und keiner merkt's. So ähnlich sieht das Ergebnis aus, betrachtet man die nichtchristlichen Quellen, die von Jesus und den ersten Christen berichten. Die antiken Geschichtsschreiber nehmen von Jesus praktisch keinerlei Notiz. Dass hier, wie die Kirche später für alle verbindlich als Glaubensdogma festlegte, ein Gott Mensch wurde und für die Sünden der Menschen gestorben ist – im ersten Jahrhundert scheint dies keiner von ihnen bemerkt zu haben. Die römischen Historiker hatten entweder keinerlei Notiz über Jesus, oder sie hielten die Ereignisse für zu unbedeutend, um sie zu berichten. Jesus war für sie bestenfalls ein weiterer „Heilsbringer" aus dem Osten, über deren Vielzahl die gebildeten Römer genervt den Kopf schüttelten. *Tacitus* kommt erst um das Jahr 117 in seinen Annalen auf die Christen zu sprechen. Er bezeichnet sie als Anhänger eines verderblichen Aberglaubens, der auch nach Rom gekommen sei, „wo alle Greuel und Abscheulichkeiten der ganzen Welt zusammenströmen und geübt werden" (Ann 15,44,3). Jesus ist für ihn offenbar nur ein Verbrecher. Er erwähnt nur seine Hinrichtung unter Pilatus. Auch *Sueton*, der zweite große römische Historiker, erwähnt die Christen nur beiläufig und ebenfalls wenig schmeichelhaft. Und er scheint dabei auch gar nicht zwischen ihnen und den Juden zu unterscheiden, wenn er schreibt: „Die Juden, die von einem gewissen Chrestos aufgehetzt wurden und fortwährend Unruhe stifteten, ließ er [Kaiser Claudius] aus Rom vertreiben." (Claudius, 25,4) Sueton bezeichnet die Christen später (Nero 16,326) als einen neuen und gefährlichen Aberglauben, als verbrecherische Sekte, deren Stifter schon hingerichtet worden ist.

Nun mögen für römische Historiker Ereignisse am äußersten Rande des Imperiums einfach nicht berichtenswert gewesen sein. Doch auch bei dem bedeutendsten jüdischen Historiker *Josephus* findet sich in seiner *Geschichte des Jüdischen Krieges*, im Jahre 77 verfasst, kein Hinweis auf Jesus. Dies ist umso erstaunlicher, als Josephus ausführlich auf die Vorgeschichte des Krieges und die

Geschichte des jüdischen Volkes insgesamt eingeht und dabei auch religiöse Gruppierungen wie zum Beispiel die Sekte der Essener eingehend erwähnt und beschreibt. Auch Johannes der Täufer und sein Schicksal werden beschrieben. Und von Jesus kein Wort? Nach christlicher Überlieferung wird der Täufer doch als Vorläufer Jesu verstanden, zumindest vertreten die Evangelien diese Ansicht. Müsste deshalb nicht eher Jesus bei Josephus erwähnt sein als der Täufer? Doch Fehlanzeige. Der Theologe Bornkamm bemerkt, „dass die zeitgenössische Geschichtsschreibung Jesu Auftreten, soweit sie überhaupt von ihm wusste, für alles andere als ein epochemachendes Ereignis hielt." (Günther Bornkamm, Jesus von Nazareth, ⁹1971, S. 25).

Und doch findet sich bei Josephus wenigstens ein kleiner Hinweis auf Jesus, der allerdings nicht geeignet ist, die Peinlichkeit des Quellenbefunds nachhaltig zu korrigieren. In den *Jüdischen Altertümern* des Josephus, verfasst etwa in den Jahren 93–94, also etwa 17 Jahre nach der *Geschichte des Jüdischen Krieges* und über 60 Jahre nach dem Tode Jesu, wird dieser namentlich erwähnt, wenn auch nur indirekt, nämlich bei der Steinigung des Jakobus, des leiblichen Bruders Jesu. Dieser Herrenbruder Jakobus hatte in der Urgemeinde eine führende Stellung inne und wurde im Jahre 62 auf Veranlassung des Hohepriesters Ananus getötet.

Er versammelte daher den Hohen Rat zum Gericht und stellte vor dasselbe den Bruder des *Jesus*, der Christus genannt wird, mit Namen Jakobus, sowie noch einige andere, die er der Gesetzesübertretung anklagte und zur Steinigung führen ließ. (Flavius Josephus, Antiquitates XX 9,1)

Josephus erwähnt Jesus nur deshalb, weil er von Jakobus und *dessen* Hinrichtung berichten will, denn dieser stand offenbar auch bei den orthodoxen Juden in hohem Ansehen. Und was ist mit Jesus? Dieser ist doch auch hingerichtet worden? Josephus scheint sich nicht für ihn zu interessieren – man kann sich auch als Historiker nicht um alles kümmern.

Noch seltsamer als bei Josephus ist das Schweigen über Jesus bei dem jüdischen Geschichtsschreiber *Justus von Tiberias*. Auch dieser erwähnt Jesus offenbar nicht, obwohl er nicht nur wie Jesus aus Galiläa kam, sondern auch in Tiberias wirkte, nicht weit von Kapernaum entfernt, dem Lieblingsort Jesu. Hat er Jesus nicht gekannt? Hat er ihn absichtlich nicht erwähnt? Wir wissen es nicht. Von seinem Werk, einigen Kirchenvätern noch bekannt, ist nichts erhalten geblieben. Auch von dem jüdischen Gelehrten und Philosophen *Philo von Alexandrien* ist nichts von Jesus überliefert, obwohl sie praktisch Zeitgenossen waren und Philo nicht nur ein großer Kenner der Philosophie, sondern auch jüdischer Sekten gewesen ist. Ausführlich berichtet er über die Essener, Jesus und Paulus erwähnt er jedoch an keiner Stelle.

Damit ist Jesu Bruder Jakobus, wie auch schon Johannes der Täufer, durch nichtchristliche Quellen besser bezeugt als Jesus selbst. Wenn wir uns diese Quellenlage bewusst machen: Ist es da verwunderlich, dass man in den vergangenen zwei Jahrhunderten die Frage gestellt hat, ob dieser Jesus überhaupt gelebt hat? Ob er nicht insgesamt ein Produkt der Fantasie ist, eine halbmythische Figur, bestenfalls die Komprimierung umlaufender religiöser Vorstellungen und Wünsche? Kein einziges Wort Jesu, keine einzige Tat von „unabhängigen" Quellen erwähnt? Und zweifellos hat es für die christlichen Kirchen etwas Peinliches, dass diese (nach theologischem Verständnis) Wende der Geschichte, dieser angeblich weltgeschichtliche Eingriff Gottes schlichtweg nicht zur Kenntnis genommen wurde. Es verwundert nicht, dass spätere Christen eine allerdings ziemlich schlecht gemachte christliche Glosse, das sogenannte *Testimonium Flavianum* in den Josephustext hineinfälschten.

Es sei jedoch hier gleich nachgeschoben, dass heute an der (bloßen) Historizität Jesu nicht mehr gezweifelt wird. Wohl kein einziger Historiker bestreitet, dass Jesus tatsächlich gelebt hat. Allerdings liegen uns eben nur *christliche* Zeugnisse vor, bei denen man in erhöhtem Maße mit subjektiven Prägungen rechnen muss. Doch was bleibt uns übrig? Wenn wir etwas über Jesus erfahren wollen, können wir uns nur an die Schriften des Neuen Testaments halten.

Der lange Marsch zu den Evangelien

Auf den ersten Blick mag dies sogar vielversprechend sein, es hat sich aber für die Forschung zunehmend als Problem herausgestellt. Ein erster Punkt ist die Sprache. Alle Schriften des Neuen Testaments liegen uns in griechischer Sprache vor. Jesus aber sprach Aramäisch. Seine überlieferten Worte sind also übersetzt. Es liegt uns insofern fast kein einziges wirklich authentisches Jesuswort vor. Es gibt auch keinen eigentlichen Urtext, sondern nur Abschriften von Abschriften, von denen die ältesten Fragmente bestenfalls ins zweite Jahrhundert zurückreichen. Die uberlieferten Texte haben Zigtausende von Textvarianten, die die Textkritik mühsam auseinanderzuhalten versucht.

Weiter sind alle neutestamentlichen Schriften und auch die ersten drei Evangelien Glaubenszeugnisse und keine historischen Berichte, auch wenn man beim Lesen z. B. der einkleidenden Eingangsbemerkung des Lukasevangeliums etwas anderes vermuten könnte. Auch die Evangelien dienen der Glaubensvermittlung und der Unterweisung der Neubekehrten, sie erläutern das urchristliche Abendmahl, vermitteln frühe theologische „Erkenntnisse" und sind von Menschen geschrieben, die von der Wahrheit der christlichen Lehre überzeugt sind. Man wird von ihnen keine Objektivität erwarten dürfen, wohl aber mit einer Vielzahl von subjektiv geformten Überzeugungen rechnen müssen.

Weiter kommt hinzu, dass erst in einem späten Stadium es überhaupt zur schriftlichen Fixierung der Taten und Worte Jesu gekommen ist. Davor gab es aber schon eine jahrzehntelange mündliche Tradition. Der Ablauf, der in den Evangelien präsentiert wird und der mit dem Auftreten oder der Geburt Jesu beginnt und mit seiner Kreuzigung und Auferstehung endet, gaukelt dem Leser einen Geschehensablauf bloß vor. Die Evangelien sind keine Biografien im modernen Sinn, sondern eine ungeordnete oder zumindest nicht mehr dem alten Ablauf entsprechende Sammlung einzelner Handlungen, Reden, Taten und Begegnungen. Vor der Verschriftlichung hatte es über mehrere Jahrzehnte von Jesus nur eine mündliche Tradition gegeben. Vielleicht war es tatsächlich erst Markus, der eine zusammenhängende Erzählung geschaffen und damit die Gattung *Evangelium* begründet hat.

Die mündliche Tradition bestand aber aus Erzählungen noch isolierter Geschichten und der Tradierung oft kontextloser Worte. Erzählt wurden einzelne Wunder und Exorzismen, Jüngerberufungen, Begebenheiten seiner Passion. Der Evangelist Markus (wir bleiben bei diesem Namen, auch wenn er fiktiv ist) oder ein anderer vor ihm hat diese Traditionen offenbar gesammelt und die Geschichten und Worte, die im Umlauf waren, miteinander verbunden und in eine erste Reihenfolge gebracht. Erst der Evangelist schafft so, wie der Theologe Carl Ludwig Schmidt festgestellt hat, den Rahmen der Geschichte Jesu, er verknüpft die einzelnen Geschichten zu einem fortlaufenden Geschehenszusammenhang, versucht die biografischen Notizen zu verbinden und den Erzählungen und Worten einen Ort zu geben. Er schafft den räumlichen und geografischen Rahmen. Macht man sich die Tatsache der mündlichen Überlieferung erst mal klar, wird deutlich, dass es durchaus ungewiss ist, bei welcher Gelegenheit Jesus welches Wort gesprochen, wann und wo er welche Tat getan hat und wie die Abfolge der Ereignisse war. Die neutestamentliche Forschung geht deshalb nicht vom Gesamtevangelium aus, sondern von den einzelnen Überlieferungstraditionen.

Schon in der mündlichen Überlieferung dürfte die Legendenbildung eingesetzt haben, vielleicht noch zu Lebzeiten Jesu. Und mündliche und schriftliche Überlieferung liefen sicher noch Jahrzehnte parallel. Dabei wurde das Geschehene massiv gesteigert. Bei den Heiligengeschichten des Frühchristentums und Mittelalters kann man diese Steigerung ins Fantastische studieren, und schon in den Evangelien selbst kann man sie klar erkennen. Und wo angeblich Gott selbst ins Geschehen eingreift, da muss sich die Fantasie nicht mehr zurückhalten; das Unglaubliche wird ja dann gerade als Ausdruck des Göttlichen verstanden. Die neutestamentliche Forschung hat vielerorts ergeben, dass nicht nur umgedeutet und übertrieben worden ist, sondern dass auch in großem Maße hinzuerfunden wurde. Weltweit werden in den Kirchen an jedem Sonntag Wunder erzählt, die Jesus nicht begangen, und über Worte gepredigt, die er nicht gesprochen hat. Theologen und Pfarrern vor Ort ist dies oft durchaus klar, anders als vielen Gemeindegliedern. Sie tun es trotzdem und geben der hörenden Gemeinde Lebensregeln mit auf den Weg, die vielfach aus erfundenen Geschichten destilliert worden sind.

Die Legendenbildung über Jesus als den geglaubten Sohn Gottes steigerte sich bald ins Absurde hinein. Bald waren Geschichten im Umlauf, in denen er schon als Kind Steine in Brot verwandelt oder aus Lehm Spatzen formt, die er dann zum Leben erweckt. Dies wurde langsam auch vielen Christen zu viel, bei allem Vertrauen in die Wundertätigkeit ihres Meisters. Heidnische Schriftsteller des zweiten und dritten Jahrhunderts fingen an, sich über die kruden und ins Kraut schießenden Wundergeschichten lustig zu machen. Die frühe Kirche sah sich deshalb bald genötigt, die Spreu der Fantasieevangelien vom vermeintlichen Weizen der verlässlichen Evangelien zu trennen.

Die Zwei-Quellen-Theorie

Wenn Markus als erster Evangelist den Rahmen der Geschichte Jesu vorgegeben hat, so ist dies bei ihm bereits eine Konstruktion gewesen. Matthäus und Lukas haben dieses Rahmenkonstrukt nur teilweise übernommen, an vielen Stellen aber auch umgestellt. Dies betrifft sogar zentrale Stellen der christlichen Verkündigung wie die sogenannte Bergpredigt Jesu in Matthäus 5–7, die in ihrer jetzigen Form eine Schöpfung des Evangelisten selbst ist und so nie stattgefunden hat. Matthäus hat eine Reihe von Worten Jesu, welche vermutlich in völlig anderem Zusammenhang standen, zu einer Predigt komponiert und dabei auch eine Reihe eigener Worte seinem Herrn untergeschoben. Markus und Lukas und auch das Johannesevangelium kennen die Bergpredigt nicht. Das Evangelium des Matthäus besteht zu etwa 60 Prozent aus Überlieferungen, die er von Markus übernommen hat. Wir werden noch deutlich sehen, dass bereits durch diese einzige Traditionsstufe die Tendenzen des Überlieferungsguts bereits stark verändert worden sind, und dies obwohl, wie die neutestamentliche Forschung heute durchgehend annimmt, dem Evangelisten Matthäus das Markusevangelium schriftlich vorgelegen haben muss. Man kann nur vermuten, wie wild die Veränderungen gewesen sein müssen, als die Kunde von Jesus nur mündlich weitergegeben wurde.

Neben dem Markusevangelium lag Matthäus und Lukas offenbar noch eine zweite Quelle vor, die heute verloren gegangen ist, die man jedoch aus dem Matthäus- und Lukasevangelium noch einigermaßen rekonstruieren kann. Man spricht von der Logienquelle Q, denn diese Quelle enthielt vorwiegend Reden Jesu und hatte offenbar keine Passionsgeschichte. Daneben verwenden Matthäus und Lukas noch einiges Sondergut, dessen Herkunft meist unklar ist, das sich in einigen Fällen aber aufgrund von Ähnlichkeiten in der Wortwahl und den theologischen Anschauungen als Er-

70

findung der Evangelisten selbst zu erkennen gibt. Im Lukasevangelium macht dieses Sondergut immerhin fast 50 Prozent aus, im Matthäusevangelium etwa 30 Prozent.

Der gewöhnliche Bibelleser versteht das Neue Testament gerne als Einheit und neigt dazu, das Beschriebene zu harmonisieren. Der Historiker jedoch sieht in jeder neutestamentlichen Schrift eine eigenständige Quelle. Er interessiert sich besonders für die Unterschiede in den Überlieferungen. Ein Neues Testament im eigentlichen Sinne gibt es für ihn nicht, nur eine Ansammlung von mehr oder weniger guten Quellen zur Geschichte des Urchristentums. Dazu können dann auch Schriften gehören, die es nicht ins Neue Testament geschafft haben. Das erst 1945 entdeckte Thomasevangelium enthält einige echte Worte Jesu, die bislang unbekannt waren, allerdings auch wenig spektakulär sind. Es ist ein Grundsatz der historischen Forschung, dass ältere Quellen in der Regel zuverlässiger und besser sind als jüngere Quellen und dass darum dem Markusevangelium gegenüber dem Lukas- und Matthäusevangelium und erst recht dem Johannesevangelium ein Vorrang zukommen muss. Doch auch spätere Texte können interessant sein, indem sie zumindest Tendenzen in der Überlieferung deutlich machen können, so wenn z. B. die Person Jesu immer weiter idealisiert, seine Wundertätigkeit immer großartiger geschildert wird, seine Jünger langsam den Rang von Heiligen erhalten, wenn theologische Vorstellungen entstehen, die es in den ältesten Texten noch nicht gegeben hatte, oder alte Vorstellungen sich ändern.

Das Desinteresse des Paulus

Wir wüssten mehr über den irdischen Jesus, hätte Paulus nicht so standhaft über ihn geschwiegen. Denn die ältesten Schriften des Neuen Testaments sind gar nicht die Evangelien, sondern die Paulusbriefe, jedenfalls die, die die Forschung als echte Paulusbriefe erkannt hat. In seinen Briefen finden sich aber kaum Fakten über den historischen Jesus. Denn Paulus war, wie er selbst schreibt, am Christus nach dem Fleische, also dem irdischen Jesus, gar nicht interessiert, ihm ging es allein um den erhöhten Herrn. Zwar war Paulus selbst kein Augenzeuge der Geschehnisse und kommt vielleicht erst im Jahre 35 zum ersten Mal nach Jerusalem. Und doch, man versteht den Unmut der Neutestamentler. Hätte er sich doch nicht so desinteressiert gezeigt, hätte er seine Kontakte zur Urgemeinde und zu Jüngern Jesu doch nur genutzt, um etwas mehr über das Leben Jesu in Erfahrung zu bringen, oder hätte er nur, was er darüber wusste, in einem seiner Briefe festgehalten. Wir wüssten heute sicher besser Bescheid über den Menschen Jesus, seine Absichten und Worte. Paulus hätte zum besten Zeugen für den historischen Jesus werden können, denn immerhin liegen zwischen seinen Briefen und dem Tod Jesu gerade einmal 20–25 Jahre. Wäre nicht zu erwarten gewesen, dass seine Briefe ständig auf das irdische Wandeln seines Herrn zu sprechen gekommen wären? Doch Paulus schweigt und verweist stattdessen auf den erhöhten Herrn. Man wird annehmen müssen, dass sein Bild vom irdischen Jesus noch weit nüchterner war als das, welches uns in den neutestamentlichen Evangelien geboten wird. Denn zieht man die Linie zurück von den Evangelienprodukten glühender christlicher Fantasie des zweiten und dritten Jahrhunderts zu diesen noch deutlich nüchterneren Evangelien, dann wird das, was Paulus über den irdischen Jesus zu sagen gehabt hätte, noch deutlich ärmer an Wundertaten und Herrlichkeiten gewesen sein. Ist es deshalb vielleicht nicht nur ein theologisches Argument des Paulus, wenn er betont, ihm komme es nur auf den erhöhten Herrn an? Hat er aus der Not eine Tugend gemacht, weil das Leben des historischen Jesus so berichtenswert gar nicht gewesen ist?

Fragwürdige Quellen über Jesus – die Evangelien

Paulus fällt also aus, wenn wir etwas über den historischen Jesus erfahren wollen. Es bleiben uns als historische Quellen in der Hauptsache nur die Evangelien, von denen die ersten drei (Markus, Matthäus und Lukas) die synoptischen Evangelien genannt werden, weil sie eine gewisse Zusammenschau des Lebens Jesu bilden und sich vom Johannesevangelium unterscheiden. Unter den neutestamentlichen Forschern besteht Einigkeit, dass Markus das älteste Evangelium ist. Es wurde um das Jahr 70 verfasst, also immerhin etwa 40 Jahre nach dem Tode Jesu. Die Verfasser des Lukas- und Matthäusevangeliums haben Markus schriftlich vorliegen gehabt und ihn als Quelle benutzt, daneben zumindest die Logienquelle Q, die wohl ebenfalls in schriftlicher Form vorlag, aber keine Passionsgeschichte enthalten hat. Die Entstehung des

Matthäus- und Lukasevangeliums wird in der Regel in den 90er-Jahren angesetzt.

Die Evangelien wurden anonym überliefert. Die Namen der Evangelisten (Markus, Matthäus, Lukas und Johannes) sind legendarisch, die Texte selber enthalten nirgendwo einen Verfassernamen. Die entsprechenden Zuordnungen wurden erst gegen Ende des zweiten Jahrhunderts gemacht, aus dem verständlichen Wunsch der Nachgeborenen heraus, den anonym überlieferten Evangelien Namen und Verfasser zu geben. Die neutestamentliche Forschung ist sich einig, dass kein einziges der Evangelien auf einen Augenzeugen zurückgeht oder von einem direkten Jünger Jesu stammt, ja dass vermutlich sogar alle außerhalb Palästinas entstanden sind. Was man über den historischen Jesus weiß, muss man also mühsam aus Schriften rekonstruieren, die erst 40–80 Jahre nach seinem Tod aufgeschrieben wurden und die vor ihrer Verschriftlichung eine lange mündliche Tradition hinter sich hatten. Frühere Quellen, wie zum Beispiel die echten Briefe des Apostels Paulus, schweigen über den historischen Jesus. Spätere apokryphe Evangelien, Briefe und Apostelgeschichten sind völlig von legenden- und märchenhaften Zügen durchsetzt und für eine historische Rekonstruktion kaum zu verwenden. Nichtchristliche Quellen gibt es nicht. Es ist ein Hauptelend der Theologie, dass sie sich nicht auf festen Fundamenten gründet, sondern sich auf eine Überlieferung beruft und berufen muss, die alles andere als sicher, die alles andere als wohl gegründet ist. Die späteren imposanten dogmatischen Schlösser der Kirche sind überlieferungsgeschichtlich auf Sand gebaut, eine Baugenehmigung hätte nie erteilt werden dürfen. Und diese Erkenntnis kommt nicht von Kirchengegnern und Atheisten. Die Theologie selber, vor allem die neutestamentliche Forschung, hat dies eruiert und vielfach belegt.

Fromme Schummeleien zur höheren Ehre Gottes

Schon bei Paulus

Wie viele andere Religionen trat auch das Christentum bald nach seiner Entstehung mit dem Anspruch auf, die einzig wahre Religion zu sein. Der johanneische Christus bezeichnet sich (allerdings in einem unhistorischen Zitat) geradezu selbst als Wahrheit (Joh 14,6). Umso erstaunlicher ist es, welche Mittel und Wege erlaubt waren, um diesen Wahrheitsanspruch zu propagieren. Wenn es darum ging, Menschen zum Glauben an Christus zu führen, war es durchaus erlaubt, auch fromme Schummeleien oder gar Betrug zu verwenden. Schon beim Apostel Paulus ist das Verhältnis zur Wahrheit für moderne Ohren fragwürdig, wenn er in Rö 3,7 schreibt: „Wenn aber Gottes Wahrhaftigkeit infolge meines Lügens umso stärker zu seiner Verherrlichung hervor getreten ist, warum werde ich dann noch als Sünder gerichtet?" Was spielt es schon für eine Rolle, so kann man Paulus verstehen, wenn man lügt oder die Wahrheit spricht, wenn letztlich das Ziel der Verherrlichung Gottes erreicht wird? Kann denn Lüge Sünde sein? Für Paulus ist sie es nicht, jedenfalls nicht, wenn es um die Verkündigung des Christus geht. Da sind dann offenbar alle Mittel recht. Der schon in der Antike hoch angesehene Prediger, Kirchenlehrer und bekennende Judenfeind Johannes Chrysostomos, der als Patron der Prediger gesehen wird, tritt geradezu für die Notwendigkeit der Lüge ein, wenn es um das Seelenheil geht. (Vgl. zum ganzen Komplex Karlheinz Deschner, Abermals krähte der Hahn, S. 39f.) Auch nach dem über lange Zeit hoch angesehenen Kirchenvater Origenes war es erlaubt, Betrug und Lüge als Heilmittel anzuwenden. Selbst Gott könne aus Liebe lügen. Doch nicht erst bei den Kirchenvätern, bereits in den Kernschriften des Christentums im Neuen Testament nahm man es mit der Wahrheit oft nicht allzu genau.

Erfundene Verfassernamen

So gilt es heute in der neutestamentlichen Wissenschaft als erwiesen, dass viele Schriften einen falschen Verfassernamen tragen, also Pseudepigraphen oder, etwas salopper gesagt, schlicht gefälscht sind. So gelten im Neuen Testament bereits einige Paulusbriefe als Fälschungen, so zum Beispiel der zweite Brief an die Thessalonicher, der Epheser- und Kolosserbrief und die Briefe an Timotheus und Titus. Alle beiden Petrusbriefe im Neuen Testament sind Fälschungen, sie stammen ebenso wenig von Petrus wie der Jakobus- und Johannesbrief von den Uraposteln Jakobus und Johannes geschrieben worden sind. Es war in der Antike vielfach üblich, dass Verfasser ihre Schriften unter falschem Namen haben kursieren lassen, wenn sie sich selbst nicht für so autoritätsstark hielten. Und das Verfahren war erfolgreich, wenn man bedenkt, dass auf diese Weise Fälschungen es sogar ins Neue Testament geschafft haben. Schon in der Antike hat man von solchen Fälschungen gewusst. Die pseudepigraphischen Schriften übersteigen den Umfang des Neuen Testamentes um ein Vielfaches. Es gab kaum bedeutende Männer, von denen nicht gefälschte Schriften kursierten. Von Petrus beispielsweise existieren ein angebliches Evangelium und eine Apokalypse. Von anderen kannte man weitere Apostelgeschichten, Briefe und weitere Evangelien. Viele dieser Schriften wurden von den Kirchenvätern der ersten Jahrhunderte hoch geschätzt und sind erst spät aus der Kirche ausgeschieden worden.

Fälschungen bei den Synoptikern

Es wäre nun jedoch sehr naiv anzunehmen, dass sich in den neutestamentlichen Schriften die Wahrheit findet oder dass, wie die Kirche lange behauptet hat, der Heilige Geist dafür gesorgt hat, dass im neutestamentlichen Kanon nur reine Lehre vorhanden ist. Auch bereits in den neutestamentlichen Schriften findet sich frommer Betrug zur höheren Ehre Gottes leider oft an der Tagesordnung, wenn auch nicht so dreist und unverschämt wie in späteren Schriften. Es ist ein Glücksfall, dass wir in den synoptischen Evangelien studieren können, wie die Evangelisten mit dem vorgefundenen Stoff umgegangen sind. Hätten wir nur ein einziges Evangelium, könnten wir hierzu kaum etwas sagen.

Vor allem wenn man vergleicht, was Lukas und Matthäus aus der Markusvorlage gemacht haben, ergeben sich für den forschenden Historiker, aber auch für den kritischen Christen erschreckende Ergebnisse. An Hunderten von Stellen haben Lukas und Matthäus die Markusvorlage nicht nur sprachlich verbessert und ergänzt, umgestellt und neu zusammengestellt, sondern auch mit ganz neuen Akzenten versehen und mit unterschiedlicher theologischer Ausrichtung ausgestattet. Dazu wurden vielfach aus der Feder der Evangelisten neue Worte und Taten Jesu ohne Skrupel hinzugefügt, andere weggelassen. So viele Veränderungen allein in einer *einzigen* Stufe der Überlieferung, noch dazu bei einer schriftlichen Vorlage! Dem Historiker graust es bei der Vorstellung, welcher Wandel die Überlieferung von Jesus in der mündlichen Überlieferung schon gehabt haben muss. Und die Änderungen wurden mit größter Selbstverständlichkeit ausgeführt. Nirgendwo hat man den Eindruck, dass die Evangelisten bei ihrem Tun irgendwelche Bedenken gehabt haben. Rücksicht auf die Quellen, Vorsicht bei der Überlieferung, Behutsamkeit bei der Tradierung – Tugenden eines modernen Historikers sucht man bei den frommen Männern der frühen Kirche vergebens. Man hat viel mehr den bestürzenden Eindruck, dass es den Evangelisten weniger um die genaue Überlieferung von Jesus als vielmehr um die Illustrierung ihrer eigenen Theologie mithilfe von Jesusworten gegangen ist. Denn man schreckte selbst davor nicht zurück, Worte von Jesus, wenn es opportun schien, hinzuzuerfinden oder wegzulassen. Scheu oder gar Ehrfurcht vor den Worten Jesu ist heute noch in vielen frommen Bibelkreisen ein Grundgefühl. Mit solchen Sentimentalitäten jedoch haben sich die Evangelisten nicht aufgehalten. Man strich, verbesserte, positionierte um, verstärkte, schwächte ab, korrigierte, erfand hinzu, beschönigte, entschärfte, interpretierte, theologisierte und konstruierte. Die Evangelisten waren eher Schöpfer als Bewahrer, ihre Werke mehr Predigten als Biografien.

Johannes – ein ganzes Evangelium als fromme Dichtung

Das Johannesevangelium unterscheidet sich in Aufbau, Sprache und Gedankengut deutlich von den ältesten drei Evangelien. Hier finden sich neben langen Reden Jesu auch viele von den Synoptikern abweichende theologische Vorstellungen. Auch einige der für Bibelleser schönsten Stellen finden sich hier (*Ich bin der Weg, die Wahrheit und das Leben* (Joh 14,6); *Ich bin der gute Hirte, der gute Hirte gibt sein Leben für die Schafe* (Joh 10,11)) und machten das Johannesevangelium nicht nur für Luther und Kierkegaard, sondern auch für die Theologen Rudolf Bultmann und Karl Barth zum schönsten Evangelium.

Dabei gelten, dies ist einhellige Meinung der neutestamentlichen Forschung, die Reden des Johannesevangeliums als vom Evangelisten im Wesentlichen frei erfunden. Sie haben nichts oder kaum etwas mit der tatsächlichen Verkündigung Jesu zu tun. Man erkennt dies leicht daran, dass die aus christlicher Sicht großartigen Reden und Passagen des Johannesevangeliums den älteren

Evangelisten noch schlichtweg unbekannt waren. Hätten sie sie gekannt, hätten die Synoptiker sie gebracht und sich nicht mit dem kargen und teilweise spröden Überlieferungsmaterial und den im Vergleich zum Johannesevangelium noch unbeholfenen Erfindungen zufriedengegeben. Ein Satz Jesu wie *Ich bin die Auferstehung und das Leben* (Joh 11,25) wäre auf alle Fälle weder von seinen Jüngern noch von dessen Nachfolgern vergessen worden und hätte es auch in die synoptischen Evangelien geschafft. Jedenfalls wenn ihn Jesus tatsächlich gesagt hätte. Dass ein solcher Satz aber erst um das Jahr 100 im Johannesevangelium auftaucht, entlarvt ihn und mit ihm weit über 95 Prozent der Überlieferung dieses Evangelisten schlicht als späte Erfindung, aus heutiger Sicht als Fälschung. Für Rudolf Bultmann, den bedeutendsten Neutestamentler des zwanzigsten Jahrhunderts, kommt das Johannesevangelium, so sehr er es persönlich auch schätzt, als Quelle für die Verkündigung Jesu „wohl überhaupt nicht in Betracht". (Rudolf Bultmann, Theologie des Neuen Testaments, S. 418) Und die Theologin Luise Schottroff stellt fest, dass „fast kein Wort von Jesus stammt." (vgl. FAZ vom 18.9.1971, Artikel *Ist die Mainzer Theologie noch christlich?* von Kurt Reumann)

So gesehen ist das Johannesevangelium die mit Abstand dreisteste Fälschung aller neutestamentlichen Schriften. Denn hier wurde ein ganzes Evangelium weitgehend frei erfunden. Doch auch in der Apostelgeschichte sind die von Lukas gebrachten Reden, zum Beispiel des Petrus, darin sind sich die neutestamentlichen Forscher weitgehend einig, freie Erfindungen des Evangelisten. Karlheinz Deschner weist darauf hin, dass diese fingierten Reden etwa ein Drittel der Apostelgeschichte ausmachen und dass von ihrem Verfasser, der Legende nach Lukas, mehr als ein Viertel des Textes des Neuen Testament stammt. (Deschner, Abermals krähte der Hahn, S. 40)

Diese Erkenntnisse der neutestamentlichen Forschung hindern jedoch Kirchen und Pfarrer keineswegs, auch das Johannesevangelium munter für Predigten zu verwenden und so, wie schon die antiken Vorgänger, die angebliche Wahrheit des Evangeliums mit gefälschten Zitaten zu erweisen. Eingewandt wird, und dies zu Recht, dass man diese antiken Texte nicht auf die Folter des modernen kritischen Bewusstsein spannen darf. Diese Texte, so hört man allenthalben von Theologen aller Konfessionen, wollen ja Christus, den gekreuzigten und auferstandenen Herrn verkündigen. Es sind keine historischen Zeugnisse, sondern Zeugnisse des Glaubens. So haben die Kirchen freilich nicht immer geredet, sondern erst, als auch sie einsehen mussten, dass man nicht jedes Herrenwort für bare Münze nehmen kann. Dass man offenbar gefälschte Jesusworte als Zeugnis des Glaubens braucht und benutzt, damit mögen die Kirchen selber klarkommen. Bedauerlich nur, dass damit auch viele Teile der Evangelien als Quelle für die Frage ausscheiden, wer Jesus wirklich war und was er wollte. Und es bleibt auch für Christen ein höchst bedenklicher Sachverhalt, dass man im Neuen Testament mit Schriften zu rechnen hat, die es mit der Wahrheit, gelinde gesagt, nicht so genau nehmen und denen es sehr egal ist, ob dieses oder jenes Jesuswort tatsächlich authentisch oder nur aus dem subjektiven Gemüt einer frommen Seele entwachsen ist.

Wer fragt, auf welche neutestamentlichen Stellen, angesichts solch saloppen Umgangs mit der historischen Wirklichkeit, man denn dann überhaupt noch setzen, welchen man trauen darf, der hat das Problem erkannt. Denn auch bei den Synoptikern finden sich ja viele Worte, die Jesus nicht gesprochen, viele Taten, die er nicht begangen hat. So bestehen weite Teile der exegetischen Kommentare heute darin, die Historizität einer Überlieferung zu untersuchen, zu belegen oder abzulehnen. Und da die Geschichtswissenschaft keine exakte Wissenschaft ist und historische Urteile nie hundertprozentig bewiesen, sondern allenfalls hinreichend belegt werden können, herrscht unter den neutestamentlichen Exegeten oft keine Einigkeit über die Historizität einer Überlieferung. Einig ist man sich jedoch in der Erkenntnis, dass man es mit vielem sekundären Gut zu tun hat, wo immer die Grenzen auch im Einzelfall konkret verlaufen. Ein weitgehend naiver Glaube an die Schrift, wie ihn Luther und die Reformatoren teilweise vertraten und wie ihn heute vor allem evangelikale Gruppen im Vollsinne gerne vertreten, verbietet sich aus Gründen der Redlichkeit ebenso wie ein Rekurrieren auf die Tradition, wie es der Katholizismus praktiziert.

Die später das Neue Testament bildenden Schriften stiegen allmählich in ihrem Ansehen und ihrer Verbreitung. Und wenn es auch, vor allem im zweiten Jahrhundert, eine Reihe auch christlicher Schriftsteller gab, die durchaus Zweifel z. B. an der Seriosität des Johannesevangeliums hatten, so findet sich davon in späteren

Zeiten nichts mehr. Einst umstrittene Schriften hatten sich in Heilige Schriften verwandelt, der neutestamentliche Kanon galt nun insgesamt als irrtumsfrei und vom Geist Gottes inspiriert. Dies blieb so bis weit nach der Reformation. Mit der beginnenden Aufklärung und einem erwachenden historischen Verständnis und Interesse wandte man sich nun auch den neutestamentlichen Schriften zu und versuchte sie nicht mehr dogmatisch, sondern historisch zu lesen. In Deutschland entstand die Leben-Jesu-Forschung, deren Geschichte Albert Schweitzer in seinem theologischen Hauptwerk beschrieben hat.

Alte und neue Leben-Jesu-Forschung

Mit Elan und Optimismus ging man an die Aufgabe heran herauszufinden, wer dieser Jesus wirklich gewesen ist. Man wollte ihn sehen, wie er wirklich war, aus den Fesseln der Dogmatik befreit. Und die Aufgabe schien lösbar. Indem man Schicht für Schicht der Überlieferung abtrug, müsste man doch, so glaubte man, zum historischen Kern vordringen, würde Jesus selbst als der erscheinen, der er gewesen war. Und die Quellen, das war klar, konnten nur die drei synoptischen Evangelien sein. Hier musste der historische Jesus sich zeigen. So schildert der spätere Lambarene-Arzt und Theologe Albert Schweitzer in seiner *Geschichte der Leben-Jesu-Forschung* (1913) viele Versuche von Theologen, des historischen Jesus habhaft zu werden, und muss am Ende doch das Scheitern dieser Versuche konstatieren. Der historische Jesus lässt sich nicht mehr freilegen, und die Versuche der Theologen spiegeln nur zu sehr deren eigene Erwartungen wider.

Die Evangelien werfen, wenn überhaupt, nur ein arg getrübtes Licht auf das, was dort vor 2000 Jahren wirklich vor sich ging. Schon die synoptischen Evangelien erwiesen sich als so durchsetzt mit Glaubenszeugnissen der Gemeinde, dass der historische Jesus bestenfalls am Rande noch sichtbar wurde. Das historische Bewusstsein, bei zeitgenössischen römischen Historikern durchaus vorhanden, geht den Evangelisten noch völlig ab, auch Lukas ist da keine Ausnahme. Und an eine Zeit wie die unsrige, wo man einmal derart faktenversessen sein würde, dachte damals niemand. Die frühen Christen hatten ihre Gemeinden im Blick und waren auf Verkündigung ausgerichtet. Und dem Zweck der Verkündigung ordnete man die historische Wahrheit unter, wie man an Hunderten von Stellen noch nachweisen kann. Die Evangelien galten eben noch nicht als heilige Texte und man ging freimütig mit ihnen um.

Wenn die neutestamentliche Forschung aber dennoch in den 1960er-Jahren die Frage nach dem historischen Jesus neu gestellt hat, dann sicherlich auch deswegen, weil ihr nichts anders übrig blieb. Es gibt nun mal keine anderen Quellen über Jesus als die neutestamentlichen Schriften. Man muss sich auf die morsche Brücke wagen, wenn sie auch noch so wackelt, vielleicht in der Hoffnung, nur einzelne vorsichtige Schritte machen zu können, und ohne wirklich damit zu rechnen, dass man die andere Seite je erreichen wird. Und wenn sich die Aufgabe auch schwerer darstellt als ursprünglich vermutet, wenn auch die Geschichte der Überlieferung vielfältiger, das Legendenwerk reichhaltiger, eine Gesamtschau des Lebens Jesu unmöglich bleiben wird, so bestreitet heute kein neutestamentlicher Forscher mehr, dass sich im Gestrüpp der Überlieferung zuweilen echte Worte Jesu zeigen und sich historische Geschehnisse widerspiegeln. Und auch negative Ergebnisse tragen ja in gewissem Sinne zur Erkenntnis bei, so wenn Überlieferungsgut ausgeschieden werden kann, das eindeutig nicht auf den historischen Jesus zurückgeht. Es sind auch neue Untersuchungsmethoden, eine verbesserte Textkritik, die Berücksichtigung der Ergebnisse der religionsgeschichtlichen Schule und der Formgeschichte, die bei der erneuten Frage nach dem historischen Jesus Halt gegeben haben.

So soll in den folgenden Kapiteln versucht werden, auf der Grundlage wissenschaftlicher Forschungsergebnisse zu beschreiben, wer dieser Jesus von Nazareth, auf den sich die Kirchen berufen und den sie als Herrn und als Gottessohn verkündigen, vermutlich gewesen und vermutlich nicht gewesen ist, was er geglaubt und was er vermutlich nicht geglaubt hat. Es versteht sich von selbst, dass dabei nicht auf die Dogmatiken und Glaubensinhalte der Kirchen oder christlicher Gruppen Rücksicht genommen werden kann und darf. Allerdings kann man umgekehrt im Nachhinein fragen, inwiefern der Glaube der Kirchen und christlichen Gruppen denn in Übereinstimmung zu bringen ist mit den wissenschaftlichen Ergebnissen und den Quellen. Können sich die Kirchen mit Recht auf Jesus von Nazareth berufen? Lassen sich ihre Lehren tatsächlich mit ihm in Verbindung bringen? Was kann ehrlicherweise gesagt werden und was nicht?

Jesu Herkunft und Abstammung

Jesus wurde in Galiläa geboren, sein genaues Geburtsjahr ist unbekannt. Gemeinhin wird das Jahr 4 v. Chr. als am wahrscheinlichsten angenommen, jedoch geschieht dies oft aus dem Versuch heraus, ihn noch zu Lebzeiten von König Herodes dem Großen auf die Welt kommen zu lassen, dem die Bibel die Kindermorde zuschreibt. Der Name Jesus leitet sich von Jehoshua ab und bedeutet *Jahwe hilft*. Er begegnet in der zeitgenössischen Literatur häufig. Es hat offenbar keine Versuche gegeben, Jesus einen anderen Namen beizulegen, obwohl der Messias laut Jesaja 7,14 eigentlich *Immanuel* heißen sollte. Seine Muttersprache war das galiläische Aramäisch, und als Herkunftsort wird Nazareth in Galiläa angenommen. Diese Stadt war in der Antike unbedeutend und wurde weder in der zeitgenössischen jüdischen Literatur noch im Alten Testament erwähnt, auch nicht beim jüdischen Historiker Josephus. Dies spricht dafür, dass Jesus tatsächlich dort geboren wurde, denn hätte man den Herkunftsort Jesu erfunden, hätte man sicher eine wichtigere Stadt genommen. Die Bedeutungslosigkeit von Nazareth spiegelt sich noch in Joh 1,46 wider, wo die Frage gestellt wird: „Was kann aus Nazareth Gutes kommen?"

Matthäus und Lukas lassen Jesus jedoch nicht in Nazareth, sondern in Bethlehem geboren sein, weil dieser Ort als Stadt Davids galt und der Messias nach einer weit verbreiteten jüdischen Vorstellung aus dem Geschlechte Davids kommen sollte. Offenbar war die Herkunft Jesu aus Nazareth jedoch nicht so ohne weiteres zu leugnen (was ebenfalls für sie spricht), und so greifen die späteren Evangelisten aus theologischen Gründen auf den Trick zurück, ihn zumindest in Bethlehem geboren sein zu lassen. Von einem solchen Hochjubeln weiß das Markusevangelium noch nichts. Jeweils ein Stammbaum soll bei Matthäus und Lukas die davidische Herkunft Jesu bestätigen und die Linie ziehen von David bis hin zu Josef als dem Vater Jesu. Nun hat man aber ein Problem. Wenn man Jesus als Sohn des Josef ansieht und ihn auf davidische Herkunft zurückführt, so beißt sich dies mit den Weihnachtslegenden, nach denen Jesu Vater ja gerade nicht Josef war, sondern der Heilige Geist. Dann machen auch die Stammbäume, die auf David zurückführen, keinen Sinn mehr. Auch ist die Herkunft direkt aus dem Heiligen Geist natürlich viel glanzvoller als eine bloße Herkunft aus dem davidischen Geschlecht. Historisch liegt die Sache klar, denn die übernatürliche Herkunft Jesu mit dem Heiligen Geist als Vater ist die Sicht der späteren glaubenden Gemeinde, eine bewusste Höherstellung des geglaubten und erhöhten Christus. Niedriger und unspektakulärer, und damit historisch wahrscheinlicher, ist die Herkunft aus dem Hause Davids, also ohne Zutun des Heiligen Geistes und mit Josef als Vater Jesu. Doch auch die Herkunft Jesu aus davidischem Geschlecht wird von vielen Theologen für nicht wahrscheinlich gehalten. Man wird der historischen Wahrheit vermutlich am nächsten kommen, wenn man annimmt, dass Jesus aus einer eher unbedeutenden Familie in Galiläa kam und dass erst nach seinem Tod zunächst eine davidische Herkunft und später dann sogar eine Vaterschaft des Heiligen Geistes angenommen wurde. Auf diese Weise kann man alle Traditionen auseinander ableiten. Die katholische Kirche rettet sich übrigens bei diesen Problemen gerne in den Trick, dass sie Maria zur Davidin erklärt und die Stammbäume eigentlich auf sie zurückgehen lässt. Dass dies dem Text entgegensteht und die Herleitung eines Stammbaums von der Mutter her dem jüdischen Recht und den jüdischen Gebräuchen widerspricht, stört die katholische Kirche dabei wenig. Hauptsache die Dogmatik stimmt. Wir werden noch sehen, dass die katholische Kirche auch sonst ein gebrochenes Verhältnis zu historischen Ergebnissen hatte und heute zu großen Teilen immer noch hat.

Die beiden Stammbäume bei Lukas und Matthäus lassen sich übrigens nicht in Übereinstimmung bringen. Sie entstammen ganz offensichtlich unterschiedlichen Traditionen. Matthäus lässt seinen Stammbaum in die halbmythische Vorzeit bis zum Stammvater Abraham zurückgehen, Lukas (der angebliche Historiker!) zieht die Linie sogar gänzlich bis zu den mythischen Anfängen bei Adam. Die Anzahl der Generationen und Namen sind verschieden. Matthäus zählt 42 Generationen von Abraham bis Jesus, Lukas jedoch 56. Bereits der Vater Josefs, also der Großvater Jesu, heißt nach Matthäus Jakob, nach Lukas jedoch Eli. „Und von Josef bis David, immerhin ein Jahrtausend, haben die beiden Stammbäume [nur] zwei Namen gemeinsam!" (Deschner, Abermals krähte der Hahn, S. 49) Auch die Stammbäume erklären sich als bloße Fantasiekonstruktionen am besten. Das Johannesevangelium ist demgegenüber an einer Herleitung aus dem davidischen Geschlecht überhaupt nicht interessiert, denn für den Schreiber dieses Evangeliums ist Jesus bereits vor seiner Geburt ein Gott, beziehungsweise ein präexistentes Gottwesen. Eine Herkunft lediglich von König David würde da nur stören.

Joseph, der Vater Jesu, war ein Bauhandwerker (*technes*), und wir dürfen vermuten, dass auch Jesus diesen Beruf erlernt und ausgeübt hat. Jesus hatte mindestens vier Brüder und einige Schwestern, die in den Evangelien erwähnt werden (Mk 6,3). Von diesen scheint er der Älteste gewesen zu sein. Unter seinen leiblichen Brüdern war auch Jakobus, der, wie auch andere Familienangehörige, zu Jesu Lebzeiten nicht zu seinen Anhängern gehörte, der aber später in der Jerusalemer Urgemeinde eine bedeutende Rolle spielte.

Allgemein wird angenommen, dass Jesus bei seinem öffentlichen Auftreten etwa dreißig Jahre alt gewesen, also bereits ein gereifter Mann war. Seine Wirksamkeit erstreckt sich nach den Synoptikern über nicht mehr als ein Jahr, nach dem Johannesevangelium sind es dagegen zwei bis drei Jahre gewesen. Man hat dies aus den Festen erschlossen, die im Johannesevangelium erwähnt werden. Bei Johannes erscheint Jesus fünfmal zu Festen in Jerusalem, in den synoptischen Evangelien wird nur eine einzige Jerusalemreise berichtet, und diese endet für ihn tödlich. Weitere Unterschiede: In den synoptischen Evangelien wirkt Jesus vornehmlich in Galiläa und ist erst kurz vor seinem Tode nach Jerusalem gegangen, das Johannesevangelium liefert uns dagegen das Bild eines hauptsächlich in Jerusalem agierenden Jesus. Es ist verständlich, dass bei Johannes offenbar die Tendenz vorherrscht, den Gottessohn möglichst früh in der geistigen Hauptstadt des Judentums wirken zu lassen, und nicht im unbedeutenden und nicht eben in einem gutem Ruf stehenden Galiläa. Eben deshalb ist aber der Darstellung der Synoptiker der Vorzug zu geben, denn sicherlich hätte man in späterer Zeit keine hauptsächlich galiläische Wirksamkeit erfunden. Wegen der Umstellung bei Johannes ist dieser offenbar gezwungen, die sogenannte Tempelreinigung gleich an den Beginn des Wirkens Jesu zu stellen, während sie bei den Synoptikern in das Passionsgeschehen integriert ist und am Ende der Wirksamkeit Jesu steht.

Johannesevangelium und Synoptiker weichen also in einigen Eckdaten stark voneinander ab. Doch auch in den synoptischen Evangelien selbst finden sich, liest und vergleicht man genau, sicherlich weit über tausend Widersprüche, Ungereimtheiten und konträre Darstellungen, bedingt durch das oben beschriebene freie Schalten und Walten der Evangelisten. Dies wird nur dann zum Problem, wenn man davon ausgeht, dass die Worte Jesu irrtums- und widerspruchsfrei sich im Neuen Testament finden. Diese Einstellung, die sich bei evangelikalen Gruppen und Freikirchen in Europa, vor allem aber in den USA findet, ist frommer Unsinn und entweder aus Unkenntnis geboren oder als dogmatische Setzung von anderen Gläubigen übernommen. Biblischen Fundamentalisten kann man gerade entgegenhalten, dass sie die Schriften, die sie ja so hochzuhalten vorgeben, im eigentlichem Sinne gar nicht ernst nehmen, denn schon einfache Vergleiche einer Perikope bei den Synoptikern zeigen die Unterschiede deutlich.

Das Aussehen Jesu

Über das Aussehen Jesu wissen wir nichts, kein Bild und keine Beschreibung ist uns überliefert. Manch frühe Kirchenväter schildern Jesu als mit körperlichen Mängeln behaftet und auch bewusst hässlich. Noch Origenes scheint ihn im dritten Jahrhundert für missgestaltet gehalten zu haben. Doch diese Stellen dürften rein dogmatisch zu verstehen sein. Denn es gab in den ersten Jahrhunderten Andersgläubige, die die Ansicht vertraten, dass Jesus nur einen Scheinleib gehabt hätte, die also das wahre Menschsein Jesu leugneten. Indem man gegen diese *Doketisten* auf körperliche Mängel hinwies, betonte man Jesus als wahren Menschen. Man sieht, wie die frühen Kirchenmänner auch nicht vor einer Verunstaltung ihres Herrn zurückschreckten, nur um ihre Dogmatik zu begründen. Später jedoch hat man Jesus dann als besonders wohlgestalteten Mann verstanden, denn seine Göttlichkeit schien auch dies zu verlangen. Eben immer so, wie man es brauchte.

Einige jüdische Historiker vertreten die Meinung, Jesus war verheiratet, denn dies sei das Übliche für einen Mann in seinem

Alter gewesen. Die Evangelien wissen davon nichts oder scheinen sich nicht dafür zu interessieren. Ein *argumentum ex silencio* (Argument aus dem Schweigen heraus) steht aber immer auf schwachen Füßen.

Diese Argumentation aber legt den Finger in eine schmerzliche Wunde der Leben-Jesu-Forschung, nämlich den Umstand, dass wir über Kindheit, Jugend und das frühe Mannesalter Jesu überhaupt nichts wissen. Jesus tritt erst kurz vor seinem Tod überhaupt öffentlich in Erscheinung. Was hatte er bis dahin getan, wie war sein Reifungsprozess, welche Frömmigkeit und Vorbilder hatte er? Hatte er etwas anderes von der Welt gesehen als seine galiläische Heimat, welche Beziehung hatte er zu seiner Familie, zu seinen Geschwistern? Welche Freunde hatte er, welchen Einflüssen war er ausgesetzt, wie sah seine Ausbildung aus, was hat er gelernt, konnte er Lesen und Schreiben, sprach er neben Aramäisch vielleicht auch Griechisch? All diese Fragen, für eine moderne Biografie unverzichtbar, um die Entwicklung einer Persönlichkeit nachzeichnen zu können, interessieren die Evangelien nicht.

Die Geburtslegenden

Markus, der älteste Evangelist, beginnt sofort mit Jesu öffentlichem Auftreten und scheint sich für die Vorgeschichte seines Wirkens nicht zu interessieren. Oder wusste er nichts darüber? Waren die ersten 30 Jahre des Lebens Jesu einfach unspektakulär? Man wird dies annehmen dürfen, doch konnte das auf Dauer nicht so bleiben. Bei Heiligen oder religiösen Führern muss auch die Kindheit schon wunderbar gewesen sein, das ist ein Grundgesetz der Religionsgeschichte und lässt sich vielfach belegen. Auch der Messias muss deshalb eine außergewöhnliche Geburt und Kindheit gehabt haben. So finden sich bei Matthäus und Lukas vor der eigentlichen Wirksamkeit Jesu die Geburtslegenden, von denen Markus noch nichts weiß. In der Forschung gelten sie für das Leben Jesu, grob gesagt, als völlig wertlos, sagen aber viel über den späteren Glauben der Gemeinde aus. Sie sind Erfindungen der Evangelisten oder ihrer Vorgänger und rein aus theologischem Interesse heraus entstanden. Die Volkszählung beziehungsweise Steuerschätzung, die ja der äußere Anlass für die Reise nach Bethlehem gewesen sein soll, hat es so nicht gegeben. Der Evangelist Lukas, der ja gerne als der Historiker unter den Evangelisten bezeichnet wird (obwohl er nur einen konkret nachprüfbaren Tatbestand berichtet, nämlich die Hinrichtung Johannes des Täufers), bringt hier einige Fakten durcheinander. In Wirklichkeit fand der erste römische Zensus im Jahre 6–7 nach Christus statt, „und er erstreckte sich nicht auf ganz Palästina, wie Lukas annimmt, sondern nur auf das Teilgebiet Judäa und Samaria (und das südlich gelegene Idumäa), und auch nicht auf Galiläa. Im Jahre 6 hatte Augustus den Herrscher dieses Gebiets, Archelaus, abgesetzt und das Gebiet in unmittelbare römische Verwaltung genommen. Daher der Zensus. Der Herr von Galiläa, Herodes Antipas, blieb. Also gab es dort auch keine römische Steuerveranschlagung." (Hans Conzelmann, Geschichte des Urchristentums, S. 19) Auch der Kindermord, der von Herodes dem Großen berichtet wird (nicht zu verwechseln mit Herodes Antipas, dem Landesherrn Jesu), hat nie stattgefunden. Herodes war bereits im Jahre vier vor Christus gestorben. Er war zweifellos ein übler Schlächter und Despot. Drei seiner eigenen Kinder hat er töten lassen (allerdings nicht im Kindesalter), und wir wissen über ihn durch den jüdischen Historiker Flavius Josephus ziemlich gut Bescheid. Josephus scheint geradezu ein Interesse daran zu haben, die Untaten des Herodes aufzuzählen. Ein Kindermord in Bethlehem gehört jedoch nicht dazu. Auch sonst gibt es keine antiken Hinweise, die dies bestätigen. Doch ist auch die Gefährdung des künftigen Herrschers ein üblicher Topos in der Literatur und wird in der Antike öfter berichtet.

Doch warum muss die Familie Jesu überhaupt nach Bethlehem ziehen? Matthäus konstruiert diese Geschichte aus einem Grund, der später noch oft herhalten muss. Er möchte eine alttestamentliche Weissagung als eingetroffen darstellen, in diesem Fall Micha 5,1: „Du aber Bethlehem Ephrata, bist zwar das Kleinste unter Judas Geschlechtern, doch aus dir wird mir der hervorgehen, der über Israel herrschen soll". Deshalb und nur deshalb wird die Geburtsgeschichte zusammengesponnen. Der künftige König Israels muss in Bethlehem geboren werden, eine Herkunft aus dem unbedeutenden Nazareth reichte nicht. Auch hier sehen wir wieder: Wo die Überlieferung nicht passt, wo das vorhandene Material die gewünschte Anschauung offenbar nicht bestätigt, hat der Evangelist oder einer seiner Vorgänger keine Skrupel, eine auch noch so abenteuerliche Räuberpistole zusammenzustricken, wie sie uns hier mit dem Bethlehemszug und dem Kindermord präsentiert wird. Und alles nur, um ein alttestamentliches Zitat als erfüllt anzusehen. Und besonders Matthäus „belegt" ständig irgendwelche alttestamentlichen Stellen. Zu sagen, dass der Evangelist es hier mit der Wahrheit nicht ganz genau nimmt, wäre schamlos untertrieben. Aus Sicht einer kritischen historischen Forschung sind dies alles dreiste Fälschungen und werfen ein erschreckendes Licht auf die Glaubwürdigkeit nicht nur dieses Evangelisten. Welchen Überlieferungen will man denn überhaupt noch trauen, wenn man an Stellen wie diesen sieht, wie hier dreist gefälscht und fromm betrogen wird? Dabei sind die Geburtsgeschichten ja noch relativ leicht als Fälschungen zu enttarnen, und es gibt keinen ernstzunehmenden Neutestamentler oder Historiker, der hier anderer Meinung wäre. Wie will man aber bei nicht so offensichtlichen Erzählungen oder Taten Jesu die Historizität untersuchen, wenn man sieht, wie der Evangelist hier locker mit der Überlieferung jongliert und eigene Bälle in haarsträubender Weise, aber offenbar guter Dinge, in das Spiel einbringt?

Das ist doch wieder zu modern gedacht, mag mancher einwenden. Man kann den Evangelisten doch nicht vorwerfen, dass sie kein modernes historisches Bewusstsein hatten. Natürlich kann man das nicht, doch soll an diesem Beispiel nur erläutert werden, mit welchen Problemen man zu rechnen hat, wenn man tatsächlich wie die neutestamentliche Forschung versucht, zum historischen Kern vorzudringen. Die Evangelisten hatten mit erfundenen Geschichten keinerlei Probleme. Heutigen Historikern bleibt so nichts weiter übrig als der mühevolle Weg der analytischen Feinarbeit, der überlieferungskritischen und formgeschichtlichen Untersuchung.

Doch glücklicherweise sind auch unhistorische Geschichten für den Historiker nicht völlig wertlos. Bekommt er doch immerhin einen Einblick in das Denken und die Theologie der Tradenten und Evangelisten, er kann Tendenzen und Absichten erkennen und daraus Schlüsse ziehen. Bei den Geburtslegenden ist dies klar. Über Jesu Geburt hatte es offenbar zunächst keine Überlieferungen gegeben, bald jedoch wurden diese geschaffen aus dem verständlichen Bedürfnis heraus, diese Lücke im Sinne einer Hagiografie auszufüllen. Die Evangelisten bedienen sich dabei gerne alttestamentlicher Vorbilder, und es war vor allem für Matthäus wichtig nachzuweisen, dass Jesus der im Alten Testament vorausgesagte Messias ist. Es spiegelt sich die grundsätzliche Tendenz wider, die Herrlichkeit und Großartigkeit des Berichteten zu steigern, Lücken auszufüllen, Vorhandenes auszumalen. Widersprüche in der Darstellung wurden damals möglicherweise gar nicht als solche wahrgenommen.

Bedenkt man einmal die Verkündigungsabsicht des Evangelisten, dann hat er doch mit den Geburtslegenden ganze Arbeit geleistet. Selbst der Kirche Fernstehende kennen die anrührende Geschichte, die alljährlich vor allem nach dem Lukasevangelium von den Kanzeln die Geburt Jesu im Stall und in der Krippe (bei Matthäus in einem Haus) schildert. Die Hirten auf dem Feld oder die Magier aus dem Morgenland werden jedes Jahr in Tausenden von Kirchen auf die Laienbühne gebracht. Ochs und Esel sind dabei offenbar Hinzufügungen aus dem Alten Testament: „ein Ochse kennt seinen Herrn" (Jes 1,3). Das Weihnachtsevangelium gehört auch emotional zum Schönsten, was das Christentum zu bieten hat. Weihnachten wird von den Gläubigen und Ungläubigen als größtes Fest empfunden (obwohl vom Glaubensinhalt her Karfreitag und Ostern eigentlich größer sein sollten), und selbst Kirchenferne finden zur Christmette einmal jährlich den Weg in die Kirche, der sie sonst bestenfalls als zahlende Mitglieder noch angehören. Und besonders die Deutschen wissen diese Weihnacht ja angeblich ganz besonders schön zu feiern. Ungern möchte man hier stören und spürt geradezu die vorwurfsvollen Blicke, wenn man feststellt: Das ganze Weihnachtsfest entbehrt jeglicher historischen Grundlage, die so bekannten Geschichten sind ein Konglomerat aus Geschichtsirrtümern, Wunschdenken und Dogmatik. Das Hauptfest der Christen gründet sich zur Gänze auf Legenden. Hier sind nicht einzelne Punkte verändert oder erfunden worden, hier ist ein ganzer Kranz von Legenden, historisch wertlos, jedoch von großer traditioneller Beständigkeit und weit reichender Wirkungsgeschichte, aus frommer Fantasie erfunden worden.

Es bleibt noch anzumerken, dass auch die Flucht nach Ägypten, von der Matthäus berichtet, keinen Sinn mehr macht, wenn es weder eine Verfolgung noch überhaupt eine Reise nach Bethlehem gegeben hat. Matthäus scheint diese Geschichte nur deshalb zu erzählen, damit er wieder einen Weissagungsbeweis abliefern kann, diesmal Hosea 11,1: „aus Ägypten rief ich meinen Sohn". Übereinstimmung und der Wille zum Abgleich mit dem Alten Testament gehen offenbar so weit, dass Matthäus Jesus in Parallelität zu Mose sieht, denn wie bei Mose weckt die Geburt die Unruhe des Herrschenden, beide Male findet ein Kindermord und eine wunderbare Rettung statt. Erfahren wir auch nichts Historisches, so erhalten wir doch immerhin interessante Einblicke in die Theologie und Gedankenwelt des Evangelisten.

Jesus, ein Schüler Johannes des Täufers?

Nicht nur Jesus wird durch Geburtslegenden, die im Wesentlichen auf die Evangelisten zurückgehen, biografisch aufgewertet, auch Johannes der Täufer wird bei Lukas legendenhaft eingeführt und seine Geburt mithilfe frommer Erzählungen mit einem weißen Nebel wunderbar geschmückt. Dabei ist die Angabe, dass er ein Priestersohn ist, sein Vater Zacharias im Tempel Dienst versieht und seine Mutter den Namen Elisabeth trägt, vermutlich noch eine historische Erinnerung. Die Geschichte seiner wunderbaren Geburt jedoch trägt alle Züge einer Legende, unter kräftigem Rückgriff auf das Alte Testament. Denn wie Sarah, die Frau Abrahams, sind Zacharias und Elisabeth beide schon alt und kinderlos. Elisabeth galt als unfruchtbar (Unfruchtbarkeit war fast immer ein Makel der Frauen, nie des Mannes). Als Zacharias im Tempel Dienst tut, erscheint ihm der Erzengel Gabriel und verkündet die wunderbare Schwangerschaft seiner betagten Frau. Zacharias will dies nicht glauben und bewegt sich damit brav im legendarischen Erwartungsrahmen, denn auf diese Weise wird das geschilderte Wunder noch verstärkt. Dennoch wird Zacharias seiner Ungläubigkeit wegen mit Stummheit geschlagen, die ihn erst wieder verlässt, nachdem sein Sohn Johannes geboren ist. Der Evangelist Lukas verknüpft nun die beiden Geburtslegenden von Jesus und Johannes, indem er Maria, die Mutter Jesu, der ebenfalls auf wunderbare Weise die Geburt eines Sohnes ankündigt wurde, Elisabeth besuchen lässt. Und als sie beide zusammentreffen, siehe, da hüpft das Kind im Bauche Elisabeths (der Evangelist erwähnt dies zweimal), es erkennt offenbar seinen Herrn. Lukas bringt dann noch den Lobgesang der Maria (das berühmte *Magnifikat*) und ebenfalls noch den Lobgesang des Zacharias (das *Benedictus*), alles weitgehend aus alttestamentlichen Versatzstücken zusammengestellt, schön zu lesen und auch zu vertonen. Doch auch hier ist der historische Wert fast null.

Für den Bibelleser und die kirchliche Tradition ist Johannes der Täufer der Vorläufer, der den Messias ankündigt, der nach ihm kommen soll, der stärker ist als er und dem er nicht würdig ist die Riemen seiner Sandalen zu lösen. Doch stimmt dieses Bild der Evangelien? Hat sich Johannes der Täufer tatsächlich nur als ein Vorläufer (Jesu) verstanden? Die Historiker haben berechtigte Zweifel. Wusste man früher nicht, wie man Johannes den Täufer historisch einordnen sollte, so geht man heute, nach den Schriftenfunden von Qumran, überwiegend davon aus, dass er mit diesem Kloster und der Sekte der Essener in Verbindung stand. Johannes taufte in der Nähe des Qumranklosters, er wird als Asket geschildert, der offenbar die Wüste religiös wertschätzt, ähnlich wie man es in Qumran getan hat. Hat er mit den Essenern Kontakt gehabt? Die letzte Bestätigung hierfür fehlt, doch vieles spricht dafür. Gesichert ist seine Predigttätigkeit und auch sein gewaltsamer Tod, der bei Josephus berichtet wird. Herodes Antipas, der Landesherr Jesu, habe ihn aus Furcht vor politischen Unruhen hinrichten lassen. Die Salomelegende, wie sie Markus 6,17–29 überliefert und nach der der Kopf des Johannes fallen muss, weil des Herodes Tochter Salome ihn als Preis für ihren Tanz fordert, eignet sich zwar als Opernstoff, bleibt aber eine Legende. Man kann hier beispielhaft einen weiteren Grundsatz der historisch-kritischen Forschung erläutern: Hat man wie hier zwei Überlieferungen, so ist in der Regel der unspektakulären Variante der Vorzug zu geben. Denn leicht lässt sich verstehen, dass sich um den Tod eines berühmten Menschen Legenden bilden, schwer denkbar wäre es hingegen, dass der Tod, hätte er sich denn tatsächlich so legendenhaft ereignet, später so nüchtern von Josephus hätte erzählt werden können. Nicht nur die Geburt, auch den Tod Johannes des Täufers schmücken die Evangelien also legendenhaft aus.

Wenn es stimmt, dass Johannes der Täufer im 15. Jahr des Tiberius hingerichtet wurde (vgl. Lk 3,1–20, die einzige Stelle, die das Evangelium von Lukas mit der absoluten Chronologie verbindet), so fand die Hinrichtung des Täufers etwa im Jahre 28 oder 29 statt.

Seine Predigt ist Gerichtspredigt. Er rechnet mit dem nahen Ende der Welt und ruft die Menschen zur Umkehr auf, damit sie dem kommenden Gericht, der Feuertaufe (dies meint die Vernichtung der Gottlosen) entgehen können. Hierzu werden die Bußwilligen im Wasser des Jordans von ihm getauft. Die Johannestaufe ist ein „eschatologisches Bußsakrament" (Philipp Vielhauer). Anders als die bekannten jüdischen Waschungen ist sie ein einmaliger Vorgang und wird vom Täufer selbst, nicht von den Täuflingen durchgeführt.

Unter den vielen, die sich von Johannes im Jordan haben taufen lassen, ist auch Jesus gewesen. Ja, dessen eigentliche Wirksamkeit lassen die drei synoptischen Evangelisten mit der Taufe beginnen. Nach der ältesten Fassung im Markusevangelium ist Jesus hierzu aus Galiläa an den Jordan gekommen. Die Taufe Jesu durch Johannes ist eine historische Tatsache, denn wie wir sehen werden, hat die christliche Gemeinde damit später Probleme gehabt. Vom Leben Jesu vor seiner Taufe wissen wir wie gesagt nichts. In seinem Artikel über Johannes den Täufer vermutet der Theologe Vielhauer jedoch, dass Jesus eine Zeit lang Johannes nachgefolgt ist. „Er hat vermutlich eine Zeit lang zu den Johannesjüngern gehört." (Philipp Vielhauer, Artikel *Johannes der Täufer*, RGG [3]; auch Theißen vermutet dies, vgl. Theißen/Merz, Der historische Jesus, S. 194) Einen direkten Beleg hierzu gibt es zwar nicht, allerdings ist schon immer aufgefallen, dass die Predigt des Täufers und die Predigt Jesu einige Überschneidungen aufweisen. Jesus habe „von Johannes stärkste Eindrücke empfangen, sah in dessen Wirken wie in seinem eigenen die Zeichen des nahen Gottesreichs […] und nannte ihn den Größten unter den Menschen […]" (Vielhauer, a. a. O.).

Die Lehre Jesu oder besser seine Anschauungen werden uns im Weiteren noch beschäftigen. Doch ist es vorstellbar, dass Jesus quasi bei Johannes dem Täufer in die Lehre gegangen ist? Immerhin verfolgen beide offenbar die gleiche Intention, sie haben sich persönlich gekannt und offenbar geschätzt (zumindest die Wertschätzung Jesu für Johannes ist eindeutig belegt). Johannes war offenbar der Ältere, der schon wirkte, als Jesus mit seinem öffentlichen Auftreten erst begann. Versteht man Jesus dogmatikfrei als normalen Menschen, könnte dies ein verständlicher Zug seiner biografischen Entwicklung sein. Denn keiner fängt voraussetzungslos an, selbst ein Mozart ist nicht voraussetzungslos denkbar. Nichts ist natürlicher, als dass man eine Entwicklung durchläuft, bevor man selbst wirksam wird, dass man lernt, bevor man selber schafft. Aber diese Selbstverständlichkeit kann Jesus, wenn man ihn mit der Dogmatik der Kirchen als Gottes Sohn sieht, natürlich nicht zugestanden werden. Sollte Jesus tatsächlich eine Art Noviziat bei Johannes dem Täufer oder gar in Qumran absolviert haben, die Evangelisten müssten es verschweigen.

Auffällig ist, dass nicht nur Jesus, sondern auch der Täufer Jünger hatte. Dies wäre eher ungewöhnlich für jemand, der sich selbst nur als Vorläufer sieht, also seiner Person gar keine so große Bedeutung einräumt. Die Jünger des Johannes sind jedoch klar bezeugt, und sie haben offenbar Johannes und nicht Jesus als den Messias verehrt. „Wir wissen von ihnen [den Jüngern des Johannes] kaum etwas, können aber aus einigen polemischen Stellen, vor allem im Johannesevangelium, erschließen, dass es sie gab. Denn einige Male betont Johannes mit auffallendem Ton, dass der Täufer nicht das Licht, der Messias war (Johannes 1,8;19ff.). Es gab offenbar Leute, die ihn dafür hielten." (Conzelmann, Geschichte des Urchristentums, S. 107) Nach Rudolf Bultmann hat Johannes offenbar auch gar nicht den Messias erwartet, sondern ein Eingreifen Jahwes, denn Johannes predigte, man solle in der Wüste nicht einem kommenden Messias den Weg bereiten, sondern Jahwe selbst. (Bultmann, *Geschichte der synoptischen Tradition*, S. 320) Und er vermutet darüber hinaus, dass auch dem Täufer Wundertaten zugeschrieben worden seien, die aber in den Evangelien verschwiegen würden. Dass Johannes der Täufer ein Vorläufer Jesu war, diesem nach- und untergeordnet, ist eine christliche Lesart. Da uns zur Lehre Johannes des Täufers aber im Wesentlichen nur christliche Quellen zur Verfügung stehen, muss dies nicht unbedingt so sein.

Jesus und der Täufer predigten die nahe Gottesherrschaft, hatten Jünger und starben beide eines gewaltsamen Todes. Die Überordnung Jesus von Nazareths ist möglicherweise ein Ergebnis der kirchengeschichtlichen Entwicklung im ersten Jahrhundert. Verständlicher wäre es, wenn das Lehrer-Schüler-Verhältnis genau andersherum gewesen wäre als im Neuen Testament dargestellt. Johannes der Täufer „scheint in Wahrheit eine Figur aus eigenem Recht gewesen zu sein" (Rudolf Augstein, Jesus Menschensohn, S. 147).

Auffällig ist, dass der Täufer sich offenbar nie direkt Jesus unterstellt und ihn auch nicht als Messias bestätigt hat. Wäre es so gewesen, hätten die Evangelien dies sicherlich vermeldet. Erst das Johannesevangelium bringt spät diese Sicht. Stattdessen bringen die älteren Synoptiker aber die Frage des Johannes aus dem Gefängnis, wer Jesus sei. Bis zu seinem Ende findet sich keine Bestätigung Jesu durch den Täufer. Auch der Neutestamentler Gerd Theißen stellt deshalb fest: „Johannes war kein Zeuge Jesu." (Theißen/Merz, Der historische Jesus, S. 192) Und auch Jesus selbst antwortet auf die Anfrage des Täufers merkwürdig ausweichend. Die Täuferfrage ist schwerlich nachträglich erfunden worden. Und hätte sich Johannes zu Jesus bekannt, so wäre dies sicherlich von den ersten Christen propagandistisch ausgeschlachtet worden. Die Darstellung Johannes des Täufers, so wie sie uns in den Evangelien begegnet, ist demnach das Ergebnis eines Umformungsprozesses. Nicht nur durch seine Geburtslegende, auch in seinem Wirken wird Johannes der Täufer von der urchristlichen Theologie vereinnahmt.

Die Johannesjünger tauchen verschiedentlich noch einmal auf (Apg 18,24f. und 19,1f.). Die gnostische Taufsekte der Mandäer, die schon um das Jahr 30 bestand, verehrte möglicherweise Johannes den Täufer (!) als Erlösergestalt und polemisierte gegen den toten Jesus, „dieser sei ein Lügenprophet" (Augstein, Jesus Menschensohn, S. 16, Anm. 8). Die Jünger des Johannes erwarteten möglicherweise die Wiederkunft des Täufers, ähnlich wie die ersten Christen die Wiederkunft Jesu erwarteten. Die Sekte der Mandäer scheint ihren Höhepunkt um das Jahr 100 erreicht zu haben, um 200 ist sie offenbar bedeutungslos und wird nicht einmal mehr unter den häretischen Sekten erwähnt. Doch existiert sie im südlichen Irak noch heute.

Welche Bedeutung und welches Selbstverständnis der Täufer tatsächlich hatte, wird sich vermutlich aufgrund der Quellenlage nicht mehr abschließend klären lassen. Klar ist nur, dass die Anfänge der synoptischen Evangelien (Markus ausgenommen) eine Fülle von legendarischem Stoff bringen, der entweder aus der Tradition kommt oder von den Evangelisten selbst hinzuerfunden wurde. Der historische Wert ist fast null, die Stellung des Täufers in der Biografie Jesu zumindest unklar. Den ersten Kapiteln bei Lukas und Matthäus kommt für die Kirchen ein hohes dogmatisches

Gewicht zu, das sich aus Sicht der historischen Forschung jedoch als ungedeckter Scheck erweist.

Die Taufe Jesu durch Johannes

Nur wenige Angaben in den Evangelien sind so zuverlässig wie die Taufe Jesu durch Johannes den Täufer. Denn die Taufe Jesu durch Johannes wurde bald zu einem großen Problem. Die Taufe ist ja eine Sündertaufe, und für die Christen galt Jesus ja bald als sündlos. Gerade am Beispiel der Taufe Jesu und ihrer Überlieferungstraditionen lässt sich erneut sehr anschaulich darstellen, wie frei die Evangelisten mit der Überlieferung umgegangen sind.

Am Anfang stand (zumindest in diesem Fall) ein historisches Faktum, nämlich die Taufe Jesu. Im ältesten Evangelium (Mk 9,1–11) sieht Jesus (und nur er) den Himmel offen und den Geist Gottes wie eine Taube auf ihn herabsteigen. Eine Stimme spricht (zu ihm): „Du bist mein lieber Sohn, an dem ich Wohlgefallen habe." Der offene Himmel und die Gottesstimme werden hier quasi als Vision Jesu geschildert. Nur er sah den Himmel offen, nur er hörte die Gottesstimme. Die Taufgeschichte bei Markus erinnert so an Berufungserzählungen alttestamentlicher Propheten.

Matthäus, der die Taufgeschichte ebenso wie Lukas von Markus übernommen hat, fügt nun den Einwand des Täufers ein: „Ich habe es nötig, von dir getauft zu werden, und du kommst zu mir?" Worauf Jesus antwortet: „Laß es geschehen, denn dies ist nötig, damit alle Gerechtigkeit erfüllt werde." Erst dann wird Jesus getauft. Dieses kleine Gespräch zwischen dem Täufer und Jesus ist, wie Wortwahl, Wortstatistiken und ein Vergleich der theologischen Anschauungen ergeben, eine Erfindung des Matthäus, der aber damit offenbar ein Problem benennt, welches in den urchristlichen Gemeinden vorhanden war. Jesus galt als der Größere, wieso kann er von dem rangniedrigeren Johannes getauft werden? Durch den erfundenen kleinen Dialog wird diese Frage für die Gemeinde gelöst. Für Matthäus ist es offenbar kein Problem, dass er hier ein Wort Jesu erfinden muss.

Doch auch in das Gotteswort *Du bist mein lieber Sohn* greift er ein, indem er es abändert in *Dieser ist mein lieber Sohn* (Mt 3,17). Durch diese Änderung spricht die Gottesstimme nun nicht zu Jesus direkt, sondern offenbar zu den Umstehenden. Die Geschichte wird nicht mehr als Vision geschildert, sondern als Proklamation. Jesus wird als Sohn Gottes quasi vorgestellt. Der Evangelist Lukas nun (Lk 3,21–22) behält zwar die ursprüngliche Markusversion *Du bist mein lieber Sohn* bei, und er weiß auch von dem von Matthäus erfundenen Gespräch natürlich nichts, hat aber dafür insgesamt den Täufer aus seiner Taufgeschichte gestrichen. Johannes der Täufer taucht bei ihm in der Taufgeschichte nicht auf.

Deutlich kann man also die Tendenz erkennen, die Beteiligung des Täufers zurückzudrängen und so die Anstößigkeit der Sündertaufe für Jesus theologisch zu entschärfen. Einen Schritt weiter geht dann das Johannesevangelium (Joh 1,29–34). Hier kommt Jesus zu Johannes, trägt jedoch nicht seine eigenen Sünden, sondern die Sünden der Welt (die doch eigentlich erst durch seinen Tod am Kreuz beseitigt werden sollen). Die Taufe selbst wird bei Johannes gar nicht erst erzählt, der Täufer hat in dieser Erzählung nur die Aufgabe, Jesus als den zu identifizieren, der mit Geist taufe, während er selber doch nur mit Wasser taufen könne. Im Nazaräerevangelium, welches nicht in das Neue Testament aufgenommen wurde, reagiert Jesus sogar unwirsch auf die Aufforderung seiner Mutter und seiner Brüder, er solle sich taufen lassen: „Was habe ich gesündigt, dass ich hingehe und mich von ihm taufen lasse?"

Die Taufe Jesu war also für die ersten Christen ein zunehmend peinlicher Tatbestand, was von den verschiedenen Überlieferungen und Traditionsschichten noch deutlich widergespiegelt wird. „Historisch wird gerade das sein, was diese apologetische Tendenz zu leugnen versucht: Jesus erkannte den Täufer eine Zeitlang als überlegenen *Meister* an, und ließ sich von ihm zur Vergebung seiner Sünden taufen. Er wußte sich als einen der Vielen, die in Israel umkehren wollten, um dem nahen Gericht Gottes zu entfliehen." (Theißen/Merz, Der historische Jesus, S. 193)

Die Kirche hat Jesus bald als sündlos angesehen. Er selbst hat sich aber offenbar durchaus als Sünder verstanden. Die Kirche hat sich mit ihrer dogmatischen Sicht durchgesetzt. Es ist nicht das letzte Mal, dass historische Wahrheit bzw. Wahrscheinlichkeit vor dogmatischer Arroganz und Wunschdenken in die Knie gehen muss. Weitere Beispiele folgen unten.

Auch in den Taufgeschichten sehen wir, wie formbar die Tradition noch war. Worte Jesu galten noch nicht als heilig, die Evangelisten haben sie bedenkenlos hinzuerfunden, wenn es in ihr theologisches Konzept passte, sogar die Gottesstimme wird geändert, ohne dass dies dem Evangelisten irgendwelche Skrupel bereitet hätte. Der Gestaltungswille der Evangelisten war wesentlich stärker als die Sorgfalt beim Umgang mit dem vorgefundenen Überlieferungsmaterial. Was nicht passte, wurde passend gemacht.

Der Kardinalirrtum Jesu – das Gottesreich kam nicht

Die Ankündigung des Gottesreichs durch Jesus

Die neutestamentliche Forschung ist sich einig, dass der Hauptinhalt der Predigt Jesu in der Ankündigung des nahen Gottesreichs bestand, wie es z. B. in Mk 1,15 ausgedrückt wird: „Das Reich Gottes ist nahe herbeigekommen." Der Reich-Gottes-Begriff begegnet in den synoptischen Evangelien relativ häufig im Munde Jesu, man findet ihn als Zusammenfassung seines Wirkens in einzelnen Logien ebenso wie in größeren Gleichnisreden, die das Kommen des Reiches Gottes zum Inhalt haben. Dass der historische Jesus wirklich vom Reich Gottes gesprochen hat, ergibt sich für die Forschung u. a. daraus, dass dieses zentrale Anliegen Jesu für die spätere Kirche eine immer geringere Rolle gespielt hat. Für die ersten christlichen Gemeinden war Jesus selbst Inhalt der Verkündigung, der Begriff Reich Gottes tritt auffällig zurück. Schon für Paulus spielt die Reich-Gottes-Vorstellung kaum mehr eine Rolle, und im Johannesevangelium verhält es sich ebenso. Zudem ist die Vorstellung eines Reiches Gottes in einem heidenchristlichen Umfeld nur schwer verständlich. Der Begriff setzt ein jüdisches oder judenchristliches Umfeld voraus. Eben diese mangelnde Verständlichkeit und die deutliche Rücknahme der Verwendung dieser Vorstellung sprechen dafür, dass wir es hier mit einem Teil der *ipsissima vox*, der ureigentlichen Verkündigung Jesu zu tun haben. Jesus hat das nahe Kommen des Reiches Gottes verkündigt. Die Kirche hat dann aber nicht das Reich, sondern Jesus verkündigt.

Gegenüber dem Passionsgeschehen, den Wundern und den ethischen Weisungen Jesu spielt auch heute in der Verkündigung der Kirchen das Reich Gottes, so wie es Jesus verkündigt hat, nur noch eine untergeordnete Rolle. Dies hängt auch damit zusammen, dass sich hier für die Kirchen das Problem der *Naherwartung* zeigt. Jesus hat das baldige Reich Gottes verkündigt. Er hat sich damit im zentralen Thema seiner Verkündigung geirrt, denn das Reich Gottes, dessen Ankunft er als nah bevorstehend gepredigt hat, ist nicht gekommen.

So verkündet Jesus nach Mk 9,1: „Es stehen einige hier, die werden den Tod nicht schmecken, bis sie das Reich Gottes kommen sehen in Kraft." Seine Jünger hat er zur Verkündigung ausgesandt mit den Worten: „Ihr werdet mit den Städten Israels nicht zu Ende kommen, bis der Menschensohn kommt" (Mt 10,23). Und in Mk 13,30 bekräftigt er: „Wahrlich, ich sage euch: Dieses Geschlecht wird nicht vergehen, bis dies alles geschehen sein wird." Für die Historizität dieser Worte spricht, dass sie sich schon bei Abfassung des ältesten Evangeliums quasi als falsch herausgestellt hatten und überholt waren. Sie hätten schwerlich später erfunden werden können, ihr Niederschlag in den Evangelien ist überhaupt nur zu verstehen, wenn sie die Autorität Jesu haben beanspruchen können.

Rudolf Bultmann fasst so stellvertretend für die neutestamentliche Forschung zusammen: „Es bedarf keines Wortes, daß sich Jesus in der Erwartung des nahen Weltendes getäuscht hat." (Rudolf Bultmann, Das Urchristentum, S. 22) Nach 2000 Jahren warten die Christen immer noch auf die Zeitenwende, die ihnen ihr Herr fälschlicherweise als unmittelbar bevorstehend angekündigt hat. Und man darf den Kirchen mit Recht die Frage stellen, wie der Sohn Gottes, als den sie ihn ja verkündigen, sich so habe irren können.

In seinem Glauben an das nahe Reich Gottes erweist sich Jesus eben nicht als göttliches Wesen, sondern viel mehr als Kind seiner Zeit. Die Vorstellung von einer endzeitlichen Königsherrschaft Jahwes war im Judentum präsent und gehörte zum allgemeinen Glaubensgut in vielen jüdischen Schriften um die Zeitenwende, aber auch schon im Buch Daniel, welches Eingang in den alttestamentlichen Kanon gefunden hat. Die Bitte um das Reich Gottes findet sich nicht nur im jüdischen 18-Bitten-Gebet, sondern auch („Dein Reich komme") im Vater-Unser-Gebet Jesu. Zudem hat ja bereits Johannes der Täufer eine endzeitliche Wende und das Kommen Gottes (nicht das Kommen Jesu!) erwartet. Vielleicht hat Jesus vom Täufer, seinem vermutlichen Lehrer, die entscheidenden Inhalte seiner Verkündigung erhalten. Es wäre dann festzustellen, dass er die schroffe Gerichtspredigt des Täufers mit Zorngericht und Feuertaufe abgemildert und stärker den Segen der künftigen Gottesherrschaft betont hat, besonders in seinen Gleichnissen. Doch hat sich offenbar ja auch bereits der Täufer mit seiner Ankündigung des nahen Kommens Gottes geirrt. Für ihn wie für Jesus stand das Weltende unmittelbar bevor. Doch wie Jesus wurde er hingerichtet, ohne dass die Ankündigungen eingetroffen wären. Und der Neutestamentler Theißen erwägt, ob so bereits Jesus eine erste enttäuschte Naherwartung zu verarbeiten gehabt hat: „Die Nächst-Erwartung des Täufers war nicht in Erfüllung gegangen, der Prophet war inhaftiert und getötet worden." (Theißen/Merz, Der historische Jesus, S. 195)

Die Rolle Jesu im Reich Gottes

Welche Rolle hatte Jesus selbst für sich in diesem Reiche Gottes vorgesehen? Hat er überhaupt eine solche für sich vorgesehen? Die Kirche und die Evangelien haben dies später behauptet. In der Forschung ist diese Frage umstritten, wenn auch die meisten eher annehmen, dass Jesus sich selbst *keine* Rolle in diesem Endzeitdrama beigemessen hat. In Fortführung der Rolle des Täufers war er überzeugt davon, dass die Zeit drängte, er hielt das Kommen der Gottesherrschaft für unmittelbar bevorstehend und auch unausweichlich. Sie würde ohnehin kommen, auch ohne seine Predigt und die entsprechenden Hinweise darauf, das Reich Gottes war für ihn nicht aufzuhalten.

Dennoch gibt es einige Stellen, in denen Jesus sein eigenes Schicksal mit dem Anbruch der Gottesherrschaft in Verbindung bringt. So antwortet er auf die Frage des Täufers, ob er der Kommende sei, zwar ausweichend: „Geht hin und verkündet Johannes, was ihr hört und seht: Blinde sehen, Lahme gehen, Aussätzige werden rein, Taube hören und Tote werden auferweckt. Und den Armen wird gute Botschaft verkündigt." (Mt 11,4–5) Die Heilung von Kranken und die Sorge für die Armen, die Jesus hier erwähnt, sind für einen jüdischen Hörer Anzeichen der Gottesherrschaft. Demnach wäre die Gottesherrschaft schon eingetreten und zeige sich an Jesu Handeln. Bei Matthäus findet sich der Satz: „Wenn ich mit dem Finger Gottes die Dämonen austreibe, ist das Reich Gottes zu euch gekommen." (Mt 11,20) Beide Worte gelten in der Forschung als echt, und so hätte Jesus nicht nur von einem künftigen Reich Gottes gesprochen, sondern ebenfalls seine Ankunft bereits konstatiert.

Bei der Frage nach einer Beteiligung Jesu am Anbrechen des Gottesreiches liegt ein Blick auf den Titel *Menschensohn* nahe, den Jesus sicher benutzt hat, unklar ist nur, in welchem Sinne. Die Menschensohnvorstellung findet sich zuerst im Danielbuch und in einigen apokryphen Schriften (Äthiopischer Henoch, 4. Buch Esra). Der Menschensohn ist dabei eine endzeitliche Gestalt, welcher die Herrschaft von Gott übertragen werden soll, nachdem die Feinde Gottes, vielleicht durch den Menschensohn, vernichtet worden sind. Gemeint sind hier wieder ganze Völker (Meder, Babylonier, Perser). Die Menschensohntradition ist in diesem Sinne ebenfalls Ausdruck eines religiös verblendeten Nationalismus und des Wunsches, andere Völker physisch zu vernichten. Der Menschensohn wird so zuweilen auch als Krieger vorgestellt im endzeitlichen Krieg und an einigen Stellen auch als Sohn Gottes bezeichnet oder mit dem Messias identifiziert.

Neben diesem stark religiös aufgeladenen Gebrauch gibt es aber noch einen profanen Gebrauch des Wortes *Menschensohn* in dem Sinne, dass damit einfach *Mensch* gemeint ist oder *irgendein Mensch*, an einigen Stellen möglicherweise auch im Sinne von *Ich* (zur Diskussion vgl. Theißen/Merz, Der historische Jesus, S. 470–480).

Jesus spricht häufig vom Menschensohn, und da dieser Titel nur im jüdischen oder judenchristlichen Kontext verständlich, also vermutlich alt ist und weil er fast nur in den synoptischen Evangelien vorkommt und in späterer Zeit kaum mehr eine Rolle gespielt hat (Jesus wurde nicht „nur" als Menschensohn, sondern bald als Sohn Gottes gesehen), kann man davon ausgehen, dass Jesus dieses Wort oder diesen Titel tatsächlich benutzt hat, obwohl es auch

Forscher gibt (Philipp Vielhauer), die alle Menschensohnworte Jesu als unecht ansehen.

Wenn man von der Echtheit ausgeht, fällt zunächst auf, dass sich Jesus nie direkt mit dem Menschensohn identifiziert, sondern von ihm immer quasi in der dritten Person wie von einer anderen Gestalt spricht. Dies hat einen Großteil der Forscher dazu veranlasst anzunehmen, dass Jesus hier nicht sich, sondern einen anderen meint, vielleicht ähnlich wie Johannes der Täufer von dem Kommenden gesprochen hat.

In den Evangelien begegnen Worte vom kommenden Menschensohn, vom gegenwärtigen Menschensohn und vom leidenden Menschensohn. Die Worte vom leidenden Menschensohn, in denen Jesus sein Leiden und Sterben ankündigt, gelten in der Forschung fast durchweg als *vaticinia ex eventu*, als „Weissagungen", die von der Gemeinde nach der Passion erst formuliert worden sind, ähnlich wie Lottozahlen, die erst *nach* der Ziehung „geweissagt" werden. Nur wenige Forscher halten die Leidensweissagungen für authentisch und argumentieren, dass Jesus mit seinem Tode gerechnet haben könnte. Ob die Worte vom kommenden oder gegenwärtigen Menschensohn aber auf Jesus zurückgehen, ist in der Forschung insgesamt umstritten: „Trotz einer immensen Gelehrtenarbeit ist die Wissenschaft noch nicht in der Lage, zwischen den skizzierten Möglichkeiten wirklich begründet zu unterscheiden." (Theißen/Merz, Der historische Jesus, S. 477) Theißen jedenfalls nimmt an, dass Jesus sich als den künftigen Menschensohn sah: „Er erwartet mit dem Einbruch der Gottesherrschaft jene Rolle einzunehmen, die er dem Menschensohn zuschrieb." Auch wenn er in der dritten Person spreche, meine er sich selbst. Doch auch Theißen stellt fest: „Als Jesus den gegenwärtigen Beginn der Gottesherrschaft verkündigte, rechnete er mit deren Kommen während seines Lebens." (S. 478)

Was für den Bibelleser und einfachen Christen klar zu sein scheint und was auch für die Theologie fast 1800 Jahre klar war, nämlich dass Jesus der Messias war und sich insofern auch selbst dafür gehalten hat, ist für die neutestamentliche Forschung ein Problem geworden. Die meisten Forscher sind heute *nicht mehr* der Ansicht, dass Jesus sich selbst für den Messias gehalten hat, sondern dass er erst nach seinem Tod als Messias bekannt wurde. Auf weitere sogenannte messianische Titel Jesu werden wir unten noch zu sprechen kommen.

Ob er sich nun für den Messias oder eine andere endzeitliche Richter und Heilsgestalt gehalten hat oder nicht, ob er das Gottesreich durch sein Wirken befördern oder bestätigen wollte oder nicht, klar ist hier nur: Der Pfahl im Fleische des Christentums und das fortwährende Skandalon bleibt die Tatsache, dass sich Jesus im Zentrum seiner Verkündigung eindeutig geirrt hat. Hätte er darüber hinaus sich tatsächlich als Mittlergestalt beim Anbruch dieser Gottesherrschaft verstanden, sein Irrtum wäre noch umfassender, seine Predigt noch gegenstandsloser gewesen.

Peinlichkeiten – die Naherwartung der ersten Christen

„Aus dem Verkündiger ist der Verkündigte geworden." Dieses Wort des Theologen Rudolf Bultmann ist eines der am häufigsten zitierten Worte der theologischen Forschung überhaupt. Es beschreibt den fundamentalen Unterschied zwischen dem, was Jesus wollte, und dem, was die Kirche aus ihm gemacht hat. Die Ankündigung des Gottesreichs spielte für die ersten Christen bald keine Rolle mehr. Für Christen, die aus dem Heidentum kamen, war der Begriff ohnehin schwer verständlich. Den Christen insgesamt aber ging es nicht mehr um das Gottesreich, sondern um Christus. Hatte Jesus noch an Gott geglaubt, so glaubten die ersten Christen an Jesus, hatte Jesus noch den kommenden Gott verkündet, so verkündigten die ersten Christen den gekreuzigten Christus, und hatte Jesus noch auf Gottes Erscheinen gewartet, erwarteten die ersten Christen das Wiedererscheinen Jesu.

Hatte Jesus das gewollt? Wollte er wirklich sich selbst verehrt wissen, wo es ihm doch ausdrücklich um den Glauben an Gott gegangen ist? Würde er sich nicht gegen diese Verehrung wehren, wenn er es noch könnte? Erschiene sie ihm nicht als Götzendienst, als nicht vereinbar mit dem Denken und Glauben des frommen Juden, der er war? Die Beantwortung dieser Fragen ist geeignet, den Urteilsspruch über die Institution Kirche zu sprechen.

Geschichtlich beobachten wir jedoch zunächst einen Wandel der Naherwartung. Während Jesus und auch schon der Täufer vergeblich auf das Kommen und Eingreifen Gottes gewartet hatten, warteten die ersten Christen nun ihrerseits auf den wiederkehrenden und erhöhten Christus, auf den jüngsten Tag und das Endgericht, die endgültige Aufrichtung der göttlichen Herrschaft.

Doch wieder wurden die Erwartungen auf eine schwere und vor allem lange Probe gestellt. Godot ist inzwischen angekommen, doch auf den wiederkehrenden Christus wartet die Christenheit seit fast 2000 Jahren vergeblich. Gleichwohl wird immer wieder versichert, es könne jetzt nicht mehr lange dauern, man solle bloß nicht ungeduldig werden. So setzt sich der Irrtum Jesu als Irrtum derer fort, die an ihn glauben, und decouvriert die christliche Hoffnung nicht nur als strapaziert, sondern auch als zunehmend peinlich.

Die altchristliche Bitte *maranatha* (Komm, unser Herr) drückt diesen Wunsch auf die Wiederkunft Christi geradezu formelhaft aus. Paulus geht in seinen (echten) Briefen gleich zweimal auf das Problem der Parusieverzögerung ein, es scheint geradezu zu seinem Standardrepertoire zu gehören. In Thessalonich war die Frage aufgetreten, was denn mit den inzwischen gestorbenen Mitbrüdern sei, da Jesus noch nicht wiedergekehrt sei. Paulus schreibt deshalb im ersten Brief an die Thessalonicher, dem ältesten Brief des NT überhaupt:

> Wir wollen euch aber, Brüder, nicht in Unkenntnis lassen über die Entschlafenen, damit ihr nicht betrübt seid wie die übrigen, die keine Hoffnung haben. Denn wenn wir glauben, dass Jesus gestorben und auferstanden ist, wird auch Gott ebenso die Entschlafenen durch Jesus mit ihm bringen. Denn dies sagen wir euch in einem Wort des Herrn, dass wir, die Lebenden, die übrigbleiben bis zur Ankunft des Herrn, den Entschlafenen keineswegs zuvorkommen werden. Denn der Herr selbst wird beim Befehlsruf, bei der Stimme eines Erzengels und bei dem Schall der Posaune Gottes herabkommen vom Himmel, und die Toten in Christus werden zuerst auferstehen. Danach werden wir, die Lebenden, die übrigbleiben, zugleich mit ihnen entrückt werden in Wolken dem Herrn entgegen in die Luft. Und so werden wir allezeit beim Herrn sein. (1. Thess 4,13–17)

Eindeutig wird vorausgesetzt, dass nicht alle sterben werden, bis der Herr wiederkommt. Der Apostel und mit ihm die christliche

Gemeinde rechnet also 20 Jahre nach dem Tode Jesu noch fest mit dessen Wiederkunft noch zu ihren Lebzeiten. Und Paulus beruft sich für seine Auskünfte auf ein „Wort des Herrn". Was mag das für ein Wort gewesen sein? In den Evangelien erscheint es jedenfalls nicht. Und es ist auch sehr unwahrscheinlich, dass Jesus auf dem Weg zum Kreuz daran gedacht haben sollte, dass er eines Tages nicht nur aufersteht, in den Himmel fährt und von dort wiederkehrt, sondern auch noch quasi die Frage der Thessalonicher voraussehend einen Hinweis zu seiner Parusieverzögerung gegeben und versichert haben soll, dass keiner Nachteile habe, wenn er vorher sterbe. Da ist es doch viel wahrscheinlicher, dass Paulus hier, wie die späteren Evangelisten, um seinem Wort entsprechend Nachdruck zu verleihen, ein „Wort des Herrn" einfach erfindet bzw. seine private Meinung als Herrenwort ausgibt. Es wäre ja für einen guten Zweck! Nur die Historiker verzweifeln wieder ob solch lockerer Phantasie der wenigen Zeugen, die sie haben.

Auch einige Jahre später, im ersten Brief an die Korinther, findet sich der gleiche Gedankenkreis:

> Siehe, ich sage euch ein Geheimnis: Wir werden nicht alle entschlafen, wir werden aber alle verwandelt werden, in einem Nu, in einem Augenblick, bei der letzten Posaune. Denn posaunen wird es, und die Toten werden auferweckt werden unverweslich, und wir werden verwandelt werden. (1. Kor 15,51–52)

Wieder ist Paulus überzeugt, dass Christi Wiederkunft so nahe bevorsteht, dass nicht alle vorher sterben werden. Es fällt aber auf, dass hier eher davon ausgegangen wird, dass die meisten sterben werden bis zur Wiederkunft des Herrn, während im Brief an die Thessalonicher das Übrigbleiben noch als Regel angesehen wurde. Die Naherwartung lässt nach, die Realität vertreibt die Illusion einer baldigen Wiederkehr Christi, ohne dass sie freilich ganz aufgegeben wird. In den späteren Schriften des NT verkündet der erste Petrusbrief (der nicht von Petrus stammt): „Das Ende der Dinge ist nahe herbeigekommen; seid besonnen und nüchtern zum Gebet." (1. Petr 4,7) Und der erste Johannesbrief meint fälschlicherweise ebenso: „Ihr Kinder, die letzte Stunde ist da." (1. Jh 2,18) Der Jakobusbrief mahnt: „So bleibet denn standhaft, liebe Brüder, bis zur Ankunft des Herrn. [...] Der Richter steht vor der Tür." (Jk. 5,7+9) Doch der erste Clemensbrief, der es nicht mehr ins Neue Testament geschafft hat, referiert bereits die Klagen derjenigen, die des Wartens müde geworden sind: „Dies haben wir auch schon in den Tagen unserer Väter gehört, und siehe, wir sind alt geworden, und nichts von all dem ist uns widerfahren." (1. Clem 23,3)

Noch bis weit ins zweite Jahrhundert wurde an der *baldigen* Wiederkunft Christi trotzig und naiv festgehalten. Und natürlich suchte man in der Bibel nach einer Erklärung für die Parusieverzögerung, genauer: für das Ausbleiben der Parusie. Und man fand sie z. B. in Psalm 90,4: „Tausend Jahre sind vor dir wie der gestrige Tag", den der zweite Petrusbrief aufnimmt und trotzig hinzusetzt: „Der Herr verzögert nicht die Verheissung, wie es einige für eine Verzögerung halten [...]." (2. Petr 3,9) Dergleichen Ausreden hört man auch heute noch in frommen Kreisen. Alles scheint annehmbarer, als einen Irrtum einfach zuzugeben.

Denn auch an anderen Versuchen der Umdeutung durch altkirchliche Theologen hat es nicht gefehlt. So wurde im 4. Jahrhundert von einigen behauptet, man solle das Kommen des Herrn gar nicht erwarten: „Möge dies niemals in unseren Tagen sich erfüllen! Denn schrecklich ist die Herabkunft des Herrn!" (vgl. Deschner, Abermals krähte der Hahn, S. 35). Andere Kirchenväter haben die Stellen mit der offensichtlichen Naherwartung (etwa das Jesuszitat: „Ihr werdet mit den Städten Israels nicht zu Ende kommen, bis der Menschensohn kommt") in ihren Schriften unterdrückt, nur teilweise zitiert oder gefälscht. Deschner bringt in seinem genannten Buch gute Belege.

Im Urchristentum war vielleicht sogar noch die Vorstellung eines irdischen Reiches Jesu vorhanden, so wie das Judentum die Vorstellung eines Reiches Gottes hatte, welches sich quasi vom Himmel auf die Erde herabsenkt. Die Juden hatten das Gottesreich also nicht im Himmel verortet, sondern als eine Neuschaffung der Verhältnisse durch Gott hier auf der Erde. Diese Vorstellung wurde von den Christen dann immer mehr aufgegeben bzw. verdrängt durch ein Reich, welches im Himmel seinen Sitz hat und für dessen Erleben der persönliche Tod notwendig war. An die Stelle des Reiches Gottes trat das Himmelreich, eine folgenschwere Umdeutung dessen, was Jesus einst verkündet und geglaubt hatte. Und noch eine weitere folgenschwerere Umdeutung wurde vorgenommen, die hier mit einem zweiten bekannten Zitat, diesmal des Theologen

Alfred Loisy, beschrieben werden soll: „Jesus hat das Reich Gottes verkündet, gekommen aber ist die Kirche." Die Kirche wurde immer mehr mit dem Reich Gottes in Verbindung gebracht, ohne dass man sie ganz mit ihm identifizierte. Die Naherwartung wurde quasi institutionalisiert. Deschner schreibt: „Nur durch diese Transformation, die Auswechslung des Reich-Gottes-Gedankens durch den Kirchengedanken, den aufkommenden Sakramentalismus, wurde das Christentum gerettet und die Kirche stabilisiert, durch eine Fälschung, mag sie auch manchmal im besten Glauben begangen worden sein und sich scheinbar organisch vollzogen haben." (Deschner, Abermals krähte der Hahn, S. 36)

Jesus wollte keine Weltmission

Die größte Absurdität des christlichen Antisemitismus, auf den wir unten noch zu sprechen kommen werden, ist es, dass Jesus selbst nicht nur Jude war und als Jude geboren wurde, sondern dass er dies auch aus ganzer Überzeugung war und bleiben wollte. Er hatte eine jüdische Mutter, als Jude hat er gelebt und als Jude ist er gestorben. Auch seine Jünger waren allesamt Juden. Erst die Christen haben ihn quasi zum ersten Christen gemacht, zum angeblichen Begründer einer Religion, die er, hätte er sie gekannt, sicher aus vollem Herzen abgelehnt hätte. Doch ein Toter kann sich nicht mehr wehren.

Die Tage der Urgemeinde in Jerusalem waren gezählt. Nach dem Jüdischen Krieg verschwand sie im Ostjordanland, und das palästinische Judenchristentum sank immer mehr zur Bedeutungslosigkeit herab. Dafür aber nahm das gesetzesfreie Heidenchristentum einen imposanten Aufschwung, bedingt vor allem durch das Wirken des Paulus und auf längere Sicht von seinen erhaltenen Briefen bestimmt. Das Evangelium richtete sich nun auch an die Nichtjuden, und Nichtjuden waren es, die es vorantrieben und mit ihrer Mission allmählich zur Weltreligion machten.

Die ideologische Begründung zur Heidenmission lieferte ab dem 2. Jahrhundert ein Jesuswort, nämlich der sogenannte *Taufbefehl* am Ende des Matthäusevangeliums. Der auferstandene Christus verkündet seinen Jüngern: „Mir ist gegeben alle Gewalt im Himmel und auf Erden. Darum gehet hin und machet zu Jüngern alle Völker. Taufet sie auf den Namen des Vaters, des Sohnes und des Heiligen Geistes und lehret sie halten alles, was ich euch befohlen habe." (Mt 28,18–20) Auch Kirchenferne werden dieses Wort kennen, wenn sie schon einmal an einer christlichen Taufe teilgenommen haben, wo es gerne verwendet wird.

Abendländern fällt so meist auch nicht auf, dass hier der christliche Anspruch auf Weltherrschaft formuliert wird. Damit ist diese Stelle bei Matthäus eine der weitreichendsten und schlimmsten Stellen des gesamten Neuen Testaments. Denn nicht nur beim vergleichsweise harmlosen Taufen kleiner Kinder ist dieses Wort verwendet worden, es war auch Taufpate bei jedem Kampf gegen die „Ungläubigen", bei den Zwangstaufen, die im Namen des Christentums durchgeführt wurden, bei der Unterdrückung und Vernichtung fremder Kulturen und Religionen, bei den Kriegen und der Ausplünderung ferner Länder im Zeichen des Kreuzes. Was für den orthodoxen Marxismus die Ideologie der *Weltrevolution* war, war für die Christen die Ideologie der *Weltmission*, die fast immer einher ging mit Herrschaft und Unterdrückung. Und man darf hinzufügen: Die Christen waren nicht nur viel früher da, sie waren auch erfolgreicher als der „Bolschewismus", vor dem gerade die Kirchen immer eindringlich warnten, freilich ohne die Ähnlichkeiten ihrer Ideologie mit der ihres profanen Konkurrenten zu erkennen. Und die Christen hatten mit dem Jesuswort bei Matthäus die vorgeblich besseren Argumente, denn hier hatte ja angeblich ein Gott selbst die Parole ausgegeben, und kein Engel, erst recht kein Engels und kein Marx konnte einem Gott das Wasser reichen. Der Taufbefehl ist eines der Unworte der Bibel, von denen wir unten noch weitere benennen werden.

Der mächtigste Dämpfer gegen diese Form eines christlichen Imperialismus kommt wieder einmal von der neutestamentlichen Forschung, die das Jesuszitat, in dessen Namen so viel Leid und Blut in die Welt kam, als Erfindung des Evangelisten Matthäus erwiesen hat. Ganz abgesehen davon, dass die Erzählungen der Evangelisten vom Auferstandenen in der Forschung *alle* als Legenden gelten, denen kein Anhalt in der realen Welt zukommt (auch darauf kommen wir unten noch eingehend zu sprechen), lässt sich die typische Terminologie des Evangelisten durch Sprachanalyse und Wortstatistik nachweisen. Erfindungen des Evangelisten liegen vor, wenn gehäuft dessen typische Terminologie und seine theologischen Vorstellungen in einem Wort Jesu auftauchen. Absolute Sicherheit gibt es bei diesem Verfahren zwar nicht, wie nirgendwo in der historischen Forschung. Doch ein weiterer Hinweis auf die späte Abfassung des Missionsbefehls ist die Wendung „auf den Namen des Vaters und des Sohnes und des heiligen Geistes". Hierbei handelt es sich um eine triadische Formel, die bei den ersten Christen noch nicht verwendet wurde. Denn vor allem aus den paulinischen Briefen wissen wir, dass in der Frühzeit nur eingliedrig auf Christus (Gal 3,27) oder auf den Namen Jesu (1. Kor 1,13; Apg 8,16; 19,5; vgl. Gerd Lüdemann, Jesus nach 2000 Jahren, S. 325) getauft wurde. Die hier von Matthäus gebrachte dreigliedrige Formel ist historisch später anzusiedeln und spiegelt vermutlich den Gebrauch dieser Formel in der Gemeinde des Matthäus wider, wie überhaupt Erzählungen und Worte der Evangelien oft Gemeindesituationen und Gemeindeprobleme reflektieren. Durch die Legende vom Missionsbefehl soll der Gemeinde ihre Taufpraxis als von Jesus selbst begründet demonstriert werden.

Dabei hat Jesus selbst gar nicht getauft (anders als sein vermutlicher Lehrer Johannes), und auch seine Jünger hat er nicht dazu angehalten. Auch dies ist fast einhellige Meinung der Forschung. Auch vom Heiligen Geist hat er offenbar nie gesprochen (die sogenannten Paraklet-Stellen im Johannesevangelium gelten als nicht historisch). Jesus kannte keine Trinität, erst recht nicht mit ihm selbst als trinitarischer Person. Die Ausbildung der Trinitätslehre ist religiöse Lyrik, erdichtet aus spekulativer Fantasie ebenso wie aus vermeintlicher theologischer Notwendigkeit. Auch auf sie werden wir unten noch zu sprechen kommen. Die Gottesvorstellung Jesu war dagegen einfach und klar, es war (und es ist noch heute) die Vorstellung jedes frommen Juden, der neben Gott keinen Platz für irgendwelche Nebenherrscher kennt, mögen sie noch so dreieinig sein.

Und Matthäus hat noch eine weitere Absicht mit der Platzierung des Missionsbefehls. Er korrigiert damit nämlich die Aussendungsrede Jesu. Als dieser nämlich seine Jünger aussendet, gebietet er ihnen eindringlich: „Geht *nicht* der Heiden Straßen und betretet auch keine Stadt der Samaritaner. Geht vielmehr zu den verlorenen Schafen des Hauses Israel. Geht also und verkündet: Das Himmelreich ist nahe herbeigekommen." (Mt 10, 5b–7) Noch deutlicher wird Jesus im Gespräch mit einer Nichtjüdin, die ihn um die Heilung ihrer Tochter bittet: „Ich bin nur gesandt zu den verlorenen Schafen des Hauses Israel." (Mt 15,24) Eine bemerkenswerte Aussage: Für die „Heiden" erklärt sich Jesus als nicht zuständig. Seine Botschaft richtet sich nur an Juden, und er schärft dies seinen Jüngern eindringlich ein.

Diese Aussagen kontrastieren auffällig mit dem Missionsbefehl und auch mit der Praxis der Heidenmission, wie sie die christliche Gemeinde des Matthäus betrieben hat. Allerdings gab es im allerersten Urchristentum keine Heidenmission. Die älteste Gemeinde hat sich offenbar noch an Jesu Weisung, nicht zu den Heiden zu gehen, gehalten. Erst die Hellenisten um Stephanus (vgl. Apg 6–8) haben es offenbar durchgesetzt, dass sich die Mission auch an Nichtjuden richtete. Paulus wurde dann der große Protagonist des Heidenchristentums. Die ersten Christen haben sich also bald vom Partikularismus ihres Herrn verabschiedet – mit weitreichenden Konsequenzen. Denn indem man die Weisung Jesu in ihr Gegenteil verkehrte, war es möglich, dass das Christentum sich ausbreiten und eine weltgeschichtliche Größe werden konnte. Hätte man sich an Jesu Weisung gehalten, die christliche Bewegung wäre wohl nicht über den Status einer jüdischen Sekte hinausgekommen.

Man kann es den christlichen Kirchen nicht deutlich genug sagen: Der wirkliche Jesus war offenbar zeit seines Lebens nicht an den Anhängern anderer Religionen interessiert. Er sah sich nur gesandt zu den Juden. Sie will er erreichen, zu ihnen sendet er seine Jünger aus und trägt ihnen eindringlich auf, die Gebiete der Ungläubigen, und dazu zählen auch schon die Samaritaner, nicht zu betreten. Jesus vertrat einen jüdischen Partikularismus, die Christen haben jedoch einen christlichen Universalismus daraus gemacht und Jesu Lehre auch hier wieder verfälscht, ja in ihr Gegenteil verkehrt.

Dass Jesus Jude und nur Jude sein wollte, zeigt sich auch noch beim *Vaterunser*, dem zentralen Gebet, welches bis heute in jedem Gottesdienst gebetet wird. Man möge sich den bekannten Text hier noch einmal genau durchlesen:

Vater unser in den Himmeln, geheiligt werde dein Name, dein Reich komme, dein Wille geschehe, wie im Himmel, also auch auf

Erden. Unser tägliches Brot gib uns heute und vergib uns unsere Schuld, wie auch wir vergeben unseren Schuldigern. Und führe uns nicht in Versuchung, sondern erlöse uns von dem Bösen. (Mt 6,9-13)

In diesem Gebet findet sich nicht ein einziger spezifisch christlicher Gedanke. Jesus kommt in diesem Gebet selbst gar nicht vor, in der Mitte steht Gott und die Bitte um das Kommen des Reiches (nicht die Ankunft oder die Wiederkunft irgendeiner Messiasgestalt). Gott ist der unumschränkte Herr über Himmel und Erde, daneben kann es keinen anderen geben. Auch Jesus maßt sich keine solche Stellung an, wie die Bitte *Und vergib uns unsere Schuld* belegt, denn mit ihr stellt sich Jesus in die Reihe der Bittenden und bekennt indirekt, dass auch er selber schuldbeladen ist, also keineswegs der Sündlose, als den ihn die Kirche später dogmatisiert. Im Vaterunser wird Gott aufgefordert, die Menschen vom Bösen zu erlösen, von einer Erlösung durch Jesus hingegen findet sich kein Wort. Und auch die Schlussformel *Denn dein ist das Reich* betont erneut die Souveränität Gottes, neben der kein Zweiter Platz hat.

Es ist bemerkenswert, dass die christliche Kirche hier seit fast 2000 Jahren ein Gebet verwendet, das zentrale Inhalte der christlichen Dogmatik, so z. B. die komplette Soteriologie (das Heilshandeln Gottes durch Jesus Christus), nicht einmal ansatzweise erwähnt, in welchem auch in keiner Weise trinitarisches Denken vorhanden ist (wie wir es noch beim Taufbefehl gesehen haben), bei dem also jeder Hinweis auf Jesus als Heilsmittler fehlt. Er wird nicht einmal erwähnt. Stattdessen ist ein eindeutig jüdisches Gottesbild bestimmend. Das Vaterunser-Gebet ist durch und durch ein jüdisches Gebet, es gibt dort keine Stelle, die ein gläubiger Jude nicht aus vollem Herzen mitbeten kann. Grotesker Sachverhalt der Geschichte, dass sich ein christlicher Antisemitismus herausbilden konnte, obwohl der angebliche Stifter der Religion selber ein Jude war. Und dass die Christen jeden Sonntag ein Gebet rezitieren, dass diesen Umstand auch noch eindrücklich bestätigt.

Eben *weil* das Vaterunser keine spezifisch christlichen Gedanken enthält, kann man davon ausgehen, dass es im Kern auf den historischen Jesus zurückgeht, denn in späterer Zeit wäre es so nicht erfunden worden. Und es ist bemerkenswert, dass es in dieser Form überhaupt überliefert wurde. Dieser Umstand erklärt sich vielleicht am besten, wenn man annimmt, dass Jesus dieses Gebet seinen Jüngern eindringlich eingeschärft hat, es in den Gemeinden bekannt war und es der Evangelist nicht gewagt hat, es wegzulassen. Allerdings ist es beim Evangelisten ja eingebunden in einen Kontext, der keinen Zweifel daran lässt, dass Jesus zum Heilsgeschehen dazugehört. Und so erleben es auch die Gläubigen, die die fehlenden Teile des dogmatischen Puzzles vermutlich erst einmal gar nicht bemerken oder aber aus anderen Texten, z. B, dem Glaubensbekenntnis, ergänzen. So wird dann doch noch aus einem jüdischen Menschen ein christlicher Gott.

Jesus als Wundertäter und Exorzist

Nach einem etwas ausgeleierten Diktum ist das *Wunder des Glaubens liebstes Kind*. Noch heute erhellt ein großer Teil der Faszination, die von Jesus ausgeht, aus seinen Wundern. Dabei war er in der Umwelt des Neuen Testaments längst nicht der einzige Wundertäter. Für den römischen Kaiser und Christengegner Julian, und nicht nur für ihn, war Jesus „nur einer der gewöhnlichen, von Zeit zu Zeit in einer gewissen Regelmäßigkeit auftretenden Wundertäter und Religionsstifter gewesen." (zitiert bei Deschner, Das Christentum im Urteil seiner Gegner, S. 46) Und bis in unsere Zeit hinein treten immer wieder Wundertäter auf bzw. solche, die sich dafür halten.

Das Wirken von Wundern allein erwies deshalb in der Antike noch längst keine göttliche Qualität. Auch Pseudomessiassen wurden Wunder zugetraut (Mk 13,22). Auch von Petrus und Paulus weiß die Bibel Wunder zu berichten, und in den späten apokryphen Apostelakten werden die Wunder der Apostel ins Fantastische gesteigert. Die Antike war voll von Männern, denen Wunderkräfte zugeschrieben wurden, und voll von Kulten, die vorgaben, eine Verbindung mit dem Göttlichen zu haben oder herstellen zu können. Der religiöse Aberglaube und eine ausufernde Esoterik blühten schon in der Antike schrill und bunt. Und selbst im vergleichsweise spröden und nüchternen Judentum, in der jüdischen Umwelt Jesu, waren eine Reihe von Wundercharismatikern bekannt. So trat der Rabbiner *Honi* im ersten Jahrhundert v. Chr.

unter anderem als Regenmacher hervor und wird deshalb sogar bei Josephus positiv erwähnt. Zeitgleich mit Jesus wirkte *Hanina ben Dosa*, der sogar wie Jesus in Galiläa gelebt hat. Von ihm wird berichtet, er habe Dämonen ausgetrieben und sei immun gegen Schlangenbisse gewesen. Zwei Fernheilungen soll er allein durch Gebet bewirkt haben. Überhaupt hatte er auch sonst viel Ähnlichkeit mit Jesus. „Wie Jesus lebte er in selbst gewählter Besitzlosigkeit [...] und war rituellen Fragen gegenüber indifferent. Zeitgenossen und Tradition bringen ihn, wie Honi und auch Jesus, in Verbindung mit dem Propheten Elia." (Theißen/Merz, Der historische Jesus, S. 278; vgl. auch S. 458). Diese wundertätigen Rabbiner wurden in der Tradition zuweilen als Söhne Gottes bezeichnet, Hanina ben Dosa wird als „mein Sohn" angeredet, wie Jesus bei seiner von Markus berichteten Taufe. Als Regenzauberer hat auch der Enkel Honis, *Hannan Ha-Nehba*, gewirkt. Beide reden Gott auch als *Abba*, als lieber Vater an, so wie Jesus dies auch getan hat. Von Hanina ben Dosa wird ähnlich wie von Jesus auch eine wundersame Brotvermehrung berichtet.

In der hellenistischen Umwelt des Neuen Testaments war der Typos des *Theios Aner*, des göttlich begabten Menschen, der Wunder und Heilungen wirken kann, bekannt und weit verbreitet. Bekanntestes Beispiel hierfür ist Apollonius von Tyana, ein neupytagoräischer Wanderphilosoph, der gegen Ende des ersten Jahrhunderts v. Chr. starb und dessen Biografie von Philostrat geschrieben wurde. Von Apollonius wird unter anderem die Auferweckung eines toten Mädchens berichtet, das am Tage ihrer Hochzeit gestorben war. Parallelen mit der Auferweckung der Tochter des Jairus (Lk 7,11–17) drängen sich auf. Auch Apollonius wurde auf wundersame Weise geboren, hat wie Jesus Dämonen ausgetrieben und erschien nach seinem Tod seinen Anhängern. Ebenso wurden Empedokles, Pythagoras und andere als übernatürliche Wesen verehrt. Viele Forscher sehen wenn auch keine direkte literarische Abhängigkeit der neutestamentlichen Wunder von heidnischen Vorbildern, so doch zumindest das gemeinsame Schöpfen aus im Volksglauben vorhandenen Vorstellungen.

Auch von vielen Kultstätten heidnischer Götter werden eine Vielzahl von Wunderheilungen berichtet, so an den Tempeln der Kultgottheiten Asklepios, Serapis und Isis. In Epidauros hat man eine Vielzahl von Dankestafeln gefunden, gestiftet von Geheilten, die Asklepios für die Heilung danken. *Asklepios hat geholfen* – man fühlt sich erinnert an das *Maria hat geholfen* in vielen Marienkapellen. Zu allen Zeiten haben Menschen von ihren Göttern und Kultfiguren Hilfe erwartet und waren auch fest überzeugt, sie erhalten zu haben. Auch dies schöne Beispiele für die Kraft der Selbstsuggestion und das mentale Bedürfnis der Menschen, die Welt so zu interpretieren, dass es passt.

Josephus berichtet in seinen *Antiquitates* ausführlich von einem Exorzismus eines gewissen Eleazar, dessen Augenzeuge nicht nur er selber war, sondern auch der Kaiser Vespasian. Eleazar habe in Gegenwart des Kaisers eine ganze Reihe von Kriegern geheilt, die von bösen Geistern besessen waren. Die Dämonen wurden aus den Nasen der Besessenen herausgezogen und mussten schwören, nicht wieder in die Menschen zurückzukehren. Wir haben hier ein Wunder, welches wesentlich besser bezeugt ist als alle Wunder des Neuen Testaments, denn Josephus ist selbst Augenzeuge, benennt eine ganze Reihe von Gewährsmännern, darunter sogar einen Kaiser. Es sind damit einige Kriterien erfüllt, die für die Historizität dieses Ereignisses sprechen. Aber trotz dieser guten Bezeugung: Würde man diese Exorzismen deshalb als historische Geschehnisse ansehen? Wohl kein Historiker würde dies tun. Viele neutestamentliche Forscher glauben dies aber zumindest bei einigen Wundern Jesu tun zu müssen, die wesentlich schlechter bezeugt sind als die bei Josephus.

Waren sie es nicht von Anfang an, so wurden die Wunder bald und dann dauerhaft handgreiflicher Ausweis der Göttlichkeit Jesu. Dergestalt wurden sie nach Kräften ausgeschlachtet und für die Mission und religiöse Unterweisung genutzt. Als die antike Bildung verschwand und damit das Wissen um die relative Alltäglichkeit des Auftretens von Wundertätern verloren ging, mussten die überlieferten Wundergeschichten von Jesus umso heller leuchten. Seine Wunder bestätigten nun immer mehr seine göttliche Sendung, mehr als alle anderen Taten und mehr als alle seine Worte. Für die moderne Theologie jedoch wurden die Wunder Jesu zu einem Problem. Je mehr man die Welt rational und kausal erklärte, desto fragwürdiger und mirakelhafter mussten sie erscheinen. Und dies trifft besonders auf die Exorzismen zu.

Ebenso klassisch wie überholt sind in diesem Zusammenhang die Versuche von Theologen, die Wunder Jesu rational erklären zu wollen, so z. B. von C.F. Bardt († 1792) oder H.E.G. Paulus († 1851); man vergleiche den Artikel *Wunder* in der TRE – Theologischen Realenzyklopädie von Bernd Kollmann. Der Seewandel Jesu zum Beispiel wird dann so erklärt, dass im See Genezareth Bauhölzer schwammen, über die Jesu gewandelt sei. Und bei der Speisung der Fünftausend sind deshalb alle satt geworden, weil jeder der Anwesenden seine Vorräte hervorgeholt und man geteilt habe. Diese Erklärungen gehen natürlich an der eigentlichen Intention der Geschichten vorbei, zeigen jedoch das Problem auf, dass in der Neuzeit solche Wunder, die ja für den mittelalterlichen Menschen kein Problem waren, nicht mehr so einfach geglaubt werden konnten.

Für David Friedrich Strauß († 1874) sind die Wunder Mythen, die Jesus angedichtet wurden. Ein Messias musste auch Wunder getan haben, und so wurden eine Reihe von alttestamentlichen Wundern auf Jesus übertragen und verstärkt. Damit bestritt Strauß radikal die Historizität der Wunder Jesu. Für seine Position wurde er stark angefeindet, modifiziert setzte sie sich aber durch.

Die beiden Neutestamentler Rudolf Bultmann und Martin Dibelius leiteten in ihren grundlegenden formgeschichtlichen Werken die Wunder aus der hellenistischen Umwelt ab. Aus dem Hellenismus seien ganze Wundergeschichten auf Jesus übertragen worden. Historisch sind sie bedeutungslos. Dibelius sah in den Wundergeschichten überwiegend Novellen, die aus einer profanen Erzählsucht entstanden sind.

Es ist nur zu verständlich, dass Jesus als geglaubter Messias eine ganze Reihe von Wundern auf sich ziehen musste. Dies ist quasi ein Naturgesetz der Hagiografie und kann an vielen Heiligenlegenden nachgewiesen werden. In den synoptischen Evangelien kann man noch nachprüfen, dass die Wundertätigkeit Jesu zunehmend gesteigert wurde. So wird aus der Heilung des Besessenen in Mk 1,20 bei Mt 8,28–34 die Heilung von zwei Besessenen. Wo Markus davon spricht, Jesus heilte *viele* (Mk 3,10), spricht Matthäus davon, dass er *alle* geheilt habe (Mt 4,24). Die Speisung von fünftausend (Männern) wird bei Mk 6,30–44 berichtet, zwei Kapitel später folgt dann die Erzählung von der Speisung von viertausend

(Menschen). Beide Geschichten sind so ähnlich, dass die Forschung überlieferungsgeschichtlich davon ausgeht, dass ursprünglich nur eine Geschichte kursierte, allerdings in zwei Varianten. Markus hat dies vielleicht nicht bemerkt oder wollte bewusst zwei Geschichten erzählen. Neben Varianten findet man unter den Wundern auch Dubletten, so zum Beispiel die Heilung des Blinden in Mt 9,27–31, die ebenso in Mt 20,29–34 erzählt wird. Weiter sind offenbar auch einzelne Worte Jesu im Laufe der Zeit zu Wundern umgestaltet worden. So geht man davon aus, dass der wunderbare Fischzug des Petrus in Lk 5,1–10 aus dem Vers 10b heraus gesponnen wurde: *Da sagte Jesus zu Simon: Fürchte dich nicht! Von jetzt an wirst du Menschen fischen.* Es ist überlieferungsgeschichtlich auch nicht verwunderlich, dass verschiedene Wunder aus der Umwelt Jesu auf Jesu übertragen worden sind, so zum Beispiel die wundersame Auffindung der Münze im Mund des Fisches, Mt 17,24–27, und das Weinwunder zu Kana, bei der Jesus Wasser in Wein verwandelt. Die Vorlage hierzu ist ein altes Weinwunder des Dionysos, das auf Jesus übertragen wird. Vom Weinwunder zu Kana erzählt nur das späte Johannesevangelium, die synoptischen Evangelien kennen es nicht. Die Totenauferweckung in Lk 7,11–17 hat ihre alttestamentliche Vorlage in einer Totenauferweckung des Propheten Elia (1. Kön 17,17–24). Einige spektakuläre Wunder gelten nach fast einhelliger Meinung der Forschung als nachösterlich, also als spätere Erfindungen bzw. Übertragungen. Darunter zählen etwa die Sturmstillung (Mk 4,35–41) oder der Wandel Jesu auf dem See Genezareth (Mk 6,45–52).

Doch auch wenn man die zunehmende Steigerung der Wundertätigkeit Jesu berücksichtigt, die Bildung von Varianten und Dubletten oder auch die vielfältige Übertragung von Motiven aus der Umwelt Jesu, herrscht in der Forschung weitgehende Einigkeit, dass bereits in den ältesten Überlieferungsgeschichten Jesus als Wundertäter und Exorzist geschildert wird. Besonders die Exorzismen „stehen im Zentrum seines Wunderwirkens", so Bernd Kollmann in der TRE. Und diese bereiten den modernen Theologen natürlich besonders große Schwierigkeiten. Doch auch schon in der Antike wurde das exorzistische Wirken Jesu allmählich zurückgedrängt, hatte auch dort vielleicht schon eine Spur von Unseriosität. Das Johannesevangelium verzichtet auf Exorzismen ganz. Aus moderner Sicht spiegelt sich besonders in den Exorzismen eine archaische und auch im negativen Sinn des Wortes rückständige Weltanschauung wider. Dabei galten auch „normale" Kranke oft als von bösen Geistern besessen. Der antike Mensch konnte sich aber das Verhalten von psychisch Kranken oder Epileptikern nur so erklären, dass Dämonen dafür verantwortlich seien. Mithilfe von Dämonen und bösen Geistern verstand man die Welt einfach besser. Hinter den Dämonen aber sahen die Juden den Teufel selbst am Werk.

Das Wirken Jesu als Exorzist wurde auch von seinen Gegnern als Tatsache anerkannt (Mk 3,22), und offenbar hat Jesus sich selbst vor allem als Exorzisten wahrgenommen. Das Austreiben von Dämonen und das Heilen von Kranken waren für ihn Zeichen der anbrechenden Gottesherrschaft. Möglicherweise hat Jesus hier einige wie auch immer geartete Erfolge gehabt, wobei auch berichtet wird, dass dies zuweilen nicht geschah. Unter seinen „Patienten" werden wir uns überwiegend psychisch Kranke vorstellen müssen. Die Hilfskonstruktion einer dämonischen Besessenheit ist inzwischen durch die moderne Medizin und Psychiatrie obsolet geworden, doch Jesus hat als Kind seiner Zeit dieses archaisch mythologische Weltbild ebenso geteilt wie seine Umwelt und das Urchristentum, ja das Christentum überhaupt bis weit in die Moderne hinein. Im Katholizismus gibt es bis zum heutigen Tag Exorzismen, und in Rom existiert hierfür sogar eine eigene Ausbildungsstätte. Wenn es nicht so grotesk wäre, könnte man die katholische Kirche fast beglückwünschen, dass sie, wo sie doch in so vielem sich nicht an ihren Herrn gehalten hat, ihm zumindest in seinen Irrationalitäten gefolgt ist.

Sind Wunder möglich?

Wie sollen wir heute die Wunder Jesu bewerten? Sollen wir davon ausgehen, dass er tatsächlich Wunder gewirkt hat? Die historische Forschung kann in vielen Fällen die Abhängigkeit von Wundererzählungen aus der Umwelt Jesu nachweisen, kann zeigen, wie das Wunderhafte an einigen Stellen erfunden, wie es an anderen Stellen gesteigert wurde, wie es von den Evangelisten vermehrt und der jeweiligen Theologie des Evangelisten dienstbar gemacht wurde. Man kann so Schicht um Schicht abtragen und viele Wunder ganz eliminieren. Übrig bleibt jedoch ein Grundbestand an Heilungen und Exorzismen, die mit den Mitteln der Geschichtsforschung nicht mehr reduziert oder erklärt werden können. Wäre hier nun ein quasi sicherer Grund gegeben, eine Art Beweis, dass Jesus tatsächlich Wunder begangen hat? Manche Arbeiten von neutestamentlichen Theologen scheinen dies nahezulegen, auch wenn dies so direkt nie ausgesprochen wird. Man hat den Eindruck, als wollten sie den irritierten Gläubigen auf diese Hintertür zumindest diskret hinweisen.

Man wird demgegenüber deutlich sagen müssen: Es gibt keine Brücken ins Irrationale. Vom Standpunkt eines kritischen Bewusstseins sind irgendwelche Wunder, die angeblich irgendwo irgendjemand gewirkt hat, sei es in der Antike oder sei es heute, niemals ein Beweis für einen Vorgang, der die Naturgesetze und den Erkenntnisrahmen von Ursache und Wirkung mirakulös sprengt und neben der realen und nachprüfbaren Welt eine zweite installieren kann. Wunder gibt es nicht, sie sind das imaginäre Spielzeug eines infantilen Bewusstseins, der Glaube an sie ist Ausdruck einer sich selbst betörenden Realitätsflucht, ein stilles Berauschen am Mythischen und das heimliche Verlangen nach einer Insel der Bedeutsamkeit in einem Meer von Faktizität.

Zu radikal? Zu wissenschaftsverliebt? Im Vermeiden von Ideologien selbst einer Ideologie des Vernunftglaubens aufgesessen? Man meint die Einwände der versammelten Religions- und Esoterikszene förmlich hören zu können. Was ist denn mit der so oft beschworenen Ergebnisoffenheit und der Unvoreingenommenheit der Wissenschaft? Menschen, die mit ihrem Weltbild denkbar weit von einer vernünftigen Betrachtung der Welt entfernt sind, fühlen sich plötzlich bemüßigt, an die Vernunft zu appellieren. Doch auch Vertreter einer sich als *unvoreingenommen* verstehenden Position mögen hier Einwände haben. Der kritische Standpunkt will deshalb erläutert sein.

Die Ablehnung der Wunder und des Wunderglaubens und des dahinter stehenden Irrationalismus ist vor allem methodischer Natur. Denn es geht ja hier gar nicht vordringlich um irgendwelche Wunder, die in der Bibel berichtet werden und für deren Authentizität sich die Kirchen engagieren. Wenn es nur das wäre! Es geht um den Wust eines jahrtausendealten Wunderglaubens in *allen* Religionen, offenbar zu allen Zeiten, um die Vielzahl von angebli-

116

chen Wundern im Volksglauben, im vermeintlichen Glauben und im sogenannten Aberglauben. Denn nicht nur in der Bibel werden Wunder berichtet, der Wunderglaube ist eine Fantasie wohl aller Religionen, der sogenannten Hochreligionen ebenso wie der primitiv-archaischen Kulte. Er findet sich im unreflektierten Volksglauben der Völker ebenso wie an theologischen und religiösen Schulen weltweit. Darüber hinaus taucht er auch in nicht religiösen Schriften auf, wie beispielsweise im oben erwähnten Text von Josephus, der von einer Dämonenaustreibung berichtet, bei der er selbst Augenzeuge war, wie schon erwähnt eine gut bezeugte Geschichte. Einzuräumen, dass die Wunder des Neuen Testaments wahr seien, bedeutet aber dann ebenso solche Wunder einräumen zu müssen, dazu die Wunder des Islam, des Buddhismus und jeder anderen Religion. Und es kann für eine bestimmte Religion keine Sonderbedingungen des Denkens geben, keinen vernunftfernen Raum, kein Refugium des Glaubens, auch wenn (oder gerade weil) jede Religion Sonderrechte für sich beansprucht.

Und die Grenzen umschließen ja nicht den engen Kreis der sogenannten Hochreligionen, der Wunderglaube ist letztlich das vorlaute Kind der großen Mutter Irrationalismus. Und deren Beweihräucherer fanden sich nicht nur in den alten Mysterienkulten der Antike, der Gnosis und des alten Okkultismus, sondern sie sind auch in der neuzeitlichen Esoterik vielfältig und ganzheitlich vertreten. Ob dort nun mit Engeln oder Verstorbenen Kontakt aufgenommen wird (beliebt sind Goethe, Buddha und selbst Jesus!), ob im mystischen Suff beim Rauch der Räucherstäbchen Frau Mustermanns vorherige Existenz als indische Prinzessin sich offenbart, ob mithilfe einer Wünschelrute (und etwas Bargeld) die Wohnung erdstrahlenmäßig vermessen wird, ob beim Tantra-Wochenende Sex nicht nur einfach schön, sondern ein Weg zur Vereinigung mit der kosmischen Urenergie ist, ob der Urin des Dalai Lama tatsächlich ein gutes Mittel gegen Warzen ist und ob eine Reiki-Handauflegung nicht nur die Heilenergie Buddhas und Jesu vermittelt, sondern, Hand auf der Motorhaube, auch ein renitentes Auto wieder anspringen lässt – auch diese keineswegs erfundenen Beispiele gehören in den Bereich des Irrationalen, der unbewiesenen Durchbrechung der Naturgesetze, gehören in den Bereich der Wunder. Ob der Irrationalismus nun eine zweitausendjährige Theologie vorzuweisen hat oder nur das aktuelle Bäuerchen eines selbsternannten Gurus darstellt, spielt letztlich keine Rolle. Die beiden kommen aus demselben Dorf. Öffnen Sie einem Gesellen die Tür, können Sie sie dem anderen nicht mehr verwehren.

Und was da vor Ihrer Tür steht, heißt Legion. Lassen Sie die Geister erst einmal herein, werden Sie sie nicht mehr los. Dies ist der Sinn, wenn gesagt wird, dass es bei der Wunderfrage nicht nur um ein Verstehensproblem neutestamentlicher Texte geht. Es geht um ein ganzes Weltbild. Und wenn gesagt wurde, dass es sich um eine Frage der Methode handelt, meint dies konkret: Will man der Wirklichkeit etwas näher kommen, muss man auf die Aufnahme irrationaler Ansätze verzichten und die Welt mit innerweltlichen Ansätzen heraus zu erklären versuchen. Wo eine Frage nicht gelöst werden kann, z. B. weil unser Erkenntnisvermögen beschränkt ist, darf man trotzdem keine Erklärungen akzeptieren, die sich auf irrationale Prämissen beziehen. Eher soll man auf die Beantwortung der Frage verzichten.

Die Ablehnung von Wundern und dem dahinterstehenden Irrationalismus hat somit eine reinigende, eine kathartische Funktion. Nicht jede Erklärung genießt den gleichen Stellenwert, nicht jeder Unsinn verdient die Bezeichnung *Hypothese*. Es kommt hier ein Grundsatz der wissenschaftlichen Methodik zur Anwendung, der als *Ockhams Rasiermesser* bekannt ist. Benannt ist er nach dem Philosophen Wilhelm von Ockham (1285–1347), er geht aber inhaltlich bis auf Aristoteles zurück. Ockhams Rasiermesser meint die Anwendung eines Sparsamkeitsprinzips bei der Erklärung der Welt. Diejenigen Erklärungen sind prinzipiell vorzuziehen, die die Zusammenhänge mit möglichst wenigen und nachvollziehbaren Annahmen erklären. Ein Beispiel: Sie liegen nachts wach und hören über sich im Dachgebälk ein knarrendes Geräusch. Sie können nun annehmen, dass dies auf Materialspannungen in der Dachkonstruktion zurückgeht oder dass ein Eichhörnchen vom nahen Baum den Weg über Ihr Dach genommen hat. Dies wären Erklärungen, die allgemein nachvollziehbar sind und mit wenigen Annahmen auskommen, sie sind sparsam. Sie können in Ihrem Bette liegend aber auch meinen, dass Außerirdische mit einem lautlosen Raumschiff über Ihrem Hause schweben und mittels einer unbekannten Entmaterialisationstechnik langsam Ihr Dach abdecken, um Sie dann nach Alpha Centauri zu entführen. Diese Erklärung benötigt viele Implikationen, sie ist nicht sparsam. Denn man müsste z. B.

annehmen, dass es Außerirdische überhaupt gibt, dass sie Raumschiffe haben, dass sie mit ihnen die Erde erreichen können, dass sie lautlos schweben können etc. Der wirklichen Welt müssten Sie eine Fülle von Hypothesen (und Entitäten) hinzufügen, damit Ihre Erklärungskonstruktion trägt. Nach Ockhams Rasiermesser ist diese Erklärung deshalb die schlechtere. Ockhams methodischer Grundsatz rasiert fantasierende Erklärungsansätze und schlecht zu belegende Vermutungen wie überstehende Bartstoppeln ab. Und dieser Grundsatz hat sich als außerordentlich fruchtbar zur Erkenntnis und Beschreibung der Welt erwiesen.

Das Sparsamkeitsprinzip, angewandt auf das Problem Wunder, würde bedeuten, dass denjenigen Erklärungen der Vorzug zu geben ist, die ohne nicht nachvollziehbare Annahmen auskommen. Viel einfacher, als eine Durchbrechung der Naturgesetze anzunehmen, wären innerweltliche Erklärungen, etwa dass die Wundergeschichten allesamt legendarisch sind, dass sie aus der Umwelt übertragen wurden, dass sich seine Anhänger oder auch Jesus selbst geirrt oder sich etwas vorgemacht haben, dass Täuschung oder Selbsttäuschung im Spiel gewesen ist. Diese Erklärungen sind allemal methodologisch besser als das Postulieren einer Parallelwelt mit der realen Existenz mythologischer Gestalten. Doch das fällt religiösen Menschen schwer.

Christen verstehen das Argument meist besser, wenn man hier nicht von den Wundern Jesu, sondern von den Wundern irgendeines antiken oder auch zeitgenössischen Wundertäters ausgeht. Oder z. B. von der Behauptung esoterischer Kreise, die Fähigkeit zu besitzen, Kontakte zu Verstorbenen aufnehmen zu können. Hier müsste auch eine komplette Parallelwelt angenommen werden, die Kombination einer Unzahl von Voraussetzungen, von denen jede allein schon mehr als fragwürdig wäre. Im Sinne von Ockhams Rasiermesser wäre da eine Erklärung besser, die den ganzen Hokuspokus auf eine übersteigerte Fantasie, auf die weit verbreitete Tendenz der Menschen zur Selbstsuggestion oder einfach nur auf finanzielle Interessen zurückführt. Jeder Christ würde den Unsinn von spiritistischen Sitzungen sofort einsehen, die Deutung des Schicksals aus den Sternen brüsk zurückweisen, er würde nicht nur die Wunder anderer Religionen als Aberglauben ansehen, sondern gleich diese Religionen selbst. Und natürlich würde er die Schärfe von Ockhams Rasiermesser loben und weiterempfehlen. Nur im Blick auf seinen eigenen Glauben läuft er natürlich weiterhin mit Vollbart herum.

Das Sparsamkeitsprinzip ist eine Methode und nur eine Methode. Es werden keine bestimmten Inhalte propagiert, keine Entscheidung darüber gefällt, was ist und was nicht. Die Methode will nicht selbst festlegen, dass eine bestimmte esoterische Richtung (eindeutig!) falsch ist. Aber sie vergleicht auf dem Jahrmarkt der Behauptungen ordentlich die Preise und erkennt manches als zu billig.

Deshalb laufen Anschuldigungen ins Leere, die Wissenschaft würde ja selbst nur eine bestimmte Position vertreten, sie sei ja selbst eine Form von Ideologie. Diesen Unsinn muss man leider immer wieder lesen, und er belegt, dass letztlich das Problem gar nicht begriffen wurde. Und man fordert dagegen gerne eine Weltsicht, die „gefühlsmäßige" oder „glaubensgemäße" Positionen bitteschön berücksichtigen solle. Religionsanhänger und Esoteriker halten dies für eine notwendige Ergänzung zu einem „verkopften" und „einseitig mechanistischen" Weltbild. Doch was da angeblich so modern daherkommt, ist ein alter Hut. Irrationale und religiöse Denkvoraussetzungen haben ja die vergangenen 6000 Jahre und weit darüber hinaus bestimmt. Was heute als vorgebliche Lösung verkauft werden soll, ist doch im Grunde das Problem selbst. *Weil* das Denken jahrtausendelang durch Dogmatik und religiöse Weltbilder eingeengt war, welche nicht hinterfragt werden *durften*, hat es ja über so lange Zeit keinerlei Fortschritt gegeben. *Weil* man dem Unsinn angeblicher Autoritäten so lange geglaubt hat, gab es keine Neuentwicklungen z. B. in der Medizin, der Astronomie, den Naturwissenschaften. Erst als man begann, die Welt mit empirischen Augen und vorurteilsfrei zu prüfen, erst als man versuchte, die Natur ohne Metaphysik, die Welt ohne Überbau zu sehen, erst als man sich mehr auf die Vernunft als auf den Glauben verließ, erst dann kam es zu den großen Erfolgen, die die Welt in zweihundert Jahren mehr veränderten als in 6000 Jahren vorher. Die Geister, die von einer Art Neo-Irrationalismus aus religiösen und esoterischen Kreisen her beschworen werden, sind nichts als die vertriebenen Gespenster einer vergangenen Zeit, die abgehalfterten Diktatoren eines gegängelten Bewusstseins. Lange genug haben sie die Geschicke der Welt bestimmt und haben nichts als Stillstand und Dogmatik produziert. Sie haben ihre Chance gehabt. Schwer genug war es, sie aus dem Haus zu bekommen, man sollte sie nicht wieder hineinlassen. Und man soll sich den Rückfall ins Mittelalter nicht als Fortschritt andrehen lassen.

Zwei Dinge sind nach den gemachten Ausführungen aber unbedingt zu beachten. Erstens, dass man mit unsinnigen Theorien nicht auch die Menschen verdammt, die sie äußern. Eben weil die Erfahrung lehrt, dass die Persönlichkeit jedes Menschen ein kompliziertes und feines Gebilde ist und sich aus einer Vielzahl von Motiven, Erfahrungen und Begegnungen bildet und umbildet, und weil der Mensch stets mehr ist als seine Weltanschauung, soll man beides beachten: den Menschen von seinen Irrationalitäten zu befreien und ihn gleichzeitig als Menschen zu achten und zu respektieren. Während uns das Erste als Aufgabe nahegelegt sei, ist uns das Zweite als Pflicht vorgegeben.

Und es sei daran erinnert, dass es in allen Religionen, unter den Vertretern aller politischen Richtungen und den Jüngern aller vorgeblichen Heilsbringer immer Menschen gibt, die versuchen, ein verantwortliches und mitmenschliches Leben zu führen, und denen dies auch gelingt. Die rechte Erkenntnis ist vielleicht eine Sache der Vernunft, ein verantwortliches Leben zu führen eher eine Sache des Charakters. Es ist ein glücklicher Umstand, kommt beides zusammen.

Die zweite Sache, die noch angesprochen werden muss, mag manchem schon auf der Zunge liegen. Was ist mit Dingen, die bisher nicht bewiesen werden können, aber vielleicht doch wahr sind? Ist die oben beschriebene Methode nicht eine Immunisierungsstrategie, verhindert sie (bei allem guten Willen) nicht neue Erkenntnisse? Ist sie also nicht doch ein wenig ideologisch? Könnte es nicht doch Dinge geben, die existent sind, die jedoch hier salopp mit dem Hinweis auf Hokuspokus vorschnell abgetan werden?

Ideologiekritik kann prinzipiell nie falsch sein und ist natürlich auch gegenüber solchen Menschen angebracht, die sich selbst als ideologiefrei verstehen. Mit neuen Erkenntnissen hat die Wissenschaft natürlich immer zu rechnen, sie sind ja geradezu ihr Tagesgeschäft. Es gehört also eine gewisse Offenheit auch fragwürdig erscheinenden Theorien gegenüber immer dazu. Aber es sollte eine kritische Offenheit sein. Und die Beweislast hat derjenige, der etwas behauptet, das nicht allgemein akzeptiert im Sinne einer opinio communis gilt.

Wer Dämonen oder Wunder wirklich für möglich hält, steht eben auch in der Beweispflicht. Bloße Texte und Überlieferungen, mögen sie auch aus noch so heiligen Schriften kommen, können niemals eine Durchbrechung von Naturgesetzen belegen. Hier helfen neben der historischen Kritik die Grundsätze von *Analogie* und *Korrelation* (Ernst Troeltsch), die grob gesagt ein historisches Geschehen nur dann als geschehen annehmen, wenn es in sich plausibel und nachvollziehbar ist und wenn es sich mit unserem Erfahrungsschatz deckt. Einfach gesagt: Weil es heute keine Wunder gibt, kann man davon ausgehen, dass dies auch in früheren Zeiten so war.

Die Hürde der Beweispflicht darf man gerade denjenigen nicht ersparen, die die Existenz von Dingen behaupten, die angeblich jenseits des Erfahrungshorizonts liegen. Und diese dürfen die Frage nach Belegen nicht als ungehörig oder der Sache nicht angemessen zurückweisen, wie das esoterische und religiöse Kreise gerne tun, wo die Frage nach Belegen fast schon wie ein unsittliches Angebot aufgefasst wird. Beirren lassen darf man sich von solchen Ziererein nicht, dafür sind auf der Weltanschauungsautobahn einfach zu viele Geisterfahrer unterwegs.

Auch fortschrittliche Theologen kokettieren gerne mit der Unmöglichkeit, im historischen Bereich hundertprozentige Entscheidungen zu fällen. Zwar betonen fast alle, dass es nicht auf Wunder ankommen dürfe, sondern der Glaube sich stattdessen auf die Verkündigung, den Glauben der Kirche, auf Christus selbst oder auf eine existenzielle Entscheidung stützen solle. Doch mit dem Fuß halten sie dennoch eine metaphysische Hintertür für den Wunderglauben offen. Und tatsächlich spielt dieser bei den Gläubigen nach wie vor eine wichtige Rolle.

Theologen und Pfarrer, die behaupten, es gebe keine Wunder, deshalb habe auch Jesus keine getan, schaufeln sich ihr eigenes berufliches Grab. Es wird deshalb Rücksicht auf die Befindlichkeiten der Gläubigen und der Kirche genommen. In exegetischen Kommentaren und vor allem in systematisch-theologischen Büchern wird deshalb beim Thema Wunder oft ein regelrechter Eiertanz aufgeführt, der gerne mit einem bunten Strauß an selbst kreierter

Begrifflichkeit daherkommt und auf hohem oder vermeintlich hohem Abstraktionsniveau einen Sinngehalt der Aussagen nur vortäuscht. Nirgendwo werden in der Theologie so viele Nebelkerzen geworfen wie bei den Wundern und der Auferstehung. Selbst die eher nüchternen und mit anerkannten historischen Methoden arbeitenden Neutestamentler geraten hier zuweilen in eine religiöse Lyrik hinein, wie man sie sonst nur von ihren dogmatischen Kollegen kennt.

Wir sind von unseren Betrachtungen zum Leben Jesu etwas abgekommen. Dies hat sich jedoch gerade beim Thema Wunder unbedingt angeboten. Weitere theoretische Betrachtungen werden an anderer Stelle folgen.

War Jesu Lehre wirklich neu?

Im Bewusstsein der Gläubigen hat Jesus nicht nur durch vielfältige Wunder seine Gottessohnschaft unter Beweis gestellt, sondern auch durch die Kraft seiner Verkündigung etwas nicht nur gegenüber dem Judentum völlig Neues geschaffen. Er predigte mit Autorität, nicht so wie die Schriftgelehrten, und staunend folgte das Volk seiner Rede. Man sah den Geist Gottes in ihm wirken. Sein göttlicher Anspruch habe sich auch in einer neuen Ethik manifestiert. Ein erstarrtes jüdisches Gesetzesdenken habe er zugunsten der Menschen abgelöst durch die Zusage der allumfassenden Liebe Gottes. Mit der Kraft seiner Autorität habe er, in Abgrenzung zum Judentum, die Nächstenliebe, ja sogar die Feindesliebe verkündet und etwas Neues geschaffen. Diese traditionelle Sicht der Gläubigen findet ihren Rückhalt in den Lehren der Kirchen und weiß sich in Übereinstimmung mit den Glaubensbekenntnissen.

Gegen dieses Bild jedoch hat die neutestamentliche Forschung erhebliche Einwände angemeldet. Jesus wird heute viel stärker innerhalb der Grenzen des Judentums und der jüdischen Theologie gesehen und viel weniger als Künder einer neuen Ethik. Was heute im Bewusstsein der Gläubigen noch als revolutionär in seiner Predigt gilt, war vielfach im Judentum oder der hellenistischen Umwelt vorgeprägt. Jesus verkündigte kaum Neues. Vor allem finden sich in der rabbinischen Literatur viele Parallelen zu zentralen Inhalten seiner Verkündigung, und war Jesus früher noch der machtvolle Verkündiger einer gänzlich neuen Lehre, so sieht man ihn heute als eine Stimme im Chor einer lebendigen rabbinischen Diskussion.

Hermann Samuel Reimarus, jener Gymnasialprofessor aus Hamburg, dessen Fragmente Lessing in den Jahren 1774–78 herausbrachte, hat als Erster die Meinung vertreten (sie den Mitmenschen gegenüber zu äußern traute er sich noch nicht), dass Jesus mit seiner Verkündigung ganz in den Grenzen des Judentums geblieben sei. Gelten auch viele der Thesen Reimarus' heute als überholt, so hat er doch die Erforschung des Lebens Jesu mit seinen Schriften maßgeblich angestoßen. Seine Anschauung, dass Jesus eine jüdische Ethik vertrat, ist in modifizierter Form auch heute weitgehend Konsens.

Damit einher geht eine Revision des Bildes vom Judentum, wie es uns in den neutestamentlichen Schriften begegnet. Denn das Neue Testament transportiert ein Zerrbild. Es ging den Christen der ersten Generation ja vielfach darum, sich von den Juden abzugrenzen, die nicht bereit waren, den Handwerkersohn aus Nazareth als Messias anzunehmen. Die Juden wurden zum Gegner, und deshalb wurde in der christlichen Literatur auch Jesus selbst schon zu einem Gegner der Juden gemacht. Verzerrungen, Karikierungen oder Verkürzungen prägen das Bild der Juden schon in den Evangelien und in der Briefliteratur.

Die jüdische Gesetzlichkeit darf längst nicht so negativ gesehen werden, wie dies in den Evangelien geschieht. Das Gesetz war für einen frommen Juden keine Last, sondern ein Gottesgeschenk. Der christliche Gedanke, dass die Juden von der Last des Gesetzes haben befreit werden müssen, geht an der Sache völlig vorbei. Auch die Anschauung, dass die jüdische Frömmigkeit in kasuistischer Gesetzlichkeit erstarrt gewesen sei, wird heute kaum noch vertreten. Vielmehr wurde gezeigt, dass es bei der Erfüllung des jüdischen Gesetzes durchaus nicht nur um einzelne Bestimmungen ging, sondern dass für fromme Juden das Ganze des Gesetzes und seine persönliche, existenzielle Aneignung konstitutiv war. Die jüdische Frömmigkeit war inniger, persönlicher und gegenüber den Mitmenschen verantwortungsvoller, als dies aus christlicher Rückschau zugestanden worden ist. Auch die Pharisäer, die in den Evangelien als die Gegner Jesu schlechthin dargestellt werden, finden sich dort nur als Zerrbild. Sie dürfen nicht verstanden werden als Vertreter einer toten und buchstabengläubigen Gesetzesreligion, ohne Sinn für den Geist der Thora. Vielmehr wird man in ihnen Juden sehen müssen, die ernsthaft bemüht waren, ein gottgefälliges Leben zu führen, ohne die christlich-gefärbten Unterstellungen, die das Verhältnis zwischen diesen beiden Religionen nachhaltig und zum einseitigen Leidwesen der Juden vergiftet haben. Es ist modernen jüdischen Theologen wie David Flusser zu verdanken, dass sie hier ein Korrektiv gegen eine jahrtausendealte Verzerrung geschaffen haben.

Hat Jesus eine neue Ethik geschaffen? Hat er grundsätzlich Neues verkündigt? Diese Frage wird heute allgemein verneint. Allenfalls werden Tendenzen in der Verkündigung Jesu hervorgehoben, die aber als innerjüdische Positionen verstanden werden müssen und die also keine Opposition gegen das Judentum darstellen. Nach Theißen ist Jesu Ethik jüdische Ethik. Durchbrechungen der Thora habe er nicht zu allgemeinen Gesetzen gemacht. „G. Kittel zeigte, dass es zu allen Einzelforderungen der Bergpredigt Analogien in der rabbinischen Literatur gab. Alles, was Jesus gesagt hat, ist prinzipiell auch im Judentum denkbar." (Theißen/Merz, Der historische Jesus, S. 315) Helmut Thielicke betont, Jesus habe „kaum ein Wort gesprochen, das in der rabbinischen Literatur vor ihm nicht wenigstens in ähnlicher Form schon zu lesen wäre." (Helmut Thielicke, Und wenn Gott wäre. Reden über Gott, S. 32) Auch Bultmann sieht in seinem Jesusbuch diesen nicht als Bringer einer neuen Ethik.

Deutlich wird dies am sogenannten Doppelgebot der Liebe, einem offenbar zentralen ethischen Topos in der Verkündigung Jesu (Mk 12,28–34). Jesus wird hier von einem Schriftgelehrten nach dem ersten und höchsten Gebot gefragt. Und er antwortet, wie dies von einem frommen Juden erwartet wird: „Das erste ist: Höre, Israel, der Herr, unser Gott, ist der einzige Herr. Darum sollst du den Herrn, deinen Gott, lieben mit ganzem Herzen und ganzer Seele, mit all deinen Gedanken und all deiner Kraft. Als zweites kommt hinzu: Du sollst deinen Nächsten lieben wie dich selbst. Kein anderes Gebot ist größer als diese beiden." Im ersten Teil wird besonders auf den Monotheismus abgehoben, wie er im wohl berühmtesten jüdischen Gebet (neben dem Vaterunser!), dem *Sche'ma Israel*, von den frommen Juden auch heute noch beschworen wird (Dtn 6,4). Das Gebot der Nächstenliebe (*Liebe deinen Nächsten wie dich selbst*) findet sich in Lev 19,18. Der Schriftgelehrte wiederholt in seiner Antwort auf Jesus dies noch einmal ausdrücklich. Unter dem *Nächsten* darf man sich nicht jeden Menschen vorstellen (man würde es sonst auch anders ausdrücken), sondern in Übereinstimmung mit jüdischen Vorstellungen den Nächsten des eigenen Volkes.

Jesus und der Schriftgelehrte stimmen also in der zentralen Lehre überein. Bemerkenswert ist, dass der Schriftgelehrte hier nicht, wie in den Evangelien üblich, als Gegner auftritt. Denn für die junge christliche Gemeinde wurden gerade die Pharisäer zum Angriffspunkt. Formelhaft wird in den Evangelien immer wieder von den *Schriftgelehrten und Pharisäern* gesprochen. Wenn aber hier eine Übereinstimmung mit Jesus erzählt wird, liegt die Vermutung nahe, dass es sich um eine historische Erinnerung handelt. Gottes- und Nächstenliebe sind keine neuen Gebote Jesu, sondern finden sich in zahlreichen jüdischen Schriften und Rabbinentexten, so bei Rabbi Hillel und Rabbi Akiba, aber auch beim jüdischen Philosophen Philo (eine Auflistung bringen Theißen/Merz, Der historische Jesus, S. 340ff.). Die besondere Betonung des Monotheismus ist für Jesus selbstverständlich. Auch kommt Jesus selbst, wie im Vaterunser-Gebet, als Person gar nicht vor. Alles ist auf die Verehrung des einen Gottes abgestellt, weit entfernt ist dieser Text noch von den viel späteren Spekulationen einer Trinität oder auch nur einer Heilsbedeutung Jesu.

In der Bergpredigt bei Matthäus finden sich Sätze, die dies weiter unterstreichen und die noch heute Christen Probleme bereiten. „Denkt nicht, ich sei gekommen, um das Gesetz und die Propheten aufzuheben. Ich bin nicht gekommen, um aufzuheben, sondern um zu erfüllen. Amen, das sage ich euch: Bis Himmel und Erde vergehen, wird auch nicht der kleinste Buchstabe des Gesetzes vergehen, bevor nicht alles geschehen ist." (Mt 5,17–18) Jesus betont die Gültigkeit des Gesetzes. Doch die Kirche hat Jesus gerade als Aufheber des Gesetzes verstanden. Und es kommt noch stärker: „Wer auch nur eines von den kleinsten Geboten aufhebt und die Menschen entsprechend lehrt, der wird im Himmelreich der Kleinste sein." (Mt 5,19) Hier nun zeugen Jesu (vorgeblich) eigene Worte gegen diesen Topos der christlichen Theologie. Der angebliche Gesetzesüberwinder pocht auf die strikte Einhaltung des jüdischen Gesetzes. Allerdings muss eingeräumt werden, dass in der Forschung die Historizität dieser Stelle umstritten ist, denn man kann sie auch als Apologie der frühen judenchristlichen Gemeinde verstehen, die mit der Erfindung dieser Geschichte belegen wollte, dass sie nicht außerhalb des Judentums steht. Christen, die sich für besonders fromm ansehen (Katholiken oder Protestanten aus dem evangelikalen Spektrum), stehen nun also vor dem Problem, dass entweder Jesus diese Sätze tatsächlich gesagt hat; dann wären die Christen als Gesetzesbrecher überführt, denn sie haben ja nicht nur eines der kleinsten Gesetze aufgehoben, sondern gleich das Gesetz insgesamt. Nach Jesu Wort dürften sie sich also keine Hoffnungen mehr auf eine besondere Stellung im Himmelreich machen. Oder Jesus hat diese Worte nicht gesagt; dann müssten sie auch für andere Bibelstellen die Möglichkeit eines unechten Jesuswortes einräumen. Es mag nicht verwundern, dass die Frommen unter den Katholiken und Protestanten mit mehr oder weniger geschickten „Interpretationen" dennoch die dogmatische Kurve kriegen. Dazu später mehr.

Nicht nur das Liebesgebot findet sich in der Umwelt Jesu, auch die Feindesliebe ist kein Gedanke, den Jesus als Erster gedacht hat, auch wenn das viele Christen immer noch annehmen. Schon im Alten Testament findet sich die Anweisung, das verirrte Rind des Feindes diesem zurückzubringen (Ex 23,4). In den Klageliedern finden sich die Verse: „Er biete die Wange dem, der ihn schlägt, und lasse sich sättigen mit Schmach." (Kl 3,30) In den Sprüchen Salomonis steht: „Wenn dein Feind hungert, so speise ihn mit Brot, und wenn ihn dürstet, gib ihm Wasser zu trinken. Denn so häufst du Kohlen auf sein Haupt, und Jahwe wird es dir vergelten." (Spr 25,21–22) Gemeint ist mit dem *Feind* nicht der Volksfeind, gegen den Israel als Volk Krieg führt. Gemeint ist nur der Angehörige des eigenen Volkes, der Israelit, der Jude. Wie ja auch das Gebot *Du sollst nicht töten* sich ebenfalls nur auf Angehörige des eigenen Volkes bezogen hat. Feinde des Volkes, z. B. fremde Soldaten, durften getötet werden, dies war sogar vielfach geboten.

Doch die Christen verstehen die Feindesliebe universal und meinen sich damit auf Jesus berufen zu können. Doch dachte Jesus so universal? Denn so klar ist die Sache nicht. Wenn Jesus sich als Jude unter Juden verstanden hat, wenn er seine Jünger aussendet und ihnen ausdrücklich aufträgt, die heidnischen Gebiete nicht zu betreten, wenn er sich ausdrücklich nur gesandt sieht zu den verlorenen Schafen des Hauses Israel, wenn es Stellen gibt, die ihn die unbedingte Geltung des jüdischen Gesetzes betonen lassen, wenn seine Verkündigung im Rahmen der jüdischen Gedankenwelt bleibt, wenn er also sich als jüdischer Partikularist gibt, dann wäre es doch seltsam, wenn er bei der Feindesliebe plötzlich eine universalistische Sicht haben sollte. Viel wahrscheinlicher ist es, wenn er auch hier in den Grenzen seiner Religion bleibt und dass mit dem Feind eben auch nur der feindlich gesinnte Volksangehörige gemeint ist.

Übrigens bringt Markus zur Feindesliebe überhaupt nichts, er scheint sie nicht zu kennen. Ob Matthäus eine universalistische Sicht bringt, ist zumindest umstritten. Eindeutig universalistisch scheint erst der für Heidenchristen schreibende Lukas zu denken. Und dies kommt nicht von ungefähr, denn für die Heidenmission war ein partikularistisch denkender Jesus einfach nicht zu gebrauchen. Wollte sich das Christentum wirklich ausbreiten, musste es die engen Fesseln des Judentums sprengen. Und wenn Heiden zum Christentum bekehrt werden sollten, dann durfte man ihnen eben nicht nur nicht die unappetitliche Sitte der Beschneidung und ein umfassendes Ritualgesetz zumuten, man musste ihnen auch einen Jesus bieten, der seine Verkündigung an alle Menschen gerichtet hatte, einen Freund der Völker, nicht nur einen Freund des jüdischen Volkes. Der Umstand, dass in der ersten und zweiten Generation nach Jesu Tod judenchristliche und heidenchristliche Tendenzen sich noch parallel entwickelten (bevor dann die heidenchristlichen Tendenzen den Sieg davontrugen), hat dazu geführt, dass sich in den Evangelien eben auch Worte Jesu finden, die sowohl die eine wie die andere Sicht der Dinge zu bestätigen scheinen, dass der Jesus der Evangelien also sowohl als Universalist wie auch als jüdischer Partikularist erscheint. Wären die Evangelien auch nur fünfzig Jahre später geschrieben, jeder Partikularismus wäre vermutlich aus ihnen getilgt worden. Die Tendenz aber ist eindeutig: Jesus wurde immer mehr seiner jüdischen Verwurzelung beraubt und einem christlichen Universalismus dienstbar gemacht.

Auch die Antithesen der Bergpredigt werden häufig als Beleg für das Neue angesehen, das mit Jesus gekommen sein soll. Dabei werden in der Forschung nicht alle Antithesen als jesuanisch angesehen, zumindest die Antithesen über das Töten, den Ehebruch und das Schwören werden aber meist Jesus zugeschrieben. Formuliert sind sie in einer zunächst klaren Gegenüberstellung: „Ihr habt gehört, dass zu den Alten gesagt worden ist [...]. Ich aber sage euch [...]." Nun wird aber die Formel *Ich aber sage euch* auch für die rabbinische Diskussion zur Auslegung des Gesetzes gebraucht. Es wird dann damit eine Auslegung zum Ausdruck gebracht im Sinne von:

> Ihr habt gehört, daß einst [am Sinai] zu den Vorfahren [von Gott] gesagt wurde: Du sollst nicht töten [...]. Ich aber sage euch [darüber hinausgehend, aber nicht im Widerspruch dazu]: [...]. Die Thora wird nicht interpretiert, nicht kritisiert, nicht aufgehoben, sie wird transzendiert." (so Theißen/ Merz, Der historische Jesus, S. 325)

Rudolf Bultmann meinte in seinem Jesusbuch bereits: „Jesus hat nicht das Gesetz bekämpft, sondern er hat es, dessen Autorität für ihn selbstverständlich war, erklärt" (Bultmann, Jesus, S. 46). Aus der vermeintlichen Gegenüberstellung wird so eine Interpretation, in diesem Fall eine Verstärkung des Gesagten, eine Verschärfung des Gesetzes. Auch die Antithesen sind jüdisches Gedankengut, Jesus bewegt sich auch mit ihnen innerhalb der Grenzen seiner Religion.

Die sogenannte *goldene Regel* ist ein weiterer Punkt der Ethik Jesu. Matthäus gibt sie so wieder: „Alles, was ihr also von anderen erwartet, das tut auch ihnen! Darin besteht das Gesetz und die Propheten." (Mt 7,12) Auch zu dieser Stelle gibt es eine ganze Reihe von jüdischen Parallelen, und zudem noch viele weitere in der Weltliteratur insgesamt. Man kann in der goldenen Regel geradezu ein allgemeines ethisches Gesetz erkennen und findet dieses bei Konfuzius, im Buddhismus, im Hinduismus und im Zoroastrismus. Der Gedanke taucht auch auf in der Philosophie, bei Platon und Epiktet, abgewandelt auch bei Kant. Die goldene Regel gehört darüber hinaus auch zum Grundbestand dessen, was Kindern pädagogisch vermittelt wird, und ist auch im Vers „Was du nicht willst, das man dir tu, das füg auch keinem andern zu" im allgemeinen Bewusstsein präsent. Jesus dürfte sich vor allem auf das allgemeine Bewusstsein bezogen oder an die jüdischen Parallelen gedacht haben. Von den vielfältigen fremdreligiösen und philosophischen Anklängen dürfte er nichts geahnt haben. Der Satz ist jedenfalls nicht Ausdruck einer spezifischen jesuanischen Ethik.

Die Haltung Jesu zum jüdischen Gesetz ist merkwürdig ambivalent. Denn finden wir auf der einen Seite eine Gesetzesverschärfung und ein unbedingtes Pochen auf dessen Einhaltung, begegnen uns andererseits auch Erzählungen, die auf eine eher liberale Haltung zum Gesetz hindeuten. Dies hängt, wie oben schon erwähnt, mit dem Nebeneinander von heidenchristlichen und judenchristlichen Gemeinden zusammen und damit, dass die christlichen Gemeinden ihre Probleme in Jesuserzählungen thematisiert und so die eigentliche Lehre Jesu sicherlich an vielen Stellen verwässert oder gar in ihr Gegenteil verkehrt haben. Die Überlieferungsgeschichte mag ein Weiteres zur Klärung des Phänomens beitragen. Denn im ältesten Evangelium bei Markus bleibt Jesu Verkündigung noch merkwürdig konturlos. Die Bergpredigt kann Markus nicht kennen, denn sie wurde erst durch Matthäus komponiert. Das Doppelgebot der Liebe kennt Markus zwar, doch die Feindesliebe kommt bei ihm merkwürdigerweise nicht vor. Auch die goldene Regel bringt Markus nicht, und sogar das Vaterunser fehlt bei ihm. Viel des ethischen Stoffs haben Lukas und Matthäus, da Markus sich hier als unergiebig erwies, aus der Redenquelle Q entnommen. Deren Herkunft und Zusammenstellung, ja deren genauer Umfang ist uns aber nicht bekannt. Meint man deshalb viel von der Verkündigung Jesu zu wissen, so wird bei näherer Betrachtung manches unglaubwürdig, und manche kühne Konstruktion von systematischen Theologen, aber auch Neutestamentlern, wirkt schlicht haltlos, ungenügend begründet und abgesichert. Es sind fragwürdige Fundamente, auf denen eine Weltreligion Kathedralen und Paläste erbaut hat.

Die katholische Kirche könnte mit einer ambivalenten Haltung Jesu zum jüdischen Gesetz noch am besten klarkommen. Weil sie eine gegenüber dem Protestantismus weniger betonte Rechtfertigungslehre hat, wäre ein die Gesetze und damit die Werke stärker betonender Jesus für sie akzeptabler. Protestanten haben es schwerer. Schon mit einigen Passagen in den nichtpaulinischen Briefen (z. B. dem Jakobusbrief), die eine Erlösung oder zumindest eine Mithilfe bei der Erlösung des Sünders durch fromme Werke nahelegen, tut der Protestantismus sich schwer. Mehr noch mit einem

Jesus, dem es nicht allein um Glauben geht. Besonders positiv werden deshalb Stellen gewertet, bei denen Jesus das jüdische Gesetz scheinbar außer Kraft setzt oder zumindest in seine Schranken weist. Eine freiere Haltung scheint Jesu im Umgang mit dem Sabbat einzunehmen, erkennbar an der Geschichte der Ähren raufenden Jünger am Sabbat und einigen Sabbatheilungen, wie sie schon bei Markus berichtet werden.

Alle Evangelisten berichten Verstöße Jesu und seiner Jünger gegen das Sabbatgebot. Man kann deshalb von einem realen Anhalt im Leben Jesu ausgehen. Und möglicherweise findet sich hier ein Grund, weshalb man Jesus schließlich getötet hat. Dabei kann man nicht sagen, dass Jesus den Sabbat grundsätzlich verworfen hat. Seine Jünger und er haben ihn offenbar ganz im Gegenteil beachtet, dennoch aber ein liberaleres, menschenfreundlicheres Verständnis an den Tag gelegt. Jesus übertritt das Sabbatgebot dort, wo es menschlich geboten scheint.

So z. B. bei der Heilung der verdorrten Hand am Sabbat (Mk 3,1–6). Diese Heilung lässt der Erzähler in einer Synagoge geschehen. Für die Juden wird sie zum Anlass, Jesus nach dem Leben zu trachten: „Da gingen die Pharisäer hinaus und fassten zusammen mit den Anhängern des Herodes den Beschluss, Jesus umzubringen." Nun war es auch für fromme Juden durchaus mit den Sabbatregeln konform, z. B. in Not geratenen Tieren zu helfen. Auch die Selbstverteidigung war am Sabbat erlaubt, bis hin zur Tötung eines Feindes. Die Heilung des Mannes mit der verdorrten Hand war aber keine Heilung aus Lebensgefahr, sie hätte auch noch bis nach dem Sabbat Zeit gehabt. Jesus hat offenbar bewusst und provokativ gehandelt. Ebenso bei der Heilung einer gekrümmt gehenden Frau in Lk 13,10–17. Auch hier findet die Heilung demonstrativ am Sabbat in der Synagoge statt. Im Hause eines Pharisäers schließlich heilt er einen Mann, der an Wassersucht leidet (Lk 14,1–6). Und er begründet dies mit dem Wort: „Wer von euch wird seinen Sohn oder seinen Ochsen, der in den Brunnen fällt, nicht sofort herausziehen, auch am Sabbat? Darauf konnten sie ihm nichts erwidern." Dies konnten sie schon deshalb nicht, weil die Rettung eines in den Brunnen gefallenen Tieres tatsächlich auch am Sabbat erlaubt war, jedenfalls für einen „normalen" Pharisäer (für die Essener, die sehr rigorose Sabbatregeln beachteten, war jedoch jede Hilfe für ein Tier am Sabbat verboten). Auch hier kann man fragen: Hätte die Heilung nicht noch einen Tag Zeit gehabt? Doch Jesus legt es auch hier offenbar darauf an zu provozieren. Er spricht sich zwar nicht gegen den Sabbat direkt aus, sein Verhalten bewegt sich jedoch hart am Rande dessen, was möglich war. Für viele wird dies schon zu viel gewesen sein.

Beim Ährenraufen am Sabbat (Mk 2,23–28) ging es um keine Heilung. Die Pharisäer werfen Jesu Jüngern vor, am Sabbat Ähren ausgerupft und offenbar gegessen zu haben. Ist Jesus hier mit gemeint? Er jedenfalls rechtfertigt dies mit dem bekannten Satz: „Der Sabbat ist für den Menschen da, nicht der Mensch für den Sabbat." Auch damit sagt Jesus nichts Neues, es gibt hierzu eine Reihe rabbinischer Parallelen. Aber vielleicht hat er mit solchen Handlungen die Geduld seiner Gegner über Gebühr strapaziert. Hart an der Grenze bewegt hat er sich mit seiner liberalen Auslegung des Sabbatgebots auf alle Fälle.

Jesus hat zweifellos mit seinem Verhalten die Menschen damals provoziert. In der Absicht, den Menschen zu helfen, mildert er rituelle Gebote ab, jedoch ohne sie damit insgesamt abzuschaffen, selbstherrlich kann er sich über den Sabbat hinwegsetzen, ohne gegen ihn als solchen zu polemisieren. Trotz einer selbstbewussten und freieren Auslegung des Gesetzes in konkreten Situationen war es für ihn keine Frage, dass prinzipiell das Gesetz beachtet werden muss. Jesus war kein Revolutionär, weder im politischen noch im kultischen Sinne. Der Sabbat war auch ihm heilig. Und heilig war er auch noch den ersten Christen in Palästina. Auch sie hielten am Tempelkult fest, beobachteten den Sabbat und das jüdische Gesetz. Jakobus, der leibliche Bruder Jesu und für einige Jahre Leiter der Urgemeinde in Jerusalem, wird deshalb sogar von Josephus als „der Gerechte" bezeichnet. Er und die ersten Judenchristen konnten sich auf Jesus berufen, was seine Gesetzestreue anbelangt. Doch mit dem immer größer werdenden Einfluss der Heidenchristen und dem allmählichen Verschwinden des Judenchristentums spielten das Gesetz und der Sabbat eine immer geringere Rolle. Dies ging so weit, dass an die Stelle des jüdischen Sabbats der christliche Sonntag trat. Und auch hier wird man wieder festhalten müssen: In Übereinstimmung mit Jesu Willen ist dies nicht geschehen. Der historische Jesus war ein Jude unter Juden, niemals hätte er zu einer solchen Abwertung des Sabbats seine Zustimmung gegeben. Dass *sein* Leben herhalten musste, um *seine* jüdische Religion aus den Angeln zu heben, hätte er sicher nicht verwunden. Die Beförderung Jesu von einem frommen Juden zum ersten Christen war nicht weniger als eine geistesgeschichtliche Vergewaltigung. Nur gut, dass Jesus dies nicht mehr erleben musste.

Positives in der Lehre Jesu

Fast fühlt man sich genötigt, Hilfe zu leisten und Partei zu ergreifen für diesen Mann, dem von seiner Kirche so übel mitgespielt wurde, die seine innersten Glaubenssätze und Überzeugungen, die seine Religion so verraten hat und die aus einem frommen Anbeter Jahwes einen Angebeteten gemacht hat, und das schon so bald nach seinem gewaltsamen Tod und bis in unsere Zeit hinein. Und manches an ihm erscheint uns sympathisch.

Das Liebesgebot steht hier natürlich an erster Stelle. Es wird gerne als Inbegriff dessen gesehen, was er gelehrt hat, obwohl dies ja eher die nahe Gottesherrschaft war. Und auch wenn das Liebesgebot im Judentum vorgeprägt war und sich auch sonst in religiösen und philosophischen Texten findet, es steht einem Menschen immer gut an, es zu betonen. Das ist eine Sprache, die jeder versteht. Die Texte, die von der Liebe handeln, gehören sicher zum Bewahrenswerten der biblischen Schriften, die sonst doch stark überbewertet werden. Und daran ändert sich auch nichts, wenn der Liebesgedanke zuweilen von reichlich dubiosen Gestalten propagiert wird, geistigen Trittbrettfahrern und Einschmeichlern wie z. B. Bhagwan und anderen Sektenführern. Jesus jedenfalls hat diesen Liebesgedanken verinnerlicht und verkündigt.

Zwei Einschränkungen müssen freilich gemacht werden. Wir sahen bereits, dass es unklar ist, ob Jesus tatsächlich den Liebesgedanken, ob er die Feindesliebe so universal verstanden hat, wie wir ihm dies heute unterstellen. Denn der Gedanke der Feindesliebe ist umso betörender, je adressatenloser man ihn fasst. Deshalb konkret: Hat Jesus die Römer, die sein Land besetzt hielten und die mit ihrem Kaiserkult eine auch ständige religiöse Gefahr waren, hat er sie bei seinem Gebot der Feindesliebe tatsächlich mit gemeint? Zweifel sind angebracht.

Und zum Zweiten: Die propagierte Liebe gilt nicht ungeteilt dem Nächsten. Immer ist sie mit dem Gebot der Gottesliebe verbunden. Man soll Gott lieben *und* den Nächsten lieben. Und oft wird die Menschenliebe aus dem Gottesglauben hergeleitet und suggeriert, dass nur *der* die Menschen lieben kann, der auch Gott liebt. Vertreter der Kirchen betonen dies heute immer noch süffisant in Talkshows und von Kanzeln. Wer ohne Gottesbezug lebt, lebt nur ein defizitäres Menschsein und ichbezogen. Als ob sich in der Geschichte nicht genug Belege dafür finden ließen, dass Religiosität nicht vor Grausamkeit schützt. Und als ob es andererseits nicht viele Menschen gäbe, die ethisch verantwortlich leben auch ohne religiöse Bindung. In Deutschland z. B. haben die Religionslosen doch fast schon eine Mehrheit in der Bevölkerung, in Ostdeutschland schon längst. Herrscht deshalb das Chaos und ethische Anarchie? Wir werden auf dieses Thema unten noch eingehen, hier nur so viel: Jesus hat die Ethik mit dem Gottesglauben verbunden. Eine künftige Ethik, wenn sie auch interkulturell vermittelt werden soll, muss auf eine religiöse Rückbindung der Ethik verzichten.

Sympathisch ist an Jesus sein mangelndes Interesse am Ritus oder besser sein Selbstbewusstsein, rituelle Fragen, wenn es die Situation erfordert, hintanzustellen, wie wir es bei seinem Umgang mit der Sabbatfrage gesehen haben. Jesus war kein Frömmler und auch kein Liturgiefetischist. Wenn es die Situation erfordert, wird sogar der Sabbat zugunsten der Menschen zurückgestellt. Es ist ein menschlicher Zug an ihm, eine humane Nonchalance, mit einem Hauch Anarchie. Über das „katholische Gebot", freitags kein Fleisch zu essen, hätte er vermutlich gelacht, und die ganze Bibliotheken füllende Literatur über den Inhalt und die Bedeutung des Abendmahls wäre ihm suspekt gewesen.

Es hat heute eher etwas Sympathisches, wenn (was damals natürlich als Vorwurf gemeint war) Jesus als „Fresser und Weinsäufer" bezeichnet wurde. Asketen sind uns verdächtig. Jesus war kein Asket, er konnte sich offenbar auch an den profanen Dingen des Lebens erfreuen. Er unterscheidet sich damit erfreulich von Johannes dem Täufer, jenem grimmigen Endzeitpropheten, der aus der Wüste kommend sich nur von Heuschrecken und wildem Honig ernährt und mit härenem Gewand das Gericht verkündet. Und der auch gefastet hat, und dessen Jünger ebenfalls fasteten. Jesus hat nicht gefastet und hat auch seine Jünger nicht dazu angehalten. Deswegen wird er ja von den fastenden Pharisäern (bzw.

stellvertretend für ihn seine Jünger) angegriffen. Im dritten und vierten Jahrhundert, lange nach Jesu Tod, bildete sich in Ägypten und Syrien das frühe Mönchtum heraus und gelangte im Laufe der Jahrhunderte zu großer Bedeutung. Es ist eine der vielen Kuriositäten des Christentums, dass hier eine überaus einflussreiche Bewegung entstand, welche die Askese zum Prinzip erhob und die sich vorgeblich auf einen Herrn berief, der selbst asketischen Bestrebungen abhold war, der mit den vielfältigen geistigen und körperlichen Kasteiungen, die die Mönche, getrieben von einer (oft pathologischen) christlichen Fantasie, im Laufe der Jahrhunderte zur höheren Ehre Gottes erfunden hatten, nichts hätte anfangen können. Vergebliche Liebesmüh! Es ist, als ob alle Orchester sich zu einem gewaltigen Oratorium versammelt hätten; der Herr aber geht lieber ins Kino.

Schon die erste Generation nach Jesus war da strenger als ihr Herr. Um das Jahr 100 war das Fasten ein fester Brauch. Und die Didache bestimmte: „Euer Fasten soll nicht gleichzeitig mit denen der Heuchler stattfinden; denn sie fasten am Montag und Donnerstag; ihr aber sollt am Mittwoch und Freitag fasten." (Did 8,1; vgl. Conzelmann, Geschichte des Urchristentums, S. 101). Abgesehen davon, dass hier mit den Heuchlern die Juden gemeint sind – zu einer solchen religiösen Selbstgerechtigkeit hätte sich Jesus nie verstiegen. Doch die Dinge waren im Fluss, man hatte offenbar das Gefühl, Fasten sei dem Glauben gemäß (oder sogar eine Notwendigkeit) und letztlich in Übereinstimmung auch mit dem Willen Jesu. Die Kirchen, besonders die katholische Kirche, haben auf diese Weise oft das eigene zeitgebundene Empfinden in eine für alle bindende Dogmatik gegossen und sich dabei auch von Fakten oft nur wenig beeindrucken lassen. Und natürlich fand man Stellen im Alten und Neuen Testament, die auch die Askese und noch vieles mehr rechtfertigten, obwohl man sich bei der Askese und der dahinterstehenden Leibfeindlichkeit später oft mehr am Neuplatonismus, an gnostischen und anderen dualistischen Strömungen in der Umwelt als an Bibelstellen orientierte.

Auch in der für einen Juden zentralen Frage nach Rein und Unrein erscheint Jesus erstaunlich modern. Von den Pharisäern darauf angesprochen, dass seine Jünger mit unreinen, also ungewaschenen Händen essen, sich also nicht an die jüdischen Reinheitsgesetze halten würden, erklärt er: „Nichts, was von außen in den Menschen hineinkommt, kann ihn unrein machen, sondern was aus dem Menschen herauskommt, das macht ihn unrein." (Mk 7,15) Dieser Satz, der uns heute so selbstverständlich erscheint und der Jesus fast als Aufklärer zeigt, wäre, lässt man ihn in dieser Absolutheit so stehen, für das Judentum damals fast ein Sprengsatz gewesen. Für einige Forscher (z. B. Käsemann) ist dies deshalb ein Grund, ihn Jesus abzusprechen und ihn als Bildung der späteren Gemeinde anzusehen. In ihm zeige sich dann die Auseinandersetzung der christlichen Gemeinde mit dem Judentum. Andere Forscher, die den Satz Jesus nicht absprechen (z. B. Theißen), verstehen ihn als Ausdruck der Vorordnung ethischer Reinheit vor kultischer Reinheit. Dies würde zum freien Umgang Jesu in kultischen Fragen ebenso passen wie zu seiner am Menschen orientierten Ethik.

Mit der Frage nach *Rein und Unrein* haben wir und haben die Kirchen heute keine Probleme mehr. Das Problem gilt als gelöst, die jüdischen Reinheitsvorschriften als abgetan und überholt. Jesus hat es ja selbst gesagt und es steht so in der Bibel. Es darf aber auch hier bezweifelt werden, dass Jesus tatsächlich eine solch radikale Position vertreten hat, wie sie ihm hier unterstellt wird. Hätte er dies getan, würde es sich sicherlich noch deutlicher in den Evangelien spiegeln. Die völlige Abkehr von der jüdischen Unterscheidung Rein und Unrein, von Heilig und Profan hat Jesus sicher nicht vollzogen, die Positionen der Kirchen hierzu hätte er nicht vertreten. Aus seinem freimütigen und situationsbedingten Umgang mit dem Gesetz, mit Rein und Unrein, haben erst die Kirchen ein neues Gesetz gemacht. Jesus reichte nur den kleinen Finger, die Kirchen aber nahmen die ganze Hand.

Sympathisch erscheint uns heute auch sein Zusammensein mit Randgruppen der damaligen Gesellschaft, mit den sprichwörtlichen Zöllnern und Sündern. Dabei spielt immer ein wenig Sozialromantik mit, denn jemand, der heute mit den Randgruppen der Gesellschaft verkehrt, mit Prostituierten, Pennern oder Bankern, und als deren Freund gilt, würde nicht auf weniger Ablehnung stoßen als Jesus damals. Hier knüpft sich gerne ein Jesus-Bild an, das ihn als Sozialrevolutionär verstehen will, als Kämpfer für die Entrechteten und Benachteiligten. Dabei ist es vor allem Lukas, der Jesus in *schlechter Gesellschaft* (Adolf Holl) zeigt, die anderen Evangelisten haben ihn offenbar nicht so gesehen. Nur bei Lukas findet sich unter den Seligpreisungen jenes einfache „Selig sind die Armen" (welches vermutlich historisch ist), woraus Matthäus mit anderer theologischen Gewichtung ein „Selig sind die Armen *im Geiste*" macht und damit den Sinn verdreht. Jesu Predigt richtete sich aber vor allem an Arme und an das einfache Volk, wie er es in Galiläa vorfand. Ihnen spricht er die Gottesherrschaft zu und wertet sie damit gegen die religiösen und wirtschaftlichen Leistungsträger der Gesellschaft auf. Es ist gerade dieser soziale Zug, der zum Erfolg der Jesusbewegung beigetragen hat, ihre Hinwendung zur großen Masse des Volkes. Auch Jesu Ablehnung des Reichtums spricht natürlich die Armen an. Zweifellos war das Christentum in seinen Anfängen eine Bewegung von unten, getragen zu einem großen Teil von Armen, von Benachteiligten und von Frauen. Eine aristokratische Religion hätte nie eine Weltreligion werden können.

Als geradezu modern wird Jesu Verhältnis zu den Frauen angesehen. In der patriarchalen jüdischen Gesellschaft hatte er offenbar ein viel freieres Verhältnis zu Frauen, als man hätte erwarten können. Denn in der jüdischen Umwelt Jesu galt die Frau nicht viel. Sie war ein Mensch zweiter Klasse, eine Nachgeborene, aus dem Manne geschaffen und für ihn geschaffen, ohne eigenes Recht. In der Liturgie des jüdischen Morgengebets hieß es: „Gelobt seist du, Ewiger, unser Gott, König der Welt, der du mich nicht als Weib erschaffen hast." Frauen galten als unbelehrbar, vor Gericht war ihr Zeugnis nichts wert, Rabbinen hielten sich von ihnen fern.

In der Jesusüberlieferung tauchen zumindest am Rande oft Frauen auf. Sie gehören zu den Hörern von Jesu Predigt, ihre Lebenswelt kommt in seinen Gleichnissen vor, und sie scheinen Jesus materiell unterstützt zu haben. Möglicherweise sind sie ihm sogar eine Zeitlang hinterhergezogen, wie z. B. Theißen und (natürlich) die feministische Theologie annimmt. Matthäus lässt Jesus gegenüber den Schriftgelehrten sagen: „Zöllner und Huren gelangen eher in das Reich Gottes als ihr." (Mt 21,31) Bei Lukas lässt er sich von einer offenbar stadtbekannten Prostituierten nicht nur berühren, sondern auch küssen (Lk 7,36–50, wenn auch die Szene konstruiert erscheint). Viele Heilungen von Frauen werden von Jesus überliefert.

Sofern diese Stellen bzw. Tendenzen echt sind (es fällt auf, dass das älteste Evangelium nichts darüber berichtet, hingegen betont vor allem Lukas die Frauen), hätte Jesus ein sehr ungezwungenes Verhältnis zu Frauen an den Tag gelegt, was in seiner Umwelt sicher auf Kritik gestoßen ist. Offenbar haben auch in den ersten christlichen Gemeinden Frauen eine starke Rolle gespielt, jedenfalls eine deutlich stärkere als in späterer Zeit. Tendenzen zu einer stärkeren sozialen und religiösen Akzeptanz von Frauen, so sie denn vorhanden waren und auf Jesus zurückgingen, wurden von der Kirche dann aber bald wieder zurückgenommen. Die Hierarchie, als sie denn entstand, war von Beginn an männlich und nur männlich.

Zu Jesu Sexualität erfahren wir in den Evangelien nichts. Dieser Bereich, der für moderne Biografien doch eine oft (zu) große Wichtigkeit beansprucht, spielt offenbar für die Schreiber der Evangelien tatsächlich keine Rolle. Und für die später sich bildende Kirche war diese Frage geradezu unsachgemäß oder ungehörig, denn der auf Erden wandelnde Gott war natürlich frei von jeglichen Begierden, Trieben oder Affekten (auch hier zeigt das alte Markusevangelium noch einen menschlicheren Jesus). Wenn man Jesus aber als Mensch sieht, wird die Frage nach seiner sexuellen Ausrichtung aber zumindest gestellt werden dürfen. Ein Mann in den besten Jahren, der aber offenbar dennoch nicht verheiratet war, der mit einer Gruppe von Männern übers Land zieht und bei dessen Verhaftung ein Jüngling nackt flieht – sind das Hinweise auf eine Homosexualität Jesu? Andererseits: Ein Mann, der ein offenbar gutes Verhältnis zu Frauen unterhält, ja sogar mit Prostituierten Kontakt hat – soll man da unterstellen, dass seine Kontakte zu Prostituierten nicht nur seelsorgerischer Natur waren und erst später durch die Gemeinde quasi spiritualisiert wurden? Man wüsste gerne mehr, doch alles bleibt Spekulation, die Quellen geben hier leider keine verlässliche Auskunft. Und dass neue Quellen sich auftun, dass z. B. im Sande Ägyptens ein alter Papyrus sich findet, mit Texten, die älter sind als unsere Evangelien, ist zumindest sehr unwahrscheinlich. Diese für moderne Biografien wichtige Frage wird sich vermutlich auch in Zukunft nicht lösen lassen. Für die Kirchen mag dies ein Segen sein.

Dabei wäre es für die Geschichte des Christentums so gut gewesen, wäre Jesus verheiratet gewesen und hätte er Kinder gehabt.

Oder hätte er wenigstens in Beziehung zu einer Frau gelebt. Er wäre dadurch noch ein Stück menschlicher und hätte sich nicht so zu einer Sakralisierung geeignet. Man hätte aus ihm nicht so leicht *einen asexuellen und aseptischen Jesus* (Augstein) machen können. Vermutlich hätte dann auch die Stellung der Frau im Christentum sich freundlicher entwickelt. Manche frauenverachtende Passage der Kirchenväter hätte nicht so leicht geschrieben werden können, wenn der Meister selbst verheiratet gewesen wäre. Andererseits: Bei Petrus ist sicher, dass er verheiratet war, und offenbar hatte er auf seinen Missionsreisen seine Frau sogar dabei. Doch wenn man dann sieht, wie wenig seine angeblichen Nachfolger auf diesen Umstand Rücksicht genommen haben, wie alles Weibliche und alle Sexualität schon bald verteufelt wurden, wird man annehmen müssen, dass auch Jesu Beispiel daran wenig geändert hätte. Die Kirche hätte sich Jesus auch in dieser Frage schon zurechtgestutzt und passend gemacht.

Eine Sonderstellung hat in den Evangelien Maria Magdalena. Nicht nur wird sie namentlich unter den Frauen genannt, die Jesus nachgefolgt sind, sie wird auch als von Jesus geheilt (von sieben Dämonen) beschrieben und von Jesus in der Lehre unterwiesen. So taucht sie in unterschiedlichen Überlieferungen auf und sieht auch der Kreuzigung von ferne zu. Und sie ist erste Auferstehungszeugin, jedenfalls im Markusevangelium (von Paulus wird Petrus als erster Zeuge genannt). An der Gestalt der Maria Magdalena hat sich schon in der Antike die Fantasie ausgelebt, sie wurde bald in Literatur und Dichtung zur Gefährtin Jesu gemacht. Und bis in unsere Zeit wird dieses Motiv munter weiter verwendet, wirtschaftlich besonders erfolgreich durch einige Romane des Bestsellerautors Dan Brown (*Sakrileg*). Doch was dem Literaten erlaubt ist, nämlich bei realer Überlieferung den Ausgangspunkt zu nehmen, um dann den Erzählfaden ins Reich der literarischen Fantasie voranzutreiben, ist dem Historiker streng verboten. Es verbieten sich Spekulationen, die nicht an den Quellen orientiert sind, oder gar die Verwendung von Quellen, die einfach zu weit vom Geschehen entfernt sind. Es lässt sich letztlich nicht sagen, warum Maria Magdalena so oft in den Evangelien erwähnt wird, noch, was sie für ein konkretes Verhältnis zu Jesus gehabt hat. Hure, Geliebte oder nur Jüngerin: auch dies wird man vermutlich nie klären können.

Fragwürdiges in seiner Verkündigung

So positiv oft auch für Nichtchristen die Verkündigung der Nächstenliebe, Jesu ungezwungener Umgang mit dem Gesetz, seine Zuwendung zu Armen und Entrechteten, sein modern anmutender Umgang mit Frauen erscheinen mag – wo ein Mensch wirkt, wird er immer auch mit seinen Beschränkungen und seinen negativen Seiten wahrgenommen werden müssen. Die Dogmatiker geben sich zwar seit zweitausend Jahren Mühe, uns ein makelloses Jesusbild zu zeigen. Am Lamm Gottes finden sie keinen Fehl. Und unter dieser Sicht lesen Christen weltweit die Bibel und wird Christus von den Kanzeln verkündigt. Doch schon der etwas kritischere Christ stößt bei der Lektüre der Evangelien auf einiges in den Worten und in der Vorstellungswelt Jesu, das fragwürdig erscheint. Mehr noch hat die neutestamentliche Forschung die manchmal doch engen Grenzen dieses Jesus von Nazareth aufgezeigt, ihn als Kind seiner Zeit sichtbar gemacht und beschrieben.

Jesus war Partikularist, er wollte keine Weltethik verkünden. Seine Verkündigung richtete sich nicht an Menschen außerhalb seiner jüdischen Vorstellungs- und Lebenswelt. Allein aus seiner jüdischen Vorstellungswelt muss er begriffen werden. Seine Verkündigung war nicht für uns bestimmt. Er sah sich nur gesandt zu den verlorenen Schafen des Hauses Israel. Seine Predigten, seine Verkündigung, seine Lehre, auch das Liebesgebot muss unter dieser Einschränkung gesehen werden. Erst die ersten Heidenchristen, erst Paulus und die frühe Kirche haben diesen engen Rahmen gesprengt und quasi die Türen der Synagoge zur Welt hin geöffnet. In der Absicht Jesu lag dies jedoch noch nicht.

Als Kind seiner Zeit hat Jesus auch einen Höllenglauben samt dessen mythischem Dualismus geteilt. Jesus droht des Öfteren mit der Hölle und erwähnt häufig das *Heulen und Zähneklappern*, das dort herrscht. (Mt 24,50–51, Lk 10,12–15, Mt 10,15; 23,33) In inhaltlicher Nachbarschaft zum Höllenglauben findet sich bei Jesus auch der Glaube an einen Teufel. Auch diesen Glauben hat Jesus bereits in seiner Umwelt vorgefunden. Dabei gab es ihn im alten Israel noch nicht. Für die frühen Israeliten wäre es undenkbar gewesen, dass neben den allgewaltigen Gott noch eine zweite Person, gar ein Widersacher tritt. Man glaubte, dass auch das Böse, das in der Welt existiert, irgendwie von Gott bewirkt oder zumindest kontrolliert wird. Der Teufel kommt somit auch im Alten Testament praktisch nicht vor. Wo das Wort *Satan* in späten Schriften auftaucht, zum Beispiel bei Hiob, ist damit kein eigenmächtiges Wesen gemeint, sondern ein Gott untergeordneter Ankläger (Satan bedeutet Ankläger), der vor einem imaginären Gerichtshof die Menschen vor Gott verklagen soll. So findet man im Hiobbuch die literarisch interessante, aber ethisch sehr bedenkliche Erzählung von Satan, der die Macht erhält, den untadligen Hiob mit Plagen und Schicksalsschlägen zu quälen, um zu sehen, ob er seinem Glauben treu bleibt oder nicht. Ein barbarisches Spiel gewiss; aber ein böses Prinzip ist der Satan hier noch nicht. (1. Chronik 21,1 und Sacharja 3,1) Auch die Schlange im Paradies ist nach jüdischer Auslegung nie als Sinnbild des Teufels oder als einer seiner Helfer verstanden worden, selbst dann nicht, als der Teufelsglaube in späterer Zeit allgemein üblich wurde.

Wie ist aber dann der Teufelsglaube überhaupt in die Umwelt des Neuen Testaments hineingekommen? Das mythisch-dualistische Weltbild hatte seinen Hauptausgangspunkt in den altpersischen Religionen, die eine schroffe Unterscheidung zwischen einem guten und einem bösen Prinzip kannten, die beide im Kampf lagen und die Welt quasi in eine gute und eine schlechte Sphäre teilten. Ab dem babylonischen Exil kamen die Israeliten mit diesem Denken stärker in Berührung. Neben das gute Prinzip trat ein böses Prinzip, neben Gott trat der Teufel. Aber dies geschah erst spät, die Teufelsvorstellung ist in Palästina eine späte Erscheinung, der Teufel ein religiöses Importprodukt.

In den Evangelien thematisiert Jesus die Person des Teufels nicht explizit, doch implizit taucht in einzelnen Sentenzen und Gleichnissen die Vorstellung eines Teufels immer wieder auf. Nach seiner Taufe wird Jesus vom Teufel in der Wüste versucht, erzählt in einer Geschichte, die stark mit mythologischen Szenen durchsetzt ist. Die Versuchung des Helden ist ein bekanntes Motiv in der Religionsgeschichte. Der Teufel zeigt ihm „alle Reiche der Welt" und versucht ihn dazu zu bringen, ihm zu huldigen. Im Gleichnis vom Unkraut im Weizen ist es der Teufel, der das Unkraut sät, das später verbrannt wird. Im Gleichnis vom Weltgericht spricht Jesus: „Weg von mir, ihr Verfluchten, in das ewige Feuer, das für den Teufel und seine Engel bestimmt ist [...]. Und sie werden weggehen und die ewige Strafe erhalten, die Gerechten aber das ewige Leben." (Mt 25,41+46)

Jesus hat die zeitgenössischen Vorstellungen von einem Teufel geteilt. Wäre er ein paar Hundert Jahre früher geboren worden, hätte er dies sicher nicht getan. Ausgehend von den noch wenigen Stellen im neuen Testament hat die christliche Teufelsvorstellung sich immer stärker verbreitet und großen Einfluss auf die christliche Verkündigung gewonnen. Bereits bei den Kirchenvätern wurde das Motiv stark ausgebaut und negativ ausgeschmückt, der Teufel zum Gegenspieler Gottes stilisiert, auch wenn letztlich (natürlich) das gute Prinzip siegen wird. Der Teufelsglaube ist ein anschauliches und trauriges Beispiel, wie zeitbedingte religiöse Vorstellungen (und natürlich sind irgendwie alle religiösen Vorstellungen zeitbedingt) durch eine schriftliche Fixierung Dauer gewinnen können. Nicht ein etwaiger Wahrheitsgehalt ist für sie charakteristisch, sondern Zufälligkeiten einer bestimmten Situation, einer bestimmten Zeit, eines bestimmten Ortes. Ein einzelner, vielleicht gedankenlos hingeschriebener Satz in einem Brief oder einem Evangelium zeitigt unter Umständen nicht nur Bibliotheken von Auslegungsliteratur, sondern führt zuweilen auch zur Bildung von Parteiungen, Abspaltungen, gegenseitigen Verwerfungen oder gar religiösen Kriegen. Nicht der Heilige Geist, wie die Christen behaupten, ist es, der die religiöse Wahrheit offenbart und verbürgt, es ist viel eher das Ergebnis des blinden und zufälligen Interagierens geschichtlicher Bedingtheiten, die dann im Kostüm der Wahrheit den Maskenball der Geschichte betreten.

Die geschichtlichen Auswirkungen des religiösen Wahns einer Hölle und eines Teufels aber waren fatal. Das Christentum hat den Höllen- und Teufelsglauben wenn auch nicht erfunden, so doch nach Kräften verstärkt und gefördert. Der Glaube an die Hölle wurde zum stärksten Zucht- und Unterdrückungsmittel, das die Kirchen überhaupt in Händen hatten. Fast zwei Jahrtausende hat die christliche Kirche das Höllenfeuer geschürt und eifrig am Brennen gehalten, denn je schlimmer die Gräuel der Hölle ausgemalt wurden, desto angewiesener war der verzweifelte Mensch auf die Institution, die ihn vor dieser Hölle zu bewahren vorgab. Dass die Kirche mit der Propagierung des Höllenglaubens letztlich auch ihre Erlösungsbotschaft konterkarierte, hat sie in Kauf genommen. Und man muss schon bei Jesus die Frage stellen, wie er selber seinen Höllenglauben mit seinen angesprochenen humanisierenden Tendenzen in Einklang gebracht hat. Oder direkter gefragt: Was ist der Gedanke eines liebenden Gottes noch wert, wenn am Ende dann doch qualvolles Sterben und unendliches Leid für die meisten Menschen steht? Ist das nicht ein Widerspruch? Ist er ihm aufgefallen? Jedenfalls können sich die Kirchen (anders als bei vielen anderen Punkten) mit Recht darauf berufen, dass ihr Höllen- und Teufelsglaube auch schon von Jesus geteilt wurde. Während der Katholizismus dies auch heute noch gerne betont, herrscht in aufgeklärteren protestantischen Kreisen hier eher peinliche Zurückhaltung.

Mit Hölle und Teufel ist auch das *Gericht* eng verbunden. Diese Gedankenkreise bilden fast so etwas wie eine negative Trinität. Das Gottesgericht meint eine Abrechnung am Ende der Zeiten, bei der jeder Mensch und auch ganze Völker vor dem Richterstuhl Gottes zu erscheinen haben, um entweder verurteilt oder freigesprochen zu werden. Die Theologie spricht vom doppelten Ausgang der Menschheitsgeschichte. Heil oder Tod, Hölle oder Paradies, Sekt oder Selters: Wie beim dualistischen Weltbild gibt es auch hier keine Differenzierung, keine Abstufung. Der Gerichtsgedanke ist bestimmt durch ein striktes Schwarz-Weiß-Denken und extreme Strafandrohungen.

Es ist offensichtlich, dass Jesus auch die Vorstellung vom Gericht geteilt hat. Sie war nicht nur in seiner Umwelt präsent, auch sein vermutlicher Lehrer Johannes der Täufer hatte das bevorstehende Zorngericht Gottes als zentralen Punkt seiner Verkündigung im Programm. Jesus ist ihm darin gefolgt. Und so wird oft übersehen, dass im Hintergrund seiner frohen Botschaft die Gerichtspredigt steht. Deutlich wird dies in der Rede vom Weltgericht, welches sich bei Matthäus findet.

Wenn aber der Sohn des Menschen kommen wird [...] und vor ihm versammelt werden alle Nationen, wird er sie voneinander scheiden, wie der Hirte die Schafe von den Böcken scheidet. Und er wird die Schafe zu seiner Rechten stellen, die Böcke aber zur Linken. Dann wird der König zu denen an seiner Rechten sagen: Kommt her, Gesegnete meines Vaters, erbt das Reich, das euch bereitet ist von Grundlegung der Welt an. Denn mich hungerte, und ihr gabt mir zu essen; mich dürstete, und ihr gabt mir zu trinken; ich war Fremdling, und ihr nahmt mich auf. Ich war nackt, und ihr habt mich bekleidet, ich war krank, und ihr habt mich besucht, ich war im Gefängnis, und ihr kamt zu mir. Dann werden die Gerechten ihm antworten und sagen: Herr, wann sahen wir dich hungrig und speisten dich? Oder durstig und gaben dir zu trinken? Wann aber sahen wir dich als Fremdling und nahmen dich auf? Oder nackt und bekleideten dich? Wann aber sahen wir dich krank oder im Gefängnis und kamen zu dir? Und der König wird antworten und zu ihnen sagen: Wahrlich, ich sage euch, was ihr einem der geringsten meiner Brüder getan habt, habt ihr mir getan. (Mt 25,31–45)

Diese Stelle findet in den Kirchen vielfache Verwendung, vor allem wegen des letzten Satzes: „Was ihr einem der geringsten meiner Brüder getan habt, habt ihr mir getan." Die christliche Nächstenliebe findet hier eine wichtige biblische Begründung, zudem wird hier die besondere Nähe Jesu zu den Armen, Kranken und Verletzten ausgesprochen. Kein Wunder also, dass über diese Bibelstelle immer wieder gepredigt und sie von vielen Christen als trostvoll empfunden wird. Dennoch wird dabei leicht übersehen, dass es sich hier um eine Gerichtssituation handelt, bei der es um nicht weniger als um Leben und Tod der Angeklagten geht, denn Jesus fährt fort:

Dann wird er auch zu denen zur Linken sagen: Geht von mir, Verfluchte, in das ewige Feuer, das bereitet ist dem Teufel und seinen Engeln! Denn mich hungerte, und ihr gabt mir nicht zu essen; mich dürstete, und ihr gabt mir nicht zu trinken; ich war Fremdling, und ihr nahmt mich nicht auf; nackt, und ihr bekleidet mich nicht; krank und im Gefängnis, und ihr besuchtet mich nicht. Dann werden auch sie antworten und sagen: Herr, wann sahen wir dich hungrig oder durstig oder als Fremdling oder nackt oder krank oder im Gefängnis und haben dir nicht gedient? Dann wird er ihnen antworten und sagen: Wahrlich, ich sage euch, wenn ihr es einem dieser Geringsten nicht getan habt, habt ihr es auch mir nicht getan. Und diese werden hingehen in die ewige Pein, die Gerechten aber in das ewige Leben. (Mt 25,41–46)

Teufelsglaube, Höllenvorstellung und Gericht sind hier in typischer Weise verbunden und werden von Jesus propagiert. Dass dieses Gleichnis vom Weltgericht dennoch von den Gläubigen als positiv empfunden wird, liegt schlicht daran, dass sie sich selbst unbewusst den geretteten Schafen zuordnen und deshalb wenig Mitgefühl für die haben, die nicht gerettet werden. Zumal deren Schicksal hier noch als gerechte Strafe dargestellt wird. Das Evangelium, so wie Jesus es verkündet, ist also nicht per se eine frohe Botschaft. Es bringt für den Großteil der Menschen (*Viele sind berufen, aber nur wenige sind auserwählt,* Mt 22,14) schlichtweg Verurteilung und ewige Höllenqualen mit sich. Man kann die Verwunderung Franz Buggles nur teilen, wenn man realisiert, „daß derselbe Jesus für die mangelhafte diesseitige Barmherzigkeit ewige jenseitige Folterqualen androht, eine Unbarmherzigkeit, die die angeprangerte irdische Unbarmherzigkeit unendlich übersteigt." (Buggle, Denn sie wissen nicht was sie glauben, S. 24) Strenggenommen ist es eher eine Angstbotschaft, die Jesus hier verkündet. Oder wie Michael Schmidt-Salomon drastisch formuliert: „Dem überwiegenden Teil der Menschheit stellte er […] eine Art *jenseitiges Auschwitz* mit Engeln als Selektionären an der *himmlischen Rampe* in Aussicht." (Manifest des evolutionären Humanismus, S. 51)

Die Trias Teufel–Hölle–Gericht hat also in einem viel stärkeren Maße in Jesu Denken eine Rolle gespielt, als dies im Bewusstsein der Christen präsent ist. Verstärkt wird dieser negative Gedankenkreis noch durch den ethischen Rigorismus, den Jesus zuweilen zu vertreten scheint. Und dann stellt sich schnell die Frage, wer denn überhaupt noch gerettet werden kann. So finden sich in der Bergpredigt die bekannten Strafandrohungen:

> Ihr habt gehört, dass zu den Alten gesagt ist: Du sollst nicht töten; wer aber tötet, wird dem Gericht verfallen sein. Ich aber sage euch, dass schon jeder, der seinem Bruder zürnt, dem Gericht verfallen sein wird; wer aber zu seinem Bruder sagt *Du Dummkopf,* wird dem Hohen Rat verfallen sein; wer aber sagt *Du gottloser Narr,* der wird der Hölle des Feuers verfallen sein. (Mt 5,21–22)

Rudolf Augstein sieht in diesen Sätzen „blanken, unbarmherzigen Unfug". (Augstein, Jesus Menschensohn, S. 154) Meint Jesus das wirklich ernst? Ein vergleichsweise geringes Vergehen soll schon ausreichend sein, um dem Gericht verfallen zu sein? Wo bleibt denn da die Verhältnismäßigkeit? Die Strafe stünde doch dann in keinem vernünftigen Verhältnis mehr zum Vergehen? Und wäre Jesus dann nicht selbst von seinem Wort betroffen, wenn er die

Schriftgelehrten als *Natterngezücht* bezeichnet, wie es oft berichtet wird? Den Ehebruch verschärft Jesus derart, dass es schon als Ehebruch gilt, eine Frau auch nur begehrlich anzuschauen. Den Städten Chorazim und Bethsaida wird explizit die Vernichtung angedroht, und zwar nur, weil sie seine ausgesandten Jünger nicht aufgenommen haben.

Ist dieser Jesus noch bei Trost? Geht hier das Eiferertum mit ihm durch? Mit solchen Sätzen scheint er von einer humanen Rechtsprechung, wie wir sie kennen, meilenweit entfernt zu sein. Wie wenig verraten diese Sätze einen gesunden Einblick in die menschliche Natur, und wie sehr spricht hier der Schwärmer. Und doch liegt ja der Gedanke von ewigen Höllenstrafen auf der gleichen Wellenlänge. Abstrakt gesprochen: Der Mensch ist ein *endliches* Wesen: Wenn er sündigen kann, dann kann er doch nur *endlich* sündigen, es sollte doch kein Vergehen vorstellbar sein, das so groß ist, dass eine unendliche, nie endende Bestrafung angemessen wäre. Die Todesstrafe wegen Falschparkens wäre doch grotesker Unsinn. Und doch scheint Jesus an einigen Stellen einem ethischen Rigorismus das Wort zu reden, ungeachtet dessen, dass er an anderen Stellen, vor allem in Bezug auf kultische Gebote, sich sehr großzügig gibt. Es ist ein ethisches Dilemma, dass sich beide Tendenzen in der Überlieferung belegen und auf den historischen Jesus zurückführen lassen.

Man hat dies natürlich mit einer undurchsichtigen Überlieferungsgeschichte zu erklären versucht, mit einer unbekannten situativen Entkleidung einzelner Sprüche Jesu oder damit, dass Jesus, das Reich Gottes vor Augen, eine Interimsethik verkündet hat, die also nur noch für kurze Zeit bis zum Hereinbrechen des Reiches gültig sein musste, und dass er somit gar nicht die Absicht hatte, *ethische Weisungen auf Dauer* zu verkünden. Alle Erklärungen aber wollen nicht so recht überzeugen. Vielleicht hat er sich auch einfach nur widersprüchlich ausgedrückt, ohne dass ihm das selbst bewusst geworden ist, vielleicht mangelte es ihm bei aller Autorität im Auftreten an gedanklicher Schärfe. Oder er hat Vorstellungen aus einer Umwelt übernommen, die er in seinen gedanklichen Konsequenzen nicht zu Ende gedacht oder überschaut hat. Er wäre nicht der Erste gewesen.

Versucht man jedenfalls Jesus an solchen Stellen ernst zu nehmen, verblasst in gleichem Maße wie bei seinem Höllen- und Gerichtsglauben seine frohe Botschaft, sein Evangelium. Wenn man wegen kleiner ethischer Vergehen schon vors Gericht und in die Hölle kommt, hätte er sich die Rede von einem liebenden Vater eigentlich sparen können. Man darf froh sein, dass die irdische Gerechtigkeit oder zumindest Gerichtsbarkeit nicht auf derart inhumanen und abstrusen Gedankengängen beruht, wie Jesus sie uns hier, zumindest an einigen Stellen, präsentiert.

Überprüft man weitere altbekannte Sprüche Jesu auf deren Stichhaltigkeit und die unausgesprochenen Prämissen und Konsequenzen, muss man weitere Fragezeichen setzen. Jesus neigte zu Übertreibungen und zu einer gewissen religiösen Romantik. Wie sollte man sonst folgende Stelle verstehen:

> Amen, ich sage euch: Wenn jemand zu diesem Berg sagt: Hebe dich empor und stürze dich ins Meer, und wenn er in seinem Herzen nicht zweifelt, sondern glaubt, dass es geschieht, dann wird es geschehen. Darum sage ich euch: Alles, worum ihr betet und bittet – glaubt nur, dass ihr es schon erhalten habt, dann wird es euch zuteil. (Mk 11,23–24)

Das klingt alles sehr fromm und von Überzeugung getragen. Aber stimmt es denn auch? Dass der Glaube verändernde Kraft haben kann, sei gar nicht bestritten, aber liegt hier nicht ein gehöriges Maß Blauäugigkeit vor, ein kräftiger Schuss religiöser Romantik, gar religiöser Kitsch? Generationen von Mönchen beispielsweise dürften verzweifelt sein ob solcher Worte, wenn sie feststellen mussten, dass ihre Gebete *nicht* erhört wurden, sie nicht das bekamen, worum sie gebetet hatten. Und natürlich wurde der Grund dafür dann im eigenen mangelnden Glauben gesucht und nicht etwa in der Unsinnigkeit des Jesuswortes an sich.

Immer wieder gerne wird in den Kirchen auch folgende Stelle zitiert:

> Deswegen sage ich euch: Sorgt euch nicht um euer Leben und darum, dass ihr etwas zu essen habt, noch um euren Leib und darum, dass ihr etwas anzuziehen habt. Ist nicht das Leben wichtiger als die Nahrung und der Leib wichtiger als die Kleidung?

Seht euch die Vögel des Himmels an: Sie säen nicht, sie ernten nicht und sammeln keine Vorräte in Scheunen; und euer himmlischer Vater ernährt sie doch. Seid ihr nicht viel mehr wert als sie? [...]

Macht euch also keine Sorgen und fragt nicht: Was sollen wir essen? Was sollen wir trinken? Was sollen wir anziehen? Denn um all das geht es den Heiden. Euer himmlischer Vater weiß, dass ihr das alles braucht. Euch aber muss es zuerst um sein Reich und um seine Gerechtigkeit gehen; dann wird euch alles andere dazugegeben. (Mt 6, 25 26,31 33)

Auch hier wieder schön klingende Worte, man hat das Gefühl, in einem Zentrum der Verkündigung Jesu zu sein. Und doch: Welche Realitätsblindheit zeigt sich hier, welch frommer Unsinn wird den Menschen hier zugemutet, welche religiöse Gefühlsduselei drückt sich hier aus? Ist Eltern in der Dritten Welt mit diesem religiösen Kitsch wirklich geholfen, die ihren Kindern das blanke Überleben ermöglichen wollen? Und weiß der „himmlische Vater" wirklich, was gebraucht wird? „Seht die hungernden Kinder in der Dritten Welt: Sie säen nicht, sie ernten nicht, und der himmlische Vater ernähret sie *nicht*." Trifft dieses Wort nicht viel besser die Situation als das religiöse Wunschdenken, das Jesus hier verbreitet. „Bittet, dann wird euch gegeben; suchet, so werdet ihr finden; klopfet an, dann wird euch aufgetan. Denn wer bittet, der empfängt; wer suchet, der findet; und wer anklopft, dem wird geöffnet." (Mt 7,7–8) O wenn das Leben so einfach wäre! Jeder weiß, die Wirklichkeit sieht anders aus.

Man wird einwenden, dass man die Worte Jesu hier nicht auf die logische Folter spannen darf, es sei ihm hier eher um das Anmahnen eines anderen Denkens und einer anderen Einstellung gegangen. Dies mag durchaus richtig sein. Dennoch sind gerade solche etwas blumigen Äußerungen Jesu geeignet, die Christen zu mahnen, die Worte der Bibel und die Worte ihres Herrn stärker auf ihre inhaltliche Substanz hin zu hinterfragen. Diese inhaltliche Substanz wird von Gläubigen natürlich immer vorausgesetzt, aber damit eben *unkritisch* vorausgesetzt. Es steht auch einem gläubigen Menschen gut an, sich klar zu machen, dass seine Bibel nicht auf einem einheitlichen geistigen Niveau daherkommt und dass es durchaus qualitative Unterschiede gibt, z. B. zwischen dem Hymnus auf die Liebe in 1. Kor 13 und irgendwelchen Reinigungsriten, wie sie im Buch Numeri detailliert beschrieben werden. Der Gläubige selbst nimmt ja unbewusst schon eine Differenzierung vor, wenn er manche Bücher der Bibel, die ihm erbaulicher und wertvoller erscheinen, häufiger liest als andere. Und jeder Biograf weiß, dass auch der geistreichste Mensch nicht in *allen* seinen Äußerungen geistreich sein kann, auch von einem Goethe manch Durchschnittliches überliefert ist. Solches ist natürlich auch bei Jesus zu erwarten, jedenfalls wenn man ihn nicht deduktiv mit der schwarzen Brille der Dogmatik betrachtet, sondern den Gehalt seiner Äußerungen den Äußerungen selbst zu entnehmen versucht. Und wo Belanglosigkeiten oder Fragwürdiges erkannt wird, darf das auch als solches benannt werden. Aber was für *normale* Menschen selbstverständlich ist, wird für *dogmatische* Menschen dann zum Problem, wenn es um den angeblichen Gewährsmann der Dogmatik selber geht. Hier kann nicht sein, was nicht sein darf. Die Religion zeigt hier ihre immer auch vorhandene ideologische Grundstruktur, auf die wir später noch ausführlicher zu sprechen kommen werden.

Die Radikalität, mit der Jesus in die „Nachfolge" ruft, stimmt zum Beispiel befremdlich. „Wenn jemand zu mir kommt und hasst nicht Vater und Mutter, Frau und Kinder, Brüder und Schwestern, ja sogar sein Leben, der kann nicht mein Jünger sein." (Lk 14,26) Nachfolge soll nur möglich sein, wenn man seine Angehörigen hasst? Das kann ja wohl so nicht gemeint sein. Und wenn doch, dann müsste man es empört zurückweisen. In der Absicht, die Nachfolge zu betonen, schießt hier Jesus wohl über das Ziel hinaus. Und wie würde ein solches Verhalten zur verkündeten Nächstenliebe passen? An anderer Stelle antwortet Jesu einem Mann, der ihm nachfolgen, aber erst noch seinen Vater begraben will: „Folge mir nach und lass die Toten ihre Toten begraben!" (Mt 8,22) Ein Satz, dem man eine gewisse Gefühllosigkeit, ja Grausamkeit nicht absprechen kann. Würde ein Jünger so handeln, verstieße er zudem gegen das Gebot, die Eltern zu ehren, immerhin ein Gebot des Dekalogs.

Statt Einspruch zu erheben gegen diese Spuren von Inhumanität und Fanatismus in der Rede Jesu, sind Christen geneigt, sich die Worte Jesu irgendwie zurechtzulegen. Es kann der Meister ja doch nicht etwas so Schlimmes gesagt haben, und wenn doch, dann hat er es sicher anders gemeint. Wo man bildlich gesprochen auf den

Tisch hauen und ein *Halt, so nicht* ausrufen müsste, tendieren die Christen quasi a priori zu Verständnis suchender Zustimmung. Und je frommer sie sind, um so mehr neigen sie zu kritiklosem Absegnen. Die Problematik einer solchen Haltung wird auch Christen rasch deutlich, wenn es nicht um Worte Jesu, sondern z. B. um Worte Bhagwans oder eines anderen selbsternannten religiösen Führers geht. Dann wird die Aussage, die Familie zu hassen, schnell in ihrer Gefährlichkeit erkannt. Und Eltern, deren Kinder sich dergestalt einem religiösen Guru angeschlossen haben, wissen ein leidvolles Lied davon zu singen. Es ist das Problem mit allen ernannten oder selbsternannten religiösen (und auch politischen) Führern, von Jesus über Mohammed zum Dalai Lama und zum Papst: Dort, wo kritische Distanz besonders notwendig wäre, nämlich bei den Anhängern religiöser Führerfiguren, ist sie naturgemäß am wenigsten ausgebildet. Joachim Kahl warnt: „Heilslehrer, die von sich selbst behaupten *Ich bin der Weg, die Wahrheit und das Leben* sind der Gefahr der Selbstverabsolutierung erlegen. Sie verkennen die Vielfalt der Wege, die Fülle der Wahrheitsaspekte, die Mannigfaltigkeit der Lebensentwürfe. Ihr Ruf in die Nachfolge und in die Jüngerschaft lockt in die Sackgasse." (Joachim Kahl, Weltlicher Humanismus, S. 77) Die Warnung Kahls hat Gültigkeit, auch wenn Jesus das in den Kirchen vielzitierte Wort von der Wahrheit und vom Leben nie gesagt hat; es ist eine Erfindung des vierten Evangelisten.

Widersprüchlichkeiten – Abschließendes zur Ethik Jesu

Wie soll man abschließend die Lehre Jesu, wie soll man seine Ethik beurteilen? Dem gläubigen Christen erscheint er nicht nur als Heilbringer, sondern auch als Bringer einer neuen Ethik. Es ist jedoch schon lange aufgefallen, dass die Lehre Jesu so einheitlich nicht ist. Überlieferungsgeschichtlich fällt auf, dass Paulus als ältester Zeuge fast nichts zur Lehre Jesu mitteilt. Was Jesus zu seinen Lebzeiten gesagt hat, war für Paulus offenbar nicht berichtenswert, der *Christus nach dem Fleische*, so schärft er ein, geht uns nichts an. (2. Kor 5,16) Auch im ältesten Evangelium bei Markus bleibt Jesu Ethik noch merklich blass. Und hätten wir nur Paulus und Markus, die historische Forschung zu Jesus müsste noch mehr im Trüben fischen, als sie dies ohnehin schon tut. Erst Matthäus und Lukas steuern Überlieferungsgut bei, das eine bessere Einordnung der Lehre Jesu ermöglicht.

Was herauskommt, ist jedoch keineswegs schlüssig und einheitlich. Spricht er in Mt 11,30 davon, dass sein Joch sanft ist, verkündet er in Mt 10,34, dass er nicht gekommen sei, den Frieden zu bringen, sondern das Schwert. Betont er die bleibende Gültigkeit des Gesetzes, scheint er es an anderer Stelle außer Kraft zu setzen. Lehnt er (für sich) Askese offenbar grundsätzlich ab, sendet er seine Jünger mit asketischen Anweisungen zur Predigt in die Dörfer der Umgebung. Zeigt er sich einerseits als Humanisierer einer als unmenschlich geschilderten Gesetzlichkeit, erweist er sich an anderer Stelle als ethischer Rigorist. Verkündet er das Herannahen der Gottesherrschaft als Evangelium, teilt er andererseits mit seiner Umwelt den Gerichtsgedanken und schwächt seine Lehre damit wieder ab. Die verkündete Liebe des Vaters wird konterkariert mit dessen Auftreten als Richter am Ende der Zeiten. Jesus scheint nicht zu bemerken, dass mit den in die ewige Feuerhölle geworfenen Menschen auch seine Liebesbotschaft den Flammen übergeben wird. Was sind Liebesgebot und Feindesliebe wert angesichts des Gerichtsgedankens? Die Kraft und innere Souveränität, sich vom Höllen- und Teufelsglauben zu lösen, hat Jesus nicht gehabt. Dies gilt noch mehr vom Gerichtsglauben, der in der jüdischen Umwelt Jesu ja fast eine konstitutive Größe war. Man kann ihm deswegen keinen Vorwurf machen, er war eben ein Kind seiner Zeit, seine aus heutiger Sicht inhumanen, mythologischen und archaischen Denkmuster gehören ihm zu. Bedauerlich aber, dass diese Denkmuster auf dem Wege der Überlieferung und der Verschriftlichung den Weg bis in unsere Zeit gefunden haben.

Aber was ist mit den offensichtlichen Widersprüchen, den Brüchen in der Lehre Jesu, die uns die Evangelien bieten? Sind sie der Überlieferungsgeschichte geschuldet, die uns einen mit sich nicht kongruenten Jesus bieten? Liegen die Fehler bei ihm oder in der Überlieferung über ihn? War seine Lehre in Wirklichkeit gar nicht so undeutlich und widersprüchlich? Dies mag wohl so sein, doch zeigt sich bei diesen Fragen das grundsätzliche Problem, dass wir aufgrund der Quellenlage letztlich nicht mehr wissen können, was Jesus eigentlich gewollt hat. Da wir meist nicht wissen, in welchen Situationen und welchem Kontext bestimmte Worte gesprochen worden sind (sofern sie denn überhaupt gesprochen wurden) ist die Auslegung an vielen Stellen auf Vermutungen angewiesen. Dies bringt es mit sich, dass zuweilen an einer einzigen Stelle eine bestimmte Haltung Jesu zu einer bestimmten Frage festgemacht wird, ja vielfach von dieser Stelle sogar noch andere Haltungen erschlossen werden. Doch kein Nagel kann so viel Gewicht vertragen. Überinterpretationen *müssen* eine logische Folge sein, wenn man diese auch nicht immer im Einzelfall belegen kann. Es ist wie der Versuch, aus nur wenigen Puzzleteilen ein großes Bild zusammenzusetzen, wobei auch noch Teile mit im Spiel sind, die gar nicht zum Bild gehören.

Macht man sich diese grundsätzliche Schwierigkeit klar, wundert man sich, wie viel Theologen zuweilen von Jesus zu wissen vorgeben. Und mehr noch, wie aus den wenigen Teilen, aus einzelnen fragwürdigen Sätzen, diese dazu noch losgelöst von ihrem ursprünglichen Beziehungsrahmen, am Ende gar ein Gesamtbild herauskommt, das auf den Betrachter einen Eindruck von Geschlossenheit macht. Dass systematische Theologen und Dogmatiker sich um ein Gesamtbild Jesu bemühen, mag man ja noch verstehen, dass aber auch Neutestamentler, also im eigentlichen Sinne Historiker, ein fast rundes Bild Jesu liefern (so z. B. die gute und schon häufiger zitierte Arbeit von Theißen/Merz, *Der historische Jesus*), muss misstrauisch machen. Für eine Biografie sowieso, aber schon für eine ungefähre Darstellung der Ethik und der Lehre Jesu ist das, was uns in den Evangelien überliefert ist, einfach zu dünn. Es wäre auch dann nicht tragfähig, wenn es schlüssig gelänge, das auf den historischen Jesus zurückgehende Gut von den Hinzufügungen der Gemeinde klar zu scheiden. Diese Erkenntnis der letzten zweihundert Jahre der Forschung zum historischen Jesus, dass wir nämlich letztlich vieles einfach nicht mehr wissen können, muss den mahnenden Hintergrund bilden für eine auch künftige, dennoch notwendige wissenschaftliche Forschung zum Thema. Es sollte Systematikern und Neutestamentlern verwehrt sein, Wissenslücken durch eigene Vermutungen und Wunschvorstellungen auszufüllen (davor warnte schon Albert Schweitzer). Ebenso wie die katholische Lösung abzulehnen ist, nämlich die halbfesten Inselchen unserer verantwortbaren Kenntnisse mit prächtigen dogmatischen Brücken zu verbinden. Das Erste wäre eine Grenzüberschreitung, das Zweite lächerlich und an der Grenze zum Betrug.

Zur Verwirrung trägt auch bei, dass Jesus sich offenbar selbst nicht an seine ethischen Weisungen gehalten hat. Deutlich wird dies z. B. an seinen Auseinandersetzungen mit den fast sprichwörtlichen *Schriftgelehrten und Pharisäern*. Bei aller nachösterlichen Interpolation der frühen christlichen Gemeinde muss man dennoch davon ausgehen, dass sein harsches Angehen der jüdischen Lehrautoritäten im Kern historisch ist. Demnach hätte Jesus seine Gegner als Narren, als Blinde, als Heuchler, gar als Schlangenbrut bezeichnet. Ein solcher Sprachgebrauch wäre, sofern diese Stellen nicht insgesamt erfunden sind, allemal Ausdruck von Fanatismus und Eiferertum. Er wirkt aber auch angesichts Jesu eigener Mahnung merkwürdig, dass der, der seinem Bruder zürnt, dem Gericht verfallen soll. Wenn er tatsächlich diese Verschärfung des Gesetzes vertreten hat, so geht er mit schlechtem Beispiel voran. Heiliger Zorn? Für Christen sind solche Stellen jedenfalls kein Problem. Man stelle sich aber einmal vor, ein muslimischer Prediger würde öffentlich so auftreten.

Der gerne so sanftmütig verstandene Jesus wird zu Beginn seiner Passion (bei Johannes sogar schon am Anfang seines Wirkens) als Tempelaustreiber geschildert, der es nicht nur bei Worten belässt. Die Tische der Händler und Geldwechsler stößt er um, bei Johannes ist er sogar bewaffnet. Hätten wir nur diese Erzählung von Jesus, wir hätten einen gewaltbereiten Extremisten vor uns. Seine Verurteilung durch die Römer erschiene folgerichtig. Und möglicherweise hat seine Verurteilung tatsächlich etwas mit seinen Angriffen auf jüdische Autoritäten und seiner Tempelkritik zu tun.

In das auch bei Nichtchristen allgemein verbreitete und verkitschte Bild eines liebenden Jesus, von den Kirchen nicht dementiert, mischen sich immer wieder Dissonanzen: „Denkt nicht, ich sei gekommen den Frieden auf die Erde zu bringen. Ich bin nicht gekommen den Frieden zu bringen, sondern das Schwert. Denn ich bin gekommen, um den Sohn mit seinem Vater zu entzweien und die Tochter mit ihrer Mutter und die Schwiegertochter mit ihrer Schwiegermutter; und die Hausgenossen des Menschen werden seine Feinde sein." (Mt 10,34–36; Lüdemann hält es für unecht) Viele Worte Jesu lassen den von ihnen erwarteten und behaupteten tröstlichen Charakter gänzlich vermissen, sind mehr Worte des Unheils als des Heils. Viel zu oft ist von der Hölle, von Heulen und Zähneklappern die Rede, von Gericht und Verdammung; nur werden diese Stellen gerne von Christen überlesen. Sie sind ohnehin der Meinung, dass sie selbst ja nicht zu den Verdammten gehören. Und mit der Verdammung anderer, gar Andersgläubiger, kann man leben, sieht darin vielleicht sogar mit einer gewissen Schadenfreude einen *gerechten Gott* walten. Stärker noch als Jesus selbst gehen die ersten Christen mit den Andersgläubigen (bzw. mit ihren jüdischen Glaubensbrüdern) ins Gericht. Matthäus gibt den (Jesus in den Mund gelegten) Rat, alle, die sich nicht der Weisung der Gemeinde beugen, wie Sünder und Heiden zu behandeln (Mt 18,15–20). Und an Strafbestimmungen hat sich die Kirche immer treuer gehalten als an das Liebesgebot.

Hat Jesus also eine neue Ethik gebracht? Man wird dies eher (mit Bultmann und anderen) verneinen müssen, trotz aller Fragezeichen, die die Überlieferungsgeschichte in den Weg stellt. Jesu Ethik lässt sich aus dem Judentum und aus seiner Umwelt herleiten. Dies gilt ausdrücklich auch für das Liebesgebot. Dass er in Einzelfragen eine andere Meinung hatte als die jüdische Tradition, ändert daran nichts. Seine offenbare Ablehnung der Ehescheidung (Matthäus schränkt schon ein „außer im Falle von Unzucht"), seine grundsätzliche Ablehnung des Eides, seine höhere Achtung Frauen gegenüber und Kindern (wenn uns hier die Überlieferung nicht auch wieder einen Streich spielt), freundliche Züge sicherlich, sind kaum geeignet eine neue Ethik zu begründen. Seine Warnung vor Reichtum und die Aufforderung, Schätze zu sammeln, die nicht von Rost und Motten gefressen werden, haben ebenfalls keinen wirklichen Neuigkeitswert, im Gegenteil: Dass man mit materiellen Dingen dem Leben einen Sinn geben kann, ein Zerrbild, vor dem die Kirchen immer wieder warnen zu müssen meinen, glaubt doch kein halbwegs verständiger Mensch, auch kein Reicher. Es sind Kalenderweisheiten, die Jesus hier zum Besten gibt.

Wenn er keine neue Ethik gebracht hat, so hat er zumindest ethische Verwirrung gestiftet, wie vor allem an der Bergpredigt Mt 5–7 und der Frage, wie diese zu verstehen sei, deutlich wird. Die radikalen Forderungen Jesu (sofern er sie im Einzelfall denn wirklich so vertreten hat) haben früh zur Frage geführt, wie diese denn gelebt werden können. Man sah sie bald als den Mönchen vorbehalten an, während für die einfachen Gläubigen auch eine Sittlichkeit auf niedrigerer Stufe akzeptabel war. Als eine allgemein verbindliche Grundlage einer öffentlichen Ordnung haben auch große Teile des Protestantismus, vor allem des Luthertums, die Bergpredigt nicht gesehen, bestenfalls als Richtschnur für den einzelnen Gläubigen. Dieses Denken setzte sich fort in der Unterscheidung von Gesinnungsethik und Verantwortungsethik. Auch hier steht im Hintergrund die Meinung, dass die Bergpredigt nicht praktikabel ist. Ein schöner Vogel, der aber nicht fliegen kann, zur Erbauung geeignet, aber zum Aufbau eines Gemeinwesens nicht zu gebrauchen. Die eleganteste Lösung ist hier vielleicht das Verständnis der Bergpredigt als Interimsethik, so vertreten z. B. von Albert Schweitzer. Demnach sei die Bergpredigt gar kein allgemeines Gesetz, sondern von Jesus nur vorgesehen für die kurze Zeit bis zur Aufrichtung und Ankunft des Gottesreiches, eine Ethik für zwischendurch, eben Interimsethik. Jesus habe gar keine allgemeinen Regeln geben wollen, warum auch, wenn der neue Äon, das Reich Gottes unmittelbar bevorstand. Und dass dies so sei, war für Jesus eine ausgemachte Sache.

Die Hinrichtung Jesu

Die Umdeutung der Niederlage am Kreuz

Nach einem berühmten Theologenwort (Martin Kähler) sind die Evangelien *Passionsgeschichten mit verlängerter Einleitung*. Tatsächlich läuft alles auf die Leidens- und Todesgeschichte Jesu zu. Im ältesten Markusevangelium mit immerhin sechzehn Kapiteln fassen bereits im dritten Kapitel die Pharisäer und Herodianer den Entschluss, Jesus umzubringen. Die umlaufenden Sprüche und Wundererzählungen Jesu ergeben für den Christen erst dann einen Vollsinn, wenn man die Deutung bedenkt, die seinem Tod beigemessen wurde. Am Tode Jesu machte man die Christologie (die Lehre, wer Jesus eigentlich war) und auch die Soteriologie (die Lehre, was er für die Menschen angeblich getan hat) fest. Wie schon erwähnt, war vor allem für Paulus das Kreuz der Mittelpunkt des Lebens Jesu, der historische Jesus dagegen vernachlässigenswert.

Und von der Deutung des Leidens Jesu musste auch die beginnende christliche Mission ihren Ausgang nehmen. Da reichte es nicht, dass hier ein Wundertäter aufgetreten war. Denn Wundertäter gab es viele. Paulus (und vielleicht schon andere vor ihm) verkündeten die Heilsbedeutung für alle Menschen, die von Tod und Auferstehung Jesu ausging, die grundsätzliche Wende der Geschichte, den neuen Äon, der mit seiner Passion angebrochen sei. Der Tod Jesu wurde von der Kirche bald zum Sieg über Tod und Teufel verklärt.

Doch der Tod Jesu war für seine Jünger zunächst ein Schock gewesen. In Panik flohen sie aus Jerusalem zurück nach Galiläa, sicher in der Furcht, ebenfalls gefangen und getötet zu werden wie ihr Meister. Bei Markus sehen der Kreuzigung nur einige Frauen von ferne zu. Im Neuen Testament kann man an einigen Stellen diesen Schock noch nachempfinden. Vor seiner Passion spricht Jesus zu seinen Jüngern: „Ihr werdet alle an mir Anstoß nehmen und zu Fall kommen; denn in der Schrift steht: Ich werde den Hirten erschlagen, dann werden sich die Schafe zerstreuen." (Mk 14,27) Es ist gleich, ob dies Jesus wirklich gesagt hat (vermutlich eher nicht); es spiegelt sich auf jeden Fall die Verwirrung wider, die nach Jesu Tod seine Jünger ergriffen hat. In der (sicher unhistorischen) Emmaus-Geschichte nach Jesu Auferstehung beklagen sich die Jünger: „Wir aber hatten gehofft, dass er der sei, der Israel erlösen werde." (Lk 24,21) Und Jesus legt den Jüngern daraufhin dar, dass dies alles so geschehen musste. Und es ist klar, hier spricht nicht der erhöhte Herr zu den Jüngern, hier redet der Evangelist zu seiner Gemeinde. Klar also auch hier: Die Kreuzigung wurde von den Jüngern als Schock und als Katastrophe erlebt. Offenbar hat Jesus zu Lebzeiten seine Jünger nicht auf dieses Ende vorbereitet, es kam für sie überraschend.

Dabei weist Jesus ja (klassisch) anscheinend dreimal auf seinen Tod hin: „Er sagte: Wir gehen jetzt nach Jerusalem hinauf; dort wird der Menschensohn den Hohenpriestern und den Schriftgelehrten ausgeliefert; sie werden ihn zum Tod verurteilen und den Heiden übergeben; sie werden ihn verspotten, anspucken, geißeln und töten. Aber nach drei Tagen wird er auferstehen." (Mk 10,33–34) Die Jünger hätten es also wissen müssen. Also kein Grund zur Panik, es lief doch alles nach Plan. Dass eben doch Panik eintrat, ist ein klares Anzeichen dafür, dass die Leidensankündigungen in den Evangelien, da sind sich fast alle Theologen einig, allesamt klassische *vaticinia ex eventu* sind, im Nachhinein erfundene Geschichten, die das Geschehen als vorhergewusst schildern und so Jesus nicht nur als Herrn der Welt, sondern auch als Herrn der Situation erweisen sollen. Wir sprachen oben schon davon. Doch die Wirklichkeit sah anders aus, die Jünger waren unvorbereitet.

Erhebliche Anstrengungen waren nötig, bis aus der unvorhersehbaren Katastrophe des Todes Jesu eine höhere Notwendigkeit wurde. Aus der menschlichen Not wurde hier wahrlich eine göttliche Tugend gemacht, die Niederlage am Kreuz zu einem Sieg umgebogen. Es *musste* ja alles so geschehen, so die nachösterliche Überzeugung. Und wenn dies so war, musste es im Alten Testament dafür auch Hinweise geben. So kam es, dass die Passionsgeschichte mehr als alle anderen Geschichten aus dem Leben Jesu ganz aus dem Alten Testament heraus konzipiert wurde. Der Kern, die Hinrichtung Jesu am Kreuz, ist zwar sicherlich historisch, der ganze Rahmen ist jedoch mit Motiven aus dem Alten Testament derart durchsetzt, dass es schwer fällt, mehr als das bloße Dass zu rekonstruieren. Das Leiden und Sterben eines Menschen wurde mit reichlich alttestamentlichen Motiven zur Kultlegende einer Weltreligion umgedeutet.

Mit welcher Rücksichtslosigkeit im Ergebnis man hier vorging, wie aus dem Verkünder der Verkündigte gemacht wurde, erhellt z. B. daraus, dass der Tod am Kreuz für den erwarteten Messias eigentlich undenkbar war. Er entsprach überhaupt nicht jüdischen Vorstellungen. Noch Paulus bezeichnet diesen Tod als einen Skandal, ein Ärgernis. Christliche und jüdische Forscher sind sich einig, dass in der Umwelt Jesu kein leidender Messias erwartet wurde. Der erwartete Messias wurde mit königlichen Zügen gesehen, als Sieger und Herrscher, nicht als Verlierer am Kreuz. Das Ende Jesu ist für Juden noch heute ein Zeichen dafür, dass er der erwartete Messias unmöglich gewesen sein kann. Und auch seine Todesart *am Kreuz* war eine für einen frommen Juden unmögliche Vorstellung, stand doch in den Schriften mit unabweisbarer Deutlichkeit zu lesen: „Wer am Holz hängt, der ist von Gott verflucht." (Dtn 21,23) Das Hängen am Holze (gemeint ist ein Kreuz oder ein Galgen) galt den Juden als schimpflichste Strafe überhaupt. Wie deshalb schon ein leidender Messias für einen frommen Juden eine undenkbare Vorstellung war, so war sein behaupteter Tod am Kreuz geradezu eine Blasphemie. Man muss sich hineinfühlen in diese religiöse Zumutung, um verstehen zu können, wie die neue Lehre auf die frommen Juden gewirkt haben mag. Und man versteht dann durchaus, dass ein religiöser Eiferer wie Paulus als Saulus die ersten Christen noch verfolgt hat.

Doch das frühe Christentum brauchte Beweise aus dem Alten Testament, dass das Leiden Jesu doch irgendwie geweissagt war. Vordergründig wurde man fündig. Und so ist die Passionsgeschichte die vorgebliche Erfüllung alter Weissagungen. Naive Gläubigkeit liest bis heute die Passionslegenden nach dem Schema Verheißung – Erfüllung. Dabei, so die fast einhellige Meinung der Forscher, wurde das Alte Testament in guter alter Steinbruch-Manier dazu verwendet, mit alttestamentlichen Versatzstücken die Passion bis in die Details zu konstruieren. Das Gebet Jesu am Kreuz *Mein Gott, mein Gott, warum hast du mich verlassen* (Mk 15,34) zitiert Psalm 22,2, die Worte *Mich dürstet* (Joh 19,28) rekapitulieren Ps 22,16, die Verteilung der Kleider Jesu erfolgt in Analogie zu Vers 19: *Sie verteilen unter sich meine Kleider und werfen das Los um mein Gewand.* Während bei Markus Jesus Myrrhe in Wein zu trinken bekommt, erhält er bei Matthäus Wein vermischt mit Galle, in Anlehnung an Psalm 69,22. Auf der Suche nach Belegen wurden auch die leisesten Andeutungen christologisch ausgeschlachtet. So sah man in Psalm 3,6 – *Ich lege mich nieder und schlafe ein, ich wache wieder auf, denn der Herr beschützt mich* – einen Hinweis auf den Tod und die Auferstehung Jesu. Ebenso fanden die Kirchenväter später u. a. seinen Tod prophezeit „in der von Mose fabrizierten heilbringenden Schlange, in einem Geißbock, den das 3. Buch Mose nennt, in einer roten Kuh, die im 4. Buch Mose der Priester Eleazar auf göttlichen Befehl schlachten und ins Feuer werfen muss". (vgl. Deschner, Abermals krähte der Hahn, S.133f.) Für viele antike Kritiker waren solche Sachen auch schon damals an den Haaren herbeigezogen. Die Christen schien dies jedoch meist nicht zu stören. Wenn man erst einmal an Gespenster glaubt, ist die Welt voll davon.

Weitaus besser und wirkungskräftiger als solche Abstrusitäten wurden die Gottesknechtlieder Jesajas, vor allem Jes 53, für die Deutung des Geschehens herangezogen.

Er wurde verachtet und von den Menschen gemieden, ein Mann voller Schmerzen, mit Krankheit vertraut. […] Aber er hat unsere Krankheit getragen und unsere Schmerzen auf sich geladen. Wir meinten, er sei von Gott geschlagen, von ihm getroffen und gebeugt. Doch er wurde durchbohrt wegen unserer Verbrechen, wegen unserer Sünden zermalmt. Zu unserem Heil lag die Strafe auf ihm, durch seine Wunden sind wir geheilt. [...] Er wurde misshandelt und niedergedrückt, aber er tat seinen Mund nicht auf. Wie ein Lamm, das man zum Schlachten führt, und wie ein Schaf angesichts seiner Scherer, so tat er seinen Mund nicht auf. (Jes 53,3 5;7)

Die Stelle, zumindest in den hier zitierten Teilen, wirkt fast wie ein Kurzauszug der Rechtfertigungslehre und könnte so bei Paulus stehen (und steht dort auch mit anderen Worten). Die Christen sehen hier eine klare Weissagung der Leiden Jesu. Nur: Die Verse sind ja gar nicht als Weissagung formuliert, sondern blicken auf ein Geschehen zurück. Der Gottesknecht ist eine Gestalt der Vergangenheit, ein künftiger Gerechter kann damit nicht gemeint sein. Die frommen Juden haben deshalb diese Stelle auch nie auf den Messias bezogen. Die Frage, wer der leidende Gottesknecht ist oder war, wird in der alttestamentlichen Forschung eifrig diskutiert. „Man denkt an Moses, an eine Gestalt aus der Zeit der alttestamentlichen Propheten, an Josia, Jojachin, auch an den sterbenden und auferstehenden Gott Tammuz oder an eine Personifikation der Prophetie. Vielleicht am häufigsten aber bezieht man das Leiden des Gottesknechts kollektiv auf Israel, das bei Deuterojesaja auch öfter Gottesknecht genannt wird und ebenso bei anderen Propheten." (Deschner, Abermals krähte der Hahn, S. 136) Dass damit irgendwie Jesus gemeint sein könnte, wird heute von keinem ernstzunehmenden Forscher mehr behauptet.

Gleichwohl verweisen die Kirchen gerne auf diese Stelle, und sie steht bei den Gläubigen in hohem Ansehen. Dies liegt daran, dass sie tatsächlich die zentrale Stelle zur Deutung von Jesu Passion wurde. Aber die Reihenfolge war eine andere: Nicht war es so, dass hier bei Jesaja etwas prophezeit wurde (es wurde ja nichts prophezeit), was dann in Jesu Tod eingetreten ist, sondern umgekehrt, Jesu Leiden und Tod war quasi zuerst da, und nur nachträglich wurde dieser Tod mit dem Bild des leidenden Gottesknechts verbunden. Das Leiden Jesu, für seine Jünger noch unverständlich und sinnlos, erhält so seinen aus dem Alten Testament mit Gewalt herbeigezogenen Sinn. Die paulinische Rechtfertigungslehre leitet sich daraus ab, Augustinus, Anselm von Canterbury und Thomas von Aquin (und viele andere) rezipieren sie, Luthers Reformation und der gesamte Protestantismus beruft sich darauf. Sie berufen sich auf eine Stelle, die nicht mit einem Messias und schon gar nichts mit dem historischen Jesus zu tun hat. Man darf darüber spekulieren, wie sich die christliche Theologie entwickelt hätte, hätte man das Leiden Jesu nicht in eine Zuckmayer'sche Uniform gehüllt und mit einer Deutung versehen, die zwar im Angebot, aber letztlich eine Nummer zu groß war.

Das Alte Testament (das erst Ende des ersten Jahrhunderts n. Chr. kanonisiert wurde) hat also nicht nur die ausschmückenden Details der Passion Christi geliefert, sondern auch den Interpretationsrahmen beigesteuert. Für die ersten (Juden-)Christen war dies wichtig, damit sie sich selbst und ihrer jüdischen Umwelt der Kontinuität zur jüdischen Glaubenswelt versichern konnten. Für die späteren Heidenchristen musste die alttestamentliche Rückbindung verständlicherweise eine geringere Rolle spielen. Sie konnten auch mit der jüdischen Vorstellung eines Messias nichts anfangen. Gegen alle falsche Bescheidenheit wurde Jesus in ihrer Gedankenwelt zu einem Gott.

Idealisierungen in den Evangelien

Die Evangelisten sind nicht an einer Rekonstruktion der Geschichte interessiert, viel eher gestalten sie sie selbst. Dabei ist das Geschehen bei Markus wieder am nüchternsten berichtet. Bei ihm findet sich auch am ehesten noch die Grausamkeit des Vorgangs geschildert, wenn er Jesus am Kreuz sagen lässt: *Mein Gott, mein Gott, warum hast du mich verlassen.* Jesus betet damit Psalm 22. Zeigt die Szene damit nicht einen verzweifelten Jesus, einen Jesus, der am Ende seines Lebens sein Scheitern, seine Gottverlassenheit schmerzlich erkennen muss? In diesem Psalm kommen auch Verse vor wie: *Ich aber bin ein Wurm und kein Mensch, der Leute Spott, vom Volk verachtet.* Der Beter des Psalms ist auf alle Fälle ein Mensch und keinesfalls mehr als ein Mensch. Doch nach späterer Dogmatik hängt hier der Sohn Gottes am Kreuz. Psalm 22 in Jesu Mund passt also schlecht in die Glaubenslehre der Kirche hinein. Vielleicht aus diesem Grund übernimmt Lukas die Markusvorlage nicht (was Matthäus noch tut) und lässt Jesus sagen: *Vater, in deine Hände befehle ich meinen Geist.* Damit lässt sich dogmatisch schon eher leben. Jesus ergibt sich bei Lukas ganz in den Willen des Vaters, wird als der gehorsame Sohn geschildert, der seinen Auftrag pflichtgemäß erfüllt. Im Johannesevangelium wird der verfängliche Psalm ebenfalls nicht gebracht, die Herrlichkeit Jesu ist hier selbst am Kreuz noch präsent. Jesus ist nicht nur Herr der Situation, er ist selbst bei seiner Hinrichtung noch der aktiv Handelnde. Über sein Leben lässt Johannes ihn sagen: *Niemand entreißt es mir, sondern ich gebe es aus freiem Willen hin. Ich habe Macht es hinzugeben, und ich habe Macht es wieder zu nehmen [...].* (Joh 10,17b–18) Sein Kreuz trägt er bei Johannes selbst, er braucht bei seinem Heilswerk keine fremde Hilfe, während bei Markus noch (vielleicht historisch) Simon von Cyrene mithelfen muss. Am Kreuz stirbt er mit den Worten *Es ist vollbracht*, und jeder Leser weiß, hier stirbt ein Gott. Während es doch bei Markus noch ein Mensch war, der am Kreuze hing.

Bei Markus ist das Geschehen auch sonst deutlich weniger verherrlicht. Keine Jünger, keine Mutter, keine Verwandten sind bei seiner Kreuzigung anwesend, nur von ferne sehen einige Frauen zu. Dies wird wohl der historischen Wirklichkeit entsprochen haben, seine Jünger waren ja geflohen, und wie hätten seine Verwandten so schnell nach Jerusalem kommen können, wo die Römer doch offenbar kurzen Prozess gemacht hatten. Bei Markus stirbt Jesus von allen Freunden und von Gott verlassen einsam am Kreuz, geschmäht noch von den Vorübergehenden. Er stirbt mit zwei Verbrechern, die mit ihm gekreuzigt werden. Und selbst diese schmähen ihn, jedenfalls bei Markus und Matthäus. Denn bei Lukas schmäht ihn nur einer, während der eine den anderen Verbrecher sogar zurechtweist. Lukas erfindet bei dieser Gelegenheit noch den gern zitierten Satz: *Wahrlich ich sage dir, heute noch wirst du mit mir im Paradiese sein.* (Lk 23,43)

Johannes jedoch lässt Jesus nicht alleine sterben, aus dramaturgischen Gründen (Hollywood ist ihm hier gefolgt) sind seine Mutter, seine Tante und Maria Magdalena anwesend, dazu auch (zumindest) der geheimnisvolle *Jünger, den Jesus liebte* (Joh 19,26). Noch vom Kreuze herab kümmert Jesus sich um die Versorgung seine Mutter; ein wahrlich vorbildlicher Sohn. Um seine Jünger hat er sich schon vorher gekümmert, als er bei seiner Verhaftung deren freien Abzug erwirkte. Bei Lukas und bei Johannes gibt es keine Jüngerflucht. Und auch die Todesschreie Jesu hat Johannes gestrichen, sie waren ihm zu menschlich, passten nicht in sein Konzept.

Wer ist schuld am Tod Jesu? –
Die Anfänge des christlichen Judenhasses

Nach anfänglicher Irritation wurde das Leiden und Sterben Jesu für die Christen bald zum zentralen Inhalt ihrer Verkündigung. Die Katastrophe, die Niederlage am Kreuz wurde zu einem Sieg umgedeutet. Mit einem nur lehrenden und nur wunderwirkenden Jesus wäre die frühe Kirche nicht weit gekommen, mit einem für unsere Schuld gestorbenen und wiederauferstandenen Gott trat die neue Religion ihren Siegeszug in der damals bekannten Welt an. Mit dem Leiden ihres Herrn begann aber auch das Leiden seines Volkes, mit Golgatha nahm aber auch der christliche Antijudaismus seinen Anfang.

Denn schon für Paulus war klar, dass die Juden Jesus getötet haben, so wie sie es auch schon mit den Propheten getan hatten (1. Thess 2,15). Für ihn sind sie die Christusmörder, die eigentlich Schuldigen am Tode Jesu. Und bald wurden die Juden unter Berufung auf den Juden Paulus verfolgt. Es kann Paulus nicht vorgeworfen werden, dass er die über Jahrhunderte tödlichen Konsequenzen seiner Ausfälle hätte überblicken oder auch nur erahnen können, man muss ihm aber vorwerfen, dass es ihm offenbar auch selbst nicht aufgefallen ist, dass seine Schuldzuweisung auch seiner Theologie widerspricht. Denn wenn es Gottes Wille war, dass Jesus am Kreuz für unsere Sünden stirbt, und dies lehrt Paulus ja, dann ist doch alles wunderbar nach Plan verlaufen. Wieso sollte dann die Juden, wieso sollte irgendjemand dafür eine Schuld treffen? Juden und Römer hatten dann doch ihre heilsgeschichtliche Funktion und haben sie erfüllt. Doch man darf vermuten, dass es unter anderem die permanenten Auseinandersetzungen mit den Juden (eben um die Person Jesu und seine Bedeutung) waren, die Paulus in seinem ältesten erhaltenen Brief und sicher auch bei vielen anderen Gelegenheiten zu unbedachten Äußerungen hingerissen haben. Seine ehemaligen Glaubensbrüder haben dies schwer büßen müssen.

Doch ist es nicht Paulus allein, auf den sich der christliche Judenhass stützen konnte, es ist vor allem auch jene unselige Stelle in den Passionslegenden bei Matthäus, die christlichen Fanatikern die Munition lieferte. Denn als es darum ging, wen Pilatus amnestieren sollte, Jesus oder den Aufrührer Barrabas, will das Volk Barrabas haben, angeblich aufgewiegelt durch die hohen Priester. Pilatus wäscht daraufhin in einer berühmten Szene seine Hände (in Unschuld) und Matthäus bringt den Satz: *Und alles Volk antwortete und sprach: Sein Blut komme über uns und unsere Kinder.* (Mt 27,25) Dieser Satz ist eines der Unworte der Bibel und hat gewaltiges Leid über die Juden gebracht. Wo immer in den folgenden Jahrhunderten und Jahrtausenden Juden von Christen verfolgt wurden, hatten sie diesen Satz immer im Gepäck. Christliche Fanatiker konnten sich, wenn sie sich auf diesen Satz beriefen, geradezu noch als Vollstrecker einer göttlichen Gerechtigkeit vorkommen. Die Juden hätten quasi ihre gerechte Strafe selbst eingefordert. Die Perfidität wird noch verstärkt, wenn man berücksichtigt, dass die Worte der Bibel bald schon als göttlich inspiriert galten, die Barbarei quasi dogmatisch bestätigt und gerechtfertigt wurde.

Doch wo hat Matthäus diese Worte her? Bei Markus hat er sie nicht gefunden und auch bei Lukas stehen sie nicht. Sie sind eine Erfindung des Evangelisten selbst, aus heutiger Sicht eine weitere dreiste Fälschung (die Neutestamentler sind sich hier weitgehend einig, auch wenn sie dies gerne *vornehmer* formulieren), vermutlich in der Absicht, den Juden zu schaden, mit denen auch die Gemeinde des unbekannten Evangelisten in heftige Auseinandersetzungen verstrickt war. Der Konsequenzen dessen, was sie schrieben und dass man ihre Texte noch nach zweitausend Jahren lesen würde, konnten auch die Evangelisten sich nicht bewusst sein. Für uns heute und mehr noch für die Juden ist dies jedoch nur ein schwacher Trost. Wieder einmal sieht man zudem die Leichtfertigkeit, mit der die Evangelisten schalten und walten, hinzufügen und streichen, umdeuten und hinlenken. Und man muss erneut fragen, wo überhaupt man noch mit einigermaßen authentischer Überlieferung rechnen kann.

Wer war aber nun wirklich verantwortlich für den Tod Jesu? In den Evangelien lässt sich deutlich die Tendenz erkennen, die Römer zu entlasten. Pilatus wäscht wie erwähnt nicht nur seine Hände in Unschuld, auch dessen Frau bestätigt durch einen Traum die Schuldlosigkeit Jesu. Bei Lukas tritt sogar Herodes Antipas, der Landesherr Jesu, quasi als Entlastungszeuge auf. (Lk 23,14–15) Pilatus, diesen Eindruck erwecken die Evangelien, wird von den Juden zur Verurteilung Jesu genötigt, obwohl er persönlich von dessen Unschuld überzeugt war. Bei Johannes beteuert Pilatus dreimal seine Unschuld, und im apokryphen Petrusevangelium sind die Römer gar nicht mehr beteiligt. Hier übergibt Herodes Jesus den Juden zur Kreuzigung.

Die Entlastungstendenz lässt sich vermutlich auch verstehen aus dem Bemühen der frühen Christen, ihre Loyalität gegenüber der römischen Obrigkeit zum Ausdruck zu bringen. Auch die vermeintliche Sentenz Jesu, *Gebt dem Kaiser, was des Kaisers ist, und gebt Gott, was Gottes ist* (Mk 12,17), die von den meisten Exegeten als unhistorisch angesehen wird (Bultmann hält sie für echt), verfolgt dieselbe Tendenz. Den Römern gegenüber wollte man Loyalität signalisieren, den Juden gegenüber grenzte man sich aber immer mehr ab. Vermutlich sah die Wirklichkeit wohl anders aus: Theißen und Merz betonen: „Rechtsverhältnisse und Hinrichtungsart erweisen eindeutig die Römer als Hauptverantwortliche für den Tod Jesu." (Theißen/Merz, Der historische Jesus, S. 399) Die Römer hatten die Blutgerichtsbarkeit, die Kreuzigung war eine römische Strafe, angewandt vor allem bei Sklaven und politischen und religiösen Aufrührern. Hätten die Juden Jesus getötet, wäre er vermutlich gesteinigt worden (wie es später mit Jesu Bruder Jakobus geschah). Der Traum der Frau des Pilatus ist ganz legendarisch, ja selbst die Freilassung des Barrabas anstelle von Jesus (mit den Unschuldsbeteuerungen des Pilatus) ist historisch unsicher, denn es ist von der angeblichen Sitte, zum Fest einen Verbrecher zu amnestieren, sonst nichts bekannt. Denkbar ist jedoch, dass jüdische Kreise, zu denken ist vor allem an die Tempelaristokratie, bei den Römern auf eine Verurteilung Jesu hingewirkt, dass sie Jesus gewissermaßen angezeigt haben.

Ungereimtheiten beim Prozess Jesu

Nach den Erzählungen der Evangelisten ist Jesus im Umfeld eines Passahfestes verurteilt und hingerichtet worden. Die Umstände dieses Prozesses lassen sehr viele Ungereimtheiten und Widersprüche erkennen, die eine große Zahl an Fachpublikationen hervorgebracht haben. Zunächst ist das Todesdatum unklar. Jesus stirbt bei den Synoptikern an einem Freitag und am 15. des Frühlingsmonats Nisan. Bei Johannes stirbt er aber bereits am 14. Nisan, einen Tag vorher, zu einer Zeit, da die Passahlämmer geschlachtet werden. Man nimmt an, dass bei Johannes Jesus als das wahre Passahlamm dargestellt werden soll, seine Datierung also theologisch motiviert ist.

Doch wenn man den Synoptikern folgt, wäre der Prozess Jesu in der Passahnacht erfolgt. Gerichtsverhandlungen durften aber nicht am Sabbat oder an Festtagen oder den Rüsttagen dazu stattfinden. Und sie durften auch nicht in der Nacht stattfinden. Gegen Jesus wird aber in der Nacht verhandelt. Nach römischem Prozessrecht darf ein Todesurteil nie am ersten Verhandlungstag erfolgen, sondern frühestens in einer zweiten Sitzung einen Tag später. Jesus wird aber gleich in der ersten Sitzung verurteilt. Und er wäre dann am ersten Feiertag gekreuzigt und begraben worden, auch dies eigentlich undenkbar. Ebenso passt nicht, dass Priester und Schriftgelehrte am Feiertag an der Richtstätte auftauchen und Jesus verspotten. Diese Fragen der Datierung und die Widersprüche gegen das Prozessrecht haben den Theologen Ernst Fuchs die Frage stellen lassen, ob es überhaupt einen Prozess gegen Jesus gegeben hat. Ist er nicht vielmehr beiläufig hingerichtet worden? Pilatus war ja dafür bekannt, dass er sich über rechtliche Bestimmungen hinwegsetzte. Und Jesus war ja nicht einmal römischer Bürger. Die Darstellungen in den Evangelien wären dann von den Evangelisten zu einem Prozess aufgebauscht worden. Manche bringen wegen der vielen Probleme den Gedanken ins Spiel, dass Jesus nicht am Passahfest, sondern am jüdischen Laubhüttenfest hingerichtet worden sei, und meinen dies aus den Palmzweigen beim Einzug Jesu in Jerusalem zu erkennen. Das Passahfest sei vielleicht erst nachösterlich eingetragen worden. Dann ließe sich auch das letzte Abendmahl besser verstehen. Doch diese Lösung würde eine Fülle anderer Probleme schaffen. Freilich fehlt es auch nicht an Versuchen, die Glaubwürdigkeit der neutestamentlichen Darstellung doch noch zu retten. Besonders der Theologe Josef Blinzler hat sich hier mit seinem Buch *Der Prozess Jesu* (1951) hervorgetan und nimmt unter viel Mühen doch noch die auslegungstechnische Kurve, nach der der Prozess Jesu in etwa so abgelaufen sei wie beschrieben. Nur wenige Exegeten sind ihm darin gefolgt.

Doch nur Markus und Matthäus legen überhaupt einen Prozess nahe, bei Lukas und Johannes wird eher nur ein Verhör vor dem Hohen Rat geschildert, bei Johannes zudem nur ein Verhör im Privathaus des Hohepriesters. Bei Lukas findet die Synhedriumssitzung am Morgen statt, bei Johannes das Verhör vor dem Hohepriester Kaiphas nachts.

Die Verwirrung ist komplett. So sicher es auch ist, dass Jesus unter Pontius Pilatus am Kreuz starb, so nebulös und widersprüchlich sind die Berichte der Evangelisten darüber. Als sie schriftlich fixiert wurden, hatten die Erzählungen zu Jesu Passion offenbar schon eine lange und intensive mündliche Tradition mit mehreren Traditionssträngen und ausgeschmückt mit viel alttestamentlichem Gut hinter sich. Die Evangelisten selbst haben dann noch ihren Teil beigetragen, mit dem frustrierenden Ergebnis, dass man heute über das bloße Dass des Todes Jesu hinaus fast nichts Sicheres mehr zu den Umständen sagen kann. Bis zur historischen Unkenntlichkeit sind gerade die Passionsgeschichten immer wieder umgebaut worden, vergleichbar mit einer barocken Kirche, bei der die Kunstgeschichtler durch deren gotische und romanische Vorgängerbauten mühsam versuchen, ursprüngliche Formen und Absichten zu enträtseln. Nur dass die Historiker, anders als die Kunstgeschichtler, naturgemäß am Ursprungsbau besonderes Interesse haben. Wenn man ein paar unscheinbare Fundamente entdeckt, ist man schon froh, zeigt sich im Schutt der Überlieferung eine Halbsäule, knallen die Korken.

Warum wurde Jesus getötet?

Fragt man Christen, warum Jesus eigentlich überhaupt zum Tode verurteilt wurde, was er denn getan habe, dass die Obrigkeiten so tödlich gegen ihn vorgehen zu müssen meinten, trifft man meist auf eine gewisse Ratlosigkeit. Manch einer wird an seine Sabbatübertretungen denken. Doch sein sicher provokantes Verhalten in dieser Frage spielte in keiner der Passionsgeschichten eine Rolle. Um den Sabbat ging es offenbar nicht.

Reimarus hat als erster Jesus als einen politischen Messias gesehen, dem es um die gewaltsame Befreiung seines Volkes gegangen sei. Erst nach seinem Tod sei sein Wirken umgedeutet worden. Als politischer Aufrührer sei Jesus am Kreuz gestorben. Für diese These kann der Kreuzestitulus angeführt werden, der Jesus als *König der Juden* ausweist. Dieser Titulus ist vermutlich echt, zumindest scheint er nicht in christlichen Kreisen erfunden worden zu sein.

Er macht dort keinen Sinn, denn für die Christen war Jesus kein König. Aus Sicht der Römer wäre dieser Titulus aber verständlich und würde belegen, dass es sich bei Jesus um einen politischen Aufrührer gehandelt hat oder dass er diesen Anspruch zumindest nicht abgelehnt hat. Nach römischem Prozessrecht galt das Schweigen eines Angeklagten zu einem Vorwurf als Geständnis, anders als heute. Und Jesus hat seinen Anklägern gegenüber geschwiegen, zumindest behaupten das die Evangelisten (obwohl sie dennoch auch Worte Jesu bringen). Jesus starb aus römischer Sicht als Aufrührer oder zumindest potenzieller Aufrührer. Dass er aber tatsächlich politische Interessen hatte, wird heute kaum noch von jemand behauptet, das ganze Auftreten Jesu spricht eher dafür, dass sein Interesse nicht im politischen Bereich lag. Doch mag den Römern egal gewesen sein, ob mögliche Unruhen im Volk von einem sich rein religiös oder einem politisch sich verstehenden Unruhestifter verursacht werden könnten. Jerusalem war zum Passahfest voller Menschen aus der jüdischen Diaspora, und die Gefahr eines Aufstands war deshalb besonders groß.

Das Markusevangelium nennt zwei Anklagepunkte, einen merkwürdigen Spruch über den Tempel und sein angebliches Messiasbekenntnis. Nach Mk 14,58 soll Jesus gesagt haben: „Ich werde diesen von Menschen erbauten Tempel niederreißen und in drei Tagen einen anderen errichten, der nicht von Menschenhand gemacht ist." Matthäus formuliert die markinische Vorlage kräftiger: „Ich kann den Tempel Gottes niederreißen und in drei Tagen wieder aufbauen." (Mt 26,61) Während sich bei Markus die Zeugen der Anklage widersprechen, steht bei Matthäus davon nichts.

Der Hinweis auf die drei Tage (bis zur Auferstehung) ist sicherlich nachösterlich, die in ihr enthaltene Tempelkritik könnte jedoch einen historischen Anhalt haben. Kritik am Tempelkult konnte als Blasphemie verstanden werden und zugleich als Angriff gegen die Tempelaristokratie, der Jesus in Gestalt des Hohepriesters nun als Angeklagter gegenüberstand. Vielleicht bildet die sogenannte Tempelreinigung den Schlüssel zum Verständnis der Verurteilung Jesu.

Jesus hatte die Händler aus dem Tempel vertrieben und die Tische der Wechsler und Taubenverkäufer umgestoßen. Sowohl Geldwechsler (im Tempel galt eine eigene Währung) als auch Tierhändler (Tauben waren das traditionelle Opfer der Armen) waren für den kultischen Vollzug absolut notwendig. Das Vorgehen Jesu konnte deshalb als Angriff auf den Tempelkult insgesamt verstanden werden. Und es mussten sich auch diejenigen angegriffen fühlen, die am Tempelhandel verdienten, die Mitglieder der religiösen Oberschicht Jerusalems. „Die Hohenpriester und die Schriftgelehrten hörten davon und suchten nach einer Möglichkeit, ihn umzubringen. Denn sie fürchteten ihn, weil alle Leute von seiner Lehre sehr beeindruckt waren." (Mk 11,10) Mit dieser vielleicht unbedachten und spontanen Aktion hatte sich Jesus den religiösen Autoritäten, die ihn bisher wohl höchstens vom Hörensagen kannten, als militanter und offenbar gewaltbereiter Extremist oder zumindest als religiöser Eiferer präsentiert. Der religiösen Oberschicht konnte an solch einem Menschen nicht gelegen sein, er musste als mögliche Gefahr, als nicht zu kalkulierendes Risiko betrachtet werden. Dass er auch noch ihre Autorität untergrub und ihre Einkünfte bedrohte, machte die Sache nicht besser. Es könnte deshalb sein, dass sich Jesus mit dieser Aktion und möglicherweise auch mit tempelfeindlichen Reden leichtfertig und wohl auch tölpelhaft einflussreiche Feinde gemacht hat. Er war nicht mehr in der galiläischen Provinz und stritt sich mit Landrabbinern und Synagogenvorstehern herum. In Jerusalem herrschte ein anderer Wind, hier waren die jüdische Aristokratie und die Römer gleichermaßen an einem problemlosen Ablauf des Festes interessiert. Sein provokantes Auftreten wurde Jesus hier in Jerusalem zum Verhängnis. Dass seine Aktion ihn Kopf und Kragen kosten würde, hatte er sicher nicht bedacht, und er wurde von den Folgen seiner Handlungen überrollt. Jesu militant vorgetragene Tempelkritik scheint jedenfalls der einleuchtendste Grund für seine Verurteilung zu sein. Der römischen Besatzungsmacht war die Gefährlichkeit dieses Mannes nun leicht zu verkaufen, sein Tod als möglicher Aufrührer am Kreuz nur konsequent.

Das Markusevangelium nennt aber noch als zweiten Anklagegrund, dass sich Jesus als Messias bezeichnet habe. „Er aber schwieg und gab keine Antwort. Da wandte sich der Hohepriester nochmals an ihn und fragte: Bist du der Messias, der Sohn des Hochgelobten? Jesus sagte: Ich bin es. Und ihr werdet den Menschensohn sitzen sehen zur Rechten der Macht und mit den Wolken des Himmels kommen. Da zerriss der Hohepriester sein

Gewand und rief: Wozu brauchen wir noch Zeugen? Ihr habt die Gotteslästerung gehört. Was ist eure Meinung? Und sie fällten einstimmig das Urteil: Er ist schuldig und muss sterben. Und einige spuckten ihn an, verhüllten sein Gesicht, schlugen ihn und riefen: Zeig, dass du ein Prophet bist! Auch die Diener schlugen ihn ins Gesicht." (Mk 14,61–65)

Die Verhörszenen lesen sich so, als könnten sich die Evangelisten nicht recht entscheiden, ob sie Jesus schweigend oder mit einer klaren Selbstaussage schildern sollen. Doch beide Varianten dürften konstruiert sein, denn beim Verhör waren wohl schwerlich Anhänger Jesu anwesend, die das Geschehen später hätten berichten können. Das Schweigen Jesu könnte von Jesaja 53,7 herrühren: „Er wurde misshandelt und niedergedrückt, aber er tat seinen Mund nicht auf. Wie ein Lamm, das man zum Schlachten führt, und wie ein Schaf angesichts seiner Scherer, so tat auch er seinen Mund nicht auf." Doch die Selbstaussage geht sicher nicht auf Jesus zurück, denn sie ist eher eine Sammlung von Hoheitstiteln, die Jesus nach seinem Tod zugeschrieben worden sind. Es wirkt so, als hätte der Evangelist hier noch einmal alle ihm bekannten Hoheitstitel zusammengestellt und Jesus sich zu allen bekennen lassen. Die Antwort Jesu ist zudem aus alttestamentlichen Zitaten zusammengestellt, diesmal aus Ps 110,1: *So spricht der Herr zu meinem Herrn: Setze dich mir zur Rechten [...]*, und Dan 7,13: *Immer noch hatte ich die nächtlichen Visionen: Da kam mit den Wolken des Himmels einer wie ein Menschensohn. Er gelangte bis zu dem Hochbetagten und wurde vor ihn geführt.* Sowohl die Frage des Hohepriesters (in der auch bereits zwei unterschiedliche Vorstellungen miteinander verknüpft sind) wie auch die Antwort Jesu sind von Juden gesprochen nicht vorstellbar, sondern nur aus der späteren christlichen Gemeinde zu begreifen. Die weit überwiegende Mehrheit der Neutestamentler hält insofern dieses Selbstbekenntnis Jesu für nicht historisch.

Auch wenn diese Stelle sicher sekundär ist – muss man nicht damit rechnen, dass an Jesus aus dem Volk messianische Erwartungen herangetragen wurden, gleich, ob er diese geteilt hat oder nicht? Der Kreuzestitulus unterstellt ihm ja gerade die Inanspruchnahme einer höheren Würde. Hätte man ihn als *König der Juden* bezeichnen können, wenn er dies strikt von sich gewiesen hätte? Doch eine Sache lässt aufhorchen: Bei Markus wird Jesus nach seinem Verhör nicht als Messias oder Gottessohn, sondern (lediglich) als Prophet verspottet (Mk 14,65). Diese Bezeichnung kann nicht von Christen kommen, denn dort war Jesus mehr als ein Prophet. Soll man also annehmen, dass Jesus als Prophet angeklagt wurde, genauer als falscher Prophet? Auf Falschprophetie und die damit einhergehende Volksverführung stand die Todesstrafe.

Was nun also genau zum Tod Jesu geführt hat, wie die Anklage gegen ihn aussah und worauf sie sich stützte, letztlich wird man auch dies nicht mehr sagen können. Dass sein Tod irgendwie mit seiner Tempelkritik zusammenhängt und seinem vielleicht militanten Auftreten zu einer Zeit, da die Aufmerksamkeit von Römern und jüdischer Aristokratie ohnehin wegen des Festes mit vielen Tausenden von Pilgern in Jerusalem angespannt war, scheint die beste Erklärung zu sein. Jüdische oder römische Instanzen sind jedenfalls sehr bald gegen ihn eingeschritten. Ob er überhaupt vor Pilatus gestanden und dieser sich mit seinem Fall befasst hat, ist durchaus ungewiss, die große Szene mit Pilatus' Frage: *Was ist Wahrheit?*, ist auf alle Fälle Legende. Von den Römern ist Jesus aber als religiöser oder politischer Aufrührer oder auch nur als potenzieller Aufrührer verurteilt und hingerichtet worden. Dass Jesus dies alles so gewollt und vorausgesehen, dem Geschehen also eine höhere Notwendigkeit, gar ein Heilsplan zugrunde gelegen habe, ist eine spätere christliche Interpretation, eine Gründungslegende des Christentums. Mit der historischen Wirklichkeit hat dies nichts zu tun. Jesu Jünger haben offensichtlich nichts von einem Heilsplan gewusst. Jesus hat sie in keiner Weise darauf vorbereitet, sicher weil er selbst nicht mit seinem solch schnellen Ende gerechnet hat. Die Jünger fliehen deshalb in Panik aus Jerusalem, sicher aus Angst, dasselbe Schicksal zu erleiden wie ihr Meister. Eine verständliche Reaktion. Ein unmittelbares Vorgehen gegen sie hat es jedoch offenbar nicht gegeben; wäre es anders gewesen, es wäre sicher berichtet worden.

Weitere unruhige Gestalten neben Jesus

Die Hinrichtung Jesu war aus Sicht der römischen Besatzungsmacht vernünftig und nachvollziehbar. Wer konnte wissen, was dieser Jesus noch alles anstellen würde? Und ob politischer Aufrührer oder nur religiöser Aufrührer, das war eine akademische Frage. Die Fähigkeit, Menschen zu beeinflussen, hatte er offenbar, wie schnell konnte aus einem Prediger ein Demagoge werden. Und die Provinz war ohnehin unruhig genug. Ein Historiker, der Mitte des zweiten Jahrhunderts zurückschaut, hätte Jesus und seine Bewegung als Teil einer ganzen Reihe von messianischen und prophetischen Bewegungen wahrgenommen, die Palästina heimsuchten. Diese Bewegungen tauchen im Neuen Testament nur am Rande auf, ihre Kenntnis lässt aber auch die Jesusbewegung besser verstehen. Theißen gibt in seinem Buch einen Abriss von ihnen. (Theißen/Merz, Der historische Jesus, S. 138–144) Die nächsten Abschnitte folgen dieser Darstellung. Wo dies nicht der Fall ist, wird der Leser das schon merken.

Nach dem Tode Herodes des Großen (dem angeblichen Kindermörder) im Jahre 4 v. Chr. gab es eine ganze Reihe von Aufständen, die nur mithilfe oft mehrerer Legionen eingedämmt werden konnten. Schon damals waren die Aufstände durch eine messianische Sehnsucht motiviert. Nach einem Bericht bei Josephus proklamierte sich ein gewisser *Simon*, ein ehemaliger Sklave des Herodes, kurzzeitig zum König und zog messianische Hoffnungen auf sich, ebenso wie ein gewisser *Athronges*, ein Hirte, der sich als den neuen David sah. Ein anderer vorgeblicher Charismatiker, ein gewisser *Judas*, Sohn des Hezekias, trat offenbar für eine radikale Theokratie und folglich für eine Ablehnung jeder Fremdherrschaft ein.

Im Jahre 6 n. Chr. kamen Judäa und Samaria unter direkte römische Verwaltung. Gegen eine in diesem Zusammenhang durchgeführte Steuerschätzung wehrte sich *Judas der Galiläer*. Offenbar auch er ein religiöser Radikalist, proklamierte er die Alleinherrschaft Gottes und dass man keinen anderen Herrscher neben Gott anerkennen dürfe. Dem Menschen sprach er nicht nur die Möglichkeit, sondern sogar die Verpflichtung zu, bei der Aufrichtung der Alleinherrschaft Gottes mitzuwirken. Konkret forderte er zur Steuerverweigerung auf. Sein gewaltsamer Tod wird sogar in der Apostelgeschichte erwähnt (Apg 5,37). Zwei Söhne des Judas werden vom römischen Prokurator Tiberius Alexander gekreuzigt, offenbar hatten auch sie zur Steuerverweigerung aufgerufen. Josephus macht seine Lehre mitverantwortlich für den Ausbruch des Jüdischen Krieges.

Auch *Johannes der Täufer* gehört in die Reihe dieser unruhigen Gestalten, die das Gottesreich und die Gottesherrschaft betonten und damit in Konflikt mit den Römern gerieten. Auch er war eine religiös sehr konservative Gestalt, ein Fundamentalist, der die Hellenisierung der jüdischen Gesellschaft kritisierte und das Rad der gesellschaftlichen Entwicklung zurückdrehen wollte. Die Gottesherrschaft sah er als unmittelbar bevorstehend an und taufte viele Juden zur Vergebung der Sünden im Jordan. Er sammelte Jünger um sich und kritisierte unter anderem den König Herodes Antipas wegen seines freien hellenistischen Lebensstils und seiner Entfremdung vom jüdischen Gesetz. Herodes Antipas ließ ihn auch hinrichten, seine Jünger tauchen noch bis zum Ende des Jahrhunderts auf. Die Gottesherrschaft kam nicht.

Offenbar ein Schüler von Johannes war *Jesus von Nazareth*, Sohn eines Bauhandwerkers aus Galiläa, der als Exorzist und Wundertäter auftrat. Von Johannes im Jordan getauft, betonte auch er die unmittelbar bevorstehende Gottesherrschaft. Er sammelte einen eigenen Kreis von Jüngern und predigte vor allem rund um den See Genezareth. Seinen Lehrer Johannes hat er bis zu dessen Tod hoch verehrt, zwischen den beiden Jüngergruppen gab es jedoch Rivalitäten. Jesus wurde unter Pontius Pilatus vermutlich im Jahre 30 nach kurzer Wirksamkeit von nur etwa einem Jahr bei seinem vermutlich ersten Besuch in Jerusalem als Aufrührer gekreuzigt. Offenbar hatte er durch Kritik am Tempelkult die religiöse Oberschicht provoziert. Das von Jesus angekündigte Reich Gottes kam nicht. Seine Anhänger verkündeten später seine Auferstehung von den Toten und verehrten ihn weiter.

Ein *Prophet* unbekannten Namens aus Samaria sammelte im Jahre 36 eine große Menschenmenge und wollte mit ihnen zum Berg Garizim ziehen, um dort von Moses angeblich vergrabene Kultgeräte auszugraben. Pontius Pilatus ließ die Menschenmenge niedermetzeln und wurde deswegen nach Protesten seines Postens enthoben.

Unter dem Prokurator Cuspius Fadus (44–46) ruft ein gewisser *Theudas* Juden dazu auf, ihm mit ihrem Besitz zum Jordan zu folgen. Auch er sah sich als einen Propheten. Der Jordan, so verkündete er, werde sich auf seinen Befehl spalten wie einst bei Moses das Rote Meer. Auch diese Bewegung wird durch ein Blutbad von römischer Seite beendet. Theudas selbst wird enthauptet, sein Kopf nach Jerusalem gebracht.

Gleich eine ganze *Reihe Propheten* traten in der Zeit von 52–60 auf und versuchten ihre Anhänger dazu zu bewegen, ihnen in die Wüste zu folgen. Sie versprachen ihnen Zeichen und Wunder. Die Wüste galt seit jeher als Ort der Gottesbegegnung. Die Bewegung wurde blutig unterdrückt.

Zur gleichen Zeit versammelte *ein Ägypter* seine Anhänger am Ölberg und verkündete, dass er die Macht habe, die Mauern Jerusalems auf seinen Befehl hin zusammenbrechen zu lassen.

Zur Zeit des Prokurators Porcius Felix (60–62) versucht erneut *ein Prophet*, seine Anhänger in die Wüste zu führen. Er versprach Erlösung und ein Ende der Welt. Auch diese Bewegung wurde blutig unterdrückt.

Kurze Zeit später trat ein weiterer Prophet, ein gewisser *Jesus, Sohn des Ananias* auf und verkündete das Gericht über Jerusalem und die Zerstörung des Tempels. Von der jüdischen Aristokratie an den Prokurator Albinus (62–64) ausgeliefert, kommt dieser zu dem Ergebnis, dass er wahnsinnig ist, und lässt ihn frei. Er setzt seine Unglücksprophetie fort, Jerusalem wird tatsächlich zerstört. Jesus ben Ananias stirbt bei der Belagerung, vielleicht durch ein römisches Katapultgeschoss.

Im Jüdischen Krieg (67–70) treten offenbar mehrere Königsprätendenten auf, darunter ein gewisser *Menahem* und ein *Simon ben Giora*. Letzterer wird nach der Eroberung Jerusalems in Rom hingerichtet. Vermutlich ebenso erging es *Johannes von Gischala*, der den Widerstand gegen die Römer in Gischala organisiert hatte und von Titus nach Rom gebracht wurde. Möglicherweise hat er sich als Messias verstanden.

Auch nach dem Jüdischen Krieg gab es noch mehrere Königs- bzw. Messiasprätendenten. Einer davon war offenbar *Lukas von Kyrene*, Anführer im sogenannten Diasporaaufstand (115–117 n. Chr.). Er ist offenbar mit messianischem Anspruch aufgetreten und wird in den Quellen als König bezeichnet.

Explizit als Messias galt *Simon bar Kochbar*, Anführer im Bar-Kochbar-Aufstand (132–135 n. Chr.) gegen Hadrian. Der hoch angesehene Rabbi Akiba unterstützte den Aufstand und sah in Simon den lange angekündigten jüdischen Messias. Deshalb werde der

Aufstand erfolgreich sein. Gleichwohl wurde auch dieser Aufstand blutig niedergeschlagen, Simon fand den Tod, Rabbi Akiba wurde von den Römern hingerichtet.

Christen ohnehin, aber auch Nichtchristen empfinden Auftreten und Sterben Jesu als etwas Singuläres, in besonderer Weise Einzigartiges. Der historische Befund und die lange Auflistung zeigen jedoch, dass dieser Eindruck falsch ist. Das Geschehen um Jesus von Nazareth war nur eine von vielen Erneuerungsbewegungen, die das unruhige Palästina heimsuchten. Alle paar Jahre traten Propheten, Charismatiker, Messiasse und Königsprätendenten mit zum Teil abstrusen Lehren auf. Das jüdische Volk Palästinas war ständig dem Einfluss religiöser Fanatiker ausgesetzt, denn alle diese Bewegungen waren auf ihre je eigene Weise rückwärtsgewandt, erzkonservativ, von einem religiösen oder religiös verbrämten Nationalismus geprägt. Und offenbar zeigte sich das Volk empfänglich für solche Einflüsse.

Und es zeigt sich auch, dass die Unterscheidung (unsere Unterscheidung) zwischen einem religiösen und einem politischen Auftreten dieser Propheten künstlich ist. Die Trennung dieser beiden Bereiche scheitert schon daran, dass der erwartete religiöse Messias meist auch als politischer Herrscher erwartet wurde. Das erwartete Reich Gottes war kein Reich über den Wolken (erst die Christen haben es dazu gemacht), man erwartete es irdisch verwirklicht. Mitten in dieser Welt sollte Gott seine Herrschaft aufrichten, und dazu mussten die irdischen Feinde natürlich geschlagen werden, Gott selbst würde sie schlagen, und seine treuen Anhänger würden ihm dabei helfen. Die religiöse Privatsphäre ist religionsgeschichtlich eine sehr späte Erfindung.

Deshalb waren religiöse Bewegungen den Römern auch immer politisch verdächtig, sie mussten es sein, denn jede Predigt von einem nahe bevorstehenden Reich Gottes, mochte sie noch so fromm vorgetragen sein, bedrohte indirekt ihre Herrschaftsansprüche. Und jeder war verdächtig, der darüber hinaus noch die Ausstrahlungskraft hatte, Menschen irgendwie zu faszinieren und an sich zu binden. Jesus war zweifellos ein solcher Mann. Seine Verhaftung und Hinrichtung war aus römischer Sicht nur folgerichtig.

Die obige Auflistung hat gezeigt, dass das Wirken dieser selbsternannten Propheten und Messiasse oft den Tod vieler Menschen nach sich zog, weil die römische Obrigkeit oft nur mit Massakern diesen Bewegungen Einhalt gebieten zu können meinte. Schon vor dem Jüdischen Krieg haben durch religiöse Fanatiker und Phantasten viele Menschen ihr Leben lassen müssen. Im Krieg gegen die Römer steigerte sich mit dem Fanatismus auch die Zahl der Opfer. So traten kurz vor der Eroberung Jerusalems noch selbsternannte Propheten auf und versprachen Rettung. Man solle sich in den Tempel begeben und auf die Hilfe Gottes warten. Beim Brand des Tempels verbrannten Hunderte, die göttliche Hilfe aber blieb aus. Der Bar-Kochbar-Aufstand (132–135 n. Chr.), maßgeblich betrieben von einem (in diesem Falle noch nicht einmal selbsternannten) Messias hat nicht nur Ströme von Blut gefordert, sondern als Ergebnis auch die völlige Zerstörung Jerusalems bedeutet und das Verbot für Juden, dort zu leben. Das Judentum verlor bis ins 20. Jahrhundert seinen religiösen und kulturellen Mittelpunkt. Messiasglaube und die Erwartung eines Reiches Gottes hat sich für das Judentum nicht nur als Täuschung, sondern auch geschichtlich katastrophal ausgewirkt.

Christen werden sich sträuben, selbst wenn sie die Vielzahl der Bewegungen zur Kenntnis genommen haben, Jesus in eine Reihe mit diesen teilweise abstrusen Propheten und Messiassen stellen zu sollen. Doch eben in diese Reihe gehört er hinein. Denn was wäre geschehen, wenn es keine Jünger gegeben hätte, die die Sache Jesu, was immer das war, weiterführten, wenn die neue Lehre nicht auf Protagonisten wie Paulus gestoßen, wenn die jüdische Sekte nicht den Sprung ins hellenistische Umfeld geschafft hätte? Jesus wäre ebenso eine Randnotiz der Geschichte geblieben wie Theudas oder Lukas von Kyrene, die heute keiner mehr kennt. Bei Wikipedia fände sich heute vielleicht nicht einmal ein Eintrag über ihn. Nur das halb zufällige Überleben und natürlich die Transformation dieser einen Erneuerungsbewegung führt heute subjektiv dazu, im Auftreten Jesu mehr sehen zu wollen als eigentlich vorhanden war. Und natürlich auch der gewaltige dogmatische Bau, das pompöse Erscheinungsbild einer sich auf ihn berufenden Kirche. Doch die Kathedralen und die Dogmatiken sind späteren Datums, die Fundamente, auf denen sie errichtet sind, halten einer Überprüfung nicht stand.

Betrachtet man die „Ergebnisse" religiös-politischer Erneuerungsbewegungen, dann scheint die Bewegung um Jesus ein eher glimpfliches Ende genommen zu haben. Vermutlich rein aus Vorsicht haben ihn die Römer getötet, als Präventivmaßnahme, bevor Schlimmeres passierte. Und sie haben zunächst Recht behalten. Die Jesusbewegung forderte nur ein einziges Todesopfer, den vermeintlichen Unruhestifter selbst. Die Römer konnten den Fall als abgeschlossen betrachten. Wie hätten sie ahnen können, dass – Ironie der Geschichte – das kleine und als gelöscht betrachtete Feuer weiter schwelte, dass der gerade Gerichtete bald als Auferstandener verkündigt, dass seine kleine Anhängerschar die antike Welt mit einem religiösen Flächenbrand überziehen würde.

Die Auferstehungslegenden

Hypothesen zum Urmirakel des Christentums

Der Tod des vermeintlichen Messias (wie ihn die Judenchristen sahen) oder des Sohnes Gottes (als den ihn bald die Heidenchristen verehrten) reichte freilich als Grundlegung dieser neu entstehenden Weltreligion nicht aus. Der Symphonie fehlte noch der Paukenschlag, damit sie sich nachdrücklich im Gedächtnis festsetzen konnte. Richtig interessant wurde Jesus erst nach seinem Tod, als seine Anhänger ihn als Auferstandenen verkündigten. Solange er nur ein Getöteter war, haftete der Makel des Gescheiterten an ihm, als man ihn aber als Auferstandenen verkündete, wurde er zu einem Sieger. Und Sieger haben zu allen Zeiten die Menschen magisch angezogen. Auch wenn die Kirchen später aus theologischen Gründen das *Kreuz* als die entscheidende Heilstat bezeichneten und die Auferstehung eher nachordneten, wurde die behauptete Auferstehung Jesu zum archimedischen Punkt des Christentums.

Im Auferstehungsglauben mischt sich auf prickelnde Weise das Geheimnisvolle mit dem Bedeutsamen, das religiöse Faszinosum eines göttlichen Eingreifens mit der Aussicht auf eine Überwindung des Todes auch für die Gläubigen. Denn darum geht es: Was wäre die Auferstehung Jesu wert, wenn die Gläubigen nicht aus ihr auch die Hoffnung auf eigene Unsterblichkeit ableiten könnten? Und genau dies verkündeten ja die ersten Christen und hatten gewaltigen Erfolg damit. Die Auferstehung ist das Urmirakel des Christentums, das Zentralwunder, das alle vorherigen Mirakel, all das Austreiben dahergelaufener böser Geister, alle Heilungen von Gelähmten, von Gicht Geplagten, von blutflüssigen Frauen in den Schatten stellt. Gegenüber diesem Wunder wirken alle vorherigen wie Kinderkram. Die Verkündigung der Auferstehung Jesu wurde deshalb zum Urbekenntnis der Gemeinde. Das Christentum ist auf einem Mirakel gegründet, auch wenn moderne Theologen dies wortreicher und euphemistischer ausdrücken. Ein naiver Wunderglaube wird von Theologen heute natürlich abgelehnt und stattdessen z. B. die Notwendigkeit der persönlichen Glaubensentscheidung betont. Doch in Wirklichkeit gründet die christliche Kirche nach wie vor in diesem Zauberwald religiöser Fantasie.

Die Auferstehung Jesu spiegelt sich vielfach in den Schriften des Neuen Testaments und bietet so der historischen Kritik eine Fülle von Ansatzpunkten. Eine ganze Reihe von Bekenntnissen, Auferstehungslegenden und Überlieferungslinien finden sich in den bald als heilig erachteten Schriften. Und die erste wesentliche Erkenntnis ist die, dass sich besonders in den Auferstehungslegenden Widersprüche wie sonst nirgends in der Überlieferung finden lassen, dass hier noch viel mehr als in anderen Jesusgeschichten die Evangelisten und ihre Vorgänger ohne Rücksicht auf die historische Wirklichkeit oder nur Wahrhaftigkeit sich ausgetobt haben. Das Urbekenntnis der christlichen Kirche ist in besonderem Maße legendarisch ausgestaltet, was schon Reimarus festgestellt hat und was heute kein ernst zu nehmender Neutestamentler mehr bestreitet. Die Widersprüche weisen auf eine lange Traditionsgeschichte der Auferstehungslegenden hin. „Unter allen erhaltenen Berichten stimmen nicht zwei miteinander überein", stellt der Theologe Hans von Campenhausen fest (Der Ablauf der Osterereignisse und das leere Grab, S. 19). Und auch hier erweist es sich als Glück, dass wir die Arbeitsweise der Evangelisten und ihre theologischen Absichten einigermaßen verfolgen können. Denn Matthäus und Lukas haben auch hier den Markustext gekannt, verwendet und umgebaut. Und auch Johannes, der erfindungsreichste aller Evangelisten, hat seine Vorgänger an dieser Stelle offenbar gekannt. Zudem finden sich auch in apokryphen Evangelien Auferstehungserzählungen, aus denen sich zumindest Überlieferungstendenzen ablesen lassen.

Schon im Neuen Testament spiegelt sich der Vorwurf wider, die Jünger hätten Jesu Leichnam gestohlen (Mt 28,11–15). Offenbar sind die ersten Christen bei ihrer Auferstehungspredigt damit immer wieder konfrontiert worden. Reimarus hat die Leichenraubthese, in der jüdischen Literatur weit verbreitet, als Erster im christlichen Kulturkreis (noch anonym) vertreten. Indem die Jünger Jesu Leichnam stahlen, wollten sie sich Vorteile verschaffen, denn nun erschienen auch sie nicht mehr als Nachfolger eines Verlierers, sondern konnten im Lichte der Auferstehung selbst wieder Kontur und Autorität gewinnen. Sie waren nun nicht mehr nur Verführte sondern bestätigten so vor der Welt die Richtigkeit ihres Weges. Die Jünger hätten, so Reimarus, sich aber nur schlecht darauf einigen können, welche Geschichte sie erzählen wollten, weshalb es zu den vielen unterschiedlichen Geschichten in den Evangelien gekommen sei. Das Christentum würde, träfe diese These zu, auf einem Betrug beruhen, oder etwas freundlicher formuliert auf einem Schelmenstück, wie Goethe es in einem venetianischen Epigramm formuliert hat:

> „Offen steht das Grab! Welch herrlich Wunder! Der Herr ist auferstanden!" – Wer's glaubt! Schelmen, ihr trugt ihn ja weg.

Die *Betrugshypothese* wäre bis zu einem gewissen Grad psychologisch nachvollziehbar und würde auch das leere Grab und die Auferstehungserscheinungen auf natürliche Weise erklären. Dennoch wird diese These heute kaum noch von Historikern vertreten und soll deshalb auch hier nicht befürwortet werden. Sie ist natürlich Spekulation, und selbst ein Auferstehungskritiker wie der Theologe Lüdemann hält die Jünger nach der Kreuzigung für viel zu enttäuscht, sie wären zu einem solchen Betrug „sehr wahrscheinlich nicht mehr in der Lage gewesen." (Gerd Lüdemann, Die Auferweckung Jesu von den Toten, S. 85f.) Aber auch dies ist natürlich Spekulation. Der häufig gehörte Einwand, Betrüger hätten wohl kaum später zu Märtyrern werden können, überzeugt nicht ganz, denn es waren nur wenige Jünger, die (lässt man die meist völlig unhistorischen und blutigen Märtyrerakten beiseite) ein Martyrium erlitten (sicher scheint dies nur bei den Jüngern Johannes und Jakobus zu sein, selbst das Martyrium des Petrus in Rom ist unsicher), so wie es offenbar auch nur wenige Jünger waren, die überhaupt die Sache Jesu weiterführten. Dass *alle* Jünger in die Mission gingen, ist christliche Erfindung. Warum nicht alle Jünger mit der Mission begannen, ist übrigens eine interessante Frage. Haben Sie dem Auferstehungszeugnis nicht geglaubt? Die wenigen halbwegs sicheren Martyrien der missionierenden Jünger lagen zeitlich lange nach dem Tode Jesu. Bis dahin hätten sich erfindungsreiche Jünger einer Mittelpunktstellung und eines hohen Ansehens in ihrem frühchristlichen sozialen Umfeld sicher sein können.

Die *Scheintodhypothese* geistert zuweilen ebenfalls durch die Literatur. Friedrich Schleiermacher, bedeutendster protestantischer Theologe des 19. Jahrhunderts, sowie der rationalistische Theologe H. E. G. Paulus konnten sich für diese These erwärmen, die heute nur noch in künstlich hochgekochten „Enthüllungsbüchern" erstaunliche Auflagen erreicht, von den Fachgelehrten aber zu Recht nicht ernst genommen wird. Auch diese These kann sich auf biblische Argumente berufen, nämlich auf die Verwunderung des Pilatus darüber, dass Jesus schon gestorben sei (Joseph von Arimathia hatte ihn um den toten Leib Jesu gebeten; Mk 15,43–45). Nach dem Zeugnis der Evangelien hing Jesus nur sechs Stunden am Kreuz, was für eine Hinrichtung auf diese Weise erstaunlich kurz ist. Das Sterben solcherart Verurteilter konnte sonst Tage dauern. Der Tod trat meist durch Ersticken oder einen Kreislaufzusammenbruch ein. Es wäre falsch zu sagen, dass Jesus wenig gelitten hat, allerdings hätte es bedingt durch die Todesart auch schlimmer kommen können. Der Schluss auf einen Scheintod jedoch wirkt etwas weit hergeholt.

Bedenklicher ist da schon der Umstand, dass es für die Auferstehung Jesu keinerlei neutrale Zeugen gibt. Alle, die seine Auferstehung bezeugen, waren seine Anhänger und Jünger. Diese mangelnde Beglaubigung ist schon in der Antike aufgefallen. So bemerkt Porphyrius, der wohl bedeutendste Christentumskritiker der Antike: „Wenn der auferstandene Christus sich angesehenen Männern offenbart hätte, dann wären durch sie alle zum Glauben gelangt, und kein Richter hätte sie [die Jünger] als Erfinder absonderlicher Märchen verurteilt." (Makarios II, 14, nach der Harnack'schen Zählung) Man mache sich das klar: Geschehen ist die nach Meinung der Christen entscheidende Wende der Weltgeschichte, und der auferstandene Herr macht sich (nach Lukas noch am gleichen Tage) davon wie ein Dieb in der Nacht, nachdem er sich nur einigen seiner engsten Anhänger gezeigt hat. Besonders vertrauenswürdig ist das nicht gerade. Der Theologe Origenes wusste sich gegen den Christentumskritiker Celsus nur zu helfen, indem er meinte, die anderen Menschen hätten den Anblick seiner verklärten Erscheinung nicht ertragen können. (Origenes, Contra Celsum 2,63,64) Und spätere Christen machten aus der Not eine Tugend und betonten, es komme ja auf den Glauben an, zu viel Wissen sei da gar nicht gut. Mit den vielgestaltigen *Geheimnissen des Glaubens* geht vor allem die katholische Kirche heute noch hausieren.

Bedenklich ist auch, dass der älteste Zeuge einer Erscheinung des auferstandenen Herrn *Paulus* ist und dass er damit offenbar nur eine Vision meint. Im ersten Brief an die Gemeinde in Korinth zitiert er nicht nur eine alte Glaubensformel, die vermutlich noch in die 30er-Jahre des ersten Jahrhunderts zurückgeht, sondern bringt auch eine Auflistung derjenigen, denen der auferstandene Herr erschienen ist. (1. Kor 15,3–8)

> Denn vor allem habe ich euch überliefert, was auch ich empfangen habe: Christus ist für unsere Sünden gestorben nach der Schrift, und ist begraben worden. Er ist am dritten Tag auferweckt worden nach der Schrift, und *erschien* dem Kephas, dann den Zwölfen. Danach *erschien* er mehr als fünfhundert Brüdern zugleich; die meisten von ihnen sind noch am Leben, einige aber sind entschlafen. Danach *erschien* er dem Jakobus, dann allen Aposteln. Als Letztem von allen *erschien* er auch mir […].

Dieses Zeugnis ist historisch viel wichtiger als alle Auferstehungslegenden. Denn diese erscheinen erst in den späten Evangelien, der Brief an die Korinther stammt jedoch etwa aus dem Jahre 50. Und Paulus erwähnt eine Tradition, die er möglicherweise selber schon vorgefunden hatte. Paulus reiht sich selbst ein in die Auferstehungszeugen und bezeichnet sich als Letzten, dem Jesus *erschienen* sei. Überall wird für die Wendung *er erschien* das Wort *ophthe* (gr. Aorist von *horao*) verwendet. Die Bekehrung des Paulus vor Damaskus (Apg 9,1–22), auf die Paulus hier anspielt, war jedoch eine *Vision*, also ein Geschehen, das seine Begleiter überhaupt nicht wahrgenommen haben. Sie haben nichts von dem gesehen, was Paulus gesehen haben will. Und Paulus verwendet für alle Christuserscheinungen dasselbe Wort ophthe (*er erschien*). Wenn aber die Erscheinung des Auferstandenen vor Paulus nur als eine Vision zu werten ist, für die anderen Erscheinungen aber die gleiche Wortwahl verwendet wird, drängt sich der

Verdacht geradezu auf, dass die Erscheinungen des Auferstandenen in der Frühzeit überhaupt nur als Visionen verstanden wurden. Jesus erschien einzelnen Jüngern in einer Form von Tagtraum,
wie die Juden sie aus dem Alten Testament kannten, mystisch ver-
schwommen und intersubjektiv nicht vermittelbar. Erst in einem
späteren Stadium der Überlieferung wurden diese Visionen quasi
handgreiflich, wurde der Auferstandene als Mensch von Fleisch
und Blut geschildert, den man anfassen konnte und der sogar gebratenen Fisch demonstrativ verspeist. Der Jesus, der Paulus erschienen war, wäre sicher noch Kostverächter gewesen.

Dass es sich bei den Auferstehungsgeschichten im Frühstadi-
um um Visionen gehandelt hat, gibt der *Visionstheorie* ihren Namen, die heute vom überwiegenden Teil der Neutestamentler
vertreten wird. Dass Jesus tatsächlich in leiblicher Form seinen
Jüngern erschienen ist, ist für aufgeklärte Theologen schwer verdaulich, die Reduzierung der Erscheinungen auf Visionen gerade
noch akzeptabel. Und wenn das auch der Überlieferungsbefund
nahelegt, umso besser. Nun können aber die Visionen von zweier-
lei Qualität sein. Geht man davon aus, dass Gott tatsächlich hinter
der Vision steht, spricht man von einer *objektiven* Visionstheorie,
geht man aber davon aus, dass es sich um rein innerpsychische
Vorgänge handelt, spricht man von einer *subjektiven* Visionstheorie. Zu den Vertretern der subjektiven Visionstheorie gehört nicht
nur David Friedrich Strauß, sondern auch Rudolf Bultmann und
Gerd Lüdemann. „Visionen sind Vorgänge im menschlichen Geist
und Produkte der eigenen Vorstellungskraft, obwohl es Visionäre
regelmäßig anders erzählen." (Lüdemann, Die Auferweckung Jesu
von den Toten, S. 39) Damit kommen Visionen aber in eine große
Nähe zu Halluzinationen, zu bloßen Einbildungen, zu einer Form
innersubjektiven Kinos. Und als solche müssen sie auch angesehen
werden.

Wir stehen hier vor dem gleichen methodischen Problem wie
bei den Wundererzählungen. In allen Religionen werden Wunder
berichtet. Es ist inkonsequent, bei anderen Religionen von Einbildungen zu sprechen, die christlichen Wunder aber als „historisch
wahrscheinlich" oder „vermutlich nicht sekundär" irgendwie auf
eine supranaturalistische Insel retten zu wollen. Dies wäre Ausdruck eines christlichen Chauvinismus und Besonderheitsdenkens
und aus wissenschaftlich neutraler Sicht schon gar nicht zu recht-

fertigen. Man kann die Tür nicht für christliche Gespenster öffnen, ohne alle anderen Gespenster auch hineinzulassen. Ähnlich verhält es sich mit Visionen, die irgendwelche Religionsvertreter gehabt zu haben vorgeben und die angeblich von irgendeinem Gott herrühren. Man darf hier rein methodisch schon nicht von objektiven Visionen ausgehen. Denn dann wäre nicht einzusehen, warum man nur christliche „Visionäre" einlassen sollte. Öffnet man die Tür oder auch nur eine Hintertür, hat man das Haus sofort voller illustrer Gestalten aller möglichen Religionen, die einem mit den abstrusesten Erlebnissen in den Ohren liegen.

Insofern kann methodisch und verantwortlich bestenfalls von subjektiven Visionen ausgegangen werden. Die wissenschaftliche Ausgangshypothese muss die sein, dass alle Visionen ureigene Erzeugnisse des subjektiven Ichs sind, welches durch Einflüsse der Umwelt mannigfach affiziert wird. Der Einfluss irgendwelcher Götter, Dämonen, Geister, Engel oder Teufel kann *nicht* in diese Hypothese einbezogen werden, wie auch nicht der Einfluss von Frau Holle und Witwe Bolte.

Widersprüche in der Überlieferung von der Auferstehung Jesu

Doch vor theoretischen Betrachtungen werfen wir zunächst einen Blick auf die Auferstehungszeugnisse im Neuen Testament selbst. Aus den bei den Evangelisten überlieferten Geschichten und deren Tendenzen lassen sich bereits eine Reihe von Erkenntnissen gewinnen. Doch sind die kleinen Glaubensformeln wie z. B. *Gott hat Jesus von den Toten erweckt* (Röm 10,9, ähnlich etwa 1. Kor 6,14; Röm 4,24), die vor allem in den Briefen häufig vorkommen, in der Regel deutlich älter als die ausgeschmückten Geschichten von den Erscheinungen des Auferstandenen bei den Evangelisten.

Paulus als ältester Zeuge legt ein Verständnis der Erscheinungen als Visionen nahe. Diese hat er sicherlich als objektive Visionen, also als von Gott gewirkte Visionen verstanden. Außer Formeltraditionen findet sich aber in den paulinischen Briefen keine erzählte Auferstehungsgeschichte, obwohl es diese zu seiner Zeit sicher auch schon gegeben hat. Andererseits wird die Vision des Paulus, obwohl von allen Visionen am besten bezeugt, in den Evangelien nicht erwähnt. Erst Lukas bringt sie in seiner Apostelgeschichte. Man ist für die inhaltliche Füllung der Auferstehungsformeln also auf die Evangelien angewiesen. Und da zeigen sich beim ältesten Evangelisten Markus bereits interessante Sachverhalte.

Zunächst: Das Markusevangelium hatte in seinem Urtext ursprünglich überhaupt keine Auferstehungsgeschichten gehabt. Es endete in Mk 16,8 mit der Geschichte vom leeren Grab. Die ältesten Textzeugen belegen dies eindeutig. Der Grund ist unbekannt und auch das Ende mit den Worten „Und sie sagten niemand etwas davon; denn sie fürchteten sich" sind für den Abschluss eines Evangeliums nicht eben passend. Allerdings wirkt das Markusevangelium insgesamt in Sprache und Zusammenstellung sehr holprig. Dass dieses Evangelium kein Werk des Heiligen Geistes sein kann, ist schon unschwer am schlechten Griechisch des Evangelisten zu erkennen. Und vielleicht wollte der Evangelist aus unbekanntem Grund schnell sein Evangelium beenden. Wie dem auch sei, die nachfolgenden Geschichten sind wohl erst nach einigen Jahrzehnten hinzugekommen. Aber auch dies sind nur elf Verse. Der Zweitautor bringt in ihnen nicht nur mehrere Erscheinungen, sondern auch noch die Himmelfahrt unter.

Die Geschichte vom leeren Grab findet sich aber bei allen Evangelisten, und man kann erkennen, wie der Stoff bearbeitet wurde. Zum Grab kommen bei Markus drei Frauen, nämlich Maria Magdalena, Maria, die Mutter des Jakobus, und Salome. Bei Matthäus sind es nur noch zwei Frauen, Salome hat er gestrichen. Bei Lukas sind es wieder drei Frauen, doch statt Salome ist nun Johanna dabei, die schon früher bei Lukas genannt wird. Bei Johannes schließlich findet die Entdeckung des leeren Grabes nur seitens Maria Magdalenas statt. Diese sei allein bei Dunkelheit (!) zum Grab gegangen, so Johannes. Bei Markus kommen die Frauen, um den toten Jesus zu salben, ein etwas merkwürdiges Unterfangen bei einem Menschen, der schon fast zwei Tage tot ist. Die jüdische Totensalbung findet natürlich *vor* der Grablegung statt. Matthäus hat sie deshalb vielleicht auch gestrichen, bei ihm kommen die Frauen, um das *Grab zu besehen*. Bei Markus kaufen die Frauen die Salben am Tag nach dem Sabbat, bei Lukas am Tag vorher. Bei Johannes ist eine Salbung nicht nötig, hier ist Jesus schon vor seiner Grablegung durch Joseph von Arimathia gesalbt worden. Den Frauen fällt bei Markus erst auf dem Weg ein, dass sie Hilfe brauchen werden, um den Stein vom Grabeingang zu rollen. Lukas und Matthäus streichen dies, wohl weil es ihnen unglaubwürdig erschien. Die Engel am Grab, die dem Bibelleser so vertraut erscheinen, kommen bei Markus noch gar nicht vor, lediglich ein junger Mann (gr. *neaniskos*) sitzt im Grab, mit einem weißen Gewand bekleidet. Vielleicht dachte Markus bei ihm an den Jüngling, der bei der Gefangennahme Jesu nackt geflohen war (Mk 14,51–52). Dann wäre in der ältesten Grabesgeschichte ursprünglich noch gar kein Engel erwähnt gewesen. Egal, Matthäus beseitigt eventuelle Zweifel, bei ihm wird aus dem jungen Mann ein Engel (gr. *angelos*), und bei Lukas sind es sogar schon zwei Engel. Man merkt, wie das Geschehen immer großartiger geschildert wird. Bei Markus sitzt der junge Mann noch im Grab, bei Matthäus fährt er schon als Engel vom Himmel herab, und um noch eins draufzusetzen, erfindet Matthäus noch ein ganzes Erdbeben hinzu. Der Stein, der bei Markus einfach aus unbekannten Gründen weggewälzt ist, wird bei Matthäus vom Engel verrückt.

Den Frauen wird bei Markus verkündet, dass Jesus nicht im Grab sei, erst dann sehen die Frauen, dass das Grab leer ist. Nach Lukas entdecken sie erst, dass das Grab leer ist, dann erst erhalten sie durch zwei Engel eine Erklärung dafür. Der Kunde *Er wurde auferweckt* fügt Matthäus noch ein *wie er gesagt hat* hinzu und steigert das Geschehen damit weiter. Auch Lukas zeigt sich erfinderisch, das *Was sucht ihr den Lebenden bei den Toten* geht sprachlich auf ihn zurück.

Matthäus ist der Erfinder der Wache am Grab, von der Markus noch nichts weiß. Der Sinn ist klar: Matthäus wehrt sich damit gegen den offenbar schon verbreiteten Vorwurf, die Jünger hätten den Leichnam Jesu gestohlen. Die Wache lässt er bei Ankunft des Engels wie tot umfallen, später erfindet er auch noch eine Geschichte, die den Leichenraubvorwurf auf eine Bestechungsaktion der Priesterschaft zurückführt. Die Juden verbreiten böswillig Gerüchte, will er seiner Gemeinde glauben machen und wird so ungewollt zum Zeugen einer frühen antiken Kritik am Auferstehungsglauben. Im späteren Petrusevangelium ist es dann nicht nur *eine* Wache, sondern gleich mehrere, die sich ablösen. Zudem sind auch noch der Hauptmann und sogar die jüdischen Ältesten (!) des Nachts am Grab anwesend.

Als Höhepunkt der Erzählung vom leeren Grab lässt dann Matthäus Jesus selbst noch auftauchen (Mt 28,9–10). Plötzlich ist er da, die Frauen werfen sich vor ihm nieder und umfassen seine Füße. Er trägt ihnen auf, seinen Brüdern (?) Bescheid zu geben, sie sollen nach Galiläa gehen, dort würden sie ihn sehen. Dass wir auch hier eine Erfindung des Matthäus vor uns haben, erhellt nicht nur daraus, dass hier wieder typisch matthäisches Vokabular auftaucht und man diese Stelle bei Markus vergeblich sucht, sondern auch aus dem Umstand, dass Jesus fast wörtlich die Aufforderungen wiederholt, die die Frauen ja gerade erst vom Engel erhalten haben. Es ging Matthäus offenbar nur darum, Jesus noch irgendwie in die Szene reinzuschummeln, der Neuigkeitswert seiner Rede (immerhin die ersten Worte des Auferstandenen!) ist gleich Null.

Wieder einmal kann man im Vergleich erkennen, dass die Evangelisten keinerlei Skrupel kennen, nach eigenem Gutdünken ganze Passagen und Worte hinzuzuerfinden. Was ihnen in den Kram und in ihre Theologie gepasst hat, haben sie munter eingefügt, verändert oder gestrichen. Aus den gravierenden Änderungen allein bei der Tradierung des Markustextes auf Matthäus und Lukas (also bei nur *einer* Überlieferungsstufe) kann man erahnen, welche Veränderungen die Geschichten in der mündlichen Tradition schon erfahren haben müssen. Die Evangelien erweisen sich wieder einmal, und nicht nur das Johannesevangelium, als im historischen Sinne zutiefst unglaubwürdige Schriften. Hemmungslos haben ihre Verfasser gefälscht und der christlichen Kirche diese Fälschungen hinterlassen, ein Fälschen freilich *im besten Glauben*. Die Kirche hat diese Fälschungen brav durch die Zeiten getragen und sie später gar als vom Heiligen Geist gewirkt etikettiert, und sie hat auf ihnen ein Imperium aufgebaut, und zwar nicht nur ein religiöses. Es offenbart sich ein Verständnis von *Tradition*, das so ganz abseits dessen liegt, was z. B. unter Tradition in der katholischen Theologie verstanden wird.

Das Matthäusevangelium endet trotz aller Erfindungsfreude des Evangelisten fast so abrupt wie Markus. Nach dem überraschenden Auftauchen von Jesus am leeren Grab folgen noch ganze zehn Verse, wovon sich allein fünf mit dem Betrug der Hohepriester befassen. Erzählt wird dann neben der Erscheinung Jesu vor den Frauen nur noch ein Erscheinen vor den elf Jüngern in Galiläa. Auch das ist noch etwas dünn und nicht ausreichend für die Sensationslust künftiger Generationen. Doch Matthäus hat hier alles auf den Auftrag Jesu ausgerichtet und lässt ihn die bekannten Verse sprechen:

> Mir ist gegeben alle Macht im Himmel und auf Erden. Darum gehet hin und macht zu Jüngern alle Völker; tauft sie auf den Namen des Vaters und des Sohnes und des Heiligen Geistes, und lehrt sie halten alles, was ich euch befohlen habe. Und siehe, ich bin bei euch alle Tage, bis an das Ende der Welt. (Mt 28,18b–20)

Auch diese Verse sind vermutlich von Matthäus selbst erfunden worden, jedenfalls zeigen sie einige Ungereimtheiten. Matthäus bringt hier mit dem sogenannten Missionsbefehl die Ausweitung der religiösen Lehre auf die Völker ins Spiel. Diese habe Jesus, so will er seinen Lesern suggerieren, selbst initiiert. Denn der irdische Jesus, das wusste auch Matthäus, sah sich nur zu den Juden gesandt und hatte ausdrücklich eine Verkündigung vor Heiden oder Andersgläubigen abgelehnt: „Geht nicht der Heiden Straßen und betretet auch keine Stadt der Samariter" (Mt 10,5), hatte er seinen Jüngern eingeschärft. Die ersten Jünger Jesu haben dies noch beherzigt, allein schon die Zwölfzahl weist auf die zwölf Stämme Israels hin und eben nicht auf eine UN-Mission. Erst die Hellenisten in der Urgemeinde und dann natürlich Paulus tragen das Evangelium auch zu den Völkern. Und dies musste erst hart von den Judenchristen erstritten werden. Als Matthäus jedoch sein Evangelium schrieb, war man längst zur Heidenmission übergegangen, die Anordnung Jesu also überholt. Matthäus schiebt ihm deshalb ein Wort unter, das die Heidenmission auf seinen Auftrag zurückführt. Es ist mal eben das genaue Gegenteil dessen, was Jesus verkündet hat.

Auch der Missionsbefehl in seiner triadischen Form *auf den Namen des Vaters und des Sohnes und des Heiligen Geistes* spiegelt eine Spätform wider, denn die Urgemeinde hat nur auf Jesus oder den Namen Jesu (was inhaltlich etwa gleich ist) getauft. Der historische Jesus hat offenbar nie selbst getauft, hier wird ihm nun ein Taufbefehl untergeschoben in einer Form, die wohl erst 30–50 Jahre nach seinem Tod verwendet wurde, sicher aber in der Gemeinde des Matthäus, für die dieses Evangelium geschrieben wurde. Da es sich bei dem Eingangswort *Mir ist gegeben alle Macht im Himmel und auf der Erden* ebenso wie bei dem abschließenden Wort Jesu *Und siehe, ich bin bei euch alle Tage, bis an der Welt Ende* nicht nur aus sprachlicher Hinsicht um eine Erfindung des Evangelisten handelt, erweist sich der ganze Abschnitt als vom Evangelisten „komponiert", allerdings als eine Erfindung, die ihm nicht schlecht gelungen ist.

Denn diese Verse gehören noch heute zu den beliebtesten Stellen des Neuen Testaments. Und doch verbirgt sich in ihnen ein weiteres Unwort der Bibel, von Christen aber meist gar nicht als solches wahrgenommen. Denn dieses *Gehet hin und macht zu Jüngern alle Völker und tauft sie* hat sich in der Kirchen- und Profangeschichte als ein wahres Blutwort erwiesen, bedeutete es doch die ideologische Rechtfertigung von Religionskriegen und der Unterjochung ganzer Völker im Namen der Ausbreitung des Christentums. Allein in der Neuen Welt wurden mit Hinweis auf den „Missionsbefehl" ganze Völker vernichtet, die Zahl der Ermordeten und in Verbindung mit den Eroberungen Gestorbenen ging in die Millionen, fast unvorstellbar für eine noch fast spätmittelalterliche Gesellschaft. Und selbst wenn die Kirchen dies heute ehrlich bedauern oder gar von einem Missbrauch des Evangeliums sprechen, und selbst wenn man zugesteht, dass die Eroberung als im Grunde rein machtpolitischer Akt auch ohne kirchliche Unterstützung wohl stattgefunden hätte, spricht dies die Kirchen nicht frei von der Tatsache, dass es eben *ihre* Religion war, die hier Henkersdienste leistete. Ernst gemeintes Entschuldigen und aufrichtiges Bedauern macht die Toten nicht wieder lebendig, beseitigt kein geschehenes Leid.

Im Missionsbefehl zeigt sich das hässliche Gesicht der Intoleranz und der religiösen Rechthaberei, die freilich dann nicht gesehen wird, wenn man selbst sich als Christ versteht. Man stelle sich aber nur einmal vor, hier spräche nicht Jesus, sondern irgendein anderer Religionsführer, meinetwegen Mohammed, der zur Ausbreitung des Islam aufruft, oder Lenin, der von der Weltrevolution träumt. Dann spürt man plötzlich die Arroganz, die aus solchen Worten spricht. Intoleranz hat viele Gesichter.

Doch zurück zum leeren Grab. Bei Markus erhalten die Frauen den Auftrag, den Jüngern von der Auferweckung zu erzählen und nach Galiläa zu gehen, wo Jesus dann erscheinen soll. Seltsamerweise endet das Evangelium (in seiner ältesten Form) damit, dass die Frauen den Jüngern *nichts* sagten, *denn sie fürchteten sich.*

Dies macht keinen rechten Sinn und widerspricht auch klar dem Auftrag des jungen Mannes im Grab. Deshalb ändern Lukas und Matthäus auch hier, bei ihnen erzählen die Frauen von dem, was sie erlebt haben. Nach Matthäus, übernommen von Markus, zieht Jesus den Jüngern nach Galiläa voraus. Matthäus lässt denn auch Jesus in Galiläa erscheinen. Lukas aber übernimmt offenbar nur das Stichwort *Galiläa*. Hier sprechen die Engel: „Er ist nicht hier, er ist auferstanden. Erinnert euch an das, was er euch gesagt hat, als er noch in Galiläa war: Der Menschensohn muss den Sündern ausgeliefert und gekreuzigt werden, und am dritten Tag auferstehen." Lukas tut dies, weil er gar keine Erscheinungen in Galiläa berichtet, bei ihm finden alle Erscheinungen in Jerusalem und Umgebung statt. Auch die Jünger sollen in Jerusalem bleiben. Lukas wendet sich an Heidenchristen, die mit *Galiläa* wohl nichts mehr anfangen können. Die Galiläatradition wäre dann älter. Später wurde das Geschehen nach Jerusalem übertragen. Wäre es umgekehrt, wäre also die Jerusalemtradition zuerst dagewesen, könnte man schwer erklären, wie es noch zur Galiläatradition hat kommen können. Johannes als jüngster Evangelist schließlich bringt Erscheinungen in Galiläa *und* Jerusalem.

Johannes erzählt überhaupt eine ganz andere Geschichte vom leeren Grab. Bei ihm taucht zunächst überhaupt kein Engel auf, Maria Magdalena kommt alleine zum Grab, der Stein ist schon weggerollt. Sie sieht gar nicht ins Grab hinein, sondern läuft zu Petrus in der Meinung, man habe Jesus umbestattet (!). Petrus läuft dann zum Grab (in seltsamem Wettlauf mit dem *Lieblingsjünger*), findet aber nur die Leichentücher. Immer noch keine Engel. Beide Jünger gehen verwundert wieder *nach Hause*(?) zurück. Maria Magdalena, die plötzlich wieder in der Szene auftaucht, sieht dann plötzlich die beiden Engel (des Lukas) im Grab sitzen. „Die Engel sagten zu ihr: Frau, warum weinst du? Sie antwortete ihnen: Man hat meinen Herrn weggenommen und ich weiß nicht, wohin man ihn gelegt hat."(Joh 20,13) Die Engel verkünden bei Johannes weder die Auferstehung noch erteilen sie den Auftrag, die Jünger zu unterrichten. Und es ist erstaunlich, dass Maria immer noch nur von einer Umbestattung ausgeht. An diesen Versen hat sich später die sogenannte *Umbestattungshypothese* festgemacht, nach der Jesus ohne das Wissen der Jünger umbestattet worden sei. Sein Verschwinden sei dann als Auferstehung gedeutet worden.

Doch wie bei Matthäus taucht Jesus auch bei Johannes noch auf. Maria hält ihn jedoch zunächst für den Gärtner (!). Jesus spricht zu ihr: „Frau, warum weinst du? Wen suchst du? Sie meinte, es sei der Gärtner, und sagte zu ihm: Herr, wenn du ihn weggebracht hast, sag mir, wohin du ihn gelegt hast. Dann will ich ihn holen."(Joh 20,15) Erneute Betonung einer Umbestattung; woher Johannes dies hat, ist unbekannt, von den synoptischen Evangelien jedenfalls nicht. Die Umbestattungshypothese wird heute kaum noch vertreten, man sieht aber, dass auch sie Bibelstellen für sich reklamieren kann.

Jesus jedenfalls gibt sich zu erkennen, verbietet ihr allerdings eine Berührung. „Halte mich nicht fest; denn ich bin noch nicht zum Vater hinaufgegangen." (Joh 20,17) Bei Matthäus war er noch nicht so empfindlich, dort lässt er sich von den Frauen umarmen. Überhaupt scheint Johannes nicht recht zu wissen, wie er den Auferstandenen darstellen soll. Einerseits schildert er ihn wie einen Geist, den man nicht berühren soll und der durch Wände gehen kann, andererseits fordert er den ungläubigen Thomas geradezu auf, ihn zu berühren, und isst demonstrativ gebratenen Fisch. Die Erklärung hierfür liegt wohl darin, dass der Evangelist einerseits die Herrlichkeit des Auferstandenen betonen will (für ihn ist ja schon der Irdische ein wandelnder Gott), andererseits aber sich wohl gegen die damals verbreitete Meinung wehrt, Jesus habe nur einen Scheinleib gehabt (Doketismus; schon Lukas wehrt sich dagegen). Deshalb sowohl die Betonung der ätherischen Erscheinung als auch des Bratfischs. Und bei einem solchen Spagat muss es einfach im Schritt etwas schmerzen.

In späterer Zeit ging die Legendenbildung weiter. Erwähnt sei hier nur noch das apokryphe Petrusevangelium, so genannt, weil es aus Sicht des Petrus in der ersten Person geschrieben wurde, aber aus dem zweiten Jahrhundert stammt. Die beiden Engel kommen hier mit Jesus unter den Blicken der Soldaten, des Hauptmanns und der Ältesten aus dem Grab heraus und ein Kreuz (sic!) folgt ihnen. Aus dem Himmel ertönt eine gewaltige Stimme (überlieferungsgeschichtlich nur konsequent, wird nun auch Gott noch ins Geschehen mit eingebunden) und ruft: „Hast Du den Entschlafenen gepredigt? Und es wurde vom Kreuze her die Antwort laut *Ja*". Die Leute um den Hauptmann laufen noch in der Nacht zu Pilatus und bekennen: „Wahrhaftig, er war Gottes Sohn."

Die Geschichte vom leeren Grab ist, wir sehen es überdeutlich, mannigfach aus- und umgebaut worden. Doch wo liegen die Ursprünge, was stand am Anfang? Es gibt Neutestamentler, die der Geschichte jeden historischen Kern absprechen. Nach Lüdemann z. B. ist die ganze Geschichte überhaupt erst vom Evangelisten Markus gestaltet worden. „Man muss wohl bestreiten, dass eine Grabesgeschichte vor Mk existiert hat. Denn der Text ist von mk Redaktion geprägt." (Lüdemann, Die Auferweckung Jesu von den Toten, S. 73) Ein Argument für diese These ist auch das Fehlen eines direkten Hinweises auf das leere Grab in den viel älteren Glaubens- und Auferstehungsformeln des Neuen Testaments. Paulus beispielsweise erwähnt das leere Grab nirgends. Hat er die Geschichte noch nicht gekannt? Wusste er nur von Erscheinungen? Dies würde voraussetzen, dass Jesus in Wirklichkeit anonym begraben wurde oder der Ort seines Grabes in Vergessenheit geraten ist. In der Tat ist die Bestattung eines Hingerichteten in einem aufwendigen Grab ungewöhnlich und wurde sicher von den Römern und frommen Juden nicht gerne gesehen. So wird denn Jesus nach einer Tradition in Apg 13,29 von unbekannten Juden einfach in ein Grab gelegt. Die Erscheinungslegenden wären dann *vor* der Geschichte vom leeren Grab entstanden. Und es ist seltsam, dass das Grab Jesu offenbar vor Konstantin nicht verehrt wurde. Man sollte doch meinen, dass die ersten Christen gerade dieses Andenken gepflegt hätten. Auch dies spricht dafür, dass man von einem Grab Jesu einfach nichts mehr wusste. So wagt denn auch Gerd Theißen nicht zu entscheiden, ob das leere Grab historisch ist oder nicht. Auf jeden Fall sei jedoch ein leeres Grab noch kein Beweis für eine Auferstehung.

Befürworter der Historizität des leeren Grabes wenden jedoch ein, dass sich der Auferstehungsglaube sicher nicht in Jerusalem gehalten hätte, wenn man nicht ein leeres Grab hätte vorweisen können. Zudem setzt das Gerücht vom Leichenraub ja geradezu ein leeres Grab voraus. Außerdem sind zwei historische Personen mit der Überlieferung wohl eindeutig verbunden, nämlich die Jüngerin Maria Magdalena und Joseph von Arimathia, der nach den Evangelien Jesus ein Grab zur Verfügung stellt.

Joseph von Arimathia hat nach allen vier Evangelisten für das Begräbnis Jesu gesorgt. Da er namentlich genannt wird, sonst aber nirgendwo mehr auftaucht, geht man zumeist davon aus, dass es sich um eine historische Person handelt. Allerdings hat auch hier die Überlieferung zunehmend den Blick vernebelt. So ist er bei Markus ein Angehöriger des Hohen Rats, bei Matthäus wird aus ihm ein Jünger Jesu (den Ratsherrn lässt er weg), bei Johannes ist er *aus Angst vor den Juden* ein heimlicher Jünger, im späteren Petrusevangelium ist er der Freund von Jesus und Pilatus. Die Tendenz, ihn immer positiver zu schildern, ist klar zu erkennen. Bei Johannes sorgt er (bereits vor dem Tode Jesu) zusammen mit Nikodemus, einem Gesprächspartner Jesu (im Johannesevangelium), dafür, dass Jesus die übliche Totensalbung erhält. Die anderen Evangelien wissen davon nichts, und während man dort höchstens Maria Magdalena mit einem kleinen Salbgefäß im Schatten der Nacht zum Grab eilen sieht, wird bei Johannes der Leib Jesu mit umgerechnet 33 kg (!) Myrrhe und Aloe mit dem astronomischen Gegenwert von 30.000 Denaren gesalbt. Diese Übertreibung ist natürlich theologisch bedingt. Johannes will zum Ausdruck bringen: hier wird ein König gesalbt.

Auch Jesu Grab wird immer pompöser. Tote galten als unrein, Hingerichtete erst recht. Sie konnten meist nicht damit rechnen, in einem Einzelgrab bestattet zu werden, die Leichname verschwanden meist anonym. Bei Markus wird Jesus jedoch bereits in einem teuren Felsengrab bestattet, bei Matthäus ist das Grab noch unbenutzt (also noch nicht *verunreinigt* durch vorherige Bestattungen), und es ist Josephs eigenes Grab. Bei Johannes ist das Grab noch dazu idyllisch in einem Garten gelegen. Tote wurden für gewöhnlich mit einem gebrauchten Leintuch bestattet. Bei Markus ist es natürlich ein neu gekauftes Tuch, Matthäus betont zusätzlich dessen Reinheit.

Mit der Legende vom leeren Grab scheint Maria Magdalena fest verbunden zu sein. Sie begegnet bei den Synoptikern und bei Johannes. Sie entdeckt bei Markus das leere Grab. Matthäus und Johannes fügen sogar noch eine Begegnung mit dem Auferstandenen hinzu. Dass ausgerechnet eine Frau diese wichtige Entdeckung machte, veranlasst viele Neutestamentler dazu, hier eine historische Erinnerung zu sehen. Denn die Aussage von Frauen hatte nach jüdischem Recht kein Gewicht, sie galten als nicht zeugnisfähig.

Doch warum taucht Maria Magdalena dann nicht in den Glaubenskurzformeln auf, die doch älter sind als die Erzählungen? Wie Paulus nie das leere Grab erwähnt, erwähnt er auch nie Maria Magdalena. In seiner Aufzählung der Auferstehungszeugen in 1. Kor. 15 fehlt sie. Stattdessen wird Kephas = Petrus als erster Auferstehungszeuge genannt. Unterschlägt er sie, weil sie eine Frau ist? Oder wusste er einfach nichts von ihr? Dass Petrus der erste Auferstehungszeuge war, behauptet auch Lk 24,34b, aber seltsamerweise gibt es hierzu keine Erzählung. Zugleich bringt Lukas aber auch die Emmaus-Geschichte, die nahelegt, dass die beiden Emmausjünger die Erstbegegnung mit Jesus hatten. Das spätere Hebräerevangelium nennt Jakobus, den leiblichen Bruder Jesu, als ersten Zeugen. Im Petrusevangelium schließlich findet die Ersterscheinung vor Petrus, Andreas und Levi statt. Je phantastischer die geschilderten Geschehnisse werden, desto widersprüchlicher werden die Zeugen, was natürlich besonders bei den Erscheinungsgeschichten gilt.

Die meisten Historiker nehmen jedoch an, dass zumindest das leere Grab historisch ist und dass es vermutlich von Maria Magdalena entdeckt wurde. Die Engel am Grab sind jedoch auf alle Fälle legendarische Ausschmückungen, auch der junge Mann bei Markus dürfte nicht historisch sein. Hält man ihn doch für historisch, hat man vielleicht einen der Grabräuber vor sich, wahrscheinlicher ist jedoch seine komplette Erfindung. Die Legende des leeren Grabes hat trotz aller Ausschmückung noch einen wahren Kern. Das ist ja immerhin etwas. Düster sieht es aber bei den eigentlichen Auferstehungslegenden aus.

Erscheinungen eines Untoten

Um es gleich vorwegzunehmen: Kaum ein Neutestamentler misst den Auferstehungslegenden irgendeinen historischen Wert bei. Dies geschieht nicht aus persönlichem Unglauben oder gar Böswilligkeit. Das negative Urteil über die Geschichten vom Auferstandenen rührt aus der Analyse der biblische Texte selbst her. Die Art der Überlieferung der angeblichen Ereignisse erweisen deren historische Unglaubwürdigkeit. Allerdings hängen die Theologen diese Erkenntnis, die ja eigentlich deutliche Konsequenzen für die Kirchen und die Gläubigen haben müsste, bewusst nicht an die große Glocke. Persönlich und als Wissenschaftler ist man davon überzeugt, dass z. B. die Auferstehungsgeschichten mehr oder weniger gut gemachte Produkte der Evangelisten sind, und vertritt diese Überzeugung auch in exegetisch sauber gearbeiteten Kommentaren gegenüber Fachkollegen und Theologiestudenten. Öffentlich, in Kirche und Gesellschaft, hält man sich aber mit direkten Äußerungen sehr zurück. Man kann damit keine Punkte sammeln, ist auch weiterhin an einem guten Verhältnis zur Kirche interessiert und möchte nicht anecken. Detailarbeit über einen unbedeutenden Halbvers in einem apokryphen Evangelium findet kirchliche und auch wissenschaftliche Anerkennung, nicht aber die allzu deutlich vorgetragene Kritik an lieb gewonnenen und kirchlich gewollten Glaubensvorstellungen. So kommt es zu dem eigenartigen Sachverhalt, dass vor allem die neutestamentliche Forschung eigentlich revolutionäre Ergebnisse vorzuweisen hat, wirklich geeignet, die Fundamente der Kirche aus den Angeln zu heben, sie aber selbst geneigt ist, diese Ergebnisse herunterzuspielen oder nur in einer eigentümlich verklausulierten und entschärfenden Sprache und in einem Akt der freiwilligen Selbstbeschränkung den Menschen zuzumuten meint, wenn überhaupt. Man fühlt sich allemal eher geneigt, Glaubensüberzeugungen noch positiv zu verstärken, statt deren Haltlosigkeit zu demonstrieren. Es verhält sich in übertragenem Sinne so, als wüssten die Theologen längst, dass die Erde eine Kugel ist, lobten aber dennoch den Glaubenseifer derjenigen, die sie nach wie vor für eine Scheibe halten.

Niemand zwingt die Theologen dazu (dies gilt nur eingeschränkt für katholische Theologen), es ist mehr der Wunsch, nach außen hin einem gewissen religiös-gesellschaftlichen Mittelwert zu entsprechen und mit der Kirche in gutem Einvernehmen zu bleiben. So sind Professoren der Theologie in der Kirche immer gerne gesehen. Wenn ein Theologe dann aber doch einmal deutlicher wird und kirchliche Positionen aufgrund seiner Forschungen infrage stellt, muss er auch in den protestantischen Kirchen mit Gegenwind rechnen.

Dies musste der Göttinger Professor und Neutestamentler Gerd Lüdemann erleben, nachdem er 1998 nicht nur öffentlich ausgesprochen hatte, dass die meisten Worte Jesu nicht echt seien, sondern auch erklärt hatte, dass die Auferstehung Jesu nicht stattgefunden habe. Lüdemann behauptete etwas, was wohl die Mehrzahl

der Neutestamentler unterschreiben könnte, was sie aber nicht offen aussprechen würden. Die Kirche betrieb daraufhin massiv die
Abberufung Lüdemanns und seine Entfernung aus der Theologischen Fakultät. Sein Lehrstuhl ist, wie die meisten theologischen
Lehrstühle, bekenntnisgebunden, was durch seinen Fall auch einer
breiten Öffentlichkeit bekannt wurde. Bekenntnisgebunden an einer staatlichen Universität! Selbst wenn Sie ein theologischer Ein-
stein wären – ohne die passende Kirchenzugehörigkeit dürfen Sie
in einer Theologischen Fakultät bestenfalls an der Pforte sitzen. Lüdemann weigerte sich, aus der Kirche auszutreten, weil dies auch
seine zwingende Abberufung bedeutet hätte. In der Folge wurde
sein Lehrstuhl deshalb umbenannt, er durfte keine theologischen
Prüfungen mehr abnehmen und verlor viele Studenten. Eine As-
sistentenstelle wurde gestrichen, die Medien sprachen von einem
protestantischen *Fall Küng*. Lüdemann hätte heute keinerlei Chance, wieder auf einen theologischen Lehrstuhl berufen zu werden,
da die Kirchen in der Regel ein Mitspracherecht bei der Besetzung
haben. Lüdemann pocht darauf, dass die Wissenschaft frei sein
muss, und plädiert für die Ersetzung der Theologischen Fakultäten
durch unabhängig forschende religionswissenschaftliche Institute.
Die Kirche hat einen langen Atem. Es besteht kein Zweifel, dass sie
dieses Problem aussitzen wird.

Die historische Kritik erkennt schnell, dass man bei den Erscheinungslegenden auf noch dünnerem Eis steht als bei den anderen Teilen der Evangelien. Dafür, dass sich die Kirche ständig auf
dieses Zentralwunder beruft und es mannigfachen Niederschlag
in der Formeltradition des Neuen Testaments gefunden hat, wirken die Versuche der Evangelisten, die Bekenntnisformeln mit
handgreiflichen Geschichten zu illustrieren, mehr als dilettantisch.
Berichten alle Evangelisten zumindest noch in groben Linien einheitlich vom leeren Grab, so scheint bei den Erscheinungen des
Auferstandenen jeder sein eigenes Süppchen zu kochen. Es stimmen keine zwei Berichte überein, jeder erzählt etwas anderes. Dies
liegt vielleicht daran, dass das Markusevangelium ursprünglich
endete, ohne dass eine Erscheinung des Auferstandenen erzählt
wurde. Die Seitenreferenten Matthäus und Lukas haben so gar keine Geschichten vorgefunden, die sie bearbeiten (und gegebenen-
falls verfälschen) konnten. Und die Logienquelle Q, die zweite große Quelle von Matthäus und Lukas, hat nach dem, was wir wissen,

weder eine Passionsgeschichte noch Erscheinungen enthalten. Die zweite und dritte Christengeneration verlangte jedoch nach mehr Anschaulichkeit, zumal sich in den Gemeinden offenbar Christen fanden, die Jesus nur einen Scheinleib zusprechen wollten. Die Auferstehungsgeschichten vor allem bei Johannes polemisieren gegen diesen Doketismus. Jedenfalls mussten die Evangelisten selber tätig werden, wollten sie ihr Evangelium nicht so enden lassen wie Markus. Und so weisen denn die Auferstehungslegenden stärker als andere Stoffe in den Evangelien die sprachlichen Eigenheiten und die theologischen Absichten der jeweiligen Evangelisten auf, größtenteils ins Leben getreten in dem Augenblick, da sie aufgeschrieben wurden.

Die Auferstehungsgeschichten im (unechten) Markusschluss und bei Matthäus wirken sehr gedrängt und für die Bedeutung, die der Auferstehung Jesu in den ersten Generationen zugemessen wurde, geradezu skizzenhaft und vom Umfang her marginal. Bei Markus sind es, wie schon gesagt, nur elf Verse, bei Matthäus gar nur zehn. Die Verse im unechten Markusschluss sind zudem zu einem großen Teil Übernahmen aus den anderen Evangelien, also von ihnen literarisch abhängig. Man hat den Markusschluss mit ihnen aufgefüllt. Die zehn Verse bei Matthäus hatten wir oben schon besprochen. Sie enthalten die Erscheinung Jesu vor den Frauen und das Umfassen seiner Füße, den Betrug der Hohepriester, die Erscheinung Jesu in Galiläa mit Missionsbefehl. Alle diese Geschichten gehen auf Matthäus zurück, ihr historischer Wert ist gleich null.

Bei Lukas finden wir immerhin vierzig Verse, die von Erscheinungen des Auferstandenen berichten. Davon erzählen jedoch dreiundzwanzig Verse von der Begegnung Jesu mit den Emmausjüngern, die restlichen von einer Erscheinung in Jerusalem vor den Jüngern. Auch bei Lukas findet die Auferstehung also quantitativ nur wenig Berücksichtigung, es werden im Wesentlichen nur zwei Erscheinungen berichtet.

Die am kunstvollsten durchgestaltete Erscheinung ist die Erzählung von den beiden Jüngern, die nach Emmaus (Lk 24,13–35) gehen. Ein Fremder (Jesus) gesellt sich zu ihnen, sie erzählen ihm von der Kreuzigung. Der Fremde erklärt ihnen, dass alles nach der Schrift doch so geschehen musste. Am Abend erkennen die beiden

Jünger ihren Herrn an der Art, wie er das Brot bricht. Diese Erzählung hat fast literarische Qualitäten. In der griechisch-römischen Welt war das Motiv des wandernden Gottes bekannt, und dieses Motiv wird hier auf Jesus übertragen. Und der Leser wandert quasi mit und hört den Erklärungen Jesu zu. Diverse Spannungsbögen werden aufrechtgehalten, bis sich den Jüngern die Identität des Fremden enthüllt. Verstehen sie ihn anfangs nur als Propheten (sic!), so erfahren sie nun, dass er mehr war als dies, nämlich der Messias, und dass all das Geschehen, das sie zu Beginn ihrer Wanderung noch so traurig stimmte, seine Richtigkeit hatte und gottgewollt war. Es ist weniger Jesus, der hier zu den beiden Jüngern spricht, als vielmehr der Evangelist, der hier das Wort an seine Gemeinde richtet und Jesu Tod als Heilsgeschehen erklären lässt, und zwar durch den Herrn selbst. Auch die Pointe der Geschichte ist rein theologisch: Die Jünger erkennen Jesus am Brotbrechen. Im Abendmahl wird der Herr erkannt, lautet die theologische Lektion, die hier illustriert wird. Außerdem wird die Eucharistiefeier kunstvoll mit der Auferstehungstradition verknüpft. Man geht davon aus, dass die Emmausgeschichte wegen der durchdachten Gestaltung eher nicht auf Lukas zurückgeht, sondern er sie bereits vorgefunden hat. Die vorausgesetzte Situation (gemeinschaftliches Mahl als schon feste Tradition, Interpretation des Geschehens aus der Schrift und theologische Durchdachtheit, das Leiden Jesu als Heilsgeschehen) verweist auf einen Sitz im Leben nicht in der frühesten Urgemeinde, sondern eher in der zweiten oder dritten Generation. Dafür spricht auch die literarische Ausgestaltung wie auch der Umstand, dass die beiden Jünger in der Formeltradition des Neuen Testaments nicht erwähnt werden. Die ältesten Schichten der Überlieferung scheinen diese Geschichte und diese Jünger nicht zu kennen.

Jesus erscheint dann inmitten der elf Jünger (Lk 24,39), die ihn erst für einen Geist halten. Er zeigt seine Wundmale, die Jünger wollen es aber immer noch nicht glauben. Schließlich verlangt er nach Fisch und isst ihn demonstrativ vor seinen Jüngern. Auch hier erklärt er ihnen dann die Notwendigkeit seines Leidens aus der Schrift. Als Anhängsel findet sich am Schluss noch die Himmelfahrt Jesu. Nach dem Ausflug in die höhere Literatur der Emmausgeschichte sind wir hier wieder bei der einfachen Prosa des Evangelisten angekommen. Jesus demonstriert, dass er kein Geist ist, betont seine Fleischlichkeit, sein Bestehen aus *Fleisch und Knochen*. Neben Doketisten wird auch vermutet, dass es im Umfeld der ersten Christen und deren Kritiker Menschen gab, die behaupteten, den Jüngern wäre nur ein Totengeist erschienen. Dann hätte diese Geschichte die Aufgabe, diese Kritiker zu widerlegen. Oder gab es Menschen in der Gemeinde, die die Auferstehung symbolisch verstanden? Oder als Metapher? Auch dann würde die Betonung der Fleischlichkeit Jesu Sinn machen. Auf alle Fälle liegt der Geschichte eine theologische Absicht zugrunde.

Doch was haben sich die Evangelisten damit für Probleme eingehandelt? Ein Auferstandener, der mit Fleisch und Knochen herumläuft, der seine Wundmale zeigt und wie ein Lebender isst, was soll das sein? Soll man ihn sich etwa auch noch mit anderen Körperfunktionen vorstellen? Welches Gespenst wird hier aufgebaut? Ein lebender Toter, noch mit den Wunden seiner Hinrichtung versehen? Das lässt doch eher an einen amerikanischen Horrorfilm denken. Und vor allem, was soll man nun mit ihm anfangen, da er nun mal körperlich im Raume steht? Soll man ihn weiter herumwandern lassen? Lässt man ihn noch weitere Jünger erschrecken? Wie wird man die mythologischen Geister wieder los, die man heraufbeschworen hat?

Dieser Jesus muss wieder weg, das ist auch den Evangelisten klar. Ein herumwandernder Toter hat auf der Erde auch für sie auf Dauer nichts verloren. Und so greifen sie zur damals eleganten Lösung einer Himmelfahrt, einer mythologischen Lösung für ein mythologisches Problem. Der auferstandene Jesus wird bildlich gesprochen *in den Himmel entsorgt*, natürlich nicht ohne ihm vorher noch ein paar gut klingende Worte in den Mund zu legen. Man mag sich fragen, was der Himmel mit einem aus Fleisch und Blut bestehenden Jesus anfangen soll. Sollen ihn sich die Christen, er ist ja nun ein Gott, etwa auf dem himmlischen Thron auch fleischlich vorstellen? Oder wollen die Christen hier dann doch eine Verwandlung annehmen, weil auch ihnen diese Vorstellung zu abstrus erscheint? Warum dann aber überhaupt die Gespenstervorstellung mit einem leiblichen Auferstandenen?

Man sieht, man muss die hingeworfenen mythologischen Brocken nur aufnehmen und weiterdenken, um deren Unsinn deutlich zu machen. Wenn es in der frühen christlichen Gemeinde offenbar

Strömungen gab, die Jesus eben nicht primitiv materialistisch verstanden (und die Evangelien geben ja indirekt Zeugnis von diesen Strömungen), die seine Auferstehung als Symbol oder Metapher verstehen wollten und eben nicht materiell sinnlich, dann wird man davon ausgehen können, dass diese Strömungen sich auf einem geistig viel höheren Niveau bewegten als die Schilderungen der Evangelien in ihrer handgreiflichen Primitivität. Doch eben diese Sicht der Evangelien hat sich durchgesetzt.

Noch ein paar Worte zu den Erscheinungserzählungen bei Johannes: Bei ihm ist das Missverhältnis zwischen der Länge seines Evangeliums und den wenigen Versen, die sich mit dem Auferstandenen beschäftigen, besonders krass, vor allem wenn man bedenkt, dass sein Jesus vor Golgatha lange Reden hält. Die wenigen Verse, die sich mit der Auferstehung beschäftigen, es sind ab dem leeren Grab gerechnet gerade einmal zwölf (!), wirken geradezu mickrig im Vergleich zum Aufriss des Evangeliums. Jesus erscheint eher wortkarg, selbst für den sonst so erfindungsreichen Johannes. Sechs Verse handeln vom ungläubigen Thomas. Beachtenswert ist sein Ausruf: *Mein Herr und mein Gott.* (Joh 20,28) Er stellt ein Spätstadium dar bei der Beantwortung der Frage, wer Jesus ist. Für einen frommen Juden ist dieser Satz Blasphemie.

Noch ein zweites Wort ist bemerkenswert. In Joh 20,22 haucht Jesus die Jünger an mit den Worten: *Empfangt den heiligen Geist.* Die Geistausgießung fand nach dem Verständnis der Kirche erst zu Pfingsten statt, also vierzig Tage nach der Auferstehung. Johannes aber bringt sie schon hier, acht Tage nach der Auferstehung und in völlig anderem Zusammenhang. Die Kirche ist hier der schöner erzählten Apostelgeschichte gefolgt und hat die konkurrierende Johannestradition ignoriert.

Das Johannesevangelium endete ursprünglich mit Kapitel 20, das 21. Kapitel ist erst später hinzugekommen. Man kann dies leicht daran erkennen, dass in Joh 20,30f. bereits ein Buchschluss vorliegt. Das 21. Kapitel bringt auf 25 Versen ausschließlich Erscheinungen in Galiläa, nachdem in Kapitel 20 Erscheinungen in Jerusalem erzählt wurden. Es ist dies eine Harmonisierung zwischen Mk-Mt, wo Erscheinungen in Galiläa angekündigt werden, und Lk, der die Erscheinungen in Jerusalem und Umgebung stattfinden lässt. Es sei noch erwähnt, dass im Lukasevangelium alle

Erscheinungen Jesu bereits am Tag seiner Auferstehung beendet sind. Die Himmelfahrt findet bei ihm am Ostersonntagabend statt. Dies ging im Matthäusevangelium nicht, denn dort ereignen sich die Erscheinungen in Galiläa, und dorthin mussten die Jünger ja erst einmal gehen. Bei Lukas verbietet Jesus aber geradezu, von Jerusalem wegzugehen. Bei Johannes ist das Geschehen auch über mehrere Tage verteilt. In der Apostelgeschichte des Lukas gibt der Evangelist dann eine widersprüchliche Version zu seinem eigenen Evangelium. Fand die Himmelfahrt dort schon am Ostersonntag statt, so lesen wir in seiner Apostelgeschichte: „[…] vierzig Tage hindurch ist er ihnen erschienen und hat vom Reich Gottes gesprochen." (Apg 1,3b)

Die Aufzählung solcher Ungereimtheiten und Widersprüche in den biblischen Texten geschieht übrigens nicht nur, um die Problematik der Überlieferung aus historischer Sicht deutlich zu machen. Sie soll auch verdeutlichen, wie absurd es ist, die Bibel als eine Quelle der Wahrheit und ihre Texte als sakrosankt zu betrachten. In immer noch großen Teilen des Protestantismus, vor allem in pietistischen und fundamentalistischen Gruppen, aber auch im Katholizismus wird die Bibel als Wort Gottes verstanden und gelten ihre Teile als göttlich inspiriert oder gar vom Heiligen Geist in Verbalinspiration eingegeben. Widersprüche werden deshalb konsequent geleugnet. Eine solche Haltung besteht im Wesentlichen aus Unwissenheit oder einem naiven Dogmatismus, oft aus beidem. Man muss vor allem den frommen Gruppen im Protestantismus vorwerfen, dass sie ihre Bibel nicht sorgfältig genug lesen, denn sonst würden ihnen diverse Widersprüche selbst auffallen. Der biblische Fundamentalismus ist gerade nicht ein Ernstnehmen der Bibel, als der er sich gerne ausgibt, sondern Ausdruck eines dogmatisch-verkümmerten Wirklichkeitsverständnisses, ein religiöser Realitätsverlust. Es muss nachdenklich stimmen, dass gerade solche Gruppen einen zuweilen großen Einfluss auf Politik und Gesellschaft ausüben können, vor allem in den USA.

Das Wort *Legenden* für die Erscheinungsgeschichten zu verwenden ist fast ein Euphemismus. Tatsächlich zeigen sich diese Geschichten bei historischer Betrachtung als Widerspiegelung viel späterer Gemeindesituationen, als Rückprojizierung von Dogmatik, als Erfindungen der Evangelisten oder ihrer mündlichen Vorstufen. Ein historischer Kern lässt sich bei keiner der Geschichten ausmachen, allenfalls die Geschichte vom leeren Grab bietet einen historischen Anhalt. Es ist deshalb gar nicht die Frage, ob man die Auferstehung eines Menschen *grundsätzlich* für möglich hält, denn die Auferstehungsgeschichten fallen schon bei der historischen Vorprüfung durch. Das Ergebnis könnte für die Kirchen negativer nicht sein – das Gründungswunder der Kirche ist durch keinerlei glaubwürdige Erzähltradition belegt.

Es bleiben also nur die kurzen Formeltraditionen, die von dem bloßen *Dass* der Auferstehung Jesu künden, aber über das *Wie* keine Auskunft geben. Sie sind zwar alt, aber auch sehr spröde. Und zudem sind auch sie nicht ohne Widerspruch. Die Forschung versucht gerne die Frage zu beantworten, wer in der Tradition als erster Zeuge der Auferstehung galt. Nach der von Paulus zitierten Formel in 1. Kor. 15 war es Kephas = Petrus. Es gibt aber nirgendwo eine Erzählung darüber in den Evangelien, lediglich Lukas 24,34 scheint dies anzudeuten. Als weitere Zeugen nennt Paulus *die Zwölf.* Dies ist seltsam, denn es sollten ja eigentlich nur noch elf Jünger sein, Judas als Verräter sollte ja längst tot sein, gestorben an einer der drei (!) Todesarten, die von ihm berichtet werden. Auch Jakobus, der leibliche Bruder Jesu, wird von Paulus noch als Auferstehungszeuge genannt, obwohl hier vielleicht dessen zentrale Stellung in der Urgemeinde diese Nennung bedingt hat.

Paulus erwähnt auch 1. Kor 15,6 mehr als 500 (!) Brüder, denen Jesus gleichzeitig erschienen sei. Einige davon seien noch am Leben. Dieser Vers gehört nicht mehr zu der von Paulus zitierten Formel, hier scheint der Missionar selbst zu sprechen. Und es verwundert, dass hier mitten in den Einzelerscheinungen plötzlich eine Erscheinung vor so vielen erwähnt wird. Und es ist die einzige Stelle, wo diese erwähnt wird. Paulus geht nie mehr auf sie ein und sie spielt auch später keine Rolle mehr. Der Neutestamentler Lüdemann sieht hier eine *Massenvision,* ähnlich etwa wie bei den Kreuzfahrern, denen der heilige Georg auf den Mauern Jerusalems erschienen sei. Einzelne meinten etwas zu sehen, teilten dies anderen mit, und plötzlich sahen alle etwas. Ähnliche Visionen soll es auch nach der Hinrichtung von Thomas Becket und Savonarola gegeben haben. (Lüdemann, Die Auferweckung Jesu von den Toten, S. 60). Andere Theologen sehen hier das Pfingsterlebnis beschrieben.

Doch die Lösung liegt vielleicht viel näher. Die Erwähnung geschieht nicht nur unvermittelt, sondern wirkt auch ziemlich dick aufgetragen. Wenn man nun noch bedenkt, dass es in der Gemeinde von Korinth Leugner der Auferstehung gegeben hat und dass Paulus gegen diese Leugner in seinem Brief Front macht, legt sich der Verdacht nahe, dass Paulus diese 500 Brüder einfach erfunden hat, um besser gegen die Auferstehungsleugner zu polemisieren. Dass er betont, einige dieser Zeugen lebten noch, soll nur den Eindruck dieses „Arguments" verstärken. Ohnehin wäre wohl kein Korinther in der Lage gewesen, nach Jerusalem zu reisen und sich von der Richtigkeit dieser Schilderung zu überzeugen.

Es liegt hier vielleicht Ähnliches vor wie bei der Beschreibung des Todes Jesu bei Matthäus. Während Markus nur erwähnt, dass der Vorhang im Tempel nach Jesu Tod in zwei Stücke von oben bis unten zerriss, lesen wir bei Matthäus: „Da riss der Vorhang im Tempel von oben bis unten entzwei. Die Erde bebte und die Felsen spalteten sich. Die Gräber öffneten sich und die Leiber vieler Heiligen, die entschlafen waren, wurden auferweckt. Nach der Auferstehung Jesu verließen sie ihre Gräber, kamen in die Heilige Stadt und erschienen vielen." (Mt 27,51–53) Auch diese Geschichte wird später nie mehr erwähnt, obwohl das berichtete Geschehen doch geradezu sensationell ist, wäre es wirklich geschehen. Doch es ist lediglich eine theologische Spinnerei des Matthäus, der wohl zum Ausdruck bringen will, dass der Tod Jesu den Beginn einer allgemeinen Totenauferweckung markiert. Die Heiligen, die da aus den Gräbern kommen, sind offenbar schon Christen, obwohl es beim Tode Jesu noch gar keine toten Christen geben konnte. Um seine theologische Anschauung zu transportieren, erfindet Matthäus hier also nicht nur ein Erdbeben und zerborstene Felsen, sondern auch in der Stadt herumgeisternde Auferstandene. Wenn es um die Bezeugung des Glaubens ging, war offenbar jedes Mittel recht, selbst der abstruseste Unsinn wird erzählt und geglaubt und so der höheren Ehre Gottes dienstbar gemacht. Auch Paulus muss man ein solch gebrochenes Verhältnis zur Wahrheit hier wohl unterstellen. Er braucht Auferstehungszeugen, die wenigen aus der Tradition genügen ihm nicht gegen die widerspenstigen Korinther; also erfindet er welche hinzu.

Die Zeugen einer Auferstehung waren ausschließlich Anhänger Jesu, seine Parteigänger zu Lebzeiten. Sein Bruder Jakobus gehörte bald ebenfalls zu seinen Anhängern. Meist wird angenommen, dass Petrus als erster Auferstehungszeuge galt. Es gab aber zumindest eine weitere Tradition, die Maria Magdalena diese Rolle zuschrieb. Diese findet sich u. a. im späteren Markusschluss und im Johannesevangelium. Auch sie war eine Jüngerin Jesu und wird von den anderen Evangelisten mit der Entdeckung des leeren Grabes in Verbindung gebracht. Paulus erwähnt sie nicht, was damit zusammenhängen mag, dass Paulus überhaupt keine Frauen in diesem Zusammenhang erwähnt, selbst seine fünfhundert Auferstehungszeugen sind ausschließlich „Brüder". Oder erwähnt er sie nicht, weil er sie für nicht ganz zurechnungsfähig hielt? Denn Maria Magdalena wird in Mk 16,9 als Frau beschrieben, der Jesus sieben Dämonen ausgetrieben hat. Verbirgt sich dahinter eine historische Erinnerung, dann wird man davon ausgehen müssen, dass bei Maria Magdalena eine psychische Störung vorlag. Das erste Zeugnis einer Auferstehung Jesu würde dann von einer geistig verwirrten Frau stammen. Nicht gerade eine vertrauenswürdige Zeugin. So hat denn der antike Christentumskritiker Celsus höhnisch bemerkt: „Wer hat dies gesehen? Ein halb verrücktes Weib." (vgl. Deschner, Abermals krähte der Hahn, S. 120) Petrus und Maria Magdalena genießen im Christentum heute ein hohes Ansehen, aber eben erst im Christentum. Für einen neutralen Beobachter sind die Zeugen, die hier für eine Auferstehung angeführt werden, nicht nur unbekannt, sondern auch von zweifelhafter Glaubwürdigkeit. Man stelle sich vor, Bhagwan wäre vom Tode auferstanden und bei denen, die dies bezeugen, handele es sich um seinen engsten Jünger und um eine Frau mit zweifelhaftem Geisteszustand.

„Ist Christus nicht auferstanden, ist eure Predigt vergeblich"

Es steht schlecht um den kirchlichen Glauben an die Auferstehung Jesu. Und dies nicht, weil ein solcher Glaube für ein heutiges Bewusstsein nur schwer zu ertragen ist, weil er mit seinen mythologischen Farben nicht mehr in unser Weltbild passt. Die Kritik am Auferstehungsglauben beginnt bereits viel früher, nämlich bei den Texten selbst. Es zeigt sich, dass das christliche Zentralwunder schon von der Überlieferungsgeschichte der Texte her unglaubwürdig ist, dass sich die ohnehin wenigen Geschichten über die

Erscheinungen Jesus bei näherer Betrachtung in ihre Bestandteile auflösen, sich zum größten Teil als Schöpfungen der Evangelisten herausstellen, von deren Sprache und deren Theologie durchdrungen. Der Jesus der Erscheinungen erweist sich noch mehr als der Jesus vor der Kreuzigung als Fantasiegestalt. Es ist fromme Augenwischerei oder theologische Gedankenlyrik, über die Bedeutung eines Ereignisses zu spekulieren, wenn die historische Forschung feststellt, dass das Ereignis selbst gar nicht stattgefunden hat.

Was von den Erscheinungen des Auferstandenen an historischer Substanz übrig bleibt, sind bestenfalls Visionen, die Paulus und einige der engsten Jünger nach seinem Tode angeblich gehabt haben, sind rein subjektive Gespinste. Sie waren den Menschen damals schon nicht objektiv mitteilbar. Der Glaube an die Auferstehung entstand, indem man den Auferstehungszeugen Glauben schenkte. Jesus ist ins Gehirn der Gläubigen auferstanden.

Doch dieser Glaube ist stark genug gewesen, um dem Christentum seine Initialzündung zu geben. Dieser Glaube hat mit entschlossenen Protagonisten, vor allem Paulus, und der Hoffnung der Gläubigen, mit der Auferstehung Jesu so etwas wie den Garanten einer eigenen Auferstehung zu besitzen, dazu geführt, dass Jesus nicht als vergessener Apokalyptiker endete, sondern ein Gott wurde.

Theologen betonen an dieser Stelle gerne das besondere der Auferstehung Jesu, seine Analogielosigkeit. Doch so neu war der Gedanke einer Auferstehung keineswegs. Wie in der Antike wundertätige Menschen in Fülle auftraten, so kannte die Antike auch den Gedanken einer Auferstehung. Eine Auflistung der antiken Parallelen (nicht nur zum Auferstehungsglauben) hat Karlheinz Deschner mit seinem Buch *Abermals krähte der Hahn* lesenswert vorgelegt.

Die Antike kannte nicht nur sterbende, sondern auch wieder auferstehende Götter. Eine Auferstehung wurde erzählt vom babylonischen Gott Tammuz, von Attis und Adonis, vom ägyptischen Osiris und vom griechischen Dionysos. „Manche dieser Götter erduldeten Leid oder Martern, einige starben am Kreuz; selbst Sühnecharakter besaß manchmal ihr Tod." (Deschner, S. 112) Attis und Osiris standen wie Jesus nach drei Tagen wieder auf. Der babylonische Hauptgott Marduk steht ebenfalls wieder auf und wird zum vom Vatergott gesandten Erlöser und Erwecker der Toten, zum König der Könige und zum guten Hirten, und dies schon lange vor dem Johannesevangelium, das Jesus die Rolle des guten Hirten zuweist. Die Parallelen sind frappant: „Wie der Christus der Bibel wurde Bel-Marduk gefangengenommen, verhört, zum Tod verurteilt, gegeißelt und mit einem Verbrecher hingerichtet, während man einen anderen Verbrecher freiließ. Eine Frau wischt das Herzblut des Gottes ab, das aus seiner Speerwunde quoll! Endlich fuhr schon Marduk in die Hölle und erlöste die Gefangenen, und sogar sein Grab war den Alten bekannt." (Deschner, S. 113 mit Verweis auf das Buch von Johannes Leipoldt, *Sterbende und auferstehende Götter*) Der göttliche Mensch Apollonius von Tyana erscheint nach seiner Auferstehung zweien seiner Jünger und lässt sich sogar von ihnen anfassen, um sie zu überzeugen, dass er lebt. Der kynische Philosoph Peregrinus Proteus erscheint nach seiner Verbrennung weiß gekleidet und mit einem leuchtenden Gesicht versehen. Kurz darauf fährt er wie Jesus in den Himmel auf. Himmelfahrten werden in der Antike auch berichtet von Kybele, Herakles, Homer, Attis und Mithras. Der von Theologen gerne gemachte Einwand, hier handele es sich um mythologische Gestalten, bei Jesus aber um eine historische Person, überzeugt nicht ganz, denn auch Appolonius war eine historische Person. Zudem werden Himmelfahrten auch noch berichtet von Caesar, von Paulus und später auch von Mohammed. Ein römischer Praetor schwört, er habe die Gestalt des Kaisers Augustus bei ihrer Himmelfahrt gesehen. (Deschner, Abermals krähte der Hahn, S. 118)

Die Übereinstimmungen sind teilweise so gravierend, dass man mit guten Gründen überlegen kann, ob nicht die Passions- und Erscheinungsgeschichten und dazu große Teile der frühchristlichen Theologie einfach durch Übertragung weit verbreiteter mythologischer Vorstellungen auf die Person Jesu geformt worden sind. Die frühe Kirche hätte sich dann, um in einer mythologisch geprägten Welt ernst genommen zu werden, die Person *ihres* Heilandes ebenfalls mit einem mythologischen Gewand ausstaffiert. Und die von Theologen immer wieder wie eine Monstranz vor sich hergetragene Betonung der Geschichtlichkeit Jesu, das angeblich Neue seines Glaubens, aber auch des Glaubens an ihn, ist bei Lichte betrachtet eine Binsenweisheit. Denn natürlich hat jede Bewegung immer etwas Neues im Gepäck, und mag sie noch so sehr von ihren Vorgängern herleitbar sein.

Jesus wurde bald nach seinem Tod in einen für ihn eigentlich zu groß geratenen Anzug gesteckt. Doch Kleider machen Leute. Der so Erhöhte wurde anbetungswürdig, und seine Anbetung bekräftigte wiederum seine Erhöhung. Die bald nach seinem Tod einsetzende Verehrung Jesu aber bedeutete seine eigentliche Himmelfahrt.

Von David Friedrich Strauß im 19. Jahrhundert über die religionsgeschichtliche Schule und die sogenannte liberale Theologie bis hin zu Rudolf Bultmann erkennt man eigentlich an, dass der Auferstehungsglaube (wenn man ihn nicht zur Gänze als frommen Betrug ansehen möchte) seine Ursprünge bestenfalls in Visionen seiner Anhänger hat, in objektiv nicht vermittelbaren religiösen Ausnahmezuständen. Erst in einem zweiten Schritt wurden diese Ausgeburten eines frommen Enthusiasmus mit handfesten Geschichten mehr schlecht als recht illustriert. Es sind hier sicherlich ähnliche psychologische Mechanismen im Gange gewesen wie bei der Entstehung vieler anderer Religionen. Die Hypothese Gott ist zur Erklärung dieses Sachverhalts nicht notwendig.

Wie kann man mit diesem negativen Ergebnis aber weiterhin Theologie treiben? Dies geht eigentlich nur, wenn man die Ergebnisse der eigenen Forschungen nicht so ernst nimmt oder sie in ihrer Bedeutung herunterspielt. Und die Theologie des 20. Jahrhunderts bietet hier viele prominente Beispiele. Die sogenannte dialektische Theologie, deren Hauptvertreter Karl Barth war, bedeutendster protestantischer Theologe des vorigen Jahrhunderts, geht den Ergebnissen der historischen Forschung weitgehend aus dem Weg bzw. negiert letztlich deren Bedeutung für den Glauben. Für Barth ist die Auferstehung zwar kein historisches Faktum, aber dennoch eine wirkliche Tat Gottes. Wenn man hierin einen Widerspruch sieht, liegt man zwar richtig, die dialektischen Theologen möchten dies jedoch nicht so verstanden wissen. Für sie sind solche spitzen Formulierungen, wie in der katholischen Theologie auch, eben nicht Ausdruck von Unlogik und theologischer Falschmünzerei, sondern quasi Ausweis höherer Glaubenserkenntnis. Rudolf Bultmann, als Wissenschaftler selbst radikaler Entzauberer des Neuen Testaments und des Auferstehungsglaubens, war treues Glied der Kirche. Wie der Auferstehungsglaube entstanden ist, sei „sachlich von keiner Bedeutung" (Bultmann, Theologie des Neuen Testaments, S. 47). Es komme letztlich nur darauf an, was das Kreuz und die Auferstehung *für uns* bedeuten, es komme darauf an zu erkennen, dass der Hörer in der Predigt der Kirche vor die Entscheidung gestellt und die Predigt der Kirche damit zu einem eschatologischen Ereignis für den Hörer wird.

Nicht im *Wie*, sondern nur in der Betonung des bloßen *Dass* des Gekommenseins Jesu meint Bultmann eine Möglichkeit zu sehen, radikale historische Kritik und Kirchenmitgliedschaft, seine Existenz als Forscher und seine Eingebundenheit in die Kirche unter einen Hut zu bringen. Was er als Forscher vertritt, spielt er als Glied der Kirche herunter. Bultmann wird so zur vielleicht tragischsten theologischen Figur des 20. Jahrhunderts.

Dabei ging Bultmanns Programm der Entmythologisierung neutestamentlicher Texte in die richtige Richtung. Ohne zeitbedingtes mythologisches Beiwerk sollten die Kerninhalte der christlichen Botschaft freigelegt werden. Der Mensch von heute sollte sich so in den neutestamentlichen Texten angesprochen und vor die Entscheidung gestellt fühlen. Wie der Auferstehungsglaube entstand, erklärt Bultmann für letztlich bedeutungslos, und die Auferstehung selbst ist für ihn nur ein Ausdruck der Bedeutsamkeit des Kreuzes. Die Auferstehungsgeschichten sind mythologische Geschichten, als solche haben sie dem Menschen von heute nichts mehr zu sagen, sie haben bestenfalls illustratorischen Charakter.

So jedenfalls die Theorie. Bultmann meint die überzeitliche Wahrheit von deren mythologischen Formen entkleiden und so auch das anstößige Geschehen eines auf Erden wandelnden Untoten beseitigen zu können. Er hat dabei nicht gesehen oder wollte nicht sehen, dass mit der Form auch der Inhalt fallen muss. Der Versuch, die existenzialen Inhalte von einer unbrauchbaren Hülle zu befreien, so wie man etwa eine Kastanie aus ihrer Hülle befreit, hat übersehen, um im Bilde zu bleiben, dass man gar keine Kastanie, sondern eine Zwiebel in Händen hielt. Mit der mythologischen Hülle muss auch der transportierte Inhalt verschwinden. Oder wie will man Auferstehung sonst verstehen, wenn man sie nicht handgreiflich mythologisch deutet? Was ist die Auferstehung Jesu, wenn man sie nicht mit dem herumwandelnden Gekreuzigten in

Verbindung bringt? Wird sie dann nicht eine bloße Worthülse für irgendwas? Man *kann* die Auferstehung nur mythologisch verstehen. Nur in einem mythologischen Weltbild hat die Währung der Auferstehung eine Kaufkraft. In unserer Zeit, in unserer Welt, wird sie nicht mehr akzeptiert.

Nicht nur bei der Auferstehung ist die mythologische Form konstitutiv für den Inhalt. Man darf schon einmal fragen, was von der Gottessohnschaft Jesu noch übrig bleibt, wenn man versucht, diese *nicht* mythologisch zu verstehen. Was bleibt ohne Mythologie noch übrig von der Hoheit und Bedeutung Jesu? Bedeutende Vertreter der protestantischen Theologie der letzten 150 Jahre haben versucht, die Bedeutung Jesu ohne mythologisches Brimborium zu würdigen. Was ist dabei herausgekommen, was bleibt dann von Jesus übrig? Doch nicht mehr als bestenfalls ein guter Mensch.

Doch erst einmal zurück zur Auferstehung. Versuche, sie „modern" zu verstehen, wirken mehr als hilflos. Für Bultmann ist sie, wie gesagt, Ausdruck der Bedeutsamkeit des Kreuzes, für den Theologen Willi Marxsen ist sie ein zeitgebundenes Interpretament, Ausdruck dafür, dass die Sache Gottes weitergeht. Auch der Theologe Herbert Braun hält sie für eine umweltbedingte Ausdrucksform. Der richtige Dienst an Gott sei Dienst am Menschen. Rudolf Augstein stöhnt bei solchen Aussagen zu Recht: „Und dafür zweitausend Jahre Kirche!" (Augstein, Jesus Menschensohn, S. 102)

Es gibt praktisch keinen Theologen, der vom Katheder, es gibt keinen Pfarrer, der von der Kanzel nicht doch noch versucht, diesem im Grunde abgelebten Geschehen irgendeine Wichtigkeit, irgendeine Bedeutung abzugewinnen, und sei es nur durch Sprachakrobatik. Man spricht von *Gottes Ja zum Menschen*, von *Gottes Herrschaft über den Tod* oder von *Auferstehungswirklichkeit*. Konsequent formuliert hier nur der Theologe Gerd Lüdemann: Es ist „sinnlos, etwas über die Auferstehungswirklichkeit zu schreiben, falls man sicher sagen kann, dass Jesus historisch gar nicht auferweckt worden ist." (Lüdemann, Die Auferweckung Jesu von den Toten, S. 17)

Wenn die Auferstehung Jesus nicht stattfand, Jesus demgemäß nicht wiederbelebt und verwandelt wurde, helfen uns weder die

Wiederbelebung von Mythen noch die Einführung eines neuen Begriffs von Geschichte noch der Gebrauch der Predigtsprache darüber hinweg. Der christliche Glaube ist dann genauso tot wie Jesus und kann nur durch Selbsttäuschung am Leben gehalten werden. (Lüdemann, S. 18)

Dem verbalen Weihrauch, der auch von protestantischer Seite immer noch gerne geschwenkt wird, um ein für das Christentum zentrales Geschehen mit dem Nebel des Geheimnisses und der Bedeutsamkeit doch noch zu umgeben und aufrechtzuerhalten, setzt Lüdemann die ernüchternde Erkenntnis entgegen, dass das Urmirakel des Christentums einer historischen Überprüfung nicht standhält.

Historische Forschung zeigt mit unumstößlicher Sicherheit: Jesus wurde gar nicht von den Toten auferweckt. Obwohl der frühchristliche Glaube dies bekennt und die Kirche darauf gebaut ist [...] muss diese angeblich durch Gottes Handeln erwiesene Tatsache fortan als widerlegt gelten. [...] Immerhin ist damit die Grundfeste der mächtigsten und zahlenmäßig größten Religion dieser Erde zerstört, das christliche Leben nur noch ein Schein. Zweitausend Jahre lang übte der Glaube an die Auferstehung Jesu eine ungeheure Wirkung aus, wegen seiner völligen Grundlosigkeit erweist er sich jetzt als welthistorischer Humbug. (Lüdemann S. 156)

Und es muss noch einmal betont werden: Die historische *theologische* Forschung hat dieses Negativergebnis, diese Entlarvung einer der tragenden Säulen des Christentums bewirkt. Dieses Ergebnis stammt nicht von kirchenfernen Atheisten oder Agnostikern. Es spricht immer für die Qualität von Forschung, wenn sie nicht davor zurückschreckt, auch die Meinungen und Vorurteile der die Forschung Betreibenden zu hinterfragen. Umso mehr muss dies für die Theologie gelten, deren Betreiber sich ja zu allermeist selber als Glieder der Kirche verstanden und auch noch heute verstehen. Wenn ein Chemiker durch Forschungen seine Vorurteile über einen Wirkstoff korrigieren muss, ist dies eben viel leichter, als wenn ein im Prinzip gläubiger Neutestamentler feststellen muss, dass Jesus sich geirrt hat. Dass dennoch die für die Kirchen entlarvendsten Ergebnisse über Jesus und sein Selbstverständnis von Theologen kommen, spricht für die theologische Forschung, zumindest jedenfalls für die neutestamentliche Forschung und zumindest für die Forschung auf protestantischer Seite.

Doch man hält hinter dem Berg mit den Ergebnissen. Dabei sind diese Ergebnisse der neutestamentlichen Forschung zu Jesu Leben und Tod für die Kirche nicht weniger spektakulär und umwälzend als die Ablösung des geozentrischen Weltbildes durch ein heliozentrisches Weltbild im 16. Jahrhundert. Doch sie werden fast schamhaft verschwiegen, sind in ihren praktischen Konsequenzen selten Gegenstand eines theologischen Seminars und erst recht kein Thema für die sonntägliche Predigt. Wer diese unausgesprochene Verhaltensnorm nicht beachtet, wer wie Lüdemann als Professor die Dinge beim Namen nennt, wird zwar nicht mehr verfolgt und verbrannt, wie dies die Kirche früher vielfach zu tun pflegte, aber er muss damit rechnen, dass er von seinen Kollegen geschnitten wird und die Kirche ihn beruflich kaltzustellen versucht.

Der Auferstehungsglaube ist im Neuen Testament so zentral, er wird so stark betont, dass man ihn kaum überschätzen kann. Hilflos wirken deshalb die Versuche von Pfarrern und Theologen, ihn in veränderter Form in unsere Zeit hinüberretten zu wollen. Und er ist zu bedeutsam, man kann ihn nicht zu einer Sache erklären, die nicht so wichtig oder die nur symbolisch oder nur als Metapher zu verstehen sei. Wie von einem Keulenschlag mag Christen und Theologen der Satz des Apostels Paulus im Ohr dröhnen:

> Ist aber Christus nicht auferstanden, so ist unsere Predigt vergeblich, so ist auch euer Glaube vergeblich [...]. Dann sind wir erbärmlicher als alle anderen Menschen. (1. Kor 15,17;19b)

Wer war Jesus nun wirklich?

Es ist ein religionsgeschichtliches Grundgesetz, dass jede Religion ihre Stifterfiguren verzerrt darstellt, sie erhöht und idealisiert. Man schreibt ihnen Taten zu, die sie nicht getan haben, Worte, die sie nie sagten, unterstellt ihnen Absichten, die sie nie hegten, und macht sie zu Helden, die sie nie waren. Man muss jeder Religion in dieser Hinsicht misstrauen und damit auch allen sogenannten Heiligen Schriften. Denn da die Heiligen Schriften *einer* Religion sich schon widersprechen und mehr noch die Heiligen Schriften der Religionen untereinander, so kann man sagen: Heilige Schriften sind in besonderer Weise Zeugnisse der Unwahrheit. Das Ansehen, dass sie genießen, haben sie nicht verdient. Dabei ist es jedoch nicht ein bewusster Wille zur Täuschung, der hier wirkt. Verschwörungstheorien greifen zu kurz, die eine Religion quasi als Erfindung von Kreisen, Gruppen oder einer Herrschaftsklasse sehen will, weil diese an der Erfindung ein Interesse hätte. Es handelt sich hier weniger um Betrug als vielmehr um Selbstbetrug. Die Gläubigen werden weniger aktiv betrogen, sondern haben viel mehr die Tendenz, sich selbst zu betrügen, sich Dinge einzureden, an die sie gerne glauben möchten, Rituale zu vollziehen, von denen sie sich Hilfe versprechen, und religiöse Führer zu verehren, die sie verehren wollen. Die Fähigkeit zum Selbstbetrug ist die entscheidende Voraussetzung für Religion überhaupt, die Quelle, aus der die schillernde Vielfalt religiöser Anschauungen und Praktiken entspringt. Angesichts Tausender Religionen mit sich widersprechenden Glaubenssätzen ist der Selbstbetrug in der Religion so sicher wie das Amen in der Kirche. Doch der Selbstbetrug hat sich als Glaubensgewissheit getarnt, er ist für die Betroffenen kaum zu erkennen und Gläubigen von Außenstehenden kaum verständlich zu machen.

Nicht aus dem Willen zur vorsätzlichen Täuschung heraus haben die Evangelisten das Leben Jesu gestaltet. Vielmehr entsprang die Unwahrheit aus der religiösen Ergriffenheit, aus dem Glauben an diesen Jesus. Wenn Matthäus ein Wunder, das er bei Markus vorgefunden hat, einfach verdoppelt oder anderswie steigert, so ist dies für ihn, anders als für unser modernes Verständnis, keine Verfälschung oder Erfindung, sondern Ausdruck seines Glaubens an diesen Gottessohn, der nach seinen Vorstellungen gar nicht großartig genug geschildert werden kann. Die Bodenhaftung der religiösen Stifterfiguren nimmt deshalb mit zunehmender Verehrung ab. Dies darf für alle Religionen unterstellt werden, genauer untersuchen kann man es in den Buchreligionen, und besonders untersucht worden ist es beim Christentum und bei den neutestamentlichen Schriften.

Jesus war nicht der, als den ihn die Evangelisten und später die Kirche ausgeben. Sein Bild ist verzerrt und an nicht wenigen Stellen in sein Gegenteil verkehrt. Heute eine Binsenweisheit, den

Theologen und der Forschung längst bekannt, ist diese aber noch lange nicht in den Köpfen der Gläubigen angekommen. Der Jesus der Kirche ist eine Kunstfigur, zurechtgeschnitzt von einer Vielzahl gläubiger Handwerker, zu deren wichtigsten die Evangelisten und Paulus gehörten. Das wenige, was wir von Ihm wissen, muss mühsam unter den Übermalungen der Evangelisten freigelegt werden. Und was wir finden, ist wenig spektakulär.

Jesus von Nazareth muss gesehen werden als einer von vielen Vertretern eines apokalyptisch bestimmten Judentums. Über seine Kindheit und Jugend ist nichts bekannt, die wundersamen Legenden über seine Geburt verdienen diese Bezeichnung eigentlich nicht, denn es findet sich in ihnen kein historischer Kern. Allesamt sind sie fromme Erfindungen, sind nicht nur märchen*haft*. Sie verdanken ihre Existenz dem verständlichen Wunsch, den religiösen Führer auch mit einer bedeutenden Geburt und Kindheit auszustatten. Kindheit und Jugend waren jedoch offenbar unspektakulär gewesen, denn als Jesus seine Wirksamkeit recht spät endlich beginnt, waren seine Verwandten keineswegs darauf vorbereitet. Sie halten ihn für verrückt und wollen ihn nach Hause holen. Viel spricht dafür, dass er in Johannes dem Täufer so etwas wie einen Mentor gesehen hat, den er offenbar bis zu seinem Tod verehrte. Man kann im Neuen Testament noch erkennen, dass die Meinung von Johannes über Jesus weit weniger enthusiastisch war. Auch hat im ersten Jahrhundert zwischen Jesus- und Johannesjüngern noch so etwas wie eine Rivalität bestanden.

Jesus kommt jedenfalls aus der Johannesbewegung, was sich auch aus den großen Übereinstimmungen zwischen dessen Lehre und der Verkündigung Jesu erkennen lässt. Wenn Jesus dessen Jünger war – trotz aller Wahrscheinlichkeit gibt es keinen direkten Beweis dafür –, so haben dies die Evangelisten jedenfalls streichen müssen, weil es bald als anstößig empfunden wurde. Sicher ist jedoch, dass Jesus von Johannes getauft worden ist und dass er sich insofern auch als Sünder sah, der dieser Taufe bedurft hat. Die Sündlosigkeit Jesu ist spätere Dogmatik und wird ihm übergestülpt wie so vieles mehr. Seine Taufe versucht die Überlieferung später zu relativieren, der Evangelist Johannes lässt sie ganz weg.

Der Kern der Verkündigung Jesu ist die Lehre von der unmittelbar bevorstehenden Gottesherrschaft, die Wende der Geschichte durch ein direktes Eingreifen Gottes und die Aufrichtung einer nicht jenseitig, sondern irdisch gedachten Königsherrschaft Gottes. Die Nähe dieser Gottesherrschaft hat schon der Täufer verkündet. Johannes und Jesus sahen sich beide als so etwas wie die letzten Warner vor diesem endzeitlichen Eingreifen Gottes. Beide hatten eine ausgeprägte Naherwartung und beide haben sich in diesem zentralen Punkt ihrer Verkündigung geirrt. Denn das Reich Gottes ist nicht gekommen, es ist auch nach 2000 Jahren nicht da. Jesu Prophezeiung war Falschprophetie.

Jesus hat wie Johannes einen Kreis von Jüngern um sich gesammelt und ist mit diesen als eine Art Wanderprediger in Galiläa herumgezogen, vorwiegend in der Nähe des Sees Genezareth. Diese Wirksamkeit hat wohl nicht länger als ein Jahr gedauert, vielleicht auch nur wenige Monate. Man wird ihm eine gewisse rhetorische Begabung zusprechen müssen sowie grundsätzlich die Fähigkeit, andere Menschen zu begeistern, denn neben dem engeren Jüngerkreis gab es offenbar viele, die ihn unterstützten, darunter auch Frauen. Seine Wirksamkeit bestand im Predigen, oft in Form von Gleichnissen und zuweilen auch in Auseinandersetzung mit den religiösen Provinzautoritäten, vor allem den Pharisäern. Doch scheint es sicher, dass die schroffe Abgrenzung zu den Pharisäern eher die Distanz der frühen Christen zum Judentum widerspiegelt als die Distanz Jesu zu ihnen.

Neben einer die Menschen bewegenden Predigtgabe hatte Jesus auch den Ruf eines Exorzisten und Wundertäters. Es wurden ihm Heilkräfte zugesprochen, Kranke suchten seine Nähe. Und vermutlich hat er selber in seinem Handeln, vor allem in den Exorzismen, eine besondere Erwählung durch Gott erkannt, vielleicht sogar eine Bestätigung der nah bevorstehenden Gottesherrschaft.

Zum Passahfest verließ er seinen galiläischen Wirkungsbereich und zog mit seinen Jüngern vermutlich erstmals nach Jerusalem. Hier ist er alsbald von den Römern gekreuzigt worden. Die Gründe dafür sind unklar, es spricht jedoch einiges dafür, dass es vor allem seine Störung des Tempelkults und seine Tempelkritik und damit ein indirekter Angriff auf die sadduzäische Oberschicht waren. Diese waren sich mit den Römern einig, Störungen Einzelner anlässlich des sensiblen Festes mit Zigtausenden Pilgern sofort zu unterbinden. Die Hinrichtung Jesu erfolgte möglicherweise präventiv, er starb den Tod eines Aufrührers. Sein Tod traf Jesus vermutlich unvorbereitet und auch unbeabsichtigt, seine Jünger hat er offenbar nicht darauf vorbereitet. Sie flohen aus Jerusalem zurück nach Galiläa. Die in den Evangelien überlieferten Leidensweissagungen sind spätere Erfindungen der Gemeinde.

Nach seinem Tod behaupteten seine Jünger (unklar ist wann), er sei von den Toten auferstanden. Der Ursprung des Auferstehungsglaubens besteht möglicherweise in subjektiven Visionen einzelner Jünger, unbeteiligte Zeugen hierzu gibt es offenbar keine. Die Erscheinungsgeschichten sind allesamt spätere Bildungen der Gemeinde.

Soweit die dürftigen Eckdaten zu seinem Leben, mühsam erhoben vor allem aus den synoptischen Evangelien, hier bereits stark übermalt und idealisiert, doch noch weit entfernt von späterer Verherrlichung und Vergöttlichung.

Wir haben das Leben eines frühjüdischen Apokalyptikers vor uns, der ganz und gar im Judentum lebte und als Jude am Kreuz gestorben ist. Es ist das historische Grundmissverständnis der christlichen Kirchen, dass dieser Jesus von Nazareth auch nur irgendetwas mit dem Christentum zu tun hat. Und es ist eines der historischen Generalparadoxa, dass ausgerechnet er zur Stifterfigur eine Kirche wurde, die das Judentum mehr als alle anderen Religionen bekämpft und unterdrückt hat.

Denn dass sich Jesus bis zuletzt als Jude verstanden und gefühlt hat, darüber besteht in der Forschung nicht der geringste Zweifel. Die Transformation Jesu zum Begründer oder zum Grundleger des Christentums war nur zu haben um den Preis einer fast gewaltsamen Umdeutung dessen, was er in seinem Innersten gewollt hat, war nur zu haben durch den Akt einer geistesgeschichtlichen Vergewaltigung. Indem die Kirche Jesus zu ihrem Herrn gemacht hat, hat sie den wahren Jesus, den geschichtlichen Jesus versklavt und für ihre Zwecke benutzt. Der historische Jesus wurde zum allerersten Opfer einer an Opfern überreichen Kirche. Und während die Römer ihm nur das Leben nehmen konnten, hat die sich fälschlich auf ihn berufende Kirche viel schlimmer an ihm gehandelt, indem sie sein Leben umdeutete, indem sie ihm seine Persönlichkeit nahm, indem sie ihn seines Judeseins entkleidete und ihn zum Werkzeug machte im Kampf gegen eben seine jüdischen

Glaubensbrüder. Was ist die Dornenkrone der römischen Schergen, was ist die Schändung seines Leibes auf dem Weg nach Golgatha gegen dieses Verbrechen der Kirche an seiner Seele, gegen diese falsche Königskrone, mit der man ihn bald neben Gott den Allmächtigen setzte, wo doch nach jüdischem Glauben niemand anderes sitzen darf.

Ja, Jesus wurde in der Tat geopfert, aber auf andere Weise, als uns dies die paulinische Theologie und erst recht die späteren christlichen Dogmatiken weismachen wollen. Nichts hat er getan, was über sein Judesein hinausweist, an den einen Gott hat er geglaubt, zu ihm hat er gebetet mit seinem Gebet, welches durch und durch ein jüdisches Gebet ist. Gottes- und Nächstenliebe hat er gepredigt, auch dies in guter jüdischer Tradition. In den Synagogen hat er gelehrt, von der Aufrichtung der Gottesherrschaft hat er gesprochen, in der Überzeugung von deren Nähe gelebt. Er war ein Jude unter Juden und wollte nichts anderes sein. Das Gebiet der Heiden hat er demonstrativ gemieden. Es hat ihm alles nichts geholfen, die christliche Kirche hatte nach seinem Tode die Deutungshoheit über sein Leben und hat davon ausgiebig Gebrauch gemacht. Indem sie ihn zu ihrem Herrn machte, machte sie ihn zu einer tragischen Gestalt.

Ihn endlich und zur Gänze als frommen Juden zu akzeptieren, werden die Kirchen niemals sich bereitfinden, denn sie brauchen ihn als Sohn Gottes, der neben seinem Vater auf dem Thron sitzt. Und beides zusammen geht nicht, auch wenn *aufgeklärte Christen* dies auf die Reihe zu bringen meinen.

Das Judesein Jesu bedeutet aber auch eine Beschränkung. Denn alle Nichtjuden müssen sich fragen: Was hat denn dieser Mann mit uns zu tun? An eine Weltmission oder nur an eine Botschaft für die Heiden (also die Nichtjuden) hat Jesus nie gedacht. Der Missionsbefehl, der die Jünger in alle Welt sendet, ist eine Erfindung des Evangelisten Matthäus, Jesus hat ihn nie erteilt. Seine Botschaft richtete sich an seine Glaubensbrüder vor zweitausend Jahren, sie hatte die Nichtjuden nicht im Blick, und uns heute erst recht nicht. Es ist grotesk und Ausdruck einer ungeschichtlichen Gefühlsduselei, dass heute überall auf der Welt fromme Christen in Bibelkreisen der Frage nachgehen, wie seine Worte „heute zu verstehen sind", was er uns „gerade heute sagen will", und dass sein Wort

214

allsonntäglich von den Kanzeln „für uns heute" ausgelegt wird. Dieser Jesus kannte uns nicht, wir waren weit außerhalb seines Horizonts. Er hatte kein Wort für uns.

Doch selbst wenn sein Wort an uns gerichtet wäre, die Verlegenheit wäre nicht geringer. Denn so wie Jesus ein missbrauchter, ein von der Kirche bis heute nicht ernst genommener Mensch war, so war er in seinem Menschsein auch ein Irrender. Wie die Gläubigen später war auch er einem Selbstbetrug erlegen, der irrigen Meinung, das Reich Gottes stünde unmittelbar bevor. Der Irrtum Jesu stellt ihn in eine lange Reihe religiöser Schwärmer, angefangen im jüdischen Bereich mit den ersten Apokalyptikern und nicht endend mit den Zeugen Jehovas, die schon mehrmals das Weltende vorhergesagt haben. Jesus steht mit seinem Irrglauben in einer Reihe mit den Schwärmern der Reformation, mit Endzeitmönchen des Mittelalters, mit ketzerischen Volksbewegungen, die, von der Kirche verfolgt, das baldige Ende der Welt verkündigten. Er steht in einer Reihe mit unzähligen Sekten, die auf das Ende der Zeiten warten, mit Pietisten, Enthusiasten, religiösen Predigern, selbsternannten Propheten, allen jenen, die des Anbruchs des neuen Äons harren. Heute noch wartet man in frommen Kreisen auf die Aufrichtung des Reiches Gottes und auf die Wiederkunft dessen, der selber vor zweitausend Jahren schon vergeblich auf dieses Reich gewartet hat. Alle dieser Vertreter einer Naherwartung, alle diese Mahner, diese Vorankündiger haben sich allesamt der Lächerlichkeit preisgegeben, zumindest im Nachhinein. Denn es war ja alles falsch. Jesus war nicht der Erste und erst recht nicht der Letzte in dieser Reihe von religiösen Endzeitpredigern. Doch er war ihr bekanntester.

Wie ist aber eine Lehre zu beurteilen, deren zentraler Punkt sich als falsch erwiesen hat. Das Alte Testament spricht es deutlich aus:

Wenn der Prophet redet in dem Namen des Herrn und es wird nichts daraus und es tritt nicht ein, dann ist das ein Wort, das der Herr nicht geredet hat. Der Prophet hat es aus Vermessenheit geredet; darum scheue dich nicht vor ihm. (Dtn 18,22)

Wie die Kirche den Juden Jesus zum quasi ersten Christen umgebogen hat, so hat sie sich auch seine Lehre so zurechtgebogen, wie sie es brauchte. Im Ergebnis spielte es gar keine Rolle mehr, was

Jesus wirklich gedacht und gesagt, was er wirklich gewollt hat. Der religiöse Glaube macht sich die Welt, gerade wie sie ihm gefällt. Es ist offenbar auch dies ein religionsgeschichtliches Gesetz: Ein Religionsstifter hat weit weniger Einfluss auf die Ausformung einer bestimmten Lehre als diejenigen, die ihn als Erste tradieren, die seine ersten Anhänger sind. Paulus hat weit mehr Einfluss auf die Ausbildung des Christentums und die christlichen Grundlehren gehabt als Jesus selbst. Und bereits Paulus hat es sich leisten können, einen völlig anderen Jesus der Welt zu präsentieren, ein Kunstprodukt seiner Fantasie. Nach dem Willen des vermeintlichen Stifters hat er nicht gefragt. Und auch die Kirche hat dies wenig interessiert, sie hielt sich eher an Paulus oder an ihre eigene Lehrtradition.

Indem die Kirche Jesu „heiligen Willen" (Goethe) missachtete, legte sie den Grundstein für ihre eigene Existenz. Das Christentum basiert auf einem weltgeschichtlich überaus wirksam gewordenen Irrtum. Dabei sei erneut betont: Es ist kein aktiver Betrug im Sinne einer Verschwörungstheorie, es ist vielmehr ein Selbstbetrug von Gläubigen, wie er wohl am Beginn von allen Religionen steht. Die Gläubigen haben nicht bewusst eine Religion erfunden, sie haben sich eher in religiöse Anschauungen und Überzeugungen hineingeglaubt. Aus den anfangs noch relativ unentwickelten und vielfach noch gegensätzlichen Glaubensvorstellungen entstanden bald festere Glaubenssätze. Der paulinische Einfluss und die Dominanz des Heidenchristentums, später dann die altchristlichen Konzilien haben das Ihrige getan. Am Ende stand ein Christusbild, welches mit dem historischen Jesus nicht mehr das Geringste zu tun hatte. Die Kirchen glauben an eine von ihnen selbst geschaffene Fiktion und halten diesen Glauben für eine Tugend.

Mit Jesus hat dies nichts zu tun, und dies ist in mancher Hinsicht auch gut so. Denn sein Glaube hatte durchaus fragwürdige Züge. Er war ein religiöser Extremist, das Reich, dass er erwartete, war kein Reich des Friedens, es bedeutete ebenso Gericht. Obwohl sich in seiner Verkündigung auch humane und fortschrittliche Züge finden, ist sein Denken doch in den gängigen apokalyptischen Vorstellungen seiner Zeit gefangen. Es ist geprägt von Gerichtsgedanken und Höllenglauben, von Heulen und Zähneknirschen, erfüllt nicht nur von Gottes Gnade, sondern auch vom Leid derer, die verworfen werden. Seine Nächstenliebe, gar Feindesliebe findet ihre rasche Grenze in diesen unmenschlichen und grausamen zeitgenössischen Vorstellungen, von denen er sich offenbar nicht hat befreien können. Diese dunklen Züge seiner Verkündigung werden oft übersehen, es wird nicht wahrgenommen, „dass Jesus eine radikale Bekehrungsreligion lebte und verkündigte. Dies heißt auch: Jesus ist nirgendwo ‚lieb' und vertraut. Er ist kein Seelenfreund und erst recht kein ‚herzallerliebstes Jesulein'. Er ist auch kein Kämpfer für die Solidarität mit den Entrechteten. Seine Person und Botschaft tragen durchaus autoritäre Züge." (Roman Heiligenthal, Der verfälschte Jesus, S. 27). Die Gerichtspredigt hat er vielleicht von Johannes dem Täufer übernommen, der mit ihr noch viel stärker hausieren ging als Jesus. Doch sie ist auch bei ihm präsent. Jeder Baum, der keine guten Früchte bringt, wird ausgerissen und verbrannt.

Soll ein solcher Jesus für die heutige Zeit zum Maßstab werden, ein Gerichtsprediger, Höllenverkünder, ein religiöser Radikalist und Fundamentalist? Oder soll man sich in unserer Gesellschaft nicht doch eher an Werte wie Toleranz und Meinungsfreiheit halten? Ist dieser Jesus und die angeblich in seiner Lehre transportierten Werte wirklich so wichtig für ein menschliches Zusammenleben, wie uns das die Kirchen seit zweitausend Jahren predigen? Auf christliche Werte und was diese eigentlich sind, werden wir in späteren Kapiteln noch zu sprechen kommen. Sieht man Jesus in den Grenzen seiner Religion, seiner eigenen Religion, wird schnell seine Begrenztheit deutlich, bei allen durchaus positiven Anschauungen, die dieser Apokalyptiker auch gehabt hat. Jesus von Nazareth dürfte die am meisten überschätzte Figur der Weltgeschichte sein.

Für wen hat er sich gehalten? – Jesu Selbstverständnis

Hat er nicht nur die Wichtigkeit seiner Botschaft, sondern auch sich selbst überschätzt? Noch einmal fragen wir danach, ob er nicht doch ein messianisches Selbstbewusstsein hatte? Hat er sich selbst eine Rolle zugedacht beim Heranbrechen der Gottesherrschaft? Hat er sich vielleicht doch für den Messias gehalten? Diese Fragen haben die neutestamentliche Forschung heftig bewegt. Und sie hängen mit Jesu Titeln zusammen, die in den Evangelien auftauchen.

In der Forschung wird diesen Titeln und der Frage, ob er sie benutzt hat, ein viel zu breiter Raum eingeräumt. Denn eines ist klar: Selbst wenn sich Jesus z. B. für den Messias gehalten hätte, würde dies weniger etwas über seine metaphysische Natur aussagen als vielmehr über seinen religiösen Geisteszustand. Natürlich hält sich jeder subjektiv für wichtiger, als er objektiv betrachtet ist. Tucholsky bemerkt sehr treffend, dass die Masse immer einen mehr hat, als jeder meint. Solange die Selbstüberschätzung im Rahmen bleibt, stört sie nicht und ist sogar gut für das Selbstbewusstsein des Einzelnen. Doch darüber hinaus ist die Weltgeschichte leider voll von religiös und politisch Inspirierten, die sich überspannt für irgendetwas Bedeutendes hielten, sich selbst als die Mitte irgendeiner Bewegung sahen, vorgaben, Künder irgendeiner Offenbarung zu sein, Verwirklicher irgendwelcher göttlicher Pläne oder Vollstrecker einer selbstgebastelten Vorsehung. Verfügten die Menschen über die Fähigkeit, andere Menschen zu begeistern, konnten sie gewaltigen Einfluss gewinnen. War Jesus einer von ihnen? Dass man ihn später dazu gemacht hat, ist überdeutlich: Nur, hat er *selbst* sich im endzeitlichen Drama eine Rolle zugedacht, eine Hauptrolle gar?

Wir haben oben schon den Begriff bzw. Titel *Menschensohn* eingehender besprochen. Die Kirche hat Jesus jedoch später nicht mehr als Menschensohn, sondern als *Sohn Gottes* bezeichnet und tut dies noch heute. Abgeleitet wird dies gerne aus der Gottesstimme bei der Taufe Jesu, die auf Ps 2,7 verweist: „Mein Sohn bist du, heute habe ich dich gezeugt". Im Judentum meinte die Gottessohnschaft aber keinen überirdischen Herrscher, sondern den regierenden König. Insofern kannte Israel eine ganze Reihe von Söhnen Gottes. Man meinte damit aber keine genealogische Verwandtschaft oder gar wesensmäßige Identität von Vater und Sohn. Augstein resümiert zu Recht: „Kaum ein nennenswerter Theologe behauptet heute noch, Jesus habe sich für Gottes Sohn erklärt oder gehalten, obwohl das gesamte Christentum [...] mit diesem Dogma, er sei der Gottessohn, steht und fällt." (Augstein, Jesus Menschensohn, S. 73)

Der Sohn-Gottes-Begriff konnte aber auch allgemeiner verstanden werden. Gläubige konnten sich als Söhne Gottes verstehen

(Töchter kamen erst im 20. Jahrhundert hinzu), nicht nur für Jesus war Gott der Vater, sondern ebenso für die Jünger. Zudem hat Jesus selbst von den Söhnen Gottes (im Plural) gesprochen und z. B. diejenigen so bezeichnet, die Frieden stiften (Mt 5,9). Die Gemeinde hatte von einem solchen allgemeinen Gebrauch des Sohn-Gottes-Begriffs im Munde Jesu jedoch wenig. Nach Ostern, als Jesus exklusiv als Sohn Gottes bezeichnet wurde, musste dieser allgemeine Gebrauch abnehmen.

Die Sohn-Gottes-Titulatur hat ihren Ursprung zwar noch im frühen Judenchristentum, in verwandelter Form entfaltete sie ihre Wirksamkeit aber dann in einer griechisch geprägten Umwelt. Hier wird sie erst eigentlich populär und kann auch langsam mit ontologischen Begrifflichkeiten gefüllt werden.

Die Urgemeinde hat Jesus als *Messias* verehrt, als den endzeitlichen Gesalbten Gottes. Dabei gab es im Judentum keine festen eschatologischen Vorstellungen. Es gab Endzeiterwartungen mit und ohne eine Messiasfigur. Die Gemeinde in Qumran erwartete sogar zwei Messiasse. Es gab zudem explizit politische Messiasse bzw. Menschen, die als Messias angesehen worden sind. Zu diesen gehörte bemerkenswerterweise auch der Perserkönig Kyros, den Jesaja in Jes 45,1 als Messias (= Gesalbten) Jahwes bezeichnet. Unter den Gesalbten wurden im Alten Testament aber in der Regel die Könige Israels verstanden. Die bisherigen Messiasse waren somit allesamt Personen der Vergangenheit, und für die Zukunft wurde nicht von allen Teilen des Volkes auch ein Messias erwartet. In vielen Endzeitvorstellungen sollte Gott allein handeln.

Der Messias-Titel (*Gesalbter*) war für die griechische Umwelt nur schwer zu verstehen, deshalb wird er immer mehr vom Sohn-Gottes-Titel verdrängt. Übrig blieb die griechische Übersetzung von Messias, nämlich *Christos*. Dieser Titel wird aber zunehmend als Eigenname verstanden. Hat sich Jesus als Messias verstanden? Dieser Titel wäre bei aller Begriffsvielfalt ja zumindest aus der Umwelt Jesu herleitbar. Allerdings taucht der Messiasbegriff nur selten im Sprachgebrauch Jesu auf. Theißen listet fünf Stellen auf und bezeichnet sie als Ausnahmen (Theißen/Merz, Der historische Jesus, S. 467). Zudem erwarteten die Juden keinen auferstehenden Messias, sie kannten nur eine Auferstehung aller Toten zum Gericht. Und in der jüdischen Überlieferung taucht auch nirgendwo ein gekreuzigter Messias auf. Der Messias war auch immer eine Gestalt aus Fleisch und Blut, er hatte nichts Göttliches an sich, sondern war ein herausgehobener Mensch. Die Messiaserwartung der Juden war somit eine völlig andere als das, was die Christen alsbald als Messias präsentierten. Die Christen haben aus der Not eine Tugend gemacht und Kreuz und Auferstehung kurzerhand in die schon vorhandenen Messiaserwartungen eingebaut und dabei auch gleich aus dem menschlichen Messias einen göttlichen gemacht. Wie beim Sohn-Gottes-Titel sind sich die meisten Neutestamentler auch darin einig, dass Jesus sich selbst nicht als Messias bezeichnet hat. Der Messiastitel ist von den ersten Christen erst *nach* Ostern mit der Gestalt Jesu verbunden worden.

Einige Forscher nehmen jedoch an, dass Jesus, auch wenn er sich explizit nicht so bezeichnet, zumindest implizit so etwas wie eine Messiasvorstellung gehabt hat. Hat sich Jesus als eschatologischer Mittler gesehen, vielleicht auch erst im Verlauf seines Wirkens immer mehr mit dieser Rolle identifiziert? Es wäre nicht das erste Mal, dass ein Prediger in zunehmendem religiösen Enthusiasmus sich selbst als den Verwirklicher, als das eigentliche Werkzeug Gottes zu erkennen meint. Wir haben oben schon gesehen, dass Jesus in einigen offenbar echten Worten sein Wirken mit dem Reich Gottes in Verbindung bringt: „Wenn ich mit dem Finger Gottes die Dämonen austreibe, ist das Reich Gottes zu euch gekommen." (Mt 11,20) Auf die Frage des Täufers, wer er sei, verweist er ebenfalls auf seine Wundertätigkeit (Lk 11,20 und Mt 11,4–5). Er bekennt sich zwar nicht direkt als Messias, scheint sich jedoch irgendwie mit dem verkündigten Reich Gottes in Verbindung zu sehen. Hat er sich doch nicht nur als Verkündiger, sondern auch als Heilsmittler verstanden?

Welche Bedeutung käme dann seinem Gang nach Jerusalem zu? Wollte er wie viele fromme Juden nur das Fest dort verbringen? Oder wollte er mehr? Jerusalem, für einen Römer nur eine eher unbedeutende Stadt in einer unruhigen Provinz, war für einen Juden jedoch der eigentliche Nabel der Welt. Wenn, dann musste sich von hier aus das Gottesreich ausbreiten, hier musste sich ein endzeitlicher Mittler zeigen. Wollte Jesus vielleicht doch getötet werden? Die Juden erwarteten zwar keinen Befreier, der sich opfert. Aber hat Jesus vielleicht dennoch geglaubt, wie einige Forscher meinen, mit seinem Tode das Reich Gottes quasi herbeizwingen zu können? Hat Jesus „bis zuletzt auf das Wunder gewartet, das nicht eintrat"? (Shalom Ben-Chorin, vgl. Augstein, Jesus Menschensohn, S. 237) Hat er erst am Kreuz seinen fatalen Irrtum erkannt?

Wenn Jesu Handeln in Jerusalem ein Plan zugrunde lag, dann war es jedenfalls ein irriger Plan, Gipfelpunkt einer überspannten Erwartung, tragisches Ergebnis eines Realitätsverlusts. Will man keinen solchen Plan annehmen, bleibt nur die schon geäußerte Vermutung, dass die Ereignisse in Jerusalem ihn einfach überrollt haben, dass er, der mit Tempelreinigung und Tempelkritik provozieren wollte, von einem Gegenschlag getroffen wurde, den er in dieser Härte nicht erwartet hatte. Unbedachtheiten setzten seinem in Galiläa durchaus erfolgreichen Wirken in Jerusalem ein schnelles Ende. Die Christen haben Golgatha bald zu einem Sieg umfabuliert. Doch am Kreuz hängt kein Gescheiterter aus höherer göttlicher Ordnung, am Kreuz hängt ein wahrhaft Gescheiterer.

Es ist bemerkenswert, wie auch in der unbezweifelbar seriösen neutestamentlichen Forschung immer wieder bei der Beschreibung Jesu mit Euphemismen gearbeitet wird, wie man immer auf Zehenspitzen das Scheitern dieses Menschen ausdrückt, so als wolle man niemanden wecken, nicht den Kirchenschlaf stören, keine frommen Bibelleser erschrecken. Die Sicht auf Jesus wird auch von den Exegeten immer gemeindekompatibel gehalten. Der Neutestamentler Theißen z. B. spricht bei Jesus von einem *jüdischen Charismatiker*, von einem *Vollmachtsbewusstsein* Jesu, von einem Selbstbewusstsein, das *kaum zu überschätzen* sei. Er habe ein *messianisches Selbstverständnis* besessen (Theißen/Merz, Der historische Jesus, S. 486f.) Alles wohlklingende Worte, die aber das eigentliche Ergebnis verstellen, dass wir es bei Jesus weniger mit einem religiösen Charismatiker als vielmehr mit einem religiösen Fanatiker, weniger mit einem religiös Inspirierten als vielmehr mit einem religiösen Neurotiker zu tun haben. Und was ist sein „Vollmachtsbewusstsein" anderes als Ausdruck von Bewusstlosigkeit?

Mit Rücksicht auf die Kirche und mit Rücksicht auf ihre Studenten, von denen viele als Pfarrerinnen und Pfarrer demnächst vor ihrer Gemeinde stehen, können Theologieprofessoren nicht so deutlich formulieren, wollen nicht Ross und Reiter nennen. Vielmehr muss eine verschleiernde Sprache herhalten, um die Ergebnisse der Forschung mit der Predigt der Kirche irgendwie auf Augenhöhe zu bringen. Theißen formuliert in typischer Weise: „Es kam nicht das Gottesreich [...]. Gott griff in anderer Weise ein: Er erweckte nach dem Glauben der Jünger den Gekreuzigten vom Tode." (Theißen/Merz, S. 487) Wie man das „nach dem Glauben der Jünger" gewichten will, kann jeder selbst festlegen. Alles nur Hokuspokus oder tatsächlich göttlicher Eingriff? Ein solcher Satz kann ob seiner Biegsamkeit mühelos in jede Predigt übernommen werden. Die Theologensprache wird uns noch weiter beschäftigen. Rudolf Augstein formuliert als Nichttheologe deutlicher: „Jener Jude, der sich für den Messias-Menschensohn [...] gehalten hätte, müsste, sagen wir es deutlich, einen Sparren gehabt haben." (Augstein, S. 83)

Will man Jesus klar sehen, darf man ihn nicht durch die rosarote Brille der Kirchen betrachten. Keine dogmatischen Glorifizierungen, keine frommen Legenden. Die königlichen Gewänder, die ihm die Kirchen angelegt haben, passen ihm nicht. Ohne diese Verkleidung erkennt man ihn dann auch mit seinen Beschränkungen und Irrtümern. Lange genug ist er wahrer Gott gewesen, nun darf er wieder wahrer Mensch sein. Und er darf wieder Glied seines Volkes sein und wie die Frommen seines Volkes Gott verehren, und Gott allein.

Noch Paulus betont das Judesein Jesu, wenn er schreibt, er sei von einem Weibe geboren und unter das Gesetz getan (Gal 4,4). Aber Jesus war mehr. Entsprach er auch nicht den übersteigerten Erwartungen des Christentums, so war er doch herausgehoben aus dem *Am Haarez*, dem einfachen Volk. Er zog predigend umher, sammelte einen Schülerkreis um sich (dieses Wort passt besser als das gewöhnliche Wort *Jünger*) und trat als Wundertäter und Exorzist hervor. Auf seine Hörer muss er einnehmend und überzeugend gewirkt haben, als einer, der Autorität ausstrahlt. Seine Lehren wirken provozierend, sind aber noch anzusiedeln im Umkreis der jüdischen Auslegungstradition, er hat weniger Neues verkündet als vielmehr neue Akzente gesetzt, hat interpretiert, statt einzureißen. Er ist nicht gekommen, um das Gesetz aufzulösen, sondern zu erfüllen.

Dieses Bild, das auch noch die Evangelien von Jesus bewahrt haben (wenn auch nicht durchgängig), ist das eines jüdischen Rabbi, eines Auslegers und Interpreten des Gesetzes. Jesus muss als

Rabbi verstanden werden – dies ist die Kategorie, die wohl am meisten seinem Auftreten entspricht. Dazu passen sein Schülerkreis, seine Verkündigung, seine Ethik, die Menschen, die sich mit Fragen an ihn wenden, die Streitgespräche mit anderen Vertretern der jüdischen Frömmigkeit. Und dazu kann man auch, obwohl eher unüblich für einen Rabbi, sein Wanderpredigertum rechnen. Es spricht auch dafür, dass Jesus sich von den Menschen dezidiert als Rabbi hat anreden lassen. Selbst seine Schüler sprechen ihn mit Rabbi an (Mt 26,25; Mk 9,5; 11,21 und öfter). Jesus sieht offenbar keinen Grund, dies richtigzustellen.

Dass Jesus sich selbst als Rabbi gesehen und verstanden hat, dürfte auf alle Fälle gesichert sein. Dass er mehr sein wollte als dies, ist demgegenüber fraglich. Dass er sich als Sohn Gottes verstanden hat, ist absurd. Betrachten wir dieses Ergebnis einer wissenschaftlichen Erforschung, dann kommt es uns vielleicht bekannt vor. Wo haben wir dies schon mal gehört? Natürlich nicht bei den christlichen Kirchen, wohl aber bei jüdischen Theologen. Jesus als frommer Rabbi: Das ist nicht nur das Ergebnis der wissenschaftlichen Erforschung der Evangelien, es ist auch die jüdische Meinung über Jesus, wie sie schon in der Antike zumindest teilweise vorhanden war. Und dies ohne Aufklärung und ohne moderne Forschung. In neuerer Zeit ist sie u. a. von Shalom Ben-Chorin ausgesprochen worden (vgl. Shalom Ben-Chorin, Bruder Jesus, S. 25).

Das Judentum hat also fast immer schon klarer gesehen, wer Jesus ist und was er wollte. Die christlichen Kirchen liefern uns dagegen seit zweitausend Jahren ein dogmatisches Zerrbild. Erst im Zuge der wissenschaftlichen Erforschung der christlichen Heiligen Schriften in den letzten Jahrhunderten hat man im christlichen Abendland diesen Stand der Erkenntnis erlangt, den das Judentum intuitiv längst hatte. Dies sollte für die Kirchen eigentlich Anlass zur Scham sein. Das von den Christen verfolgte Volk der Juden ist mit seinem Jesusbild viel näher an der Wirklichkeit dran als diejenigen, die sie wegen dieses angeblich falschen Jesusbildes verfolgten. Wie jemand, der seinen Bruder lautstark des Diebstahls bezichtigt und dann den vermissten Geldschein als Lesezeichen im eigenen Buch findet.

Die schrittweise Vergöttlichung des Menschen Jesus

Der Mensch Jesus wurde bald nach seinem Tod zu einem Gott umgeglaubt. Im Neuen Testament kann man diesen Vorgang des Wachsens der Christologie mit Vor- und Zwischenstufen noch deutlich erkennen. Und man erkennt: Nicht von Beginn an traute man sich, in Jesus den Gottessohn zu sehen. Der Glaube an Jesus als den Sohn Gottes ist keine göttliche Offenbarung, er ist geschichtlich gewachsen.

Ein frühes Stadium der Christologie findet man noch an populärer Stelle zu Beginn des Römerbriefs.

Paulus, Knecht Christi Jesu, berufen zum Apostel, auserwählt zur Verkündigung des Evangeliums Gottes, das er durch seine Propheten im voraus verheißen hat in den heiligen Schriften über seinen Sohn, der dem Fleisch nach geboren ist *als Nachkomme Davids*, der nach dem Geist der Heiligkeit *eingesetzt* ist als Sohn Gottes in Macht *seit der Auferstehung von den Toten*, das Evangelium von Jesus Christus, unserem Herrn. (Röm 1,1–4)

Die Einsetzung Jesu zum Sohn Gottes erfolgt hier erst *seit der Auferstehung von den Toten*, also vergleichsweise spät. Erst mit der Auferstehung wird also aus dem Menschen Jesus, dem Nachkommen Davids, ein Gottessohn, er wird quasi zum Sohn Gottes befördert, ist es nicht von Beginn an. Durch die Auferstehung hat Gott seinen Willen zum Ausdruck gebracht. Diese Spätansetzung ist dabei nicht Meinung des Paulus. Vielmehr zitiert er hier offenbar eine ältere Glaubensformel, die wohl unmittelbar in die Urgemeinde zurückreicht. Indem er diese Formel tradiert, rettet er sie für uns und für die historische Forschung.

In einer in der Apostelgeschichte nachzulesenden, im Übrigen vom Evangelisten Lukas erfundenen Rede des Paulus findet sich eine ähnliche wohl sehr alte Vorstellung:

So verkünden wir euch das Evangelium: Gott hat die Verheißung, die an die Väter ergangen ist, an uns, ihren Kindern, erfüllt, indem er Jesus auferweckt hat, wie es schon im zweiten Psalm heißt: Mein Sohn bist du, heute habe ich dich gezeugt. (Apg 13,32–33)

Erst mit der Auferweckung, erst mit dem *Heute* wird Jesus zum Sohn Gottes, nicht früher. Diese Vorstellung lässt wenig Raum für einen Jesus, der bereits als Irdischer göttlichen Charakter hat, und sie widerspricht implizit den auch von Lukas tradierten oder erfundenen Geburtslegenden, nach denen das göttliche Wesen Jesu schon vor seiner Geburt feststand. In einem frühen Stadium des Glaubens der Urgemeinde war es also weniger Jesus, der gehandelt hat, sondern vielmehr Gott, der sich des Menschen Jesus angenommen, ihn als seinen Sohn akzeptiert hat. Es ist dies noch eine verhaltene Christologie, eine Christologie, die noch nicht unter vollem Dampf steht, den späteren Vorstellungen von Christus, dem Sohne Gottes eher noch unähnlich, bestenfalls vielleicht in diese Richtung weisend. Nachdem aber der christologische Zug erst einmal in Fahrt gekommen war, haben sich die Christen bald nicht mehr so zurückhaltend gezeigt.

Die Hoheit Jesu wurde nun immer stärker betont. Bei Markus hört man die Worte *Heute habe ich Dich gezeugt* schon bei der Taufe Jesu. Schon bei der Taufe wird hier Jesus als Sohn Gottes adoptiert. Auch hier noch kein Wort von einer früheren Berufung und Bedeutung des immerhin schon etwa 30-Jährigen. Für Markus beginnt seine Hoheit erst mit seiner Taufe, sie ist auch das Erste, was er überhaupt von Jesus erwähnt. Markus kennt noch keine Jungfrauengeburt und auch kein göttliches Kind. Erst Matthäus und Lukas dehnen in ihren Evangelien die Hoheit Jesu schon auf das ungeborene Kind aus. Doch dabei bleibt es nicht.

Das Johannesevangelium beginnt mit dem Satz: *Am Anfang war das Wort* (Logos). Ein schöner Beginn, der angelehnt ist an den ersten Vers des Alten Testaments: *Am Anfang schuf Gott Himmel und Erde.* Mit dem Logos ist Christus gemeint, und mit dieser Verknüpfung wird angedeutet, dass Christus vor aller Zeit, vor Entstehung der Welt und der Menschen bereits der Gottessohn war. Christus ist für Johannes präexistent, seine Hoheit erst mit der Taufe oder gar erst der Auferstehung beginnen zu lassen, wäre für Johannes fast schon Lästerung. Das Johannesevangelium schildert uns denn auch Jesus als wandelnden Gott auf Erden, der in gebieterischer Weise göttliche Reden hält und der selbst am Kreuz noch mit seinem *Es ist vollbracht* das Gesetz des Handelns fest in der Hand hält. Das Johannesevangelium wurde nach eigener Aussage geradezu geschrieben, um die Göttlichkeit Jesu zu erweisen (Joh 20,31). So

225

etwas lag Markus noch fern. Im Johannesevangelium verkündet Jesus sich selbst, wo er bei Markus noch das Reich Gottes verkündigt hat. Der ungläubige Thomas bei Johannes erweist sich als gar nicht so ungläubig, denn er nimmt spätere dogmatische Fixierungen vorweg, wenn er, nun endlich überzeugt, ausruft: *Mein Herr und mein Gott* (Joh 20,28), eine auch für dieses fantasiereichste Evangelium steile Aussage.

Wie anders erscheint hier der Jesus im älteren Markusevangelium, der von dieser Gottheit noch nichts zu wissen scheint und den uns Markus viel menschlicher schildert. Die Anrede *Sohn Gottes* verbietet er den ihn so bezeichnenden Dämonen (Mk 3,12). Dagegen wird Jesus häufig noch als Rabbi (Mk 9,5; 11,21) und als Lehrer (gr. *didaskalos*) bezeichnet. Gerade in diesen eher harmlosen Beschreibungen spiegelt sich die historische Wahrheit wider, denn es ist schwer vorstellbar, dass man ihn in späterer Zeit noch so unspektakulär bezeichnet hätte.

Jesus ist im Markusevangelium auch noch nicht allmächtig, und Anstoß erregten bald die Zeilen, dass er in Nazareth, wie Markus noch schreibt, kein Wunder vollbringen konnte (Mk 6,5). Auch wenn dies Markus selbst schon wieder zu korrigieren scheint, indem er wohl mit eigener Hand den Halbvers einfügt: *außer dass er einige Kranke durch Handauflegen heilte.* Jedenfalls kann man sehr schön noch den Bruch in den Aussagen erkennen. Matthäus schwächt die markinische Darstellung ab und spricht von *nicht vielen Wundern* (zu diesem ganzen Abschnitt vergl. Deschner, Abermals krähte der Hahn, S. 47f.) Eine Zeichenforderung, also ein besonders großes Wunder, lehnt Jesu ab. Er wird gewusst haben, warum.

Auch ist bei Markus Jesus noch nicht allwissend. Den Geist eines Besessenen fragt er: *Wie heißt du?* (Mk 5,9) Oder seine Jünger fragt er bei der Speisung der Fünftausend: *Wie viele Brote habt ihr?* (Mk 6,38: 8,5) Ein Gottessohn sollte solche Dinge doch eigentlich wissen. Und so wundert es nicht, dass Matthäus viele dieser Fragen Jesu einfach streicht. Sie passten nicht in sein theologisches Konzept. Denn er will Jesus als göttlich darstellen, und dieser dogmatischen Absicht opfert er ja auch an anderen Stellen die historische Wahrheit. Das Matthäusevangelium wurde ja nicht umsonst das Evangelium der Kirche. Anstößig war es auch, wenn bei Markus berichtet wird, dass Jesus einen Reichen, der ihn gut nennt, zurechtweist: „Was nennst du mich gut? Niemand ist gut als Gott allein." (Mk 10,18) Hier antwortet Jesus in bester rabbinischer Tradition, doch Matthäus kann dies natürlich nicht so stehen lassen und ändert, indem er den von Markus übernommenen Text verfälscht: „Was fragst du mich über das Gute? Einer ist der Gute." (Mt 19,17) Der Jesus des Johannes wird dagegen später prahlen: *Wer unter euch kann mich einer Sünde zeihen?* (Joh 8,46)

Die Idealisierungen setzen sich fort bis zum Tod Jesu am Kreuz, der bei Markus als absolute Gottverlassenheit geschildert wird, indem er Jesus Psalm 22 beten lässt: *Mein Gott, mein Gott, warum hast du mich verlassen.* Der Jesus des Johannes schreitet demgegenüber geradezu majestätisch in den Tod. Der Jesus bei Markus vergibt Judas *nicht* und betet auch nicht für seine Henker.

Im Markusevangelium gibt es viele Stellen, an denen Jesus verbietet, über seine Hoheit zu sprechen, seine Wunder weiterzuerzählen, in denen er um sein Wirken insgesamt den Schleier des Geheimnisses zu legen scheint. Es ist viel gerätselt worden, warum Jesus dies getan hat (wenn er es getan hat). Die einleuchtendste Erklärung hierzu (wenn auch inzwischen kritischer gesehen) kommt immer noch von dem Neutestamentler William Wrede. Das Messiasgeheimnis bei Markus sollte nach Wrede die Lücke schließen zwischen einem eigentlich unmessianischen Auftreten Jesu und dem Messiasglauben der ersten Christen.

Wie dem auch sei: Deutlich ist auf jeden Fall, dass in der Jesusüberlieferung die klare Tendenz bestand, die Göttlichkeit Jesu immer stärker zu betonen und seine Menschlichkeit immer stärker zurückzunehmen. Noch in den neutestamentlichen Schriften sind diese Tendenzen klar zu erkennen, obwohl diese bereits von Jesus als dem Messias bzw. Sohn Gottes ausgehen. Die Steigerung der Göttlichkeit Jesu war fast unausweichlich, die Religionsgeschichte kennt hier viele Parallelen. Zentrale Personen einer Religion, sei es der Stifter selbst oder seien es Jünger oder Heilige, werden alsbald mit einem Kranz von Legenden umgeben. Deshalb erhalten diejenigen Schilderungen besonderes Gewicht, die gerade *nicht* die Herrlichkeit, sondern die Menschlichkeit des Religionsstifters oder seiner Jünger betonen. Gerade wo Jesus menschlich und eben nicht göttlich, wo er fehlbar ist, wo er als Rabbi und eben nicht als Sohn Gottes auftritt, bewegt man sich historisch auf besserem Grund.

Das Christentum als weltgeschichtlicher Irrtum – Ein Zwischenfazit

Am Ende dieses Teils unserer Untersuchung durfte Eines feststehen. Die Kirchen, gleich welche auch immer, berufen sich zu Unrecht auf diesen Jesus von Nazareth, den sie für den Sohn Gottes ausgeben. Die kritische Forschung erweist die tradierten Glaubenssätze von Katholiken und Protestanten in ihrem Kern als mit dem historischen Jesus nicht vereinbar. Sie erweist ihre Ausbildung als historisch gewachsen und den normalen Gesetzen einer Überlieferung unterworfen, keineswegs irgendeiner übernatürlichen Offenbarung geschuldet. Jesus war nicht der, für den man ihn hielt, erst durch die religiöse Fantasie der ersten Gläubigen wurde er zu dem gemacht, als der er dann verkündet wurde. Das Christentum ist im letzten Sinne grundlos, ohne Fundament, eine Illusion.

Das Neue Testament erweist sich als brüchige und widersprüchliche Sammlung von Glaubenszeugnissen, als geronnenes Wunschdenken der ersten bis dritten Generation. Gerade die sogenannten Heiligen Schriften ermöglichten der Forschung den Erweis der Haltlosigkeit der kirchlichen Lehren. Das *Sola Scriptura* (allein die Schrift) der Protestanten, einst trotziger Fels gegen die altgläubigen Katholiken, erweist den Protestantismus heute als im Hemde dastehend. Denn die Schrift ist in ihrem Kern unglaubwürdig geworden. Die katholische Berufung auf eine Tradition war dies schon immer.

Es hilft nichts, wenn Theologen immer wieder versichern, dass der Glaube sich nicht von historischen Fakten abhängig machen dürfe, dass dies dem Glauben gerade widerspreche und dass es auf die persönliche Entscheidung ankomme. Denn vor Fakten kann auch kein Glaube die Augen verschließen, wenn er nicht sich und seinen Träger auf Dauer lächerlich machen will. Es wäre absurd, trotzig noch an der Scheibenform der Erde festzuhalten, nachdem diese widerlegt ist. Wer es dennoch tut, beweist nicht Glaubensstärke, sondern einfach nur Naivität. Historische Erkenntnisse haben natürlich nicht die gleiche Dichte wie naturwissenschaftliche. Doch verlangt die intellektuelle Redlichkeit dennoch das Eingeständnis, dass die Fundamente des Christentums nicht nur brüchig sind, sondern nie wirklich existiert haben. Das Christentum insgesamt mit seiner Geschichte und seiner Dogmatik entpuppt sich als weltgeschichtlicher Irrtum, als folgenreicher Selbstbetrug, als eine weltanschauliche Luftnummer.

Dass die Kirchen dies nicht zugestehen können, ist verständlich. So wie jeder Anhänger einer Religion, wäre er mit ähnlichen Vorwürfen konfrontiert, dies bestreiten würde. Es darf vermutet werden, dass auch andere Religionen keine ausreichende Legitimation haben, würde man sie nur einmal kritisch daraufhin befragen. Doch es geht uns in diesem Buch nicht um andere Religionen und auch nicht um die Propagierung eines allgemeinen Atheismus. Nur das Christentum interessiert uns hier. Und dieses ist ohne ausreichende Legitimation. Als sich selbst geschichtlich verstehende Religion hat es den geschichtlichen Grundlagentest nicht bestanden. Einen im Wirken Jesu von Nazareth begründeten und fundierten Zusammenhang mit der über ihn verbreiteten Kirchenlehre gibt es nicht. Viel eher lässt sich zeigen, dass das Wirken Jesu in seinen Absichten und Anschauungen der Lehre der Kirche sogar oftmals diametral entgegengesetzt war und ist. Die folgenden Kapitel werden dies noch eingehender begründen.

Dass die Grundlagen des Christentums derart fragwürdig sind, hat nicht zuletzt die Theologen und die Vertreter eines wissenschaftlichen Ansatzes in der Theologie selber überrascht und vielfach auch bestürzt. Und man kann den Kirchen zugutehalten, dass sie eben nicht haben wissen können, dass ihre zentralen Lehren keine Gottesoffenbarungen, sondern Ergebnis rein innergeschichtlicher Wirkmechanismen waren. Die Kirchen haben über die Jahrhunderte immer *in gutem Glauben* gehandelt. Erst die Aufklärung und ihre Ableger der historischen Erforschung der neutestamentlichen Texte haben das dogmatische Kartenhaus einstürzen lassen; sich *heute* noch auf Unwissenheit zu berufen, dies geht nun nicht mehr. Heute bedeutet ein Nicht-Ernstnehmen oder gar ein Totschweigen wissenschaftlicher Erkenntnisse zumindest die Gefahr eines Selbstbetrugs. Es ist jedoch offenbar, dass nicht nur viele Gläubige, sondern ganze Kirchen eben dieser Vogel-Strauß-Politik folgen.

Abgesehen von den psychologischen Hemmnissen, die einem klaren Wort hier entgegenstehen, und dem soziologisch erklärbaren Beharrungsvermögen, das großen Organisationen wie den Kirchen immanent ist, würde auch der geistesgeschichtliche Rückblick ein Desaster offenbaren. Denn man stelle sich dies einmal vor: Das abendländische Denken, weltanschauliche und staatliche Prämissen, persönlicher Glaube wie religiöse und gesellschaftliche Ordnung sind mindestens seit Kaiser Konstantin vom Christentum beeinflusst und bestimmt. Wenn das christliche Fundament sich als Illusion erwiese, würde dies nicht nachträglich fast zweitausend Jahre Weltgeschichte als Illusion erweisen? Nicht nur dass die Kirchen unrecht hatten; ganze weltgeschichtliche Paradigmen und Prämissen entpuppten sich im Nachhinein als Schimären.

Denken wird man sicher zuerst an die von der Kirche Verfolgten, die Gefolterten und Getöteten, die Juden, gemordet im Namen einer Wahrheit, die keine war. Seit die Kirchen dies nicht mehr verhindern können, sind die Verbrechen des Christentums schon in vielen Büchern beschrieben worden. Es soll deshalb hier keine neue Aufzählung erfolgen. Verwiesen sei aber auf die nunmehr neunbändige *Kriminalgeschichte des Christentums* von Karlheinz Deschner, eine Kirchengeschichte aus Sicht der Opfer.

Doch nicht nur Nichtchristen und Juden wurden Opfer einer sich verabsolutierenden Kirche. Auch die Abermillionen von Christen sind, betrachtet man nüchtern die fast völlige Verbindungslosigkeit des historischen Jesus mit den Lehren der Kirche, einer tradierten Wunschvorstellung erlegen. Von ihnen waren viele von der Wahrheit ihres Glaubens aufrichtig überzeugt. Dann das Leiden der christlichen Märtyrer – von der Kirche immer maßlos übertrieben, aber dennoch zuweilen auch historisch verbürgt. Auch sie Opfer einer Lebenslüge, für eine fixe Idee gingen sie freudig oder weniger freudig in den Tod. Die großen Ordensgründer und Theologen des Mittelalters, allen voran vielleicht Franziskus als zumindest die populärste Gestalt. Er zeigt Wundmale des Auferstandenen und wird mit seiner schlichten Frömmigkeit Vorbild für Millionen. Aber auch er letztlich ein Irrender, wenn die von seiner Kirche behauptete Göttlichkeit Jesu nur religiöser Enthusiasmus war und nicht mehr. Persönliche Integrität und Aufrichtigkeit, Glaubenseifer, gar eine nicht auf die eigene Person achtende Selbsthingabe und Nächstenliebe bestätigt eben *nicht* die Richtigkeit einer Weltanschauung oder Religion. Denn aufrichtige Menschen findet man in allen Religionen und Weltanschauungen, ganz gleich, was geglaubt wird.

Was bedeutet die christliche Selbsttäuschung für die Spaltungen innerhalb des Christentums selbst? Viele zeigen Mitgefühl für die Verfolgten der Kirche, die aus ihren eigenen Reihen kommen, für die Ketzer, Spiritualisten, Schismatiker. Doch die Lehrunterschiede sind im Grunde völlig vernachlässigenswert. Es spielt keine Rolle, wie die Kabinen gestrichen sind, wenn das Schiff ohnehin nicht schwimmen kann und untergehen wird. Doch nicht nur die Häretiker haben umsonst geglaubt und bekannt, auch die protestantischen Reformatoren aller Richtungen, die Orthodoxen in Rom und anderswo, auch sie vom Erdbeben erfasst, wenn das Fundament, auf dem sie fest zu stehen meinen, plötzlich in sich zusammenfällt. Männer wie Luther, Zwingli oder Calvin läuteten dann eben *keine* Reformation der Kirche und des Glaubens ein, wie sie meinten, sondern nur eine neue Runde auf dem Karussell des christlichen Aberglaubens.

Die großen theologischen Probleme des Christentums, an denen sich Tausende der hellsten Geister abgearbeitet haben, die ganze Bibliotheken des Mittelalters füllten, die die Biografien ganzer Gelehrtentraditionen über Jahrhunderte bestimmten, haben sich, bei Lichte betrachtet, letztlich als Scheinprobleme entpuppt. Was spielt es für eine Rolle, ob ein Irrtum sich nur auf die Schrift beruft oder ob er zusätzlich auch noch die Tradition bemüht?

Eine solche Fehlorientierung über fast zwei Jahrtausende kann niemandem gleichgültig sein, auch jenen nicht, die schon immer überzeugt waren, dass es sich beim Christentum nicht um ein seriöses Phänomen handele. Ein befriedigtes Sich-die-Hände-Reiben ob des Offenbarwerdens dieser Illusionen ist nicht angesagt. Zu viele Opfer haben die christlichen Streitwagen unter sich begraben, zu viele geistige Ressourcen die abendländische Version des religiösen Irrtums verschlungen.

Aber kann das denn sein? Kann eine ganze weltgeschichtliche Epoche sich so irren? Fassungslos steht man vor dem christlichen Endergebnis. Doch der Irrtum ist nicht nur geschehen, er ist sogar die Regel. Denn *vor* dem christlichen Paradigma haben bereits andere Paradigmen ebenfalls in die Irre geführt. Religiöse

Glaubenssysteme sind ja viel dauerhafter als alle politischen Konstruktionen. Sie überleben Dynastien, Herrschaften und Gesellschaftssysteme. Doch auch sie sind nicht unsterblich. Die antiken Götter der Griechen und Römer haben heute keinerlei Bedeutung für den Glauben mehr, ebenso nicht die germanischen oder indianischen Gottheiten. Und auch sie waren, wer wollte das heute bestreiten, Illusionen und mehr oder weniger ausgearbeitete Formen des Selbstbetrugs. Kaum ein Leser wird die religiösen Systeme der Maja oder die germanische Götterwelt für etwas anderes halten als einen bunten Ausdruck vergangener und überholter Vorstellungen, interessant bestenfalls für eine Ausstellung in einem Museum. Wer diesen Vorstellungen ernsthaft eine Bedeutung für uns heute zumessen möchte, wer gar an sie glaubt, wird doch zu Recht nicht mehr ganz ernst genommen. Doch haben auch diese Vorstellungen die Gedankenwelt ganzer Zeitalter und Kulturen bestimmt. Man soll nicht meinen, dass die bestehenden Religionen dereinst anders beurteilt würden als ihre schon toten Vorgänger. Es sind gewaltige religiöse Paradigmen, die kommen und gehen. Selbst Gläubige sind bereit dies einzusehen, jedenfalls wenn es um fremde Religionen geht (die eigene ist natürlich ewig). Das Christentum hat seinen Wert vor allem aufgrund einer Gnade der späten Geburt. Doch auch für dieses gilt wohl sicher, was Thomas Jefferson einst so formulierte (zitiert nach Dawkins, Der Gotteswahn, S. 136f.):

> Es wird der Tag kommen, an dem die mystische Entstehung Jesu im Leib einer Jungfrau und mit dem höchsten Wesen als Vater in die gleiche Kategorie eingeordnet wird wie die Fabel von der Geburt der Minerva aus dem Kopf Jupiters.

4. Im Zauberwald der Dogmen – Die Hauptlehren des Christentums

Es ist keine Frage der persönlichen Entscheidung, ob man dem Christentum glaubt oder nicht. Dies wollen die Kirchen immer suggerieren. Und es hat vielleicht in der Vergangenheit auch gestimmt, als das Christentum noch vom Nebel des Geheimnisses umwabert schien. Und als man von der zigtausendfachen Existenz und Vielfalt anderer Religionen einfach noch nichts wusste und es deshalb leicht fiel, die eigene Religion für die wahre zu halten.

Die wissenschaftliche Entzauberung der Welt hat auch das Christentum entzaubert. Sie hat den in den Himmel aufgefahrenen Christus auf die Erde zurückgeholt. Sie hat gefragt, wer er war und was er wollte, und auch danach, was er sicher nicht wollte. Das Ergebnis war die Erkenntnis, dass der Christus der Kirchen fast nichts mit dem historischen Jesus von Nazareth zu tun hat. Der Christus der Kirche ist ein Geschöpf dieser Kirche selbst, nicht er hat die Kirche begründet, sondern die Kirche hat Christus begründet.

Der Christus der Kirchen ist ein Kunstprodukt, seine frühe Darstellung in den Evangelien bereits Ausdruck einer *glauben wollenden* Kirche. Die Heiligen Schriften sind Glaubenszeugnisse und historisch unzulänglich und widersprüchlich. Die historische Forschung hat Jesus vom Mythos befreit, sie hat ihm sein Menschsein zurückgegeben. Die Kirchen freilich würden ihn lieber als Gott behalten.

Das Christentum ist *keine* Frage des Glaubens mehr. Die Alternative, es anzunehmen oder nicht, besteht intellektuell verantwortbar *nicht* mehr. Es gibt sie deshalb nicht mehr, weil die historischen Grundlagen dieser Religion sich als fundamental falsch erwiesen haben. Man kann nicht so tun, als sei nichts passiert. Doch genau dies versuchen die Kirchen, allen voran der Katholizismus, der sich auch heute noch standhaft weigert, Ergebnisse der historischen Erforschung der Bibel zur Kenntnis zu nehmen, sofern sie nicht in sein dogmatisches Korsett passen, und der deshalb in theologischer Hartleibigkeit verharrt. Doch auch in den protestantischen Kirchen und natürlich vor allem deren fundamentalistischen

Auswüchsen möchte man die Ergebnisse der eigenen Theologen und Professoren eher nicht kommentieren. Überall findet man den Hinweis, dass der Glaube sich nicht von historischen Ergebnissen abhängig machen darf, dass der Glaube höher sei als alle Vernunft.

Dieser Ausflucht kann man nur entschieden widersprechen. Denn mit einer solchen Haltung könnte man auch den Glauben an *Schneewittchen und die sieben Zwerge* rechtfertigen. Selbstverständlich muss es Auswirkungen auf den Glauben haben, wenn man feststellen muss, dass der Geglaubte gar nicht existierte oder ein ganz anderer war, als man bisher annahm. Wer sich durch Fakten und neue Erkenntnisse nicht beeindrucken lässt, braucht wahrlich nicht auf seinen Glauben stolz zu sein. Man soll eben gerade *nicht* glauben wie ein Kind. Ein Ureinwohner Brasiliens, zum ersten Mal mit einem Auto konfrontiert, würde dieses für ein Wunderding, vielleicht sogar für einen Gegenstand kultischer Verehrung halten (wie manche Zeitgenossen zuweilen auch heute noch!). Würde man ihm aber erklären, woraus es besteht, wie seine Einzelteile gefertigt, wie es zusammengebaut wurde und wie es funktioniert – er hätte einen echten Erkenntnisgewinn. Eine kultische Verehrung aber wäre damit unmöglich geworden. Ähnlich zeigt uns eine historische Betrachtung einen Gegenstand in seinem Gewordensein und seiner geschichtlichen Bedingtheit. Dies wirkt einerseits erhellend, andererseits aber auch oft desillusionierend. Jesus – und mit ihm das frühe Christentum – verliert bei historischer Betrachtung viel von seiner Faszination. Dafür sieht der Betrachter den Gegenstand aber nun klarer, hat einen Erkenntnisgewinn. Und das Flüchten oder Verharren in einer Scheinwelt ist dem nicht erlaubt, der aufrichtig leben und denken will.

Das Christentum ist einerseits historisch erledigt, aber geschichtlich immer noch hoch wirksam. Denn es ist psychologisch so viel einfacher, eine neue Erkenntnis auf dem Gebiet der Molekularbiologie zur Kenntnis zu nehmen, die einen nicht wirklich interessiert, als sich von liebgewordenen Vorstellungen, gar von religiösen Leitbildern verabschieden zu sollen. Religionen haben deshalb sieben Leben. Noch über Jahrhunderte haben sich nach Ausbreitung des Christentums die antiken Religionen und alte Polytheismen im Volksglauben gehalten. So wird es auch beim Christentum sein.

Zentrale Dogmen und Glaubensinhalte aller christlichen Kirchen, die teilweise seit dem zweiten Jahrhundert in Geltung waren, in deren Namen und für deren Geltung Millionen ihr Leben haben lassen müssen, müssen heute nachgewiesenermaßen als falsch angesehen werden. Nicht nur ihre Opfer, auch ihre Befürworter sind umsonst gestorben. Religiöses Märtyrertum ist *per se* absurd. Die christlichen Antworten haben keinerlei Wert, wenn schon die Frage sich als falsch gestellt erweist.

Die Unvereinbarkeit dieses Jesus von Nazareth mit dem Gott der Christen, die die historische Forschung schlüssig, wenn auch noch nicht in allen Details nachgewiesen hat, ist dabei der archimedische Punkt, der die christliche Welt aus den Angeln hebt, das große Minus vor der Klammer. Die Kirche hat sich geirrt, sie hat nicht nur mit ihrer Verkündigung (sicher ungewollt) die Jahrtausendheere der Gläubigen in die Irre geführt, sondern ist auch selbst dem eigenen Wunschdenken auf den Leim gegangen.

Kritische Geister haben schon immer eingewandt, dass man die Kirchengeschichte viel besser verstehe, wenn man *nicht* von einem Walten eines Heiligen Geistes in ihr ausgeht. Man kann viel mehr erklären und die Welt viel besser verstehen, wenn man nicht annimmt, das droben ein liebender Gott die Geschicke der Welt lenkt. Die Kirchengeschichte ist reine Profangeschichte. Die Ungläubigen hatten sie immer schon als solche angesehen. Und die Ungläubigen haben Recht behalten.

Diese Erkenntnis macht nun aber erst recht den Blick darauf reizvoll, was die Kirche meinte glauben zu müssen und wie die Welt aussah, die sie sich zurechtlegte. Es soll in den folgenden Kapiteln deshalb auf einige Hauptlehren der Kirchen eingegangen werden.

Wahrer Gott und wahrer Mensch – Widersprüche als höhere Weisheit

Für die Christen ist Christus wahrer Gott und wahrer Mensch zugleich. Die theologischen Artisten haben es immer geliebt, mit Widersprüchen zu jonglieren. Im Widersinn soll sich theologisch ein höherer Sinn verbergen. Was als ein Geheimnis des Glaubens angesehen wurde, was aber dennoch die altkirchliche Theologie mit heidnischen Begrifflichkeiten zu definieren suchte, markiert einen ersten dogmatischen Höhepunkt der sich mit den römischen Kaisern gerade arrangierenden Kirche. Doch bis dahin war es ein weiter Weg. Wir haben gesehen, dass die Christologie bereits im ersten Jahrhundert gewaltige Veränderungen erfahren hatte. Die visionären Erscheinungen des Auferstandenen verbanden sich in der judenchristlichen Urgemeinde mit Hoheitstiteln aus der jüdischen Apokalyptik und dem (noch nicht kanonisierten) Alten Testament. Ein erster Ausdruck war eine Adoptionschristologie. Jesus wurde mit der Auferstehung zum Sohn Gottes adoptiert. Damit war aber noch keine göttliche Natur im Sinne des späteren Dogmas gemeint. Die Sohn-Gottes-Titulatur war angelehnt an Königsbezeichnungen vor allem in den Psalmen. Die Adoption Jesu wurde dann biografisch auf die Taufe Jesu zurückverlegt und so gesteigert.

Zusätzlich und vielleicht in Konkurrenz zur Sohnesvorstellung wurde Jesus mit dem Messias identifiziert, dem endzeitlichen Heilsmittler. Dieser war jedoch für das Judentum, wie auch schon der Sohn Gottes, ein Mensch, wenn auch ein von Gott auserwählter, besonderer Mensch. Die Urgemeinde erwartete seine Wiederkunft, wie schon die alten Israeliten erwartet hatten, dass die Propheten dereinst wiederkehren würden, um ihre Mission zu vollenden. Die Christologie wuchs weiter. Bald wusste man auch zu berichten, dass bereits vor Jesu Geburt seine Ankunft auf wundersame Weise verkündet worden war, er also bereits bei seiner Geburt eine königliche Würde hatte, die ihm die ersten Christen erst später zugestanden hatten. Der Evangelist Johannes treibt dies auf eine erste Spitze, wenn er Jesus in Anspielung auf das Buch Genesis als präexistenten Gottessohn versteht. Spätestens hier ist Jesus eindeutig mehr als ein Mensch, wie Gott ist er von Beginn der Schöpfung an da.

Schon mit den ersten Kindheitsschritten hatte sich die junge Christologie weit von demjenigen entfernt, den sie zu beschreiben und dessen Mission sie zu deuten suchte. Sein reales Wirken und sein wirkliches Wollen war schon im ersten Jahrhundert für die frühe Kirche kein Wegweiser mehr. Man war längst in anderer Richtung unterwegs. Das Leben Jesu glich nun einem entleerten Gefäß, das andere dann mit ihrer Theologie gefüllt haben.

Oh weh, ich glaube, ich werde ein Gott, soll Vespasian ausgerufen haben, als sein Leben zu Ende ging. (Sueton, Vespasian 23,4.) Jesus jedoch hat von *seiner* Apotheose nichts mehr mitbekommen.

Die Urgemeinde, die spätere Zeiten idealistisch verklärten, war zum Untergang verurteilt, und spätestens seit der Zerstörung Jerusalems im Jahre 70 n. Chr. spielte die Musik anderswo. Noch vor Paulus griff der neue Glaube über die damalige Weltstadt Antiochia in die griechisch-römische Welt über. In der hellenistischen Welt konnte man aber nichts anfangen mit der jüdischen Messiasvorstellung. Diese lebte nur noch im Eigennamen *Christos* weiter. Die Sohn-Gottes-Vorstellung blieb zwar dem Namen nach erhalten, wurde aber mit griechischen Vorstellungen neu gefüllt. Der Hellenismus war reich an Göttersöhnen. Was den Juden ein Gräuel gewesen wäre, eine genealogische Beziehung zwischen Vatergott und Sohnesgott, war hier kein Problem.

Der eigentliche Begründer des Christentums war nicht Jesus, sondern Paulus. Das Christentum, das sich verbreitete und seinen Siegeszug angetreten hatte, war im Wesentlichen Paulinismus. Mit diesem Paulus machte der junge Glaube den entscheidenden Schritt in die hellenistische Welt. Auf Jesus von Nazareth hat Paulus sich zwar vor der Hand berufen, um den irdischen Jesus aber dennoch in seiner Theologie weitgehend zu ignorieren. Er zitiert ihn fast nie, ja verkündet sein demonstratives Desinteresse am irdischen Jesus. Nur am Kreuz und am Auferstandenen ist er interessiert. Von Jesu Lehre und Glaube findet sich bei Paulus fast nichts wieder.

Dies bringt ihm, der Jesus nie persönlich kennengelert hat, Konflikte mit der Urgemeinde ein, wo sicher noch viele Weggefährten Jesu am Leben waren. Wir kennen aus den Paulusbriefen leider nur seine eigene Sicht der Dinge, die sich die spätere Kirche dann natürlich angeeignet hat. Die Urgemeinde hat ihm offenbar vorgeworfen, das Evangelium zu verfälschen, nicht Jesus, sondern sich selbst zu predigen und sich finanziell zu bereichern. Gegen Paulus hat die Urgemeinde auf die Einhaltung des mosaischen Gesetzes und auf die Beschneidung gedrungen. Die Urgemeinde war damit vermutlich tatsächlich in Übereinstimmung mit dem irdischen Jesus, der in den Grenzen des Judentums bleiben wollte. Doch auf solche Einwände hat Paulus letztlich keine Rücksicht genommen. Er hatte seine eigenen „Offenbarungen" und brachte sie in seiner Theologie schroff und wirkungsvoll zur Geltung. In Antiochia stößt er böse mit Petrus zusammen (Gal 2,11–21), immerhin der Hauptjünger seines Herrn, und wirft ihm, als dessen Nachfolger sich die Päpste sehen, religiöse Heuchelei vor. Er ist aber klug genug, das Band zu Jerusalem nicht völlig zu zerschneiden, und dies obwohl Agitatoren aus der Urgemeinde in die Missionsgebiete des Paulus eindringen und zumindest in Galatien und in Korinth versuchen, die jungen Gemeinden des Paulus auf den jüdischen Weg des Gesetzes zu leiten.

Kein Zweifel: Kaum zwanzig Jahre nach Jesu Tod findet ein erbitterter Machtkampf statt zwischen den Jerusalemer Jesusverehrern und dem Neuerer Paulus. Dieser ist nicht auf den Mund gefallen und greift seine Gegner heftig an. Mit viel Polemik wirft er seinerseits den Gegnern eine Verfälschung des Evangeliums vor (Gal 1,6–9) und hält sich dabei auch mit Verfluchungen nicht zurück. Im zweiten Korintherbrief nennt er sie, die ja ebenfalls Christus verkündigen und vermutlich tatsächlich ihrem Herrn inhaltlich näher stehen als Paulus, *Lügenapostel, trügerische Arbeiter, die nur scheinbar Apostel Christi sind.* Sie sind für ihn gar *Handlanger des Satans* (2. Kor 11,13ff.). Weil die Position des Paulus sich letztlich durchgesetzt hat, haben Gläubige heute leicht das Gefühl, Paulus sei auch inhaltlich im Recht gewesen. Man darf daran berechtigte Zweifel haben. Und seine polemischen Töne (immerhin gegen Mitchristen) klingen schon nach den verbal nicht zimperlichen altkirchlichen Vätern und werfen ihre Schatten schon auf die legendäre Räubersynode von Ephesus 449 voraus, als Mönchshaufen mit Knüppeln den theologischen Argumenten zu etwas mehr Durchschlagskraft verhalfen.

Für Paulus hatte die Urgemeinde die Bedeutung Jesu einfach noch nicht erkannt. Doch Paulus seinerseits hatte Jesus nicht *gekannt.* Woher nahm Paulus seine Theologie? Kann man sie aus der Umwelt ableiten?

Zumindest gibt es starke Parallelen zwischen der Lehre des Paulus und zeitgenössischen hellenistischen Vorstellungen. Im Hellenismus waren leidende, sterbende und auferstehende Götter nichts Neues. Sie gehörten zum Vorstellungskreis der meisten Mysterienreligionen, die sich in der Bevölkerung und auch bei den

Legionen großer Beliebtheit erfreuten. In den Kulten des Attis, Adonis, Osiris und im Dionysoskult finden sich viele Parallelen zu christlichen Vorstellungen. Wir haben uns in den Kapiteln zu den Auferstehungslegenden schon mit ihnen befasst. Was wir aber noch nicht erwähnten, sind Parallelen mit dem Mithraskult.

Und diese sind auf den ersten Blick in der Tat frappant. Der Mithraskult ist aus der Sonnenverehrung entstanden, Mithras war der Gott des himmlischen Lichts. Der Mithrasglaube hatte seine Wurzeln in Persien und Indien. Von dort verbreitete er sich etwa mit der Zeitenwende im Römischen Reich. Sein Ausgangspunkt im Westen war Kilikien, die Heimat des Paulus, wo er schon 100 Jahre vor Paulus eingedrungen war (zu Mithras vgl. Deschner, Abermals krähte der Hahn, S. 88–95, 198–201).

> Mithras stieg vom Himmel herab, bei seiner Geburt sollen ihn Hirten angebetet und ihm die Erstlinge ihrer Herden und Früchte gebracht haben. Später fuhr er wieder zum Himmel auf, wurde durch den Sonnengott inthronisiert […] und schließlich Glied einer Trinität. Man glaubte, dass er einst wiederkehren würde, um die Toten zu erwecken und zu richten. Mithras war der Mittler zwischen Himmel und Erde, Gott und dem Menschengeschlecht, Gottmensch, Weltheiland und Erlöser. (Deschner, S. 90)

Der Sonntag (= Sonnentag) war der heilige Tag des Mithras, sein Geburtstag der 25. Dezember. Die Christen haben später die Geburt Jesu auf diesen Tag gelegt, um Mithras aus dem Volksbewusstsein zu verdrängen. Zum Geburtstag des Mithras wurden die neuen Kultmitglieder eingeweiht.

> In der Morgendämmerung verließen dann die Gläubigen in einer Prozession den Kultort, wobei sie die Statuette eines Kindes als Symbol des eben von der Jungfrau [sic!], der Dea Caelestis, geborenen Sonnengottes mit sich führten. Sobald die Sonne aufging, stimmten sie die liturgische Formel an: „Die Jungfrau hat geboren, zu nimmt das Licht." (S. 91)

Der Mithraskult kannte sieben Sakramente, darunter eine Taufe, eine Firmung und ein gemeinsames Kultmahl, das aus Brot und Wasser oder Wein bestand.

Man beging sie, wie im Christentum, zum Gedächtnis an eine letzte Mahlzeit des Meisters mit den Seinen. Die Hostien waren mit einem Kreuzzeichen versehen. [...] die Messe wurde täglich gefeiert, die wichtigste jedoch am Sonntag [...]. Auf den Altären der Mithrastempel brannte eine Art ewiges Licht [...] in besonderen Kultfeiern wusch man mit Blut die Sünden ab. (S. 93)

Erstaunliche Parallelen. Dennoch geht die Forschung im Unterschied zu Deschner heute von einem weit geringeren Einfluss des Mithraskults aus, als noch in der ersten Hälfte des 20. Jahrhunderts angenommen. Zwar sprach auch der Mithraskult wie das Christentum die unteren Schichten der Gesellschaft an. Wie dieses glaubte er an eine unsterbliche Seele und eine Auferstehung des Fleisches. Wie das Christentum berief sich der Mithraskult auf eine Offenbarung und erwartete ein jüngstes Gericht. Allerdings wandte er sich nur an Männer und war zudem eine Geheimreligion, was seine Ausbreitung behindern musste. Der Mithraskult wurde im 4. Jahrhundert streng verfolgt, viele Priester erlitten durch die Hände aufgehetzter Christen das Martyrium, die Heiligtümer wurden geplündert und auf ihnen christliche Kirchen errichtet.

Und es gab noch einen anderen großen Unterschied: Mithras war wie Osiris, Dionysos und Herakles eine mythische Gestalt. Jesus aber hat wirklich gelebt. Die Kirchen werden nicht müde, dies zu betonen. Doch liegt der Gedanke nahe, dass hier die in der hellenistischen Gesellschaft ohnehin schon bekannten Vorstellungen einfach mit einer historischen Person verknüpft worden sind. Vielleicht war ja gerade diese Verbindung des realen Menschen Jesus mit mythologischen Vorstellungen das eigentliche Erfolgsrezept des Christentums. Dadurch bekamen Gedanken wie Erlösung und ewiges Leben etwas Greifbares. Aus dem Mythos in die Geschichte transponiert, entwickelte die neue christliche Mythologie erst ihre eigentliche Kraft.

Die Gemeinsamkeiten zwischen Mysterienreligionen und Christentum sind jedenfalls zu auffällig, als dass man davon ausgehen könnte, dass hier *keine* Beeinflussung stattgefunden hätte. Wo die Grenze genau liegt, ist aber umstritten. Möglicherweise sind jedoch auch gewichtige Teile des als genuin christlich empfundenen Gedankenguts auf heidnische Einflüsse zurückzuführen. Vielleicht hat man Paulus deshalb eine Verfälschung des Evangeliums vorgeworfen. Ein Neuerer ist er zweifellos gewesen.

Von Paulus bis zur Dogmatisierung der Göttlichkeit Jesu auf dem ersten ökumenischen Konzil von Nicäa im Jahre 325 n. Chr. war es noch ein weiter Weg. Und bei allen Neuerungen vertrat auch Paulus noch eine Christologie, die Nicäa später als ketzerisch verworfen hat. Denn Paulus dachte noch subordinatianisch, d. h., für ihn war Jesus bei aller Würde immer noch Gott untergeordnet (subordiniert). Christus stand eine Stufe unterhalb Gottes, er war noch eine Art Halbgott. Erst in Nicäa wurde er als Gott volljährig.

Man kann Paulus keinen Vorwurf machen, dass er noch nicht auf der dogmatischen Höhe künftiger Zeiten war. Hätte er freilich im vierten oder fünften Jahrhundert gelebt, er hätte als Nichtorthodoxer persönliche Konsequenzen fürchten müssen. Im ersten und auch im zweiten Jahrhundert war der Subordinatianismus aber nicht nur erlaubt, er war die eigentliche Form der Christologie. Keinem Theologen wäre es damals in den Sinn gekommen, Jesus mit Gott auf eine Stufe zu stellen. Die großen Männer des frühen Christentums dachten alle subordinatianisch, Justin der Märtyrer († 165) ebenso wie Irenäus von Lyon († 202) und später auch noch Tertullian († um 230). Sogar Origenes († um 254) war noch der Meinung, dass Jesus klar unterhalb Gottes stehe. Und Origenes ging dabei sogar bis hin zur Ablehnung des Gebets an Christus. Nur an Gott selbst sollte das Gebet gerichtet werden (vgl. Deschner, Abermals krähte der Hahn, S. 436ff.).

Und man rechtfertigte dies, sofern dies überhaupt als für nötig befunden wurde, mit Versen wie Joh 14,28: „Der Vater ist größer als ich." Also selbst das an sich christologisch schon sehr großzügige Johannesevangelium befindet sich noch nicht auf der Stufe des höheren „Erkenntnisstands" späterer Kirchenfürsten. Auch Johannes ist ebenso wenig wie Paulus orthodox im Sinne späterer Dogmatisierungen. Und natürlich müsste selbst Jesus heute mit einem Entzug der kirchlichen Lehrbefugnis rechnen. Und käme damit im Vergleich zu früheren Jahrhunderten noch gut weg.

Die Zweinaturenlehre, also Christus als wahrer Gott und wahrer Mensch, wurde erst in Nicäa und den Folgekonzilien dogmatisiert. Bis Nicäa gab es viele Versuche, mithilfe der griechischen Philosophie dem Problem des Wesens Christi auf den Leib zu rücken. Den Ausschlag für die Dogmatisierung der Zweinaturenlehre hatte dann das Wirken des Arius gegeben, eines Priesters aus Alexandrien, nach dem die Arianer später benannt wurden. Für Arius war nur der Vater in strengem Sinne Gott, der Sohn zwar das Vollkommenste aller Geschöpfe, aber dennoch Geschöpf und deshalb vom Vater getrennt. Die Gegner vertraten eine Zeugung des Sohnes durch den Vater. Weiß der Himmel, was man sich unter dieser *Zeugung* konkret vorzustellen hat, die theologische Diskussion hatte sich längst in gänzlich der Realität fern liegende Räume verabschiedet. Auch die meisten Kleriker konnten nicht mehr folgen, schon gar nicht die relativ ungebildeten im Westreich. Kein Grund, sich nicht dennoch heftig zu bekämpfen.

Kaiser Konstantin, seit seinem Sieg 324 über Lincinius Alleinherrscher, berief dieses erste ökumenische Konzil nach Nicäa ein. Bemerkenswert, denn Konstantin war Heide. Ob er sich je hat taufen lassen, ist ungeklärt. Jedenfalls war ihm das Theologengezänk zuwider, er wollte Ruhe an der Religionsfront und griff aktiv in die Debatten ein. Seltsame Situation: Die diokletianische Verfolgung lag erst wenige Jahre zurück, nun fanden sich die Synodalen plötzlich im kaiserlichen Palast Auge in Auge mit dem Herrscher, der ihnen auch noch schmeichelte und sie an seinem Luxus teilhaben ließ. Wer hätte gewagt, sich den kaiserlichen Wünschen zu widersetzen? Von den nur 56 Bischöfen, die meisten aus dem Orient, konnten ohnehin nur wenige der Diskussion überhaupt folgen. Die nicäische Formel war ein Kompromiss, der möglicherweise sogar in der Kanzlei des heidnischen Kaisers entstanden war. Denn von den Anwesenden hatte sie keiner bislang vertreten. Christus galt nun als dem Vater wesensgleich, die Arianer wurden verurteilt. Die Differenzen bestanden jedoch fort bis zum zweiten ökumenischen Konzil in Konstantinopel (381 n. Chr.) und darüber hinaus.

Eine zentrale Lehre des Christentums, die Frage, wer Christus ist und welche Würde ihm zukommt, ist so in der Kirchengeschichte innerhalb von knapp drei Jahrhunderten völlig unterschiedlich beantwortet worden, allerdings mit der Tendenz, den christologischen Luftballon immer mehr aufzupumpen. Am Ende standen Definitionen, die mit den neutestamentlichen Texten und Vorstellungen nichts mehr zu tun hatten. Und diese neutestamentlichen Texte hatten ja ihrerseits schon kaum noch etwas mit dem historischen Jesus zu tun gehabt. Am Ende setzt nun ein heidnischer Kaiser unter der Zustimmung von nur wenigen überhaupt sachkundigen Bischöfen den Schlussstein auf dieses erste große dogmatische Luftschloss der nun auch staatlich anerkannten Kirche.

Die göttliche Trinität

Noch etwas länger als am christologischen Dogma hat die Kirche am Dogma von der Trinität herumgebastelt. Vielleicht war es auch hier die hellenistische Umwelt, die die Fantasie beflügelte. Denn schon lange vor dem Christentum waren Götterdreiheiten bekannt und wurden verehrt. Es gab sie bereits bei den Sumerern und Babyloniern. In Ägypten wurden Isis, Osiris und Horus als Götterdreiheit verehrt, die römische Staatsreligion verehrte die drei Kapitolgötter Jupiter, Minerva und Juno. Der Gott Hermes wurde oft als der dreimal große Hermes, als *Hermes trismegistos* bezeichnet und verehrt. Auch dass ein Gott in drei Erscheinungsformen oder Prinzipien sich zeigte und verehrt wurde, war in der Antike nicht neu und gab es auch schon im Hinduismus und in Spielarten des Buddhismus. Die Religionsgeschichte kennt viele Belege einer Dreiheit, die oftmals als Sinnbild für Vollkommenheit gesehen wurde. Jedoch konnte auch die Einheit eines Gottes oder die Dualität eines Zweigötterpaares Sinnbild für Vollkommenheit sein. Und bei den Tausenden von Kulten und Religionen müssen zwangsläufig bestimmte Vorstellungen immer wieder auftauchen. Es gibt religionsgeschichtliche Konstanten, die in Kulten sich zeigen, die nichts miteinander zu tun haben, etwa Tauf- und Reinigungsriten, heilige Mahlzeiten, Fruchtbarkeitsriten, Erlösungs-, Weltschöpfungs- und Untergangsszenarien, sich herausbildende Priesterkasten und ein Opferwesen, heilige Orte, Götterbilder, Kultfeiern. Es trägt zur religiösen Ausnüchterung von Gläubigen nicht wenig bei, wenn sie feststellen müssen, dass die so lieb gewordenen Rituale in nur leicht veränderter Form auch von einem Steinzeitstamm am Amazonas praktiziert werden. Religiöse Bedürfnisse und deren religiöse Befriedigung entsprechen sich eben.

Der strenge Monotheismus der Juden ließ keine Trinität zu. Wenn man aber ohnehin schon mit der Erhebung Jesu zu einem

Gott diesen Monotheismus aufgeweicht hatte, mochte auch der Weg zu einer Trinität vertretbar sein.

Die Bibel jedoch kennt keine Trinitätslehre. Das Wort *Trinitas* ist erst eine Schöpfung des altkirchlichen Theologen Tertullian um das Jahr 200. Was man in der Bibel findet, sind bestenfalls sogenannte triadische Formeln, so z. B. der sogenannte Taufbefehl in Mt 28,19: *auf den Namen des Vaters und des Sohnes und des heiligen Geistes*, über den wir oben schon sprachen und der nicht auf Jesus zurückgeht. Die Kirchenväter gingen jedoch eifrig auf die Suche, um die dogmatisierte Lehre doch noch in der Bibel ausfindig zu machen. An den Haaren herbeigezogen fand man einige dürre Stellen, die auf eine Trinität hindeuten sollten, so z. B. das dreimalige *heilig, heilig, heilig* in Jes 6,3. Am meisten gab noch das Johannesevangelium her. Dessen Worte Jesu, auch die trinitarisch gedeuteten, sind jedoch nach übereinstimmender Meinung der Forschung freie Erfindungen.

Wenn Jesus vom Geist gesprochen haben sollte, was nicht unwahrscheinlich ist, meinte er damit jedenfalls keine göttliche Person, sondern die alttestamentliche Vorstellung vom Geist Gottes (*Ruach Jahwe*), einer Art Gotteskraft oder Gottespräsenz. Paulus redet zwar vom Geist, reflektiert ihn aber nicht innerhalb seiner Theologie. Oder er identifiziert ihn mit Christus (2. Kor 3,17). Der Geist taucht dann aber in den Geburtslegenden, also in einem späteren Stadium der Überlieferung auf. Maria wird „vom heiligen Geist" geschwängert. Auch im späten Johannesevangelium bekommt der Geist personhafte Konturen (Joh 16,15). Daneben gab es aber auch weiterhin Vorstellungen, nach denen Jesus mit dem Geist gleichgesetzt wurde, so z. B. im nicht mehr ins Neue Testament gekommenen 2. Clemensbrief (9,5;14,2). Trinitarische Formeln ohne Geist, nämlich Gott – (Menschen-)Sohn – Engel finden sich in 1. Tim 5,21 und Lk 9,26. „Später zeigen sich auch Ansätze zur Quaternität. So spricht um 150 n. Chr. Justin der Märtyrer von der Vierheit: Gottvater, Sohn, das Heer der Engel und der Heilige Geist." (Deschner, Abermals krähte der Hahn, S. 439) Und nimmt man noch Maria hinzu, hätte man schon fünf. Wer bietet mehr?

Wir haben also wieder eine ganze Fülle von Vorstellungen, die im Wesentlichen eines gemeinsam haben: Keine geht auf den historischen Jesus zurück, alle sind Erfindungen aus späterer Zeit.

Nachdem die religiöse Spekulation auch hier erst einmal ins Rollen gekommen war, hat sie sich bald verselbstständigt und kümmerte sich nicht mehr um die Frage nach einem Anhalt im Leben Jesu. Auch hier wurde die Diskussion bald mit griechischer Begrifflichkeit aufgeblasen, auch hier stellte sich die Frage nach dem Verhältnis des Geistes zu Vater und Sohn, auch hier wurde der Geist zunächst Gott untergeordnet, auch hier diese Subordination dann später verketzert. Auf dem zweiten ökumenischen Konzil, demjenigen von Konstantinopel im Jahre 381, wurde das Trinitätsdogma dann festgezurrt, erneut unter kaiserlicher Regie. Hier wurde dann auch der Geist im Vollsinne Gott.

Mit der Trinität hat sich das Christentum eine Lehre eingehandelt, die den Vorwurf des Tritheismus, einer Drei-Götter-Lehre, geradezu herausfordern musste. Um dem zu entgehen, wurde das Dogma mit einer Fülle griechisch-philosophischer Begriffe aufgeladen und eine Einheit in der Dreiheit erstrebt, die letztlich denkunmöglich ist. Derart verquere Lösungen von Problemen können daraus resultieren, dass der Gegenstand an sich eben sehr kompliziert ist. Sie können aber auch darauf hinweisen, dass der ganze Ansatz verkehrt ist. Man mag an den Vergleich mit dem ptolemäischen Weltsystem denken, wo die Planeten ganz unnatürliche Flugbahnen haben mussten, jedenfalls wenn man annahm, dass die Erde im Zentrum des Universums steht. Als man dann die Erde aus dem Zentrum verbannte und die Sonne an ihre Stelle setzte, bekam das Ganze Form und Schlüssigkeit. Die Frage, wo der Fehler beim Trinitätsdogma liegt, wäre indessen noch zu harmlos. Das Dogma als Ganzes ist eine historische Luftnummer, ein theologisches Glasperlenspiel, Mahnung, wie man sich vergaloppieren kann, wenn statt der Vernunft die religiöse Unvernunft die Zügel hält.

Die Theologen sahen auch hier wie in der Zweinaturenlehre gerade in der Widersprüchlichkeit wieder einen Ausweis höherer Logik. Für den Lutheraner Paul Althaus z. B. ist gerade der Widerspruch, das für die Logik Unmögliche, ein Zeugnis für die Wahrheit des Trinitätsdogmas. (Paul Althaus, *Die christliche Wahrheit* [sic!], § 71.3) Was soll man dazu noch sagen?

Das Trinitätsdogma jedenfalls wurde wie alle altkirchlichen Konzilsentscheidungen nicht nur Kirchen-, sondern auch Reichsgesetz, seine Missachtung auch vom weltlichen Arm verfolgt. Auch von den Reformatoren wurden die altkirchlichen Entscheidungen nicht infrage gestellt. Allerdings tauchten im Humanismus und im Umfeld der Reformation Strömungen auf, die die Trinitätslehre ablehnten. Deren bekanntesten Vertreter, Michael Servet, ließ Calvin 1553 in Genf verbrennen. In der modernen protestantischen Theologie spielte die Trinitätslehre ein Schattendasein. Schleiermacher etwa verbannte sie ans Ende seiner Glaubenslehre. Eine Auferstehung erlebte sie erst im imposanten Werk von Karl Barth, der sie zum Eingangstor seines theologischen Denkens überhaupt machte. Im offiziellen Katholizismus wurden Christologie und Trinitätslehre übrigens nie infrage gestellt. Viele Katholiken halten diesen Umstand für positiv.

Eine blutige Erlösung am Kreuz

„Welch primitive Mythologie, dass ein menschgewordenes Gotteswesen durch sein Blut die Sünden der Menschen sühnt!" Wohl keiner hat das Problem einer Erlösung am Kreuz drastischer ausgedrückt als der Marburger Neutestamentler Rudolf Bultmann in seinem Aufsatz *Neues Testament und Mythologie (1941)*. Wie viele moderne Theologen wollte er den christlichen Glauben gerade für unsere Zeit lebbar und glaubbar machen. Denn das Kreuz war nicht nur, wie Paulus schreibt, den Juden ein Ärgernis und den Heiden eine Torheit (1. Kor 1,23), es ist auch dem heutigen Menschen schwer zu vermitteln. Bultmann versucht einen Neuansatz beim persönlichen Glauben des Einzelnen, der angeblich durch diesen Jesus und durch das Kreuz in die Entscheidung gestellt wird. Die *primitive Mythologie* ist dabei nur ein Ausdrucksmittel einer vergangenen Zeit, eine Währung, die heute keine Kaufkraft mehr besitzt. Bultmanns neuen Wegen sind nur wenige gefolgt. Bei den aufgeschreckten Kirchengliedern, sofern sie überhaupt davon Kenntnis bekamen, hatte er ohnehin keine Aussicht auf Erfolg, denn diese denken und glauben auch heute noch vorwiegend in den Bahnen einer jahrhundertealten Mythologie.

Wenn die Zweinaturenlehre und die Trinitätslehre absurd sind, so ist die Lehre vom Heilshandeln Gottes am Kreuz abstoßend und widerlich. In welches muffige Kellergewölbe wird man hier geführt? „Eine blutige Erlösung am Kreuz ist eine heidnische Menschenopferreligion nach religiösem Steinzeitmuster", so Uta Ranke-Heinemann in ihrem *Negativen Glaubensbekenntnis*. Und Joachim Kahl fragt anklagend: „Was ist das Kreuz Jesu Christi überhaupt anderes als der Inbegriff sadomasochistischer Schmerzverherrlichung?" (Kahl, Das Elend des Christentums, S. 19) Wenn man nicht selber in einer mit christlichen Relikten ausstaffierten Gesellschaft aufgewachsen wäre – dieser zentrale christliche Glaubensinhalt würde noch fremder und fragwürdiger wirken. Doch es sind die häufigen Wiederholungen, die einen an diesen Gedanken fast gewöhnt haben: Gott selbst ist am Kreuz für die Sünden der Menschen stellvertretend gestorben. Durch sein Blut hat er die Menschen mit sich versöhnt. Die Erlösung der Menschen war demnach die vornehmste Aufgabe von Christus. Damit er diese bewerkstelligen kann, benötigt er selber eine besondere Hoheit und Autorität. Diese erhält er durch seine Vergöttlichung, die ihm die Kirchen zugesprochen haben.

Dieses Geschehen ist in der Tat durch und durch mythologisch. Wem es schwerfällt, dies zu erkennen, stelle sich einfach einen Indiostamm vor, der einen Menschen rituell opfert, um mit seinem Blut die Götter zu besänftigen. Was uns dort abschreckt und primitiv vorkommt, wird uns hier seit zweitausend Jahren von den Kirchen als göttliches Heilsgeschehen serviert. Jesus stirbt einen Opfertod, auch sein Blut soll versöhnen, wie das Blut eines geopferten Tieres versöhnen soll. Im Johannesevangelium stirbt Jesus zu derselben Stunde, da im Tempel die Passahlämmer geschlachtet werden. Damit soll Jesus als das wahre Passahlamm verdeutlicht werden. *Christe, du Lamm Gottes, der du trägst die Sünd' der Welt,* heißt es noch heute in der kirchlichen Liturgie.

Der Gott soll versöhnt werden, den Menschen zum Heil. Es gibt neben dem Bitten um Fruchtbarkeit wohl keine Kultabsicht, die deutlicher und häufiger in den Menschheitskulturen zu finden war und ist als die Versöhnung oder Erlösung. Die Fruchtbarkeit der Tiere und Felder braucht der Mensch zur physischen Existenz, die Versöhnung oder Erlösung aber als Nahrung für seine psychische Struktur. Dies scheint ein anthropologisches Grundgesetz zu sein.

Und so wundert es nicht, dass auch in der Antike Erlösungs-kulte und -vorstellungen weit verbreitet waren. Im Mithraskult wurden durch das Blut eines getöteten Stiers die Sünden der Gläubigen abgewaschen. Herakles und Dionysos waren bekannte Erlösergestalten. In fast allen Kulten der Antike spielte das Opfer eine wichtige Rolle, allenthalben fand man Altäre, Opfersteine und Brandstätten, der Opferkult war oftmals die Hauptaufgabe der angestellten Priesterschaft. Ständig musste ein Gott versöhnt werden oder wurde das Opfer auch nur aus alter Gewohnheit dargebracht. Im Jerusalemer Tempel war dies nicht anders, nur wurde hier nur einem einzigen Gott geopfert. Menschenopfer, die es wohl in der Vorzeit noch gegeben hatte (vgl. die Geschichte von der Opferung Isaaks Gen 22), fanden keine mehr statt, doch Lämmer, Stiere und auch Tauben wurden zigtausendfach geopfert. Weil in der Mitte des Christentums ein Opfergeschehen steht, wundert es nicht, dass ein Galgen zum Hauptsymbol dieser Religion geworden ist. Goethe hat sich entsetzt gezeigt über dieses grausame Symbol einer Religion.

Wenn Feuerbach meinte, die Anthropologie sei das Geheimnis der Theologie, so kann man in anderem Zusammenhang auch sagen: Die Mythologie ist das Geheimnis des Christentums. Nicht nur die Trinitätslehre ist letztlich eine mit philosophischen Begriffen verbrämte Mythologie, auch schon die Christologie und auch schon die Gotteslehre finden in mythologischen Kategorien statt. Es ist aber die Heilslehre des Christentums, die Soteriologie, wo dies besonders deutlich wird. Denn was eine Philosophie vielleicht noch schafft (oder in früheren Zeiten geschafft hat), nämlich einen Gott irgendwie in einem Gedankengebäude unterzubringen, der Einbau eines Blutopfers wird ihr nicht gelingen. Auf den immerhin gemachten Versuch Anselms von Canterbury in seinem Buch *Cur deus homo – Warum Gott Mensch wurde* kommen wir noch zu sprechen.

Alles wäre kein Problem, wenn die Menschen immer noch in mythologischen Kategorien denken würden. Die Glaubenshelden des Alten und des Neuen Testaments haben dies getan. Jesus und Paulus waren in einem mythologischen Weltbild zu Hause, für die Kirchenväter, für Thomas von Aquin, für die Reformatoren gab es kein anderes Weltbild, ein rückständiger Katholizismus und der fromme Protestantismus denken heute noch so. Und würde nicht auch Papst Ratzinger wie weiland Luther mit dem Tintenfass nach dem Teufel werfen? Johannes Paul II. hätte dies bestimmt getan. Nur, wer würde es *sonst* noch tun?

Wenn der moderne Mensch heute mit einem Blutopfer einfach nichts mehr anfangen kann und selbst Pfarrern die *Blut-und-Wunden-Theologie* Peinlichkeiten bereitet, stellt sich natürlich die Frage, ob man dies alles nicht ganz anders verstehen kann, ohne Mythologie. Wie muss man die Braut ausstaffieren, um zu verbergen, dass sie schon hundert Jahre alt ist? Konkret: Wie will man ein damals wörtlich so gemeintes Blutopfer uminterpretieren, um doch noch einen zeitlosen Inhalt irgendwie daraus zu destillieren? Die vielen modernen Theologen, die sich darin versuchten, scheinen jedenfalls noch keine überzeugende Lösung gefunden zu haben. Es drängt sich erneut der Verdacht auf: Es gibt Vorstellungen, die so an eine bestimmte Form gebunden sind, dass sie sterben müssen, wenn man sie dieser Form entkleidet. Das Christentum löst sich auf, wenn man aus dessen entscheidenden Lehren die Mythologie entfernen will. Ohne Mythologie ist die Dogmatik der Kirchen nicht lebensfähig. Übrig bleibt nur ein Häufchen Ethik. Das Innere des bunten Luftballons ist allzu prosaisch, und ein schöner Traum hat für die Wirklichkeit kein Visum.

Nicht weniger fragwürdig ist auch die Ableitung, die Paulus uns in einer scheinbaren Beweisführung liefert. In der von Theologen sogenannten Adam-Christus-Typologie behauptet Paulus:

Wie es also durch die Übertretung eines einzigen [Adam] für alle Menschen zur Verurteilung kam, so wird es auch durch die gerechte Tat eines einzigen [Christus] für alle Menschen zur Gerechtsprechung kommen, die Leben gibt. (Röm 5,18)

Glaubt Paulus naiv realistisch den biblischen Schöpfungsgeschichten? Manche Theologen bestreiten dies, wollen hier eine symbolische Rede sehen. Doch würde dann seine Argumentation noch Sinn machen? Und welches Schauspiel führt Gott hier auf? Er ist derjenige, der das Opfer bringt, und auch derjenige, der es annimmt. Und entwertet die Auferstehung nicht das Opfer nachträglich? „Wenn ein Mensch freiwillig für seine Mitmenschen stirbt, gilt das gemeinhin als edel. Die Behauptung, er sei nicht *wirklich* gestorben, macht dieses Opfer zu einer vertrackten und trügerischen Angelegenheit: Die Aussage *Christus ist für meine Sünden gestorben* trifft also nicht zu, denn eigentlich ist er ja gar nicht *gestorben*. (Hitchens, Der Herr ist kein Hirte, S. 176)

Warum braucht ein Gott überhaupt ein solches umständliches und blutiges Verfahren, um sich versöhnen zu lassen? Im alltäglichen Umgang werden wir alle doch zuweilen ungerecht behandelt, „versündigen" sich Menschen an uns und wir auch an ihnen. Ist es nicht ein Zeichen von Haltung und Charakter, dass man vieles einfach vergibt und vergisst? Fordern wir von unseren Schuldnern deshalb Rechenschaft, Satisfaktion? Warum also bei Gott eine solches Heilstheater?

Die Antwort ist im Grunde denkbar einfach. Das Heilsgeschehen am Kreuz ist nur deshalb Teil des christlichen Glaubens geworden, weil man dem Geschehen am Kreuz einen Sinn geben wollte und musste. Weil Jesus am Kreuz starb, mussten seine Anhänger darin irgendwie einen Sinn sehen. Seine Niederlage konnten sie nicht ertragen, sie mussten sie in einen Sieg umdefinieren. Wäre Jesus wie Buddha lehrend und als alter Mann unter einem Baum gestorben, hätte es solcher Blut- und Vergeltungstheologie nicht bedurft. Die christliche Heilslehre (Soteriologie) ist also eine Reaktion auf den seinen Anhängern zunächst unverständlichen Tod Jesu am Kreuz. Es ist nicht ein ewiger Heilsplan aus dem göttlichen Welttheater, der hier gegeben wird, es ist ein neues Stück, das hier zur Aufführung kommt. Und sein maßgeblicher Autor ist nicht Gott, erst recht nicht Jesus, sondern Paulus.

Paulus haben wir diese Versöhnung durch Blut zu verdanken. Natürlich wird es auch vor ihm und neben ihm andere Deutungsmöglichkeiten gegeben haben, die paulinische hat sich jedoch durchgesetzt. Paulus hat dabei sowohl jüdische Opfervorstellungen als auch hellenistische Erlösungsmythen kombiniert und den Tod Jesu als Heilsgeschehen gedeutet. Durch seine Briefe wurde seine Theologie dann orthodox, was sie aus Sicht der Urgemeinde, die ihn ja heftig kritisierte, noch nicht gewesen ist. Und auf ihn und seine Theologie haben sich die Kirchenväter und besonders Augustinus, aber auch später die Reformatoren berufen.

Einen vermeintlich philosophischen Ausbau erhielt die paulinische Soteriologie durch das Buch *Cur Deus Homo* (Warum Gott Mensch geworden ist) des Erzbischofs Anselm von Canterbury.

In seinem Buch, kurz vor 1100 fertiggestellt, versucht Anselm den Mythos als zwingend nachzuweisen. Er versucht zu belegen, dass Gott nur auf diese Weise sich mit dem Menschen wieder hat versöhnen können. In einem fiktiven Dialog mit einem Mönch ist man sich einig, dass Gott eine Genugtuung geleistet werden müsse, denn andererseits wäre Gott ungerecht. Der Mensch kann diese Genugtuung aber nicht leisten, dies kann nur ein Gott. Deshalb, so will Anselm nachweisen, musste der Gott-Mensch Jesus her, der diese Aufgabe vollbringen kann. Durch seinen Tod am Kreuz hat er die Menschheit mit Gott versöhnt.

Diese theologische Abhandlung, die rechtlich auch vom mittelalterlichen Lehnsgedanken beeinflusst ist, hat sich im Mittelalter und in der frühen Neuzeit großer Beliebtheit erfreut, schien sie doch dem Geschehen am Kreuz eine innere Notwendigkeit zu verleihen. Bei den Katholiken steht sie noch heute hoch im Kurs.

Was vor allem gegen Anselm, gegen die Reformatoren und Katholiken, ja gegen Paulus spricht und sich querstellt, ist wieder einmal der historische Jesus selbst, der sich hier weder in katholische noch protestantische Dogmatiken einbauen lässt. Denn von einer Erlösung durch Blut, von einer Vergebung am Kreuz findet sich bei Jesus keine Spur. Ganz im Gegenteil, sein Gott vergibt, auch ohne dass Blut fließen muss. Unter anderem ist es ja gerade diese verkündete Annahme der sündigen Menschen, die die Botschaft des Nazareners so ansprechend gemacht hat. Wo Paulus ein weltgeschichtliches Drama braucht, spricht Jesus einfach von den Sünden los. Im Gleichnis vom verlorenen Sohn wird der reuige Sünder vom Vater wieder aufgenommen, eine Satisfaktion ist nicht nötig (weswegen sich dessen Bruder ja sogar beklagt). Freimütig spricht Jesus den Menschen die Vergebung der Sünden zu, ohne dass dafür mehr nötig wäre als gläubiges Vertrauen und reuige Einsicht. Kein Mensch, kein Gott muss dafür sterben. Dass der Menschensohn sein Leben *für viele* hingeben müsse (Mk 10,45), ist nach fast übereinstimmender Meinung der Exegeten eine späte Deutung der Gemeinde. Jesus selbst aber hatte keine Erlösungslehre und brauchte auch keine. Gottes Vergebung ist ein Geschenk an alle Israeliten, die zur Umkehr bereit sind. *Vergib uns unsere Schuld, wie auch wir vergeben unseren Schuldigern*, lässt er seine Jünger beten, und es besteht kein Zweifel, dass er der Meinung war, dass diese Vergebung auch gewährt wird. So gesehen war die Verkündigung

Jesu ein wirkliches Evangelium für die Menschen, während das finstere Gesetz von Schuld und Tod das paulinische Denken bestimmt. An dieser Stelle leuchtet im Handeln Jesu ein kurzer Moment von wegweisender Humanität auf, hier wächst er tatsächlich über seine Zeit hinaus. Paulus dagegen kann sich aus seinen legalistischen Fesseln nicht befreien, so sehr er auch gegen das Gesetz als solches predigt. Aus dem menschenfreundlichen Gott, dem liebenden Vater, wird bei Paulus wieder ein Rachegott, der mit Blut besänftigt werden muss.

Die Erlösung durch das Blut Christi beim Apostel Paulus steht so in krassem Gegensatz zur Verkündigung Jesu. Wieder einmal zeigt sich, wie rigoros Paulus hier seine Sicht der Dinge zur Geltung bringt und wie wenig der irdische Jesus in seiner Theologie eine Rolle spielt. Dass Paulus das Denken Jesu adäquat zur Geltung bringe, war aber unausgesprochene Denkvoraussetzung aller Kirchen. Deshalb rekurrierte selbst die Reformation nicht auf Jesus. Auch sie kam nur bis Paulus. Erst die neutestamentliche Forschung hat die Differenz zwischen dem Denken Jesu und dem Denken des Paulus entdeckt und beschrieben, erst durch sie gelang es, Jesus aus den Fesseln und der Übermalung der paulinischen Theologie zu befreien.

Je mehr der wirkliche Jesus Konturen bekommt, desto mehr muss der dogmatische Christus der Kirchen verblassen. Der Jesus, der uns entgegentritt, ist zwar authentischer als sein kirchliches Gegenbild, er kann aber kein Gegenstand religiöser Verehrung mehr sein. Er ist bestenfalls ein guter oder weiser Mensch, ein Lehrer, vielleicht ein Vorbild. Aber kein Gott, kein Erlöser, kein Richter.

Ein verzerrtes Welt- und Menschenbild

Nicht unsere Sünden hat Jesus getragen, sondern an der ihm aufgebürdeten Dogmatik hat er sich über die Jahrhunderte abgeschleppt, von Konzil zu Konzil eine immer schwerere Last getragen, bis er an der Schwelle der Aufklärung ins Stolpern geriet und stürzen musste. Das Christentum ist ein Paradebeispiel dafür, wie eine religiöse Idee sich völlig verselbstständigen kann. Es ist nicht, wie die Kirchen meinen, der Heilige Geist, der hier am Werke war. Dieser ist ja selbst erst eine Erfindung späterer Zeiten, selbst das Produkt einer Entwicklung. Die Antriebskräfte sind religiöse Fantasie und eine gehörige Portion Wunschdenken. Das ist der Stoff, aus dem die religiösen Träume sind. Eine historische Person kann am Anfang stehen, ist aber nicht unbedingt notwendig. Was sie gesagt und gewollt hat, ist nebensächlich, die Ausgestaltung der religiösen Lehre nimmt auf sie kaum Rücksicht. Religionen werden nicht von den vermeintlichen Religionsgründern gemacht, sondern von deren Anhängern. Sie bestimmen, wo es religiös langgeht.

Es ist keine bewusste Erfindung, die hier stattfindet. Vielmehr sind die Akteure subjektiv von der Objektivität ihrer Meinungen und ihrem Handeln überzeugt. Sie sind Überzeugungstäter. Die Scheinwelt, die sie errichten, ist für sie real, die Wahrheit, an die sie zu glauben meinen, zwingend. Auf dem fruchtbaren Nährboden religiöser Fantasie erwachsen fantastische Gebilde, wahrhaft und wahnhaft religiöse Kopfgeburten. Und so kommt es dazu, dass aus einem Menschen langsam ein Gott wird, aus einer Mutter langsam eine Gottesmutter, aus einem tragischen Tod die Manifestation eines göttlichen Willens. Nein, es ist kein Betrug, der hier am Wirken ist. Es ist Selbstsuggestion, ist Selbstbetrug.

Für Außenstehende erscheint das Religionsgebäude grotesk und wirklichkeitsfremd, für die Gläubigen selbst ist es der Weisheit letzter Schluss. Denn innerhalb einer religiösen Gruppe bestätigen sich die Gläubigen die Richtigkeit ihres religiösen Glaubensguts gegenseitig, und wenn Freunde und Verwandte die Standfestigkeit eines religiösen Gebäudes glaubhaft versichern, ist man halb schon selbst für den neuen Glauben gewonnen. Man glaubt, weil andere glauben. Religion ist Selbstbetrug auf Gegenseitigkeit. Schon die Christen der zweiten und dritten Generation hatten praktisch keine Möglichkeit mehr, ihr Glaubensgebäude an der Figur des historischen Jesus zu erden, und vermutlich hatten sie auch gar kein Interesse daran.

Die christlichen Gottesvorstellungen könnte man vielleicht vernachlässigen, würde nicht an der Theologie und vor allem an der Christologie noch eine ganze Anthropologie hängen, ja mehr noch ein ganzes Menschen- und Weltbild. Wenn der Gläubige akzeptiert, dass Jesus für seine Sünden gestorben ist, hat das Auswirkungen auf seine Selbst- und Weltsicht. Wenn meine Sünde so schlimm ist, dass ein Gott dafür ans Kreuz geschlagen werden muss, dann kann die Sünde gar nicht schlimm genug gedacht werden. Die erfundene Heilstat Jesu zieht eine höchst reale und extrem fragwürdige Sündenlehre der Kirche nach sich.

Die mythologische Herleitung der Sünde

Sünde wird in der Bibel nicht nur als konkrete Einzeltat verstanden, sondern mehr noch als eine grundsätzliche Abwendung von Gott. Diese Abwendung von Gott ist per se Sünde. Im Hintergrund steht der Gedanke, dass Gott ein Recht auf Verehrung habe, da er den Menschen ja geschaffen hat. Und Gott fordert auch Gehorsam vom Menschen. Sünde ist deshalb auch Ungehorsam gegen Gott.

Für den Gläubigen leiten sich Ethik und Moralität deshalb aus dem Glauben ab. Es verwundert nicht, dass bei einer solchen Fundierung der Ethik religiöse Vergehen an erster Stelle des religiösen Strafgesetzbuches stehen. Verbrechen sind oft das Abweichen von der kultischen Norm. Dazu gehören natürlich das Anbeten oder auch nur das Dulden fremder Götter. Es zählen dazu unrichtig dargebrachte Opfer, Verstöße gegen die Kultordnungen oder die Verletzung heiliger Stätten. Da sich diese Vergehen unmittelbar gegen Gott zu richten scheinen, werden im Alten Testament, aber auch in vielen anderen Religionen hierfür drakonische Strafen angedroht, in der Regel die Todesstrafe. Der Götzendienst war im Alten Testament das schlimmste aller Verbrechen, und im Frühchristentum galten Abfall und Abgötterei ebenfalls als Todsünden.

Wie soll der Mensch aber nun handeln? Im Judentum beschreibt das mosaische Gesetz den Rahmen dessen, was getan bzw. unterlassen werden soll. Was machen aber nun die Heiden, die das Gesetz nicht kennen? Diese können nach jüdischer Anschauung eben nicht gottgemäß handeln. Heiden sind so per se Sünder, ihr Lebenswandel kann noch so lobenswert sein, vom Heil sind sie ausgeschlossen. Ein solcher religiöser Chauvinismus ist keine Einzelerscheinung, im Gegenteil. Man findet ihn in vielen Kulten und Religionen. Andersgläubige haben generell schlechte Karten. Auch für Paulus waren die Begriffe *Heiden* und *Sünder* synonym. Und in fast der gesamten christlichen Kirchengeschichte galt dasselbe: Wer nicht Christ war, musste Sünder sein. Die blutigen Kriege und

Massaker gegen den Islam und gegen das Judentum erklären sich ein Stück weit aus dieser Prämisse.

Ein Vergleich mit einer modernen Gesellschaft zeigt den Unterschied der Kulturen. Eine moderne Gesellschaft hat keine Verankerung der Ethik in einem bestimmten religiösen Glauben, und sie darf sie auch nicht haben. Denn eine religiöse Fundierung bedeutet immer auch Intoleranz gegenüber allen nichtbegünstigten Religionen. Ein weltanschaulich neutraler Staat ist für eine (nicht nur religiös) plurale Gesellschaft nicht nur anzustreben, er ist für sie konstitutiv. Das ist für unsere Gesellschaft eine Binsenweisheit, aber sie ist es eben nicht für die Bibel. Denn hier findet sich noch ungeschminkt eine religiöse Ausgrenzung anderer aufgrund volks- oder glaubensmäßiger Zugehörigkeiten. Toleranz ist kein biblischer Wert, sie ist dort ein Fremdwort. Stattdessen findet man in ihr überall die Aufforderung zur Intoleranz. Eine falsche christliche Dogmatik hat eine intolerante Ethik begründet. Und weil die Bibel auch heute noch viele als Richtschnur ansehen, werden mit ihr undemokratische und inhumane Vorstellungen bis in unsere Zeit transportiert. Wir werden später noch darauf zurückkommen.

Kultische Vergehen, in archaischen Kulturen todeswürdiges Verbrechen, spielen jedoch in modernen Gesellschaften zu Recht keine Rolle mehr, das *religiöse Strafgesetzbuch* ist komplett gestrichen. Wer wollte leugnen, dass auch hier unsere Gesellschaftsordnung wertvoller und bewahrenswerter ist als die biblischen Vorstellungen?

Der Adressat der Ethik ist in der Bibel auch nicht primär der Mitmensch, sondern Gott. Der Gläubige handelt, um Gottes Wort zu gehorchen und seine Gesetze zu erfüllen. Der Mitmensch kommt erst in zweiter Linie in den Blick, wenn überhaupt. Weit entfernt ist die Bibel von Lessings Wunschtraum, das Gute zu tun um des Guten willen. Eine Ethik, die das menschliche Gegenüber nicht oder nicht genügend im Blick hat, weil sie sich in erster Linie einem eingebildeten Gott verpflichtet weiß, kann kein Modell für die Zukunft sein. Christen sollten sich fragen, ob die religiöse Rückbindung ihrer Ethik tatsächlich ein solcher Vorteil ist, wie sie gerne behaupten.

Wenn nur der Gläubige moralisch handeln kann, dann werden die Andersgläubigen automatisch zu schlechten Menschen. Es ist erschütternd, wie sich dieses Denken auch noch bis in unsere Zeit in kirchlichen Anschauungen findet. Wer ohne Gottesglauben lebt, wird in die unmoralische Ecke geschoben, steht per se im Verdacht, ein schlechter Mensch zu sein. Fehle der Gottesbezug, so suggerieren die Kirchen oft, trete an seine Stelle ein ungehemmter Egoismus, eine ichsüchtige Existenz.

> Mit dem Verlassen der Gemeinschaft mit Gott wird auch die mitmenschliche Gemeinschaft zerstört oder in Afterformen von Gemeinschaft verkehrt, denn die wahre Begründung menschlicher Gemeinschaft ist das Umschlossensein von der Liebe Gottes. In dieser Hinsicht ist das Wesen der Sünde also ein schauerliches Alleinbleiben des Menschen mit sich selbst. Daraus folgen [...] Superbia, Hochmut und Selbstbespiegelung, aber ebenso glaubenslose Resignation und Schwermut bis zum Selbsthaß.

So formuliert der evangelische Dogmatiker Wilfried Joest im Lexikon *Religion in Geschichte und Gegenwart* (RGG[3]) im Artikel *Sünde und Schuld*. Seine zweibändige Dogmatik wird heute noch gerne von Studenten der Theologie gelesen. In inhaltlichem Nachplappern einschlägiger biblischer Vorurteile und Verächtlichmachungen werden Menschen, die ihre Ethik bewusst *nicht* aus religiösen Kategorien ableiten, als Zerstörer der menschlichen Gemeinschaft, als bedauernswerte Eigenbrötler oder als hochmütige Selbsthasser diffamiert. Und was sich in vergleichbaren katholischen Dogmatiken findet, liest sich oft noch viel schlimmer. Als könne es eine mitmenschliche Gemeinschaft nur geben, wenn auch irgendwie ein Gott dabei ist. Dabei kennt die Geschichte doch wahrlich Beispiele genug, wie es trotz oder sogar wegen dieser Gottbezogenheit zu den abscheulichsten Verbrechen und unmenschlichsten Grausamkeiten gekommen ist. Frömmigkeit macht noch lange nicht friedlich, und wer an einen Gott glaubt, wird deshalb noch lange nicht zum Menschenfreund.

Es gibt in allen Ländern und in allen Religionen und Weltanschauungen Menschen mit einem hohen ethischen Anspruch und einer verantwortlichen Lebensweise. Auch Joest würde dies sicher so sehen. Man merkt aber an seiner Äußerung eben, wie man sich verirren kann, wenn man munter auf den ausgetretenen Pfaden der Bibel und einer theologischen Tradition sich bewegt. Denn das Weltbild der Bibel ist in vieler Hinsicht unzulänglich und überholt.

Und es ist nicht unbedingt hilfreich, Orientierungshilfe gerade von Menschen zu erwarten, die sich Texten verpflichtet fühlen, die mit unserer Lebenswirklichkeit kaum noch einen Kontakt haben.

Befremdlich in diesem Zusammenhang auch die mythologische Ableitung der Sünde. Wir erwähnten es bereits. Die Juden leiteten den Ursprung der Sünde vom Urvater Adam her. Durch seine Sünde im Paradies kam die göttliche Strafe über die Menschen. Adam musste das Paradies verlassen und fortan Arbeit und Mühsal ertragen. Sogar der Tod kam erst durch seine Tat in die Welt. Adam hätte ewig im Paradies leben können, wenn er seine Chance nicht verspielt hätte. Wir verstehen diese Erzählung als sagenhaft. Paulus und Luther haben sie wörtlich verstanden, und wörtlich verstanden findet man sie heute noch in katholischen Dogmatiken. Paulus baut seine Sünden- und Rechtfertigungslehre darauf auf, auf einer mythologischen Grundlage. Ganz abgesehen davon, dass das ganze Heilsgeschehen bei ihm schon Mythologie ist. Es ändert nichts, wenn man einräumt, dass hier ein realer Mensch mythisiert wird, mythologisch bleibt das Geschehen trotzdem. Und es wirkt für ein kritisches Verständnis auch nicht gerade vertrauensbildend, dass auch Abraham, eine weitere sagenhafte Person, in die paulinische Rechtfertigungslehre eingebaut wird. „Abraham glaubte Gott, und das wurde ihm zur Gerechtigkeit angerechnet." (Röm 4,3b) Auf diesen dürren Vers meint Paulus seine Rechtfertigung allein aus Glauben stützen zu können. Auf eine Person, deren Historizität mehr als fraglich ist (was Paulus freilich nicht wissen konnte). Und selbst wenn es Abraham tatsächlich gegeben haben sollte, so war sein Gott nicht der Gott des Paulus, sondern ein unbekannter und längst toter Nomadengott aus Mesopotamien. Wie die ersten Christen, wie unter den Evangelisten vor allem Matthäus und wie später noch viel mehr die Apologeten und die griechischen und lateinischen Kirchenväter, die jeden Unsinn als angeblichen Schriftbeweis für irgendetwas anschleppten, hat auch schon Paulus sich in der religiösen Requisite nach Belieben bedient. Fast zwei Jahrtausende hat sich sein Stück auf dem Spielplan halten können.

Mythologische Fundierungen und Götterbilder waren schon den alten Griechen verdächtig. In unserer Zeit sind sie inakzeptabel und lächerlich. Dennoch dürfte das Christentum nach wie vor gerade in seiner mythologischen Gestalt bei vielen Gläubigen präsent sein. Kein Wunder bei einer Religion, deren Hauptlehren substanziell mythologisch sind und deren Heilige Schriften den Mythos als vermeintliche Geschichte konservieren.

Eine moderne Weltsicht hat nicht nur ein anderes, sondern auch ein besseres Menschen- und Weltbild. Der Sündenbegriff ist antiquiert, religiös aufgeladen und denkbar ungeeignet, das Zusammenleben der Menschen zu regeln. Aufgeklärte Menschen und Gesellschaften kommen ohne mythologische Relikte aus und versuchen das Zusammenleben der Menschen ohne Zuhilfenahme von Irrationalismen zu regeln. Nur so können sie auch an die Einsicht aller appellieren.

Wir kennen auch heute keinen Zusammenhang zwischen Sünde und Krankheit mehr, wie ihn die Bibel an vielen Stellen noch voraussetzt. Absurd erscheint uns der Gedanke, dass eine Krankheit einen Menschen als Sünder überführt. Schon Jesus scheint hier fortschrittlicher als seine Umwelt gedacht zu haben, was wieder für ihn spricht. Gerade den Kranken und Benachteiligten wendet er sich zu. Er scheint seine Zuhörer nicht mit einem Sündengerede geplagt zu haben wie die, die sich später auf ihn zu berufen glaubten. Andererseits verurteilt er aber schon böse Gedanken als sündhaft. Die Gedanken sind bei ihm keineswegs frei. Ein merkwürdiger Mensch, dieser Mann aus Nazareth.

Meinungsfreiheit ist in der Bibel noch unbekannt. Die Bibel kennt noch nicht einmal Gedankenfreiheit. Denn anders als weltliche Potentaten kann ein Gott selbst die Gedanken seiner Untertanen überwachen und strafen. Auch wenn dieser Gedankenterror letztlich nur auf Einbildung beruhte – für Millionen von Gläubigen war er höchst real, hat deren Leben vergiftet und mit Angst und Schuld infiziert. In dieser Hinsicht, aber natürlich nicht nur in dieser, ist eine Welt ohne Gott ein wahrer Segen.

Modernes Denken kennt auch keine überpersönliche Sphäre der Schuld, der der Einzelne ausgeliefert ist. Es gibt keine sündige Natur des Menschen, auch dies ist ein Relikt einer repressiven Religion. Natürlich ist der Mensch nicht absolut frei. Aber der Mensch ist zumindest *endliche Freiheit*, um eine treffende Definition des Theologen Paul Tillich zu verwenden. Wir sind vielfältig gebunden und bestimmt durch Geburt, Elternhaus, sozialem und gesellschaftlichem Umfeld, durch genetische Prägung und Erziehung, durch Erfahrungen und Vorbilder. Dies alles ist real und Thema der Sozialwissenschaften, der Pädagogik, der Psychologie. Aber wir sind nicht bestimmt durch eine aus der Mythologie hergeleitete Ursünde oder Erbsünde. Der Mensch kann schuldig werden, er ist es aber nicht *per se.*

Der Erbsündengedanke ist zudem so alt nicht. Er findet sich weder im Alten noch im Neuen Testament. Im Gegenteil wird auch dort eher die persönliche Verantwortung betont trotz des Sündenfalls des Urmenschen. Erst bei Augustinus im 5. Jahrhundert findet sich der Gedanke einer Erbsünde ausgearbeitet. Dieser vielfach zu Unrecht hochgelobte Kirchenvater treibt den Sündenfetischismus der Alten Kirche auf einen vorläufigen Höhepunkt. Im Bestreben, die Sünde immer wirkmächtiger und grundsätzlicher zu beschreiben (mit der Zielabsicht, die Gnade Gottes umso größer erscheinen zu lassen), und unter Hinweis auf die Schuld Adams spricht er dem Menschen jede Möglichkeit ab, *nicht* als Sünder zu handeln. Der Mensch kann nicht *nicht* sündigen *(non posse non peccare).* Die Menschen befinden sich in einem generellen Zustand der Sünde, und zwar von Geburt an. Schon Neugeborene sind Sünder und gehören in die Hölle. Denn durch die Zeugung haben sie die Schuld Adams geerbt. Man kann schon ahnen, welche Auswirkungen eine solche Lehre auf die Stellung der Kirche zur Sexualität hatte. Kein vernünftiger Mensch hält eine solche Lehre noch für richtig oder irgendwie hilfreich. Selbst Christen schweigen hier betreten. Doch die Erbsündenlehre findet sich definiert im Tridentinischen Konzil im 16. Jahrhundert, ist also ein *zu glaubendes Dogma* der katholischen Kirche. Ein schönes Exempel religiös-mythologischer Relikte und ein Beispiel eines verzerrten Welt- und Menschenbilds.

Augustin entwickelte seine Lehre in Auseinandersetzung mit dem britischen Mönch Pelagius, der eine Erbsünde ablehnte. Durch Adams Fall, so meinte er, sei der Wille des Menschen zwar geschwächt, aber immer noch zum Guten fähig. Adams Schuld wird bei ihm eher durch Nachahmung auf die Nachkommen übertragen als durch Fortpflanzung. Bei aller fragwürdigen Begründung auch bei Pelagius: Ist sein Ansatz nicht viel nachvollziehbarer und humaner als der des Augustinus? Bedingte Freiheit des Menschen, keine Versklavung an die Sünde? Doch seine Ansicht wird verdammt, Pelagius geht als Ketzer in die Geschichte ein, die Erbsündenlehre Augustins hingegen *macht* Geschichte.

Auch die Reformatoren haben die Sünde stark betont. Dies bietet sich an, wenn man die Rechtfertigung allein aus Glauben (und nicht aus guten Werken) zum Angelpunkt der Theologie erhebt. Nur muss man die Entstehungsgeschichte verstehen. Der Tod Jesu durfte nicht sinnlos gewesen sein, also sprach man ihm eine Erlösungsfunktion zu. Von der Sünde habe er die Menschen erlöst, so meinen jedenfalls die Gläubigen. Es war nur folgerichtig, die Sünde immer mehr zu betonen, denn damit wurde auch sein Tod am Kreuz umso bedeutender. Die Pervertierung dieses Weges konnte dann eine Erbsündenlehre sein, die bei Augustin mit seiner Gnadenlehre Hand in Hand geht.

Doch alles nahm seinen Anfang mit dem Tod Jesu am Kreuz. Wäre er in hohem Alter als geachteter Rabbi in seiner galiläischen Heimat gestorben, eine aufgeblasene Erlösungslehre mit Blut und Tod eines Gottmenschen hätte sich ebenso erübrigt wie die inflationäre Verstärkung des Sündenbegriffs. Doch er starb ja nicht im Bett, sondern am Kreuz, und dies verlangte nach einer Erklärung. So werden nackte geschichtliche Zufälligkeiten mit dem Mantel der Notwendigkeit kunstvoll eingekleidet und von den Kirchen sich selbst und den Gläubigen als ewige Wahrheiten verkauft.

Sünde im Dienst der Kirche

Mithilfe der Sünde übe die Kirche Macht über die Menschen aus. Diese heute weit verbreitete Meinung hat prominent Nietzsche formuliert:

> Die Sünde [...] diese Selbstschändungs-Form des Menschen par excellence ist erfunden, um Wissenschaft, um Kultur, um jede Erhöhung und Vornehmheit des Menschen unmöglich zu machen; der Priester herrscht durch die Erfindung der Sünde. (Friedrich Nietzsche, Der Antichrist, 49)

Wenn dies auf weite Teile der Kirchengeschichte zutrifft, so hat doch Nietzsche zumindest für die Anfänge des Christentums nur bedingt Recht. Denn es gab anfangs noch keine Priester im Christentum, und bis zu Konstantin hatte die Kirche auch keine weltliche Macht über die Gläubigen. Die Sünde ist nicht zum Herrschen *erfunden* worden, sie ist aus der Notwendigkeit heraus entstanden, dem sinnlosen Tod Jesu am Kreuz einen Sinn zu geben. Erst später, erst mit Herausbildung des Priesteramts und einer ab dem 4. Jahrhundert dann faktisch auch weltlichen Macht zumindest über die Gläubigen wurde der Kirche selbst bewusst, welches geniale Instrument sie da in Händen hatte. Die Kirche machte nun beides bewusst: Sie verkündigte den Menschen als Sünder, sprach ihm aber gleichzeitig die Vergebung durch das Blut Christi zu. Zuckerbrot und Peitsche. Wirkungsmächtiger als jedes weltliche Regiment beanspruchte die Kirche Gehorsam. Sie herrschte nicht nur durch äußere weltliche Gesetze, sondern vor allem indem es ihr gelang, ihre Weltsicht den Gläubigen einzupflanzen. Die Gläubigen waren dadurch selbst von ihrer „sündigen Natur" überzeugt und wurden so ihre eigenen Kerkermeister. Dies hat lange funktioniert und funktioniert bei vielen Gläubigen noch heute.

Doch der Mensch ist besser als sein kirchlicher Ruf. Er ist nicht schlecht, er wird nur schlecht geredet. Gegen die düstere kirchliche Lehre von der Sündennatur des Menschen hat die Aufklärung ihr optimistisches Menschenbild gestellt. Danach ist der Mensch nun ein freier Herr der Welt und souveräner Schöpfer einer besseren Gesellschaft. Bei stetiger Anwendung der Vernunft werden sich die Probleme der Welt schon lösen lassen. Dieser Fortschrittsoptimismus der Aufklärung hat seine großen Versprechungen nur bedingt einlösen können und war zweifellos ein wenig blauäugig. Die Aufklärung als Ganzes ist jedoch nicht gescheitert, wie dies vermeintlich moderne Kritiker gerade westlicher Gesellschaften gerne glauben machen wollen.

Klar scheint jedenfalls zu sein, dass es keinen Weg zurück zu einer biblischen und damit mythischen Anthropologie geben kann. Selbst wenn die moderne Psychologie und Philosophie den Menschen in seiner existenziellen Gebrochenheit und Unfertigkeit erkennt und beschreibt, seine mannigfache Bedingtheit wie seine nach Sinn suchende Offenheit thematisiert – einen Rekurs zu einer *biblischen* Sichtweise, von den Kirchen immer noch als Ausweg aus der Sinnkrise angepriesen, kann es nicht geben.

Denn nicht nur die Christologie und die Gotteslehre des Christentums ist falsch, weil historische Fiktion, und nicht nur die Rechtfertigungslehre mit dem Erlösungstod des Gottmenschen ist Fiktion, weil aus historischer Verlegenheit entstanden. Auch die Lehre vom Menschen als Sünder ist mit der Wirklichkeit nicht kompatibel. Auch die Anthropologie der Bibel entlarvt sich neben Theologie, Christologie und Soteriologie als haltlos. Die mythologische Herleitung anthropologischer Konstanten ist anachronistisch. Wohl gibt es in jedem Leben persönliche Schuld und falsches Tun, aber es gibt keinen *an sich* sündigen Menschen, keine *sündige Natur*, erst recht keine Erbsünde. Wohl besteht die Notwendigkeit, falsches Tun, sofern es strafrechtlich relevant ist, gesellschaftlich zu sanktionieren. An der Stelle einer religiösen Sündenbegriffs steht hier jedoch ein konkretes Delikt. Gedankenvergehen mögen zwar moralisch verwerflich sein, rechtlich relevant sind sie nicht. Es bedarf auch keines irgendwie gearteten Erlösers, der die Menschen aus ihrer nicht vorhandenen seinshaften Sündhaftigkeit befreien müsste, schon gar nicht mit Blut und Tod. Überhaupt bedarf die Ethik keiner religiösen Begründung, eine solche ist in einer multikulturellen Gesellschaft kontraproduktiv. Welcher der zehntausend Götter sollte denn eine Ethik garantieren?

Man könnte auch hier wieder sagen: Was gehen uns die überholten Wirklichkeitsmodelle der Bibel an? Aber sie sind eben in den Köpfen von vielen Gläubigen nicht überholt. Immer noch werden Vertreter der Kirche in ethisch-moralischen Fragen als besonders kompetent angesehen und sitzen in Ethikkommissionen und Beratungsgremien. Dabei steht das Weltbild ihrer Heiligen Schriften in vielen Fällen nicht nur konträr zur Wirklichkeit, sondern ist sogar eine Gefahr für eine pluralistische Gesellschaft. Und immer noch werden Kinder an staatlichen Schulen mit antiken Schriften konfrontiert, die dieses falsche Weltbild transportieren. Dabei taugt diese Schriftsammlung über weite Strecken bestenfalls als *negatives* Beispiel – ähnlich einem Mann, der vor den Augen von Kindern bei Rot über die Straße läuft.

Dürftigkeit und Defizite im Menschenbild

Das Menschenbild der Bibel ist viel zu einseitig, als dass es wahr sein könnte. Viel zu sehr wird durch eine religiöse Scheuklappe der Blick auf die realen Verhältnisse verdeckt, gehorcht alles zu sehr den Scheinnotwendigkeiten einer an den Haaren herbeigezogenen Dogmatik, die nur deshalb nicht noch merkwürdiger wirkt, weil man sich von Kind auf an ihre unglaubwürdigen Glaubenssätze gewöhnt hat. Erst die Kirche hat die Menschen zu Sündern gemacht,

> sie sollen sich als elende und schuldige Sünder einem verärgerten und eifersüchtigen Gott zu Füßen werfen […]. Die Gebetshaltungen gleichen häufig der Pose eines Sklaven […]. (Hitchens, Der Herr ist kein Hirte, S. 95)

Auf die Gnade ist er angewiesen, auf Vergebung seiner Sünden, und die kann ihm nur die Kirche erteilen. Als ein Bittsteller, als reuiger Sünder muss er vor ihren Repräsentanten erscheinen. Unter Verzicht auf seine Selbstachtung und unter Ablegung eines Sündenbekenntnisses, das einem Mörder gut anstehen würde, erhält er ein Stück Brot und einen Schluck Wein. Bei den Katholiken wird ihm Letzterer sogar noch verweigert. „So züchtet die sonntägliche Predigt, die Menschen seien nichtswürdige Sünder, innerlich unfreie und ängstliche Kreaturen." (Joachim Kahl, Das Elend des Christentums, S. 25).

Die überzeugtesten Gläubigen haben unter dieser Sündenideologie ihrer Kirche selbst am meisten gelitten, und noch heute verdankt sich manche Neurose dieser kirchlichen Lehre. Denn wenn den Menschen permanent eingeredet wird, sie seien Sünder, die den Tod verdient haben, dann muss man sich nicht wundern, dass ein Teil davon dies internalisiert. Hatte Jesus nicht noch ganz anders geredet? Hatte er nicht eine *frohe* Botschaft verkündet? Ein Heil zwar verkündigt auch die Kirche noch (freilich ein anderes, als Jesus es verkündet hatte), aber die Kirche lässt keinen auf die Insel der Seligen, den sie nicht vorher durch den Sündensumpf hat waten lassen.

Statt des finsteren Menschenbilds der Kirche war dann schon eher die Aufklärung so etwas wie eine frohe Botschaft. Sie hat den Menschen aus gebückter Demutshaltung aufgerichtet, ihm aus der Unterwürfigkeit wieder zu einem aufrechten Gang verholfen, weshalb für Teile vor allem des römischen Katholizismus die Aufklärung fast ein zweiter Sündenfall war, ein Werk des Teufels allemal.

Mit dem Menschen verfielen auch seine Werke einem Verdikt. Kunst und (nichtchristliche) Kultur wurden verleumdet. Das antike nichtchristliche Erbe wurde oft bewusst vernichtet, Tempel und Kultstätten heidnischer Vorläufer zerstört, der weitaus größte Teil der antiken Literatur den Flammen übergeben. Manche antike Schrift überlebte nur, weil man in den mittelalterlichen Klöstern sich daran im Latein übte, also nicht wegen, sondern trotz des Inhalts. Eine freie Philosophie gab es nicht und auch keine unabhängige Kunst. Nur unter der Herrschaft der Kirche hatte eine kastrierte Philosophie ein Rederecht, und nur an biblischen Stoffen durfte eine christliche Kunst sich üben. Nicht nur die Philosophie war eine Magd der Theologie, auch Musik und Dichtung hatten kein Heil außerhalb der Kirche. Was von der religiösen Norm abwich, wurde verdächtigt und nicht selten verfolgt. Auf eine sinnenfrohe Antike folgte ein dunkles Jahrtausend der Kirche, folgte der

> Hass auf die *Welt*, der Fluch auf die Affekte, die Furcht vor der Schönheit und Sinnlichkeit, ein Jenseits, erfunden, um das Diesseits besser zu verleumden [...]. (Friedrich Nietzsche: Die Geburt der Tragödie, Kap. 5, Werke in drei Bänden, hrsg. Karl Schlechta, Bd. I, S. 15)

Die Verachtung des Diesseitigen zeigte sich wohl nirgends deutlicher und tragischer als in der Leibfeindlichkeit der kirchlichen Lehre. Jesus hatte eine Leibfeindlichkeit sicher noch völlig fern gelegen, denn das jüdische Denken sah den Menschen als ganzheitliche Einheit. Doch das griechische Denken, in dessen Einflussbereich das junge Christentum bald trat, hatte die Tendenz zur ontologischen Differenzierung des Menschen. Hier trennte man die Seele vom Körper, und während die Seele fast Anteil erhielt am göttlichen Sein, wurde der Körper als Sinnbild der Vergänglichkeit immer mehr abgewertet. Der Neuplatonismus, aber auch die Gnosis und der Manichäismus sahen den Leib nur als Vehikel der Seele an und setzten ihn entsprechend herab. Zwar hat sich die Kirche formal von diesem Leib-Seele-Dualismus abgesetzt, als Kind ihrer Zeit sind aber doch viele an sich heidnische Vorstellungen in ihre Verkündigung eingedrungen. Findet doch auch für die Kirche das eigentliche Leben erst nach dem Überwinden dieser Welt statt.

Sinnlichkeit und sinnlicher Genuss waren verdächtig. Weder Fleisch noch Geist hatten sich zu amüsieren. Wie der grimmige Jorge in Ecos Roman *Der Name der Rose* hat die Kirche allzu oft mit ihrer frohen Botschaft die Freuden des Lebens verfolgt.

Ein Mönch fragte einst seinen Abt, ob das Lesen eines bestimmten Buches Sünde sei. „Mach dir denn das Lesen Spaß?" fragte der Abt. „Ja" sagte der Mönch. „Dann ist es Sünde!"

Dabei war Jesus alles andere als ein Asket. Offenbar konnte er sich freuen an den Dingen des Lebens, an Essen und Trinken. Seine Gegner meinten ihn deshalb sogar als *Fresser und Weinsäufer* (Mt 11,19) titulieren zu können. Gegenüber Frauen hatte er keine Abgrenzungstendenzen, anders als die meisten späteren Kirchenväter. Sein Umgang mit Sündern, Huren und Ehebrecherinnen ist ein Stück gelebter Mitmenschlichkeit. Einen solch zwanglosen Umgang mit den Ausgegrenzten der Gesellschaft hat die spätere Kirche nie erreicht, wiewohl sie ihn immer wieder verbal beschworen hat.

Doch wieder ist es Paulus, der hier seinem Herrn nicht folgen will oder kann. Seiner finsteren Kreuzestheologie korrespondiert eine gewisse Leibreserviertheit. Selbst ein Mensch mit asketischen Tendenzen und stolz darauf, unverheiratet zu sein, ist für ihn das Fleisch Sitz der Sünde. Affekte und Begierden des Fleisches gilt es zu bekämpfen. Zwar ist auch er noch entfernt von späteren Gegenüberstellungen von Seele und Leib und schon gar kein Dualist, doch wurden seine asketischen Tendenzen bald zur Rechtfertigung einer exzessiven Leibfeindlichkeit missbraucht. Und in keinem Bereich hat sich dies fataler ausgewirkt als auf dem Gebiet der Sexualität. Denn hier meinten die Kirchenväter und die kirchliche Tradition die Sünde handgreiflich verorten zu können.

Schon das Apostelkonzil (ca. 48 n. Chr.) hat als Todsünde neben Götzendienst und Mord mit der Unzucht auch ein sexuelles Vergehen gestellt. Zwei dieser drei Vergehen sind heute keine mehr. Der religiös-polemische Begriff *Götzendienst* hat abgedankt und das Feld einer neuzeitlichen Religionsfreiheit überlassen müssen. Und die *Unzucht*, worunter eheliche Untreue und der Besuch von Prostituierten zu verstehen ist, kann zwar eine moralische, aber keine justiziable Kategorie sein. Auf alle Fälle wirkt deren Erwähnung in einer Reihe mit *Mord* wirklichkeitsfremd, außer vielleicht für eifrige Bibelleser.

Aus einer gewissen Leibreserviertheit bei Paulus wurde bald die ungeschminkte Verächtlichmachung der Sexualität. Der Geschlechtsakt wurde fortan von den Vertretern der Kirche mit einer Fülle von unflätigen Ausdrücken belegt und diskreditiert, mit rein tierischem Verlangen in eins gesetzt und so bewusst in den Schmutz gezogen. Nach Möglichkeit sollte man ihn gar nicht ausüben, nur zur Erzeugung von Kindern erhielt man Dispens.

Erster Höhepunkt war im 5. Jahrhundert die Sündenlehre Augustins. „Von Sexualfeindschaft zu reden heißt […] von Augustinus zu sprechen." (Uta Ranke-Heinemann, Eunuchen für das Himmelreich, S. 81; auf dieses Standardwerk zum Thema Sexualität und Kirche sei auch für das Folgende verwiesen.) Die Erbsünde wurde bei ihm durch den Geschlechtsakt auf die nächste Generation übertragen. Negativer kann man Sexualität gar nicht beschreiben. Die Lust zieht den Menschen ins Tierische, sie ist Ausdruck der Gottferne und des Sündenverhaftetseins des Menschen. Einzig zur Fortpflanzung kann sie gerade noch zugelassen werden. Und damit die Ehepartner sich nicht untreu werden. Aber schon letzteres Zugeständnis ist für Augustin eine Sünde, wenn auch noch eine lässliche Sünde. Geschlechtsverkehr aus bloßer Lust dagegen ist eine Todsünde. Der Mann wird nach Augustinus dadurch zum Verbrecher an seiner eigenen Frau. Sex mit Schwangeren und Menstruierenden ist verboten, denn hier können ja keine Kinder mehr entstehen. Verwerflich ist deshalb auch Geschlechtsverkehr mit der eigenen Frau, die wegen ihres Alters keine Kinder mehr bekommen kann. Augustinus scheut sich nicht, auch in diesem Fall von Ehebruch zu reden. „Wie viele Neurotiker reißt er Liebe und Sexualität auseinander." (Ranke-Heinemann, S. 81)

Stattdessen wird das Ideal der Jungfräulichkeit propagiert. Augustinus empfiehlt die *Josefsehe*, also das Zusammenleben mit seiner Ehefrau ohne Sex, wie Bruder und Schwester und wie angeblich auch Maria und Josef. In absurden, aber durchaus von ihm ernst gemeinten Überlegungen geht Augustinus der Frage nach, ob es schon im Paradies Geschlechtsverkehr gegeben hat. Augustinus phantasiert anfangs von einer geschlechtslosen Verbindung von Mann und Frau, Kinder wurden ohne Geschlechtsakt gezeugt (Ranke-Heinemann, S. 93). Später meint er dann, dass die Kinder doch geschlechtlich gezeugt worden seien, denn, so sein Gedankengang: Wozu seien die Frauen denn sonst geschaffen worden, wenn nicht zum Kinderkriegen? Für geistige und körperliche Tätigkeiten sind sie bei ihm nicht zu gebrauchen. Aber es steht für ihn fest, dass es im Paradies zumindest keine Lust gab. Der Geschlechtsakt, wenn er denn stattfand, war lustlos (mancher Ehefrau mag dies bekannt vorkommen), und die Geschlechtsorgane haben die Menschen allein durch den Willen beherrscht. Erst nach dem Sündenfall sei die Libido entstanden. Alles in allem abstruse Spinnereien des bedeutendsten Kirchenvaters des Westens. Wie kommt ein Mensch zu solchem Unsinn?

Was uns Augustinus hier offenbart, sind nicht göttliche Weisheiten, sondern die Abgründe seiner eigenen neurotischen Psyche, seines eigenen potenzierten Schuldkomplexes. Denn vor seiner unseligen Bekehrung im Jahre 387 hatte Augustin eine ganze Reihe von Philosophien „ausprobiert" und z. B. mit dem Stoizismus und dem Neuplatonismus sympathisiert. Eifriger Anhänger aber war er des Manichäismus gewesen, einer dualistischen religiös-philosophischen Weltanschauung, die das Zeugen von Kindern ablehnte, weil dadurch göttliche Funken gezwungen wurden, sich in der feindlichen Materie zu manifestieren. Aber den Geschlechtsakt selbst lehnte man nicht ab, versuchte nur das Zeugen von Kindern zu verhindern. Dies sollte funktionieren durch eine Beachtung der empfängnisfreien Tage der Frau. Viele noch überraschte Eltern können bezeugen, dass dies weniger eine Methode ist, um Kinder zu verhindern, als vielmehr, Kinder zu bekommen. Auch Augustinus hatte sich verrechnet und wurde auf diese Weise Vater eines Sohnes mit seiner langjährigen Lebensgefährtin, deren Namen er aber nirgendwo nennt. Mit seiner Bekehrung hat Augustin sie verstoßen, sein ausschweifendes Leben endete abrupt und sein schlechtes Gewissen verachtete nun seine Treulosigkeit ebenso wie seine ehemalige Sicht der Sexualität. „Des Augustinus pessimistische Sexualmoral ist eine einzige Verdrängung seines schlechten Gewissens, seine Frauenphobie ein ständiges Ausfindigmachen der schuldigen Ursache seines Versagens." (Ranke-Heinemann, S. 85)

Augustins Lehre hat sich vor allem im Westen in den folgenden Jahrhunderten verbreitet. Wie schon bei Paulus die Hypothek der eigenen Existenz als faktischer Brecher des jüdischen Gesetzes dessen gesetzesfreie Kreuzestheologie formt, so auch das Lotterleben Augustins dessen spätere Sündenlehre. Denn wie Schriftsteller mit Vorliebe autobiografisches Material verwenden, so erklären auch Theologen das Weltgebäude gerne aus dem Fundus der eigenen religiösen Sozialisation. Was bei den einen aber vielleicht ein guter Roman wird, kann bei den anderen plötzlich zu einer autoritären Weltsicht geraten, denen andere Menschen mit ganz anderen Erfahrungen sich nicht mehr entziehen können. Es war vielleicht weniger die Theologie als vielmehr die Psychopathologie, die manche Grundzüge des Christentums geschaffen hat. An prominenter Stelle haben Paulus und Augustin dem Christentum ihren ganz persönlichen Stempel aufgedrückt. Und die Christen konnten nun sehen, wie sie damit klarkamen.

Die pathologische Lustfeindschaft Augustins war kein Schicksal. Dass es auch anders gegangen wäre, beweisen seine Feinde, die Pelagianer. Nach deren Lehre ist die Lust etwas Natürliches, nichts Sündhaftes. Die Erbsünde lehnten sie ab, die Ehe stellten sie auf die gleiche Stufe wie die Jungfräulichkeit. Ihr Menschen- und Ehebild war deshalb wesentlich freundlicher und realistischer als Augustins finstere Lehre. Doch die Pelagianer wurden verurteilt, sie konnten sich kirchengeschichtlich nicht durchsetzen. Augustin jedoch wurde zur maßgeblichen Autorität und so künftige Generationen zum Frondienst an seinen Schuldgefühlen verurteilt.

Als Durchlauferhitzer dieser Tendenz hat dann Thomas von Aquin gewirkt, der, anders als der frühe Lebemann Augustin ein knochentrockener Mönchsgelehrter und überzeugter Zölibatär war. Er gilt als der größte Theologe des Mittelalters. Sein Einfluss reicht in der katholischen Kirche über den Neuthomismus bis in unsere Zeit hinein. Die Sexual- und Lustfeindschaft Augustins wird von Thomas und seinem Lehrer Albertus Magnus aufgenommen und verstärkt. Thomas vor allem versucht die Theologie mit der aristotelischen Philosophie zu verbinden. Bei Aristoteles findet er die Meinung, dass die Lust das Denken behindere. Was ja vielleicht so falsch nicht ist, wird jedoch bei Thomas aus zölibatären Ängsten heraus in mönchischer Zwanghaftigkeit gesteigert. Der Geschlechtsakt verdunkelt nicht nur den Geist, sondern löst ihn auf, führt zur Geistesschwäche.

Ansonsten folgt Thomas der Erbsündenlehre Augustins und erkennt wie dieser im Geschlechtsakt deren Medium. Wenn schon Geschlechtsverkehr, dann soll dieser nach Möglichkeit lustlos ablaufen. Frigidität ist für ihn eine anzustrebende Tugend. Doch auch bei einer frigiden Frau wird die Erbsünde auf das Kind übertragen.

Und wie Augustin singt auch Thomas das Lob der Jungfräulichkeit und verachtet wie dieser die Ehe prinzipiell. Der Geschlechtsakt als solcher wird mit Begriffen wie *Schmutz, Befleckung, Abscheulichkeit, Schändlichkeit, Entehrung, Entartung* und *Krankheit* beschrieben (viele Belege bei Ranke-Heinemann, Eunuchen für das Himmelreich, S. 201).

Diffamierung der Frau

Diffamierung der Sexualität geht in der Regel Hand in Hand mit einer Diffamierung und Geringschätzung der Frau. Und dies trifft besonders im Christentum zu, wird doch die Sünde vom Alten Testament gerne mit der Urmutter Eva, einer mythologischen Gestalt, in Verbindung gebracht. Augustinus lässt das Elend der Menschen mit Evas Fall beginnen. Adam hat zwar auch gesündigt, aber Eva wird für dessen Fall auch noch verantwortlich gemacht. Der Teufel, als der die Schlange im Paradies in Gegensatz zu jüdischen Auslegungstraditionen bald gesehen wurde, hat sich an den schwächeren Teil der Menschheit gewandt. Und so ist es die Frau, die den Mann ins Verderben zieht.

Für Thomas sind die Männer die eigentlichen Menschen, Frauen entsprechen *nicht* der ersten Absicht der Natur, sondern sind Ausdruck „der sekundären Absicht der Natur, wie Fäulnis, Mißbildung und Altersschwäche" (Ranke-Heinemann, S. 195). Für den zölibatären Mönch Thomas sind sie ein Fehlschlag. Der Mann ist ihnen gegenüber nicht nur körperlich stärker, sondern hat auch eine vollkommenere Vernunft und eine stärkere Tugend. Die geistigen Schwächen der Frau finde man dagegen ähnlich auch bei Kindern und Geisteskranken. Der Mann sei aktiv und habe deshalb eine höhere Würde, die Frau sei dagegen nur passiv. Während man heute weiß, dass bei der Weitergabe der Gene beide Geschlechter beteiligt sind, ging Thomas noch davon aus, dass der Mann die Hauptrolle spielt, dass er das Kind zeugt, während die Frau es lediglich auf die Welt bringt. Das ist für Thomas auch ihre einzige Daseinsberechtigung. Auch hier folgt Thomas dem Holzweg Augustins. Selbst für die Erziehung der Kinder sind Frauen eigentlich unfähig, die geistige Erziehung kann nur durch den Vater erfolgen.

Würden Feministinnen Thomas lesen, sie müssten eigentlich Tag und Nacht vor den Priesterseminaren gegen solchen tradierten Unsinn des Kirchenlehrers demonstrieren. Es besteht kein Zweifel, dass Thomas ein notorischer Frauenhasser war, und es ist keine Entschuldigung, dass er sich darin nicht so sehr von seinen Mitbrüdern unterschieden hat.

Abenteuerlich ist auch die Erklärung, die der Heilige und Kirchenlehrer für die Entstehung der Frauen gibt. Nach Thomas und auch schon nach Albertus Magnus haben Frauen einfach mehr Wasser im Körper und sind vor allem deshalb (?) leichter zur Geschlechtslust zu verführen. Man versuche erst gar nicht, diesem Argumentationsgang zu folgen. Allen Ernstes macht Thomas feuchte Südwinde für das Entstehen von Frauen verantwortlich. Schon Albert hatte geschrieben:

> Der Nordwind trägt zur Zeugung des Männlichen, der Südwind zur Zeugung des Weiblichen bei, weil der Nordwind rein ist und die Luft und die Ausdünstungen reinigt und säubert und die natürliche Kraft anregt. Der Südwind aber ist feucht und regenschwer. (Albertus Magnus, Quaestiones super de animalibus XVIII q.1)

Solche Stellen sind trotz ihrer Absurdität dennoch erhellend, zeigen sie doch überdeutlich, auf welchem Erkenntnisniveau sich die mittelalterliche Theologie bewegt, selbst bei den Größten ihrer Zunft. Und man hört auch sofort den Einwand: Ist das nicht unhistorisch? Woher hätten Albert und Thomas denn wissen sollen, wie die Entstehung der Geschlechter zusammenhängt? Doch das Problem ist nicht, dass sie es nicht *gewusst* haben. Nichtwissen ist verzeihlich. Das Problem ist, dass sie es *trotzdem* gesagt haben, obwohl sie offenbar keinerlei Ahnung hatten, sich bestenfalls nur auf eine philosophische Gerüchteküche berufen konnten. Wenn man keine Ahnung hat, warum nicht einfach mal den Mund halten? Doch es scheint die Selbstachtung von Theologen zu tangieren, wenn man nicht zu allem und jedem etwas zu sagen weiß. Klar scheint nur zu sein: Der Heilige Geist hat ihnen diese Weisheiten sicherlich nicht eingegeben.

Es darf dann aber unsererseits gefragt werden: Wenn Albert und Thomas sich schon auf einem Gebiet (Mann und Frau) so haben irren können, bei dem die Erfahrung und die sinnliche Anschauung noch eine gewisse Rolle spielt, welche Erkenntnisgewinne will man dann erwarten, wenn die beiden auf ihren theologischen Höhenflügen Fragen (zu Gott, Teufel, ewigem Leben) beantworten, die gänzlich jenseits jeder Erfahrung liegen? Müssen diese Antworten dann nicht noch absurder sein? Steht nicht zu erwarten, dass, wenn die *doctores theologiae* über Gott zu reden versuchen, ein noch schlimmerer Unsinn dabei herauskommt, herauskommen muss? Der nur einfach schwerer als solcher zu erkennen ist? Oder werden aus den Fabulierern dann plötzlich Ingenieure? Können theologische Zeichner, die schon Probleme mit dem Konstruieren eines Dreiecks haben, plötzlich ein ganzes Weltgebäude entwerfen?

Noch einmal zurück zu den Anfängen des Christentums. Wir haben gesehen, dass die historischen Sachverhalte schon mit den biblischen Schriften nicht in Einklang zu bringen waren. Die biblischen Schriften ihrerseits reichten nicht aus, um die auf ihnen angeblich aufbauende frühe Theologie zu begründen. Die großen theologischen Systeme schließlich, die auf dem unsicheren Grund ihrer Vorgängerbauten aufbauten, verdienen erst recht keine Glaubwürdigkeit. Sie sind Kunstprodukte im Rahmen eines vorgegebenen dogmatischen Systems, dessen Koordinaten sich bei näherer Betrachtung ebenfalls als Kunstprodukte zu erkennen geben. Wie (vermutlich) alle Religionen ist auch das Christentum eine in prächtigen Farben gehaltene Halluzination, die hartnäckige Fata Morgana eines ganzen Weltzeitalters.

Die neurotische Sexualangst jedenfalls, wie sie der heilige Thomas von Aquin und sein Lehrer hier an den Tag legen, wäre heute zweifellos ein Fall für den Therapeuten. Die Autorität unserer beiden Mönche war lange unbestritten, und unbestritten waren über Jahrhunderte auch ihre Irrwege. Vermittelt durch eine Kirche hat das Frauen- und Weltbild dieser Männer den Glauben ungezählter Generationen bestimmt – zu deren Schaden.

Von Thomas wird noch überliefert (vermutlich eine Legende, aber eine schöne), dass er kurz vor seinem Tode in eine Art Melancholie gefallen sei und die Worte gesagt haben soll: „Dinge sind mir offenbar geworden, die mein ganzes Tun als eitel Stroh erscheinen lassen". Man rätselt, was er damit gemeint haben könnte. Sicherlich aber hatte er recht damit.

Zölibat und Abwertung der Ehe

Sexualfeindschaft bedeutet auch Abwertung der Ehe. Man kann zu dieser Institution stehen, wie man will. Tatsache ist, dass Ehe und Familie in der Vergangenheit und bis heute die häufigste Form des Zusammenlebens von Menschen ist. Alle Kirchen betonen den Wert der Familie, selbst der Katholizismus. Umso verwunderter ist man, wenn andererseits dort eine Abwertung dieser Institution erfolgt. Wer den Gedanken eines Zölibats für Priester nicht aufgibt, macht sich einer solchen Abwertung schuldig.

Im Prinzip hat sich der Katholizismus mit dem Verfechten des Zölibats, der Ehelosigkeit für Priester, nur Ärger eingehandelt. Bereits bei der Trennung von der Ostkirche im Jahre 1054 spielte die Frage der Ehelosigkeit der Priester eine wichtige Rolle. Noch heute gibt es für die orthodoxen Kirchen keinen Zölibat für Priester. Im 16. Jahrhundert war die Reformation auch deshalb so attraktiv für viele Altgläubige, weil Luther den Zölibat abgeschafft hat. Eine andere Haltung zur Priesterehe und ein Entgegenkommen des Papsttums beim Amts- und Schriftverständnis, und die abendländische Kirchenspaltung wäre vielleicht zu verhindern gewesen. Eine großzügigere Dispenspolitik gegenüber Heinrich VIII. von England, und auch die anglikanische Abspaltung wäre Rom erspart geblieben. Spätestens seit dem Zweiten Weltkrieg beklagt die katholische Kirche die immer geringer werdende Zahl von Priestern. In Deutschland werden inzwischen oft mehrere Gemeinden von einem einzigen Priester betreut, die wenigen lässt man nach Möglichkeit bis zu ihrem Tod halboffiziell im Amt. Ein Hauptgrund für diese Entwicklung liegt im Zölibat. Mit dessen Abschaffung könnte die katholische Kirche ihren eigenen Verkündigungsauftrag viel besser durchführen, und dies sollte doch im ureigenen Interesse der Kirche sein. Doch die alten Männer in der römischen Glaubenskongregation und auch die Päpste stellen sich stur. Kritiker wie Eugen Drewermann oder Hans Küng, die auf die Missstände hinweisen, versucht man kaltzustellen. Ob solcher im Brustton römischer Rechtgläubigkeit vorgetragener Altersstarrheit kann man selbst als Kirchenkritiker nur den Kopf schütteln.

Dabei zeigt sich auch hier in der geschichtlichen Betrachtung die Relativität des Zölibats. Denn für Priester ist er in seiner jetzigen Form eine eher junge Erscheinung, die längste Zeit der Kirchengeschichte kam man ohne ihn aus. Erst im Jahre 1139 wurde er für die Großkirche verbindlich festgelegt, was aber nicht bedeutete, dass von da an alle Priester tatsächlich ehelos lebten. Denn erst nach dem Konzil von Trient (1545–1563) wurde durch eine kirchliche Registrierung der Eheschließung, die es bis dahin nicht gab, verhindert, dass ein Verheirateter die Priesterweihe erhielt. Und noch im 17. Jahrhundert wird vielerorts beklagt, dass die katholischen Geistlichen im Konkubinat verharren.

Demgegenüber suggeriert der römische Katholizismus gerne die Vorstellung, das Eheverbot würde schon auf die Urkirche oder gar auf Jesus selbst zurückgehen. Wie so oft, so versucht sie auch hier ihre eigenen Grillen ihrem Herrn unterzujubeln. Denn die Haltung Jesu zu Frauen war, wie oben schon erwähnt, viel freier und ungezwungener, als dies die päpstlichen Enzykliken wahrhaben wollen. Sein freier Umgang mit ihnen war untypisch für eine Welt, in der die Frau wenig galt. Seine Gespräche mit Frauen galten als für einen Rabbi unschicklich. Viele Frauen befanden sich unter seinen Anhängern und unterstützten ihn auch finanziell. Er aß und trank mit ihnen. Jesus stärkte ihre Rechte, indem er die Ehescheidung verbot, die damals fast ausschließlich zulasten der Frauen ging und vom Mann wegen jeder Kleinigkeit ausgesprochen werden konnte. Jesus betonte die Unauflöslichkeit der Ehe und begründet dies aus der Thora mit dem *Ein-Leib-Werden* der Ehepartner. Er spricht sich auch gegen die im Judentum noch mögliche Polygamie aus.

Eine Angst vor Frauen oder eine neurotische Sexualfeindschaft wie bei den zölibatären Mönchen kannte er nicht. Als jüdischer Rabbi wäre ihm selbst der Gedanke eines Zölibats fremd gewesen. Denn bei aller Frauenfeindlichkeit der Rabbinen in der Lehre – verheiratet waren sie fast alle. „Jesus war ein Freund der Frauen, der erste und fast zugleich schon der letzte Freund der Frauen in der Kirche." (Ranke-Heinemann, Eunuchen für das Himmelreich, S. 125)

Der dunkle Eunuchen-Spruch bei Matthäus dient der katholischen Dogmatik zur Rechtfertigung des Zölibats.

Es gibt Eunuchen, die von Mutterleibe an so geboren sind. Und es gibt Eunuchen, die von den Menschen dazu gemacht wurden.

Und es gibt Eunuchen, die sich selber dazu gemacht haben um des Himmelreiches willen. Wer es fassen kann, der fasse es. (Mt 19,2)

Der Spruch erscheint im Kontext der Frage nach der Ehescheidung. Dort gehört er eigentlich nicht hin und wurde wohl von Matthäus hier platziert. Die Echtheit wird dennoch weitgehend angenommen. Rechtfertigt sich Jesus hier polemisch auf den ihm gemachten Vorwurf, er sei unverheiratet? Wird er vielleicht sogar als Eunuch verunglimpft, wie Lüdemann annimmt? (Gerd Lüdemann, Jesus nach 2000 Jahren, S. 269) Auf keinen Fall aber kann man von diesem Jesuslogion ein generelles Eheverbot für Kleriker ableiten. Dies wäre eine völlige Überforderung dieser Stelle. Ein vorkritisches Verständnis der biblischen Texte und ein Absehen vom Überlieferungskontext war aber gerade typisch für einen dogmatischen Umgang mit der Überlieferung. Den Kirchenvätern genügten oft schon Stichwörter und aus dem Kontext gerissene Halbverse, um darin Hinweise auf alle möglichen späteren Dogmen zu erkennen. Die *Schriftbeweise*, die auf diese Art entstehen, wirken auf den heutigen Leser willkürlich, zwanghaft oder lächerlich, nicht selten auf Gläubige auch peinlich.

Ein zweiter Vers, diesmal von Paulus, muss ebenfalls herhalten, um ein angebliches Zölibat zu rechtfertigen. Es geht um den paulinischen Ratschlag: „Ein Mann tut gut daran, keine Frau zu berühren" (1. Kor 7,1). Obwohl Paulus hier sicher auch seine eigene Lebensentscheidung im Blick hat und obwohl er einschärft: *Entziehet euch einander nicht*, und trotz der Feststellung, dass er hier kein *Gebot* ausspricht, sondern eine Empfehlung (Vers 7: *Ich wünsche aber, alle Menschen wären wie ich: doch jeder hat seine besondere Gnadengabe von Gott, der eine so, der andere anders*): Die katholische Kirche hat ein Eheverbot daraus gemacht. Eindeutig widerspricht sie damit dem Willen des Paulus und dem biblischen Befund. Die Treue zu ihrer selbstgestrickten Tradition war dem offiziellen Katholizismus im Zweifelsfall schon immer wichtiger als irgendwelche Rücksichtnahmen auf das biblische Zeugnis oder gar den Willen Jesu. Nicht zuletzt aus dieser selbstsicheren Überheblichkeit hat Rom die lutherische Reformation geradezu provoziert.

Andererseits werden andere Stellen, die den Zölibat eigentlich ausschließen, tunlichst ignoriert. Petrus selber, in einem Akt römisch-katholischer Umnachtung gerne als erster Papst gesehen, war verheiratet. Auch von den anderen Aposteln kann man davon ausgehen. Und offenbar nahm Petrus seine Frau sogar auf seinen Missionsreisen mit. Jedenfalls schreibt Paulus an die Korinther: „Haben wir nicht das Recht eine Schwester als (Ehe)Frau auf den Reisen mitzunehmen [...] wie die übrigen Apostel und Petrus auch?" (1. Kor 9,5) In der altkirchlichen Tradition hat man hier kräftig umgestellt. Die Frau (gr. *ginaika*) wurde von Hieronymus im vierten Jahrhundert lateinisch zunächst richtig mit Ehefrau (*uxor*) übersetzt, später aber dann mit Frau (*mulier*, vgl. Ranke-Heinemann, S. 42f.). Es wurde dann noch die Reihenfolge getauscht, aus der *Schwester als Frau* wurde eine *Frau als Schwester* gemacht und damit quasi das bei katholischen Priestern mit Recht so beliebte Amt der Haushälterin geschaffen.

In den späten Briefen des Neuen Testaments taucht ein frühes Bischofsamt auf, welches die alte Zeit noch nicht kannte. Auch hier findet sich noch keine Spur vom Zölibat, im Gegenteil. Im (unechten) Brief des Paulus an Timotheus (1. Tim 3,2) und im (ebenfalls unechten) Brief an Titus (Tit 1,6) wird geradezu betont, der Bischof (gr. *episkopos*) solle „eines Weibes Mann" sein, und auch dessen Familie vorausgesetzt. Die katholische *Jerusalemer Bibel* aus dem Herder-Verlag (Gottes eigenem Verlag!) gibt sich Mühe zu betonen, dass hier noch nicht ein klassischer Bischof, sondern eine Art „Aufseher" gemeint ist. Es ist auch zu dumm: einerseits will man das Bischofsamt möglichst weit zurückdatieren, um diesem Amt, das ja so wichtig ist für die katholische Hierarchie, Alter und damit Dignität zu verleihen. Andererseits sperren sich die Texte fast trotzig gegen die vom Heiligen Geist später geoffenbarten Glaubenswahrheiten. Wen stört aber schon die historische Wahrheit? Päpstliche Enzykliken und Konzilsentscheidungen haben hier wie anderswo der etwas nachhinkenden Wirklichkeit auf die Sprünge geholfen. Was nicht passte, wurde passend gemacht.

Die Hochschätzung der Ehe jedenfalls, die Jesus offenbar noch vertrat, ist bei Paulus schon deutlich gemindert. Er rät eher ab, aber ohne dies zum Gesetz zu erheben. Geschlechtlichkeit ist für ihn keine Herzensangelegenheit, sondern eher ein Mittel, um Unzucht und Ehebruch zu verhindern. Für Liebesromantik hat Paulus wenig Stimme, er, der doch so schön die Liebe zu Gott besingen kann. Weit entfernt ist aber auch er noch von den späteren Misshandlungen, die Ehe und Sexualität durch die Kirchenväter erleiden mussten.

Unter dem Kreuz Christi hätte man leben können, aber das Leben unter dem Kreuz der Kirche, dem Kreuz Augustins, Alberts und Thomas von Aquins wurde für die Gläubigen zur Qual. Die Nachfolger der Apostel wurden nicht selten zu Moralaposteln. Und sie vergriffen sich mit der Sexualität gerade an einem Stück inneren Wesenskerns des Menschen. Was haben sie nur aus der Liebe gemacht? Welches Trümmerfeld haben sie hinterlassen?

> Und hier in jener Liebe, die sie mit einem unerträglichen Ineinander von Verachtung, Begierlichkeit und Neugier die „sinnliche" nennen, hier sind wohl die schlimmsten Wirkungen jener Herabsetzung zu suchen, die das Christentum dem Irdischen meinte bereiten zu müssen. *Hier ist alles Entstellung und Verdrängung,* obwohl wir doch aus diesem tiefsten Ereignis hervorgehen und selber wieder in ihm die Mitte unserer Entzückungen besitzen. Es ist mir, wenn ich es sagen darf, immer unbegreiflicher, wie eine Lehre, die uns dort ins Unrecht setzt, wo die ganze Kreatur ihr seligstes Recht genießt, in solcher Beständigkeit sich, wenn auch nirgends bewähren, so doch weithin behaupten darf. (Rainer Maria Rilke, Werke in 6 Bänden, 1955–66, VI, S. 1123)

Es ist vielleicht das größte Verbrechen des Christentums, dass es hier, im allerpersönlichsten zwischenmenschlichen Bereich, seinen kalten Sündengötzen hat aufstellen müssen. Dass es die beglückende Zweisamkeit von Menschen mit dem Schmutz seiner Sündenfantastik überzogen hat, einer unschuldigen Natürlichkeit mit Verächtlichmachung und Verteufelung begegnet ist und noch heute begegnet. Hat die Kirche mit ihren schmutzigen Fantasien das Zusammenleben der Geschlechter über Jahrhunderte eher erschwert oder erleichtert? Hat ihre Sündenlehre einen Beitrag zum Verständnis des Menschen geleistet oder dieses Verständnis eher behindert? Wie sieht die Bilanz aus? Sicher scheint nur, dass mit dieser Lehre Millionen und Abermillionen verklemmter und zwanghafter Existenzen geschaffen wurden und auch heute noch geschaffen werden.

Ausgerechnet *die* Religion, die die Nächstenliebe auf ihre Fahnen schreibt, hat die Liebe unter Liebenden über mehr als eintausendfünfhundert Jahre vergiftet und verächtlich gemacht. Man macht sich *dieses* Verbrechen beim ständigen Pochen auf Kreuzzüge und Hexenverbrennungen in seinen Auswirkungen gar nicht klar. Es ist ein widerlicher Sündengötze, der keine großen Schlagzeilen macht, eher im Stillen wirkt, über den man nicht spricht, der aber mitleidlos seine kalten Finger in jede Zweisamkeit, in jedes Ehebett geschoben hat. Was ist von einer Institution zu halten, die die Natürlichkeit zur Perversität erklärt? Wird sie nicht selber pervers? Wie will sich die Kirche jemals von dieser Schuld des geistlichen Ehebruchs befreien?

Nun sind die großen Zeiten der Kirche, man könnte fast sagen *Gott sei Dank*, vorbei. Und damit auch ihr Einfluss in Bereichen, die sie nichts angehen. Doch so einfach ist das nicht. Der Protestantismus hat sich zwar weitgehend von einer mittelalterlichen Sexualmoral lösen können. Und selbst junge Katholiken im Westen lassen sich von ihrer Hierarchie, selbst von Päpsten wie Johannes Paul II. oder dem Augustin-Freund Ratzinger in Bezug auf Liebe und Sex nichts mehr vorschreiben. Doch schon bei unserem Nachbarn Polen sieht es anders aus, erst recht in den katholischen Ländern Afrikas und Lateinamerikas. Und auch hier leiden besonders diejenigen darunter, die versuchen, ihren Glauben ernsthaft und aufrichtig zu leben.

Das christliche Menschenbild jedenfalls ist in vielerlei Hinsicht falsch und überholt. Die Berufung auf dieses Menschenbild geschieht zumeist aus Tradition, nicht weil man sich wirklich die Frage gestellt hätte, ob dieses Bild die Wirklichkeit tatsächlich trifft. Und es zeigt sich erneut: Die Würde althergebrachter Meinungen bürgt nicht für deren Richtigkeit, sondern täuscht diese oft nur vor. Und dies gilt besonders für Religionen, wo das Weltbild mit den Hauptglaubenssätzen quasi als Zubehör mitgeliefert wird. Natürlich kann man auch aus der Bibel einiges über den Menschen lernen. Da das Erwägenswerte aber oft mit überholten und falschen Grundannahmen verwoben ist, besteht vor allem für Kinder, Heranwachsende und einfache Gemüter immer die Gefahr der Internalisierung absurder Weltbilder.

Mythologische Welterklärungen

Die Hölle

Religiöse Menschen neigen zu einfachen Weltbildern. Und sie neigen ebenso zur unkritischen Übernahme vorgegebener Glaubensschemata. Nur so ist es zu erklären, dass das biblische Menschen- und Weltbild so lange unhinterfragt existiert hat und bei vielen noch heute existiert. Ein geistesgeschichtlicher Fortschritt wurde auf diese Weise durch das Christentum über ein Jahrtausend gewollt oder ungewollt verhindert. Welt und Menschen sind aber komplizierter als die Holzfiguren aus dem biblischen Setzkasten, so wie sie auch komplizierter sind als die zum Ausmalen vorgegebenen Erklärungsschablonen aus dem politisch-ideologischen Spektrum.

Christen übernehmen auch heute noch archaische Welterklärungen, weil ihre Religion selbst in einer Zeit entstanden ist, als diese Erklärungen noch Beweiskraft hatten. Während im Protestantismus Vorstellungen wie Himmel und Hölle, Paradies, Teufel, Fegefeuer, Engel und Dämonen nur noch von religiösen Randgruppen und Fundamentalisten vertreten werden, gehört diese religiöse Rumpelkammer immer noch zum Glaubensbestand der römisch-katholischen Kirche. Trotz Zweitem Vatikanischem Konzil sind Glaubensinhalte und Weltverständnis immer noch mehr dem Mittelalter verpflichtet als einem modernen aufgeklärten Denken. Im Vatikan ist man auf diese Anachronismen oft sogar noch stolz, Rückständigkeit wird als Treue zur Wahrheit interpretiert. Im Folgenden soll vor allem auf den Katholischen Erwachsenen-Katechismus (KEK, 1985/95) verwiesen werden, den offiziellen katholischen Katechismus, herausgegeben von der Deutschen Bischofskonferenz, der auch online verfügbar ist.

Vordergründig gibt man sich verständnisvoll und auf der Höhe der Zeit. Und tatsächlich hat es in Ton und Inhalt Änderungen zu früher gegeben. Einwände werden aufgenommen und nicht von vornherein Andersgläubige verdammt. Dennoch bewegt man sich trotz moderner Formulierungen nach wie vor in weitgehend mythologischen Bahnen.

Die Existenz einer Hölle ist nach wie vor Glaubensgut der katholischen Kirche. Auch die Erwähnungen von Sartre und Solschenizyn täuschen nicht darüber hinweg, dass hier zwar milder, aber dennoch schwarz gemalt und allen Andersgläubigen mit Vernichtung gedroht wird. Mit Recht beruft man sich dabei auch auf die Verkündigung Jesu, der, wie oben schon dargestellt, den Höllenglauben seiner Zeit geteilt hat. Er spricht vom Werfen in die Hölle (Mt 5,29–30), von ewigen Qualen (Mt 25,46) und oftmals vom Heulen und Zähneknirschen, das dort herrscht. Grund genug also für die Kirche zu betonen: „Die Lehre der Kirche, welche die Ewigkeit der Höllenstrafen ausdrücklich verteidigt hat, steht also auf einem guten und gesicherten biblischen Fundament."(KEK I, 422)

Man sieht hier die grundsätzliche Problematik heiliger Schriften. Irgendein Dahergerede, das völlig vernachlässigenswert sich in einer antiken Schrift findet, wird durch deren Beförderung zu einer heiligen Schrift plötzlich göttliche Weisheit. Plötzlich erhält jede Nebenbemerkung unbedingte Autorität, wird aus jeder Phrase eine Weltanschauung gemacht. Und ist eine Schrift erst einmal heilig, dann kann man auf sie als letztgültige Autorität verweisen, dann ist sie reif für den Schriftbeweis, den schalsten aller möglichen Beweise. Aus dahingeworfenen Bemerkungen eines antiken religiösen Enthusiasten wird so ein Welt- und Höllenbild zementiert, mit dem die Kirche bis heute die Menschen traktiert. Pardon wird nicht gegeben. Ausdrücklich wird zurückgewiesen, dass es sich nur um zeitliche Strafen handeln könnte. Ewig müssen sie sein, denn ein antiker Wanderprediger hat es so gesagt.

Dabei gab es seit der Antike auch konkurrierende Meinungen, nach denen am Ende der Zeit alle Menschen selig werden und sogar der Teufel gerettet würde. Die ganze Schöpfung sollte dann wiederhergestellt sein. Origenes, der bedeutendste Kirchenvater des Ostens (später verurteilt) vertrat diese Lehre einer Wiederbringung aller Dinge (gr. *apokatastasis panton*). Goethe war von diesem Gedanken fasziniert und hatte geplant, Faust II mit der Erlösung des Mephistopheles enden zu lassen (sich aber dann doch zu einem konventionelleren Ende entschlossen). Doch so viel Gnade kann die Kirche den Menschen unmöglich zugestehen, ausdrücklich wird diese „Lehre verurteilt" (KEK I, 422), und zwar mit dem perfiden Argument, dass dadurch „die Freiheit und damit die Würde des Menschen [...] gewahrt" wird, denn der Mensch habe sich ja gegen Gott entschieden, und diese Entscheidung müsse man respektieren.

So verstanden soll die Hölle den Ernst und die Würde der menschlichen Freiheit vor Augen führen, die zu wählen hat zwischen Leben und Tod. Gott achtet die Freiheit des Menschen, er zwingt seine beseligende Gemeinschaft keinem Menschen gegen dessen Willen auf. (KEK I, 423)

Es ist schon außergewöhnlich dreist, dass die Kirche hier Begriffe wie *Würde* und *Freiheit* bemüht, um den simplen Sachverhalt zu verschleiern: Wer nicht an den katholischen Gott glaubt, wird auf ewig in der Hölle schmoren. Wer sich die *beseligende Gemeinschaft* mit Gott nicht aufzwingen lässt, der fällt der ewigen Verdammnis anheim. Das Feuer, so beeilt man sich zu erklären, sei „nicht in einem grob-realistischen Sinn zu verstehen", schon gar nicht dürfe man „an sadistische Quälereien denken". Aber auch ein „rein geistiges Verständnis wird der Aussage der Schrift nicht gerecht [...]. Es handelt sich um das verzehrende Feuer, das Gott in seiner Heiligkeit für das Böse, die Lüge, den Haß und die Gewalttat" (KEK I, 423) bereitet hat. Da vermisst man fast schon den klaren Ton früherer Tage, als man noch ohne Herumgesäusele feststellte:

Die Heilige Römische Kirche, durch das Wort unseres Herrn und Erlösers gegründet, glaubt fest, bekennt und verkündet, daß niemand außerhalb der katholischen Kirche, weder Heide noch Jude, noch Ungläubiger oder ein von der Einheit getrennter [von den Protestanten müssen wir uns an dieser Stelle verabschieden] des ewigen Lebens teilhaftig wird, vielmehr dem ewigen Feuer verfällt, das dem Teufel und seinen Engeln bereitet ist [...]." (Neuner/ Roos, Der Glaube der Kirche in den Urkunden der Lehrverkündigung, Nr. 381)

Die Höllenqualen wurden ganz wörtlich verstanden und ganz sinnlich ausgemalt. Und so haben sie auch die Gläubigen in den Jahrhunderten immer verstanden, also gerade nicht metaphorisch, wie selbst katholische Theologen heute gerne suggerieren wollen. Schon der zweite Clemensbrief (um 100 n. Chr.) erfreut sich am Anblick der Verdammten, die sogenannte Apokalypse des Petrus, eine apokryphe Schrift um 200, malt die Höllenqualen in den perversesten Farben aus. Es gehört geradezu zu den Lustbarkeiten des

Himmels, den Gemarterten in der Hölle bei ihren Qualen zusehen zu dürfen. Auch Thomas von Aquin stellt diesen zweifelhaften sinnlichen Genuss den Heiligen in Aussicht.

Es sei alles gar nicht so gemeint gewesen – dieser heutige Einwand, wenn er denn ernst gemeint ist, kommt auf jeden Fall zu spät. Wie die Kirche das Zusammenleben von Mann und Frau durch ihre inhumane und neurotische Sicht der Sexualität vergiftet hat, so hat sie auch das Leben der Menschen, allem Evangelium zum Trotz, mit einer Sphäre der Angst überzogen, indem sie ein Höllenwahngebilde verkündet und dogmatisiert hat, indem sie Höllenfantasien in der kirchlichen Kunst nicht nur geduldet, sondern gefordert hat, und indem sie sich selbst perfiderweise die angemaßte Macht zugesprochen hat, von diesen von ihr selbst geschaffenen Wahnbildern die Gläubigen wieder zu befreien. Und alles nur wegen Höllenfantasien eines Mannes aus Galiläa, die noch nicht einmal seine eigenen waren, sondern die er selber nur aus seiner Umwelt übernommen hat.

Es war nicht weniger als psychischer Terror, den die Kirche hier qua Amt ausgeübt hat, und am meisten wieder über die, die ihr vertraut haben. Wie eine verkrampfte Sexuallehre der Kirche verklemmte und sich schuldig fühlende Menschen überhaupt erst geschaffen hat, so hat die Höllenlehre die Grundlage gelegt für Abertausende ängstliche und verstörte Menschen. Man darf sich nicht wundern, dass man mit Höllendrohungen und Sexualverteufelungen nicht wirklich aufrechte Menschen hat schaffen können.

Fegefeuer

Das Fegefeuer ist so etwas wie der kleinere Bruder der Hölle, eine Art Vorhölle, wo die Seelen gereinigt werden sollen. Wie bei der Hölle handelt es sich auch hier nicht um einen genuin jüdischen oder christlichen Gedanken. Auch hier wurde einfach heidnisches Gedankengut spolienhaft für den christlichen Bau verwendet. Wie die Hölle findet sich auch das Fegefeuer in vielen anderen Religionen, so dem iranischen Parsismus oder in indischen Religionen. Der populärste Zeuge ist jedoch Platon, der im *Phaidon* von einem Ort spricht, wo die Toten ihre Vergehen abbüßen müssen, ein Gedanke, den er vermutlich von den Orphikern übernommen hat.

Auch in Vergils *Aeneis* taucht der Gedanke eines Fegefeuers auf. Dagegen sind wieder einmal die biblischen Begründungen äußerst dünn gesät, ja das Fegefeuer lässt sich im Neuen Testament praktisch nicht belegen. Dennoch hat die theologische Fantasie auch hier diese Lehre kräftig ausgebaut. Man findet das Fegefeuer bei Origenes und Cyprian, und dann natürlich wieder bei dem unseligen Augustinus, von dem aus es sich im christlichen Abendland verbreitete.

An neutestamentlichen Begründungen lassen sich überhaupt nur zwei Stellen finden, und auch die sind schon an den Haaren herbeigezogen.

> Auch dem, der etwas gegen den Menschensohn sagt, wird vergeben werden; wer aber etwas gegen den Heiligen Geist sagt, dem wird nicht vergeben, weder in dieser noch in der zukünftigen Welt. (Mt 12,32)

> Schließ ohne Zögern Frieden mit deinem Gegner, solange du mit ihm noch auf dem Weg zum Gericht bist. Sonst wird dich dein Gegner vor den Richter bringen und der Richter wird dich dem Gerichtsdiener übergeben und du wirst ins Gefängnis geworfen. Amen, das sage ich dir: Du kommst von dort nicht heraus, bis du den letzten Pfennig bezahlt hast. (Mt 5,25–26)

Es sind zwei Jesusworte, die in typisch dogmatischer Überinterpretation herhalten müssen, um einen Zwischenzustand zu begründen, in dem die Menschen nach ihrem Tode und vor dem eigentlichen Gericht sich befinden. Statt froher Botschaft steht auch hier wieder das Leiden im Vordergrund und das Feuer quasi als Lieblingselement der Kirche. Der Sünder „kann durch Leiden geläutert und gereinigt werden", wie die katholische Kirche auch heute noch betont (KEK I, 424). Wie die Kirche die Freiheit mit der Hölle verbinden kann, so bringt sie hier das Fegefeuer mit der Barmherzigkeit (!) Gottes in Verbindung. Denn das Foltern (!) geschieht zum Besten des Menschen.

> Das Feuer lässt sich verstehen als die läuternde, reinigende und heiligende Kraft der Heiligkeit und Barmherzigkeit Gottes [...]. Das Fegefeuer ist also Gott selbst in seiner reinigenden und heiligenden Macht für den Menschen. (KEK I, 425)

Diktatoren und Potentaten waren schon immer der Meinung, dass das Foltern von Menschen doch so schlimm nicht sein kann. Sie erfahren nun, dass es nach katholischem Glauben zumindest im Fegefeuer geradezu eine gute Sitte ist. „Es handelt sich also um den reinigenden Schmerz der Liebe." (KEK I, 425) Wahrhaft ein Satz, den man sich auf der Zunge zergehen lassen muss.

Statt dass die Kirche sich von diesem mittelalterlichen Unsinn endgültig verabschiedet, trägt sie das Grauen und die Perversion noch ins dritte Jahrtausend hinein. Doch die Kirche ist in einer misslichen Situation. Zu stark ist der Höllen- und Fegefeuergedanke in der Überlieferungstradition (nicht im Neuen Testament) präsent gewesen, als dass man nun einfach sagen könnte: April, April. Das kommt davon, wenn man sich auf Autoritäten verlässt, anstatt selber nachzudenken. Doch dass es auch anders geht, hat der Protestantismus gezeigt. Die Reformatoren haben das Fegefeuer abgeschafft, dieser Scheiterhaufen brennt im Protestantismus zumindest nicht mehr. Doch geschah dies nicht aus Menschenliebe heraus, nicht weil man sich von einer inhumanen und perversen Vorstellung verabschieden wollte. Es geschah auch hier aus dogmatischen Gründen. Der Ablasshandel der katholischen Kirche, an dessen Praxis ja die Reformation sich entzündete, macht ja nur Sinn, wenn es auch ein Fegefeuer gibt. Mit der Vergeblichkeit eines Ablasses wurde auch das Fegefeuer überflüssig, zumal in der Bibel nur schwach bezeugt. Dennoch hat sich Luther anfangs (1517) noch für die Existenz des Fegefeuers ausgesprochen, es war ihm eine „*sehr sichere Gewissheit, dass es ein Fegefeuer gibt*" (Luther, Weimarer Ausgabe (WA) I, 555). Erst mit seiner Schrift *Ein Widerruf vom Fegefeuer* (1530) behauptet er nun das Gegenteil. Der Protestantismus betont, dass das Kreuzesopfer Christi ausreichend und so ein Fegefeuer unnötig sei. Der Katholizismus hat dagegen das Fegefeuer im Tridentinischen Konzil im 16. Jahrhundert sogar dogmatisiert. Dort ist es eine *Glaubenswahrheit*, der Katholik *muss* daran glauben, will er nicht Gefahr laufen, gleich in die Hölle (an die ebenfalls geglaubt werden muss) weitergereicht zu werden.

Die Abschaffung der Vorhölle

Kurioses hat sich hingegen im Katholizismus auf einem ähnlichen Gebiet getan, nämlich dem sogenannten *limbus infantium* oder *limbus puerorum*. Damit meinte die katholische, besonders auf Thomas zurückgehende Theologie eine Art Vorhölle, in der sich die ungetauft verstorbenen Kinder befinden. Warum diese Kinder dort sind, ist klar, jedenfalls wenn man den Irrwegen der katholischen Tradition folgt. Diese Kinder können zwar noch niemand etwas getan haben, dennoch sind sie schuldig, da auf ihnen ja zumindest die Erbsünde lastet. Sie kommen zwar nicht in die Hölle, haben aber als Ungetaufte auch keine Chance, Gott selbst zu sehen, was für die Gläubigen im Himmel ja die eigentliche Seligkeit bedeutet. Sie müssen draußen bleiben.

Biblische Grundlagen gibt es für eine solche Lehre freilich nicht, wie selbst Katholiken zugestehen. Und ist von Jesus nicht sogar der Satz überliefert *Lasset die Kindlein zu mir kommen*? Und tatsächlich: Im April 2007 hat der Vatikan die Vorhölle für ungetaufte Kinder quasi abgeschafft bzw. für überholt erklärt. Joseph Ratzinger hat als Papst Benedikt XVI. den entsprechenden Veröffentlichungen der Internationalen Theologischen Kommission (ITK) zugestimmt, ja, wie verlautet, offenbar die Abschaffung selbst angeregt. Die Vorstellung des Limbus sei *zu streng* und ohnehin *nur eine theologische Hypothese* gewesen. Kleine Kinder, die nicht getauft seien und sterben, kämen nun direkt ins Paradies.

Nicht nur die katholische Welt rieb sich verwundert die Augen. Kann man denn eine solche Lehre so ohne Weiteres abschaffen? Über Jahrhunderte haben Millionen gläubige Katholikinnen seelische Qualen erlitten bei dem Gedanken, dass ihre ungetauften Kinder (die Kindersterblichkeit war hoch und der Kindstod ohne Taufe bei der Geburt oft nicht zu verhindern) in Ewigkeit in der Vorhölle bleiben mussten. Eine unmenschliche Lehre der Kirche hatte diese menschlichen Qualen erst hervorgerufen. Und nun soll das alles überholt sein? Wie kann das gehen? Eine Entschuldigung oder gar ein Schuldbekenntnis für diese von der katholischen Hierarchie verursachten Leiden vernahm man jedenfalls aus dem Vatikan nicht. Mit der eigenen Schuld sind die Hirten schon immer leichtfertiger umgegangen als mit den Sünden ihrer Herde.

So stellt sich die Frage, was grotesker ist: dass die Kirche überhaupt eine solche Lehre aufgestellt hat oder dass sie nun auf deren weitere Propagierung verzichten will? Klar scheint auf alle Fälle zu sein: Wäre die Lehre vom *limbus infantium* jemals dogmatisiert worden (was nie geschehen ist), Papst Ratzinger hätte niemals sich zu diesem Schritt entschließen können. Denn dann wäre auch dies ein Glaubensdogma gewesen, und ein solches ist per definitionem wahr, jedenfalls nach katholischer Logik. So aber kann es als pure Spekulation aufs theologische Altenteil gesetzt werden. Die Aussage des Papstes, es habe ohnehin keine biblische Grundlage dafür gegeben, ist vorgeschoben. Denn auch für andere geistige Höhenflüge der katholischen Theologie fehlt bis heute die Starterlaubnis. Man denke nur an die *unbefleckte Empfängnis der Maria* (dogmatisiert 1854) oder die *Unfehlbarkeit des Papstes* (1870) oder die *Leibliche Aufnahme Mariens in den Himmel* (1950), auf die wir noch zu sprechen kommen müssen. Auch dort fehlen weitgehend biblische Grundlagen. Da aber hier Glaubenswahrheiten verkündet wurden, muss die katholische Kirche nun mit den Geistern leben, die sie gerufen hat.

Teufel, Dämonen und Exorzismen

Leben muss sie auch mit dem Teufel, dem schwarzen Mann für Erwachsene. Im Unterschied zu den eben genannten modernen Erzeugnissen katholischen Erfindungsgeistes geht dieser Glaube aber immerhin auf Jesus zurück. Zumindest hat ihn Jesus aus seiner Umwelt übernommen, wir sprachen oben schon davon. Dass diese für den heutigen Menschen so kindische Lehre auch bei der katholischen Hierarchie offenbar Stirnrunzeln auslöst, erkennt man im katholischen Katechismus daran, dass es bei immerhin 1000 Seiten für ihn kein eigenes Kapitel gibt. Man muss schon etwas suchen, findet ihn aber dann doch, seltsam genug, in einem Kapitel mit der Überschrift „Der Himmel – die Hoffnung des Menschen". (KEK I, 209ff.) Hier steht es dann aber auch deutlich: „Es gibt den Teufel, den Vater der Lüge." Der Teufel ist *nicht* eine mythologische Verstellung der Wirklichkeit, ein Kunstprodukt, ein personifiziertes böses Prinzip, sondern in ihm „kommt die Tiefendimension der Wirklichkeit in der biblischen und kirchlichen Überzeugung […] zur Geltung." (KEK I, 111)

Modern scheint sich der Katechismus auszudrücken, wenn er gerade beim Teufelsglauben von zeit- und umweltbildbedingten Glaubensvorstellungen spricht und davon, dass die Existenz des „Üblen, Bösen, Destruktiven, Perversen, Monströsen, Absurden" eine menschliche Erfahrungswirklichkeit widerspiegelt. Camus und Sartre hätten bis hierher folgen können, doch der Katholizismus kann dann doch noch einen Pferdefuß vorweisen. Denn: „Nach kirchlicher Lehre gibt es [...] nicht nur *das* Böse, sondern auch *den* Bösen bzw. die Bösen". Mit Letzteren sind die Dämonen gemeint, die nicht weniger real verstanden werden als der Teufel. Keine Chance also für ein modernes psychologisches, soziologisches oder existenzphilosophisches Verständnis menschlichen Daseins und seiner Abgründe. Auch ein modern sich gebender Katholizismus kann nicht auf den schwarzen Mann verzichten, wenn man ihm auch unter Verwendung moderner Begrifflichkeiten notdürftig eine bessere Abendgarderobe verpasst hat.

Und es ist nicht nur die bloße Existenz des Bösen als Person, es ist auch das teuflische Hilfspersonal, die Dämonen, die in der Lehre der katholischen Kirche immer noch Lohn und Brot finden. Denn auch von der Existenz der Dämonen ist der Katechismus am Ende des zwanzigsten Jahrhunderts immer noch überzeugt. Sogar die alte Mär vom Engelssturz wird wieder aufgewärmt

> Gott hat auch die Engel, die gesündigt haben, nicht verschont, sondern sie in die finsteren Höhlen der Unterwelt verstoßen und hält sie dort eingeschlossen bis zum Gericht. (2. Petr 2,4)
>
> Die Engel, die ihren hohen Rang missachtet und ihren Wohnsitz verlassen haben, hat er mit ewigen Fesseln in der Finsternis eingeschlossen, um sie am großen Tag zu richten. (Jud 6)

Demnach waren die Dämonen einstmals gute Engel, die sogar von Gott selbst geschaffen worden sind, dann aber durch eigene Entscheidung von ihm abfielen und so zu Dämonen wurden. Der Katechismus hält daran fest und beruft sich ausdrücklich auf das IV. Laterankonzil (1215), dasselbe Konzil, das auch das Tragen von Judenhüten den Glaubensbrüdern Jesu zur Pflicht machte.

> Die bildhaften Aussagen vom zusammengestürzten Himmel, vom Engelsturz [...], von den bösen Geistern in den Lüften, im Bereich

zwischen Himmel und Erde [...] treffen die Situation des Menschen sehr genau. (KEK I, S. 111)

Zwar spricht der Katechismus hier selbst von „mythischer Bildsprache", ohne freilich von der Realität der Dämonen Abstand zu nehmen. Und es stellt sich die Frage, wie denn anders als mythologisch man den Engelssturz verstehen könnte. Was bleibt noch übrig, wenn man das mythologische Kleid entfernt?

Mit den Dämonen kämpft schon Jesus und weist sie in die Schranken, wie sich das für einen religiösen Helden gehört. Sein Wirken wird vor allem von Markus als das eines Exorzisten beschrieben. Und auch der Katechismus lehrt noch, dass die Dämonen „von seinen [des Menschen] körperlichen und seelischen Kräften Besitz ergreifen und den Menschen zutiefst von sich selbst entfremden können (*Besessenheit*)." Dieses Wort kommt im Katechismus nur noch an dieser einzigen Stelle vor, als sei es selbst den maßgeblichen Männern der Kirche (maßgebliche Frauen gibt es ja dort nicht) peinlich. Auch der Exorzismus wird nur an einer Stelle erwähnt, gut versteckt in einem großen Kapitel mit dem unverdächtigen Titel „Das Werk des Heiligen Geistes". Ebenfalls beruft man sich auf Jesus, der den Exorzismus selbst geübt hat. Dass dies tatsächlich der historischen Wahrheit entspricht, dürfte für die Kirche dabei nur eine geringe Rolle gespielt haben. Sie weicht dann auch bald schon wieder ab, wenn sie bei der Kindertaufe auch einen Exorzismus stattfinden lässt (was vermutlich den meisten katholischen Eltern nicht bewusst ist). Neben diesem kleinen Exorzismus darf der große Exorzismus nur mit Erlaubnis eines Bischofs von einem Priester durchgeführt werden.

Dabei ist mit Klugheit und Nüchternheit streng nach den von der Kirche aufgestellten Kriterien vorzugehen. In keinem Fall ist der Exorzismus ein Ersatz für ärztliche Bemühungen. (KEK I, 329)

Aus gutem Grund weist heute selbst der Katholizismus auf die nötige ärztliche Betreuung eines Menschen hin, der „von Dämonen besessen" ist. Denn zu negativ ist die Presse, wenn wieder einmal ein Exorzismus „fehlgeschlagen" ist und der Besessene stirbt oder geistige und körperliche Schäden erleidet. Früher musste die Kirche diesbezüglich keinerlei Rücksichten nehmen. Die Zahl der Opfer, die die Exorzierpraxis vor allem der katholischen Kirche im Laufe der Jahrhunderte gekostet hat, wird man kaum schätzen können. Das ganze Bild einer von Dämonen besiedelten Welt ist gefährlicher und archaischer Unsinn und gehört auf den Müllhaufen der Geschichte. Bei der Besessenheit, die in der modernen Medizin und Psychologie als Krankheit heute gar nicht mehr existiert, handelt es sich natürlich um psychische Erkrankungen und Neurosen. Auch zur Zeit Jesu wird dies nicht anders gewesen sein. Aus Mangel an Kenntnissen wurden psychisch (aber auch körperlich) Kranke als von Dämonen besessen beschrieben. Man wusste es nicht besser und kann den Menschen damals keinen Vorwurf machen. Auch Jesus spiegelt in seinem Handeln dieses Weltbild wider. Ein Vorwurf darf aber erhoben werden, wenn auch heute noch von einer Großkirche so getan wird, als bestünde das archaische Weltbild im Grunde fort, als gäbe es Dämonen, weil Jesus von ihnen geheilt hat. Und es war eben nicht nur eine *andere* Sichtweise damals, es war in vielerlei Hinsicht auch eine *falsche* Sichtweise. Aber einem Gott kann man ja keinen Fehler zugestehen, Jesus kann sich als Gottessohn ja nicht geirrt haben. Also versucht man die Welt der Dogmatik anzupassen. Wir haben damit ein ähnliches Phänomen, wie wenn orthodoxe Marxisten (sofern noch vorhanden) versuchen, die Wirklichkeit mit der angeblich reinen Lehre in Übereinstimmung zu bringen. Und wenn die Wirklichkeit anders aussieht als die Dogmatik – umso schlimmer für die Wirklichkeit.

Die Engel

Im Engelglauben berührt sich die katholische Dogmatik vielleicht am meisten mit der Esoterik. Zur Verhältnisbestimmung beider werden wir unten noch kommen. Engel, ja ganze Heere von Engeln begegnen jedenfalls bereits im Alten Testament. Dennoch gab es in den ersten drei Jahrhunderten des Christentums noch keine Engelverehrung. Bald darauf jedoch hatte sie schon einen beträchtlichen Umfang erreicht. In den gesammelten Schriften des Dionysius Areopagita (um 500 n. Chr.) findet sich eine Darstellung der himmlischen Hierarchie, in der die Engel breiten Raum einnehmen. Thomas von Aquin mit seiner Angelologie war dann im Mittelalter die Hauptautorität in Engelsfragen. Die Christusbetonung Luthers hat die Bedeutung der Engel für ihn gemildert, Calvin jedoch bietet eine Engellehre in seiner Dogmatik.

Auch die Engel haben eine Geschichte. Anfangs fehlten ihnen noch die Flügel. Erst um das Jahr 400 erscheinen sie als geflügelte Wesen. Außerdem waren alle Engel Männer. Erst im 15. Jahrhundert entwickelte sich der Mädchen-Engel, vermutlich aus einem Missverständnis der antiken Gewandung (vgl. den Artikel *Engel* in RGG³' Bd. 2, 465–469). Kinder-Engel treten erstmals bei Giotto und Donatello auf, und Schutzengel kennt man erst seit der Gegenreformation. Im Protestantismus spielen sie heute keine Rolle mehr, wenn auch Karl Barth, der die Trinitätslehre zum Ausgangspunkt seiner Theologie machte, sie eingehend behandelt (Kirchliche Dogmatik KD 3,3).

Der offizielle katholische Erwachsenenkatechismus versucht auch hier wieder vordergründig auf die Problematik der Engelsvorstellung in einer modernen Welt einzugehen. Er spricht auch hier wieder von *Einwänden und Verstehensschwierigkeiten*, von *mythologischen Sprachformen* und den *Vorstellungen der damaligen Zeit*, um dann doch auch die Engel, wie vorher schon die Dämonen und den Teufel, das Fegefeuer und die Hölle am katholischen Karneval teilnehmen zu lassen.

Auf der anderen Seite sollten wir freilich auch sehen, dass die Wirklichkeit umfassender und tiefer ist, als eine rationalistisch missverstandene Vernunft ahnt. Die Wirklichkeit hat ein Unten und Oben, ohne welche der Schöpfung Ganzheit, Fülle und Vollkommenheit fehlen würde. Sie wäre dann materialistisch verengt […]. (KEK I, 110)

Auch Wahrsager, Auraheiler, Astrologen, Wiedergeburtsmedien, Kaffeesatzleser etc. warnen gerne vor einer *materialistischen Verengung* und einer *rationalistisch missverstandenen Vernunft*. Die Kirche befindet sich damit also in freilich von ihr nicht intendierter verwandter Gesellschaft. Dass *mehr Dinge zwischen Himmel und Erde sind, als unsere Schulweisheit sich träumen lässt*, klingt zwar bei Shakespeare gut, in den okkulten Hirnen der eben angesprochenen „Berufsgruppen", die dieses Zitat ständig im Munde führen, ist dies jedoch eine Anmaßung. Dass die Wirklichkeit zweifellos komplexer ist, als wir sie erkennen können, ist eine Binsenweisheit. Dies einzugestehen bedeutet aber noch lange nicht, dass deshalb die Fantastereien der Esoterik oder die einer christlich gefärbten Esoterik Realität seien. Deren Vertretern würde man schon etwas mehr Schulweisheit wünschen. Es gibt seit jeher eben auch immer viel Unsinn zwischen Himmel und Erde.

Das Zeugnis der Heiligen Schrift von der Existenz der Engel ist eindeutig. Es findet sich in der Bibel an sehr vielen Stellen. (KEK I, 110)

Dann muss es ja stimmen, wenn es in der Bibel steht! Was stören da die gerade noch selbst konstatierten modernen Verstehensschwierigkeiten? Die Engel sind nach dem Zeugnis des Katechismus *eindeutig Geschöpfe, unsichtbare, d. h. geistige Schöpfung.* Engel dürfen verehrt, aber nicht angebetet werden. Ihre Aufgabe ist die *Verherrlichung Gottes,* sie sind *Diener und Boten Gottes,* und sie sind *personale Gestalten des Schutzes und der Fürsorge Gottes für die Gläubigen* (KEK I, 110). Auch den Schutzengeln, obwohl überlieferungsgeschichtlich noch sehr jung, bietet der Katechismus offene Türen.

Und manch einer mag fragen, was denn daran so schlimm sein soll. Doch es geht eben nicht nur um eine naiv-kindliche Engelsvorstellung. Diese ist eben nur *ein* Aspekt eines insgesamt überholten und falschen Weltbilds. Zu diesem Weltbild gehört eben auch ein Oben-und-Unten-Denken, die Spaltung der Wirklichkeit in dualistische Strukturen (Gut und Böse), dazu gehören auch die inhumanen Vorstellungen von Dämonen, bösen Geistern, vom Teufel, von der Hölle und einer von höchster göttlicher Instanz im jenseitigen Reich installierten ewigen Folterkammer. Es gehört dazu nicht nur das positive Bild eines Paradieses für die kleine Minderheit der Christen, sondern viel mehr noch ewige Folterqualen für die übergroße Mehrzahl der Nichtchristen.

Das biblische Weltbild und seine intensivmedizinische Aufrechterhaltung vor allem durch die katholische Kirche ist für eine realistische Weltsicht nicht geeignet, sondern repristiniert nur Vorstellungen vergangener Zeitalter. Es erzeugt Ängste und Abgrenzungen, erkennt die Wirklichkeit verzerrt und beschreibt sie zu simpel, verortet Mensch und Welt nach unzulänglichen Kategorien. Es neigt zu Übertreibungen ebenso wie zu vorschnellen Äußerungen über das angebliche „Wesen des Menschen". Es führt in Konflikte mit einem modernen und humanen, durch die Erkenntnisse der Aufklärung und die Errungenschaften der Wissenschaft geprägten Wirklichkeitsverständnis. Als Modell für ein Zusammenleben von Menschen unterschiedlicher Glaubensausrichtungen in einer

Gesellschaft wie als Basis für ein friedliches Zusammenleben der Völker untereinander ist es seiner religiösen Fundierung wegen ohnehin hinderlich. Die beabsichtigte oder unbeabsichtigte Vermittlung des biblischen Weltbilds durch Religionsunterricht oder kirchliche Sozialisation ist für die Ausbildung einer kritischen und unabhängigen Persönlichkeit kontraproduktiv.

Marienfrömmigkeit

Die missverstandene Gottesmutter

In der Volksfrömmigkeit ist Maria statt des Heiligen Geistes Teil der Trinität. Die Mutter Jesu wird in einer Weise religiös verehrt, dass es dabei sogar Kardinälen zuweilen mulmig wird. Denn Maria ist zu keiner Zeit in der offiziellen Lehre der katholischen Kirche dogmatisch ein solches Gewicht zugestanden worden, wie sie es in der Volksfrömmigkeit beansprucht. Neben Maria führt der Heilige Geist geradezu ein Schattendasein.

Denn was will der Gläubige mit solch einer Konstruktion wie dem Heiligen Geist anfangen, diesem mehr am Schreibtisch entstandenen als wirklich empfundenen Teil der Gottheit, einer Konstruktion von Theologen, steril, blutarm und für die religiöse Verehrung zu spröde. Dass gerade Ketzer sich gerne auf den Geist berufen haben, trägt ebenfalls nicht gerade zum Ansehen dieses Teils der Trinität bei.

Wie anders dagegen die Hochschätzung einer Frau, die nach gemeinchristlicher Anschauung den Gottessohn zur Welt gebracht hat. Anstelle einer göttlichen Hypostase hier ein Mensch aus Fleisch und Blut, anstelle trinitarischer und für Laien unverständlicher Spekulationen ein handfestes und für die Hörer nachzuempfindendes Mutter-Kind-Verhältnis. Statt einer abstrakten Trinität eine wirkliche heilige Familie mit Maria als Mutter Gottes. Der Koran (miss-)versteht in Sure 5,116 Maria in diesem Sinne als Teil der Trinität, bei Ablehnung der Trinität insgesamt.

Die katholische Kirche ist selbst nicht unschuldig, wenn ihre Gläubigen die Stellung Marias missverstehen. Denn in kaum zu überbietender Beweihräucherung findet Maria in der katholischen

Lehre Berücksichtigung. Der Katechismus bezeichnet sie als *Mutter Gottes*, als *unsere Mutter*, als *Jungfrau*, als *Tochter Zion*, als *Repräsentantin Israels in der Stunde der Erfüllung seiner Hoffnung.* Sie *spricht das Ja des Glaubens*, sie ist die *Prophetin, das Vorbild und Urbild des christlichen Glaubens*, der *Typus der Kirche*, das *strahlende Vorbild*, die *neue Wohnung Gottes*, das *neue Zelt des Bundes*, die *Pforte des Heils für alle, die Jesus Christus angehören*, die *Fürsprecherin, Helferin, Mittlerin*, der *Beistand*. In ihr *ist das Menschengeschlecht insgesamt geehrt*, sie ist *Urbild jedes Erwählten, Glaubenden und Begnadeten*, sie ist die *Ganz-Heilige*, die *an Stelle der ganzen Menschheit durch ihr Ja das Ja Gottes annimmt*, sie ist *der vollkommene, urbildliche, reine Fall der Erlösung überhaupt*. (Zitate aus KEK I, 166–182)

„An Maria wird offenbar, wer Jesus Christus ist und was er uns als Heil und Hoffnung bedeutet." (KEK I, S. 170) Maria ist „Mittlerin aller Gnaden" (S. 173). Wer so formuliert, muss sich nicht wundern, dass die Gläubigen Maria auch *anbeten*, wo sie sie doch nur *verehren* sollen, dass sie sie selbst als göttlich begreifen wollen, wo die offizielle Kirche auch sie als Geschöpf lehrt. Der Katechismus will eben beides bedienen, die wie er meint dogmatisch korrekte Lehre über Maria wie auch den volkstümlichen Marienglauben.

Dabei ist eine intensive Marienverehrung durchaus nicht Privileg des religiösen Fußvolks. Auch in den Spitzen der Hierarchie findet man die Verehrung der Gottesmutter. Nicht zuletzt wurde sie gefördert durch das lange Pontifikat Johannes Pauls II., der nicht nur ein glühender Marienverehrer war, sondern dies auch medienwirksam gerne zur Schau stellte. Aus seinem Wappen ließ er das Kreuz aus der Mitte rücken „zugunsten eines riesigen M (= Maria)!" (Hans Küng, Umstrittene Wahrheit, S. 464).

Dass Maria, anders als Jesus, den Sprung in die Göttlichkeit nicht geschafft hat, liegt vor allem daran, dass die Gotteslehre der Alten Kirche schon weitgehend abgeschlossen war, als die Marienverehrung sich auch auf den Konzilien bemerkbar machte. Erst auf dem Konzil von Ephesus kam es im Jahre 431 zur Dogmatisierung Marias als „Mutter Gottes" (eigentlich Gottesgebärerin, gr. *theotokos*), zu spät, um Maria noch einen Platz in der ersten Reihe zu sichern.

Die Marienverehrung hat sich erst langsam entwickelt. Im Osten hatte sie ihren Anfang genommen, während sie im Westen anfänglich sogar auf Widerstand stieß, so bei Tertullian und auch noch bei Augustin, bei dem sich weder Hymnen noch Gebete an Maria finden. Doch dann werden auch im Westen langsam die Marienfeste übernommen und Maria volkstümlich immer mehr wundersame Legenden angedichtet. Die Vorstellung, dass Gebete an Maria eine wunderwirksame Kraft hätten, kam erst um das Jahr 1000 auf. Trotz aller Verehrung sah auch noch Thomas von Aquin Maria mit der Erbsünde belastet, während die Franziskaner dies damals schon ablehnten. Die Reformation wollte Maria natürlich keine irgendwie geartete Heilsmittlerschaft oder Fürsprache zuerkennen, während die Jesuiten im Zuge der Gegenreformation eine Marienfrömmigkeit betrieben und propagiert haben. Erst im 19. Jahrhundert erreichte aber die Marienverehrung ihren Höhepunkt mit dem Dogma der unbefleckten Empfängnis der Maria von 1854.

Dieses Dogma besagt *nicht*, wie oft angenommen, dass Maria Jesus als Jungfrau geboren habe (dies war schon seit der Spätantike gängige Meinung), sondern dass Maria *selbst* ohne Erbsünde empfangen wurde. „Deshalb war sie auch in ihrem späteren Leben ganz ohne persönliche Sünde." (KEK I, S. 179) Selbst die katholische Hierarchie gibt zu, dass dieses Dogma (an das Katholiken glauben *müssen*) nicht aus der Bibel abgeleitet werden kann.

Ebenso verhält es sich mit dem zweiten Mariendogma, welches 1950, also mitten im 20. Jahrhundert und 200 Jahre nach der Aufklärung, feierlich verkündet worden ist, dem Dogma von der leiblichen Aufnahme Mariens in den Himmel, populärer als *Maria Himmelfahrt* bekannt. Der Katholizismus bringt als Anhaltspunkt für dieses Dogma (an das Katholiken ebenfalls glauben *müssen*) allen Ernstes den Vers aus dem Lukasevangelium: „Selig ist die, die geglaubt hat" (Lk 1,45; KEK I, S. 181), und beweist einmal mehr, mit welchen Winkelzügen man auf katholischer Seite auch heute noch zu arbeiten bereit ist, um ein der Dogmatik genehmes Ergebnis aus den biblischen Schriften hervorzuzaubern. Im Übrigen gibt man aber auch hier vermeintlich modern zu, dass auch dieses Dogma nur indirekt in der Bibel enthalten ist.

Wie also das Dogma besser begründen? Tatsächlich kommt eine Himmelfahrt Mariens nicht nur in der Bibel nirgends vor, der Gedanke selbst war vor dem 5. Jahrhundert völlig unbekannt. Und noch im 16. Jahrhundert war er umstritten. Doch dieser Sachverhalt bringt die Katholiken keineswegs in Verlegenheit: „Verbürgt wird uns diese Deutung durch das Glaubenszeugnis und die Glaubenspraxis der Kirche." (S. 178) Das Dogma ist also wahr, weil es in der Kirche geglaubt und verkündet wird. Und die Kirche verkündet es, weil es wahr ist. Wer hier einen Zirkelschluss sieht, beweist nur, dass es ihm an der rechten Einsicht und am Glauben mangelt. Um auch noch die abstrusesten und aus der Bibel nicht ableitbaren Glaubenslehren zu rechtfertigen, greift man zu der Vorstellung, dass ein Dogma, natürlich unter der Einwirkung des Heiligen Geistes, sich langsam im Laufe von Jahrhunderten offenbaren könne, aus einem Keim heraus sich langsam als Wahrheit zeige, die dann von der Kirche bestätigt wird. Den katholischen Zeitgeist kann die Kirche als ewige Glaubenswahrheit den Gläubigen und auch sich selbst verkaufen. Man muss sich nicht mehr aufhalten mit unzulänglichen oder ganz fehlenden biblischen Begründungen, die *Tradition* wird zum Maß aller Dinge. In diesem Sinne lauschen marienfrömmige Theologen und katholische Eiferer weiter auf das Räuspern des Heiligen Geistes und fordern weitere Mariendogmen, so die Dogmatisierung von deren universaler Gnadenmittlerschaft oder die Dogmatisierung eines Weltkönigtums Mariens oder die Bezeichnung Marias als Miterlöserin.

Wenn der Katholizismus sich schon nicht für biblische Begründungen interessiert, wollen *wir* wenigstens die Frage danach stellen. Nicht, weil man der Meinung sein müsste, dass bestätigende Worte in antiken biblischen Texten auch nur den geringsten Beweischarakter hätten, sondern lediglich, um erneut zu belegen, wie weit sich die kirchliche, in diesem Falle katholische Lehre schon von ihrem vorgeblichen Gründer und den von der Kirche selbst als heilig erachteten Schriften entfernt hat.

Maria kommt im Neuen Testament eher schlecht weg, zumindest in den ältesten Schichten. Weder Paulus noch Markus zeigen sich an ihr interessiert. Markus hat auch noch nicht die wundersamen Geburtslegenden, aus denen die Theologen sich später so reichlich bedient haben. Wenn Maria überhaupt erscheint, dann in eher zweifelhaftem Kontext. Seine Mutter und seine Brüder haben Jesus schlicht für verrückt gehalten, wie sich noch im Neuen Testament nachlesen lässt.

Jesus ging in ein Haus und wieder kamen so viele Menschen zusammen, dass er und die Jünger nicht einmal mehr essen konnten. Als seine Angehörigen davon hörten, machten sie sich auf den Weg, um ihn mit Gewalt zurückzuholen; denn sie sagten: Er ist von Sinnen. (Mk 3,20-21)

Deutliche Worte. Nichts ist zu spüren von Maria als *Vorbild des Glaubens,* als *Pforte des Heils,* als die sie die spätere Theologie sehen wollte. Statt des *Ja des Glaubens* spricht hier Maria ein implizites Nein zu Jesu Verkündigung. Statt der Mittlerin des Heils wird hier nur eine Mutter sichtbar, die sich um ihren Sohn (wie sich später herausstellt, berechtigte) Sorgen macht. Schwerlich ist dieser peinliche Umstand später erfunden worden. Im Gegenteil: Matthäus und Lukas, die den Markustext ja schriftlich vor sich liegen haben, streichen diese anstößige Stelle.

Die Verwandten Jesu haben, folgt man der Erzählung bei Markus, keinen Erfolg, sie können Jesus nicht unter Kontrolle bringen. Jesus grenzt sich sogar von seiner widerspenstigen Familie ab.

Es saßen viele Leute um ihn herum und man sagte zu ihm: Deine Mutter und deine Brüder stehen draußen und fragen nach dir. Er erwiderte: Wer ist meine Mutter und wer sind meine Brüder? Und er blickte auf die Menschen, die im Kreis um ihn herumsaßen, und sagte: Das hier sind meine Mutter und meine Brüder. Wer den Willen Gottes erfüllt, der ist für mich Bruder und Schwester und Mutter. (Mk 3,32-35)

Da Maria und Jesu Brüder später selbst zur ersten Christengemeinde gehörten, kann auch diese Stelle schwerlich erfunden worden sein. Maria wird hier gerade *nicht* zur *familia dei* gezählt.

Als es Jesus in seiner Heimatstadt Nazareth nicht gelingt, Wunder zu wirken, und seine Bekannten ihm nicht glauben wollen, fragen diese:

Ist das nicht der Zimmermann, der Sohn der Maria und der Bruder von Jakobus, Joses, Judas und Simon? Leben nicht seine Schwestern hier unter uns? Und sie nahmen Anstoß an ihm und lehnten ihn ab. Da sagte Jesus zu ihnen: Nirgends hat ein Prophet so wenig Ansehen wie in seiner Heimat, bei seinen Verwandten und in seiner Familie. (Mk 6,3-4)

Es ist schon ein bemerkenswerter Umstand, dass alle die, die Jesus schon vor seinem öffentlichen Auftreten kannten, ihn entweder für verrückt oder unglaubwürdig halten. Auch von seiner Jüngerschar scheint keiner aus Nazareth gekommen zu sein. In diesem Zusammenhang interessiert uns hier aber nur der letzte Teil des Zitats, welcher zum wiederholten Male erkennen lässt, dass Jesus auch bei seinen Verwandten auf Unverständnis stößt. Eine gewisse Entfremdung zwischen Jesus und seiner Familie wird auch deutlich an einer Stelle im Lukasevangelium.

Als er das sagte, rief eine Frau aus der Menge ihm zu: Selig die Frau, deren Leib dich getragen und deren Brust dich genährt hat. Er aber erwiderte: Selig sind vielmehr die, die das Wort Gottes hören und es befolgen. (Lk 11,27–28)

Auch hier nicht gerade eine Hochschätzung Jesu für die angehende Gottesmutter. Die katholische Theologie versucht hier gerade noch die Kurve zu bekommen, indem sie betont, dass ja gerade Maria das Wort Gottes gehört und es befolgt habe. Und argumentiert so wieder einmal mit den Geburtslegenden. Es wird aber aus all diesen Erwähnungen Marias deutlich, dass sie selbst von diesen später erfundenen Geschichten noch nichts ahnte. Hätte wirklich ein Engel oder wer auch immer sie im Vorhinein instruiert, hätten die Geburtslegenden mit den heiligen drei Königen, dem Stern über Bethlehem, mit Gold, Weihrauch und Myrrhe wirklich stattgefunden, Maria hätte ja um die Göttlichkeit ihres Sohnes wissen müssen. Doch offenbar traf sie die Verkündigungstätigkeit ihres Sohnes völlig unvorbereitet.

Die historische Maria gehörte zu Lebzeiten ihres Sohnes offenbar nicht zu seinen Anhängern, sie wusste nichts von seinem angeblichen göttlichen Auftrag. Der historische Befund zeigt sogar eine gewisse Entfremdung zwischen ihr und ihrem Sohn, wie er ja zwischen Eltern und Kindern so selten nicht ist. Maria jedenfalls hat das Wirken Jesu eher zu hindern versucht, ein Vorbild des Glaubens war sie gerade *nicht*. Sie teilt das Unverständnis über ihn (Lk 2,50). Erst nach Jesu Tod wurde sie seine Anhängerin, vielleicht vermittelt durch Jakobus, den Bruder Jesu, der eine führende Stellung in der Urgemeinde innehatte. Von den später über sie verbreiteten Legenden konnte sie noch nichts ahnen, ihre Verehrung setzte viel später ein. Noch im späten Johannesevangelium kann

Jesus sie barsch anfahren: „Frau, was habe ich mit dir zu schaffen?" (Joh 2,4)

Dieser historische Sachverhalt mag für manchen Katholiken neu und befremdlich sein, für die wissenschaftliche Forschung ist er längst bekannt und akzeptiert. Längst ist erwiesen, dass die Marienverehrung keinen Rückhalt in der Verkündigung Jesu findet und es sich bei den zur Begründung der Marienverehrung herangezogenen Geschichten um Legenden handelt, religiöse Hirngespinste späterer Zeiten. Aber der Katholizismus kann dies nicht akzeptieren und davon nicht abgehen, denn zu sehr hat er sein Dogmengebäude auch mit brüchigen mariologischen Steinen erbaut. Eine Entkernung käme einem Abriss gleich. Also ist man dazu verurteilt, die von der historischen Kritik sturmreif geschossenen dogmatischen Bastionen trotzig weiter zu verteidigen und dies sogar noch für rechtgläubige Standhaftigkeit zu halten.

Jungfrauengeburt

Mehr als dürre Grundlagen zeigen sich auch bei der von der Kirche propagierten Jungfrauengeburt. Auch von ihr wissen Markus und Paulus noch nichts. Dafür ist es später dann geradezu peinlich, wie eindringlich und ausführlich sich Theologen (oft zölibatär lebende Mönche) mit dem Jungfernhäutchen Marias, dem sog. *Hymen Mariae*, beschäftigen. Ganze Bücher gibt es zu diesem Thema.

Seinen biblischen Hauptanhalt findet die Vorstellung einer Jungfrauengeburt in einer Stelle bei Matthäus:

Dies alles ist geschehen, damit sich erfüllte, was der Herr durch den Propheten gesagt hat: Seht, eine Jungfrau ist schwanger, einen Sohn wird sie gebären, und man wird ihm den Namen Immanuel geben, das heißt übersetzt: Gott ist mit uns. (Mt 1,22–23)

Wieder einmal muss man den Kopf schütteln, negativ formuliert über die Schlampigkeit, positiv über den Erfindungsreichtum dieses Evangelisten, der erneut hier wieder eine alttestamentliche Stelle an den Haaren herbeizieht, die mit Recht das Licht einer genaueren Untersuchung scheuen muss. Denn die alttestamentliche Stelle Jesaja 7,14 spricht gar nicht von einer Jungfrau, sondern von einer jungen Frau (hebr. *alma*). Nun wurde dieses Wort in der

Septuaginta, der griechischen Bibelübersetzung, ungenau mit dem Wort Jungfrau (gr. *parthenos*) übersetzt. So hat es offenbar Matthäus gelesen, und deshalb wird aus einer *jungen Frau* eine *Jungfrau*. Jesaja weissagt dieses Wort gegenüber König Ahas im Syrisch-Ephraimitischen Krieg (734 v. Chr.) und spricht dabei von einem nahen Ereignis (noch zu Lebzeiten des Königs). An ein Ereignis mehr als 700 Jahre später hat er dabei nicht gedacht. Das Kind hat zudem den Namen *Immanuel* und nicht *Jesus*. Der *Schriftbeweis* des Evangelisten passt also wieder vorne und hinten nicht.

Grund für diese Konstruktion könnten antike Vorstellungen gewesen sein, nach denen bedeutende Männer von einer Jungfrau geboren werden. Augustus wurde nach Sueton als ein Sohn des Apoll angesehen, von Alexander dem Großen berichtet Plutarch, er sei durch einen Blitzstrahl empfangen worden. Auch die Göttin Isis gebar als Jungfrau, auch sie wurde (wie später Maria) *Mutter Gottes* genannt. Überhaupt wurden viele Attribute von der heidnischen Isis auf die christliche Maria übertragen, so auch Mondsichel und Stern sowie der mit Sternen geschmückte Mantel. Wie Maria mit dem Jesusknaben wurde vor ihr schon Isis mit dem Horusknaben auf dem Schoß dargestellt. Wie in den Geburtslegenden der Evangelien musste auch schon Isis ihren Sohn in Ägypten verstecken. Nicht wenige Forscher meinen mit guten Gründen, dass der Marienkult überhaupt seine Ursprünge dem Isiskult verdanke.

Im Übrigen gibt es selbst im Matthäus- und Lukasevangelium unterschiedliche Traditionen. So machen die Stammbäume Jesu ja nur Sinn, wenn man davon ausgeht, dass Joseph tatsächlich sein Vater war. An mehreren Stellen wird Jesus als Sohn des Joseph bezeichnet:

Ist das nicht der Sohn des Zimmermanns? Heißt nicht seine Mutter Maria und sind nicht Jakobus, Josef, Simon und Judas seine Brüder? (Mt 13,55)

Seine Rede fand bei allen Beifall; sie staunten darüber, wie begnadet er redete, und sagten: Ist das nicht der Sohn Josefs? (Lk 4,22)

Philippus traf Natanaël und sagte zu ihm: Wir haben den gefunden, über den Mose im Gesetz und auch die Propheten geschrieben haben: Jesus aus Nazaret, den Sohn Josefs. (Joh 1,45)

Die Jungfrauengeburt also vielleicht ein heidnisches Relikt, bei Markus und Paulus unbekannt und selbst in den anderen Evangelien nicht ohne widersprüchliche Traditionen überliefert? Selbst der Katechismus muss zugeben, dass es sich bei der Jungfrauengeburt um eine „relativ späte Tradition" handelt. Freilich wird dies dann sofort eingeschränkt:

> Das Argument, daß diese Texte in ihrer jetzigen Gestalt einer erst jüngeren Traditionsschicht angehören, besagt sachlich nichts. Denn ob ein Text jünger oder älter ist, entscheidet nicht über seinen Wahrheitsgehalt. (KEK I, S. 175)

Hoppla! Meinen die deutschen Bischöfe als Herausgeber wirklich, was sie hier veröffentlichen? Wenn man zwei Traditionen hat, eine ältere, die ohne Jungfrauengeburt auskommt, und eine jüngere, die diese Jungfrauengeburt vertritt, dann soll trotzdem die jüngere Tradition die richtige sein? Auch wenn man für eine Jungfrauengeburt noch ein göttliches Eingreifen annehmen müsste anstelle eines rein natürlichen Vorgangs ohne Jungfrauengeburt? Bei aller zugestandenen letztlichen Unbeweisbarkeit historischer Urteile: Jedem Historiker und natürlich auch jedem kritischen katholischen Historiker sträuben sich hier die Haare. Denn es ist offenbar, dass es hier nicht um wissenschaftstheoretische Betrachtungen geht, sondern einzig und allein um den krampfhaften Versuch, eine überholte Dogmatik zu bestätigen, auch um den Preis der intellektuellen Unredlichkeit. Wissenschaftlichkeit wird nur vorgetäuscht, das Recht historischer Kritik ist nur ein Lippenbekenntnis, unter dem neuen Anstrich verbirgt sich der baufällige Kasten aus dem Mittelalter.

Auf die Dogmatisierung der Gottesmutter auf dem Konzil von Ephesus 431 hatte die Kirche noch eins draufgesetzt mit dem Konzil von Konstantinopel im Jahre 553. Hier wurde gelehrt, dass Maria nicht nur bei Jesu Geburt Jungfrau war, sondern dass sie dies auch Zeit ihres Lebens geblieben ist. Also kein Sex mit Joseph auch nach der Geburt Jesu! Völlig infiziert war zu dieser Zeit schon das Denken mit einer Abwertung der Geschlechtlichkeit auf der einen und einer Aufwertung der Jungfräulichkeit auf der anderen Seite. Noch heute krankt der Katholizismus daran. Das *Hymen Mariae* blieb jedenfalls auf Beschluss der altkirchlichen Theologen intakt. Maria und Josef hätten eine Ehe ohne geschlechtlichen Kontakt geführt, eben die sogenannte *Josefsehe*.

Ein Problem stellt wieder einmal die Bibel dar, denn dort ist gleich von einer ganzen Reihe von Geschwistern Jesu die Rede. Nach Mk 6,3 hatte Jesus noch mindestens vier Brüder und zwei Schwestern, von denen sogar die Namen zumindest der Brüder bekannt sind. Wie also die Kinder elegant beseitigen?

Mehrere Möglichkeiten boten sich an. Das sogenannte *Protevangelium des Jakobus* machte (um 150 n. Chr.) aus den Geschwistern Jesu Kinder des Joseph aus einer ersten Ehe. Durchgesetzt hat sich aber eine andere Lesart, die auf den Kirchenvater Hieronymus zurückgeht (um 400). Hieronymus machte aus den Brüdern und Schwestern Jesu einfach Vettern und Cousinen. Dass Joseph aus erster Ehe Kinder gehabt haben könnte, wurde von Hieronymus verurteilt. Auch Joseph musste, ebenso wie seine Gemahlin, „jungfräulich" sein bis zum Tode.

Auf diese Weise biegen sich die katholische Kirche und willfährige Theologen auch heute noch die biblische Überlieferung dogmatisch zurecht. Durch die Kommentare der katholischen Exegeten geistern heute immer noch die *Vettern* und *Basen* Jesu, weil nicht sein kann, was nicht sein darf, nämlich dass Maria eine ganz normale Frau mit einem ganz normalen Mann war und beide, wie für die Zeit üblich, einer ganzen Schar von Kindern das Leben schenkten.

Als polemische Reaktion auf die Jungfrauengeburt entstand im 2. Jahrhundert die Pantheralegende, nach der Jesus der uneheliche Sohn eines römischen Legionärs gewesen sei und Maria möglicherweise sogar das Opfer einer Vergewaltigung. An dieser Sensationsmeldung, die alle paar Jahre immer wieder einmal publizistisch hochgekocht wird, ist historisch gesehen nicht das Geringste dran. Viel zu jung sind die schriftlichen Zeugnisse darüber, zu eindeutig die Absichten, die mit der Verbreitung der Legende verfolgt wurden. Würde man freilich den vorhin von den deutschen Bischöfen gedeckten Überlieferungsgrundsatz annehmen, dass nämlich das Alter eines Textes nichts über dessen Wahrheitsgehalt aussagt, dann müssten die Bischöfe auch diese absurde historische Möglichkeit einräumen. Man kann daran sehen, wie sich Inkonsequenzen rächen können.

Dennoch hat es eine *Vergewaltigung der Maria* gegeben, aber anders als in der Legende erzählt. Nicht irgendein dahergelaufener Legionär hat sich an ihr vergangen. Es war die Kirche selbst. So wie Jesus nicht der hat sein dürfen, der er war, nicht gläubiger Jude unter Juden, sondern von den Christen zum Begründer einer neuen Religion gemacht, und bald den Hauptgewährsmann abgeben musste für die Verfolgung und Unterdrückung seines eigenen Volkes; wie er, ein strenger Monotheist, bald beschämt neben Gott auf den Thron sich setzen musste und, aus seiner jüdischen Sicht, blasphemische Verehrungen hat ertragen müssen; wie sie sein innerstes Denken und Trachten missachtete und mit Füßen trat; so hat die Kirche auch mit der leiblichen Mutter Jesu keine Gnade gekannt. Sie hat sie eben *keine* normale Frau sein lassen. Indem sie sie bis zur Unkenntlichkeit erhöhte und verbrämte, hat man auch sie in ihrem Wesenskern nicht ernst genommen, sondern nur als Gefäß missbraucht, das man mit eigenen dogmatischen Fantasien angefüllt hat. Sie durfte keine Frau bleiben, sie musste eine Heilige werden, sie durfte keine Ehefrau sein, sondern musste sich in Enthaltsamkeit üben, sie durfte kein Kind gebären, sondern musste einem Halbgott das Leben schenken. Ihre anderen Kinder, die sie doch auch geliebt haben wird, hat man ihr aberkannt. Und ihr Ehemann wurde verurteilt, ihr Schicksal zu teilen. Und wie Jesus wurde auch sie alsbald dazu missbraucht, gegen ihr eigenes Volk vorzugehen, wurden auch in ihrem Namen Pogrome durchgeführt und die Ungläubigen verfolgt. Unter Anrufung der Jungfrau Maria stürmten die Kreuzfahrer Jerusalem, wurden die Albigenser und andere Ketzer blutig verfolgt, schlachtete Cortez ganze Völker ab. O wäre es doch nur ein einzelner Legionär gewesen, der sich an ihr vergangen hätte, die Zeit hätte es vielleicht verwinden können. Doch wie diese gewaltige Last tragen, die die Kirche ihr aufgebürdet hat, die dabei sogar noch meint, sie zu ehren.

Glorifizierung Marias – Herabsetzung der Frau

Die Glorifizierung Marias bedeutet aber für die Frauen eine ungeheuerliche Herabsetzung. Mussten Frauen schon durch eine männlich bestimmte Theologie (denn kein Heiliger Geist, kein Gott hat sie bestimmt, sondern allein Männer, meist zölibatär lebende Männer) über Jahrhunderte ertragen, dass man in ihnen das minderwertige Geschlecht sah, weil angeblich eine mythologische Eva der Versuchung in einem mythologischen Paradies erlegen war, mussten sie sich von Augustin sagen lassen, dass der Teufel eben wegen ihrer Schwäche sich an sie und nicht an ihren Mann Adam gehalten habe, und wurde ihnen von der Kirche immer wieder vorgeworfen, dass sie die Männer ins Verderben ziehen, so wurde ihnen in Maria das Zerrbild einer Frau als vermeintliches Ideal entgegengehalten. Denn die Kirche hatte aus Maria ein geschlechtsloses Wesen gemacht, eine ewige Jungfrau, die reine Magd, die Unbefleckte, die Engelsgleiche, die Reinheit in Person, ein Muster an Glaubensstärke und Einwilligung in den Willen Gottes. Ein Wunschbild zölibatärer Fantasien und Ausdruck der Abwertung der Geschlechtlichkeit. Die immerwährende Jungfräulichkeit ist auch heute noch nach Meinung der Bischöfe „ein Zeichen ihrer Heiligkeit" (KEK I, S. 177). Weil unbefleckt empfangen, deshalb „war sie auch in ihrem späteren Leben ganz ohne persönliche Sünde." (KEK I, S. 179)

Welche normale Frau kann da mithalten? Maria wird „auf Kosten der in der Kirche niedrig gehaltenen Frauen überhöht" (Hans Küng, Umstrittene Wahrheit, S. 63). Indem die Kirche auf das selbst gebastelte Zerrbild dieser Gottesmutter verwiesen hat, konnte sie die Frauen in die Ecke der armen Sünderinnen drängen, die diesem Ideal nicht entsprachen, nicht entsprechen konnten. Es „gilt zu erkennen, dass die Mariologie den Frauen größte Schmach zufügt." (Joachim Kahl, Das Elend des Christentums, S. 52) Gerade bei den wirklich gläubigen Frauen hat diese perfide Gegenüberstellung realer Frauen mit einem Gedankengespenst der Theologen über Jahrhunderte funktioniert. Gläubige Frauen haben diese Verächtlichmachung ihres Geschlechts nicht nur internalisiert, sie haben dieses Denken auch an ihre Töchter und Enkelinnen weitergegeben. So ist die Kehrseite einer immer stärkeren Glorifizierung Mariens eine immer stärkere Abwertung der realen Frauen. Und während in den protestantischen Kirchen hier schon lange ein Umdenken stattgefunden hat, verharren die maßgeblichen Herren im Katholizismus (Damen gibt es da ja nicht) weiterhin im Modus der Bockigkeit.

Es kommt nicht von ungefähr, dass die Kritik an mythologischen Vorstellungen in den letzten Kapiteln sich vorwiegend am Katholizismus entzündet hat. Hier sind die Vorstellungen von Hölle und Teufel, von Fegefeuer, von Engeln und Dämonen immer noch in offiziellen Verlautbarungen und im Katechismus vorhanden. Fast scheint es so, als ob die Aufklärung und das kritische

Denken spurlos am Katholizismus vorübergegangen wären. Dieser Eindruck wäre noch stärker, wenn man vor das Zweite Vatikanische Konzil zurückgeht. Denn bis dahin befand sich der Katholizismus tatsächlich noch mehr im Mittelalter als in der Neuzeit. Neben allem Festhalten an den selbst definierten Dogmen gab es keine oder nur eine rudimentäre historisch-kritische Erforschung der Bibel, standen 3000 Autoren weltweit auf dem Index der verbotenen Bücher, hielt die Kirche ihre schützende Hand auch über die brutalsten Diktatoren, jedenfalls sofern diese ihrerseits den Katholizismus schützten, war Demokratie und Parlamentarismus Ausdruck der Gottlosigkeit, moderne Philosophien und Weltanschauungen, aber auch moderne Begriffe wie Toleranz und Gleichheit Teufelswerk, und sie wurden auch so bezeichnet. Statt Aufklärung Stillstand oder gar geistesgeschichtlicher Rückschritt. Pius XII., Papst von 1939–58, der zu keiner Zeit klar zu den Konzentrationslagern und zur Judenvernichtung Stellung bezogen hatte, hat stattdessen mutig das Dogma von der leiblichen Himmelfahrt Marias (1950) propagiert und feierlich verkündet. Und wenn er auch die Leiden der Juden nicht gesehen hat oder nicht sehen wollen, so hat er doch immerhin Christus in einer Erscheinung gesehen, und zwar am 2. Dezember 1954, vom vatikanischen Pressebüro und Radio Vatikan bestätigt. Der protestantische Theologe Karl Barth bemerkte dazu ironisch, es wäre immerhin die erste Christuserscheinung seit Paulus gewesen und Christus habe ihm sicher das gesagt, was er auch Paulus gesagt habe: *Pius, Pius, warum verfolgst Du mich?* (Hans Küng, Erkämpfte Freiheit, S. 181)

Seit dem Zweiten Vatikanischen Konzil gibt es zwar eine unbestreitbare Öffnung zu einem moderneren und kritischeren Verständnis hin, doch noch immer findet man in den Verlautbarungen archaische Relikte, gehören Teufel und Dämonen, Exorzismen und Höllenglaube zum Inventar einer geistesgeschichtlich zurückgebliebenen Religion, bringen traditionalistische Hardliner in Verbandelung mit Holocaustleugnern der Piusbruderschaft einen an sich schon knochenkonservativen Papst in Verlegenheit. Der Protestantismus ist da schon näher an der Zeit, was ihm vom katholischen Lehramt als Kapitulation vor dem Zeitgeist ausgelegt wird. Doch auch die katholische Mythologie ist geronnener Zeitgeist, nämlich der Geist oder besser Ungeist eines voraufklärerischen Denkens. Hölle und Teufel, Dämonen und Engel sind für aufgeklärte Protestanten eher peinliche Relikte oder bestenfalls Symbole oder Metaphern für was auch immer. Maria ist durch die historische Forschung eher noch problematischer geworden, als sie es im Nachgang der Reformation ohnehin schon war.

Bei allen Differenzen in Lehre und Erscheinungsbild sind die Unterschiede zwischen den Konfessionen zumindest theoretisch (nicht praktisch) bedeutungslos. Alle christlichen Konfessionen beruhen letztlich auf einem weltgeschichtlichen Irrtum, denn den Jesus, an den die Kirchen glauben, hat es so nicht gegeben. Der Jesus der Kirche hat mit dem galiläischen Wanderprediger fast nichts gemein. Die Kirche ist keine Gründung Jesu, sie hat sich selbst erschaffen, sich selbst organisiert, so wie sich alle Religionen selbst organisieren. Die Göttlichkeit Jesu hat sich nicht offenbart, sie ist ein Produkt derer, die zuerst an sie geglaubt haben. Dass sich die Menschen ständig neue Götter selbst erschaffen haben, dieses religionsgeschichtliche Grundgesetz gilt auch für das Christentum. Und wie alles Irdische ist auch das Christentum dem Gesetz von Werden und Vergehen unterworfen.

Das Christentum ist heute eigentlich keine Frage des Glaubens mehr, wie es dies in den vergangenen Jahrhunderten noch gewesen ist. Es ist nicht eine Möglichkeit, die man annehmen kann oder nicht. Denn es kann heute als erwiesen gelten, dass die Grundlagen des Christentums und das auf ihnen errichtete dogmatische Kartenhaus nicht nur brüchig, sondern schlichtweg nicht vorhanden sind. Die Frage *glauben oder nicht* wird damit obsolet. Denn wenn die Braut nur eine Wunschvorstellung war, erübrigt sich die Frage, ob man um ihre Hand anhalten soll.

Für einen einfachen Gläubigen ist der historische Sachverhalt allerdings nicht leicht zu erkennen. Zudem haben historische Urteile nicht dieselbe Stringenz wie naturwissenschaftliche Beweise. Und es gilt: Weil wir in einer Gesellschaft leben, die vielfach vom christlichen Weltbild geprägt ist, fällt der Abschied von diesem althergebrachten Paradigma besonders schwer. Diesem Traditionsverhaftetsein vor allem verdanken die Kirchen ihren immer noch großen Einfluss auch in einer Gesellschaft, deren christlicher Höhepunkt längst vorbei ist.

Theoretisch spielt es also keine Rolle, welcher Konfession man angehört, denn alle sind grundlos. Keine steht der Wahrheit näher oder ferner, es sind alle nur unterschiedliche Holzwege, nur Varianten eines immer wieder geträumten Traums. Die großen Konfessionskämpfe und Kriege wurden umsonst geschlagen, deren Opfer sind umsonst gestorben. Aber auch die Bekenner haben umsonst bekannt, christliche Märtyrer ihr Leben für eine fixe Idee geopfert, eine Lebenslüge, die sie oft schon von ihren Vätern und Freunden übernommen haben.

Praktisch jedoch ist es für den konkreten Menschen dennoch von Bedeutung, welcher Religion oder Konfession er angehört. Rein pragmatisch geht es nicht mehr um Wahrheit, sondern nur noch um das jeweilige Maß, in welchem eine bestimmte Religion oder Konfession ein selbstbestimmtes Leben ermöglicht oder behindert. Im christlichen Spektrum ist hier eindeutig der Protestantismus vorzuziehen, nicht weil er konfessionell im Recht wäre, sondern weil er das Individuum in seiner Entfaltung am wenigsten behindert. Durch die europäische Aufklärung geläutert, hat er inzwischen ein vergleichsweise unverkrampftes Verhältnis zur modernen Gesellschaft, zur historischen Forschung, aber auch zu den Sozialwissenschaften, zur Psychologie und Philosophie. Er ist ökumenisch kompatibel, hat sogar (für eine Religion bemerkenswert) im Prinzip den Toleranzbegriff verinnerlicht und vertritt (meist) eine prinzipielle Gleichberechtigung von Mann und Frau, auch den Zugang von Frauen zu kirchlichen Ämtern. Er akzeptiert nicht nur die freiheitlich-demokratische Grundordnung, sondern seine Gliedkirchen sind auch selbst demokratisch-synodal organisiert. Mit vielen dieser Punkte (die Liste ist nicht vollständig), es sind im Grunde Selbstverständlichkeiten einer modernen Gesellschaft, hat der Katholizismus jedoch nach wie vor Probleme.

Der Protestantismus ist nicht vorzuziehen, weil er christlicher wäre, sondern weil er humanistischer ist. Dies gilt insgesamt selbst dann noch, wenn man fundamentalistische und biblizistische Fehlentwicklungen berücksichtigt. Die Herleitung der Glaubensinhalte aller protestantischen Konfessionen hält aber auch hier ebenso wenig einer kritischen Überprüfung stand. Auch die protestantischen Kirchen akzeptieren die dogmatischen Grundentscheidungen der Alten Kirche. Auch den Jesus, den die protestantischen Kirchen verkündigen, hat es nie gegeben, die philosophische Begrifflichkeit der Antike, mit der man ihn zu definieren meinte, hat nurmehr musealen Charakter.

Bibelgläubigkeit und biblischer Fundamentalismus

Haben wir es beim Marienkult und den Mariendogmen mit katholischen Phantasmen zu tun, so ist der biblische Fundamentalismus eine vorwiegend protestantische Wahnidee. Christliche Fundamentalisten oder Biblizisten gehen davon aus, dass die sogenannte Heilige Schrift vom Geist Gottes gewirkt oder eingegeben worden ist. Deshalb sei sie irrtumslos und widerspruchsfrei. Von keiner protestantischen Landeskirche in Deutschland wird diese Position zwar so vertreten, doch viele evangelikale Gruppen innerhalb und außerhalb der Landeskirchen vertreten biblisch-fundamentalistische Positionen. Sind die Evangelikalen auch selbst in der Minderheit, so verstehen sie, wie alle radikalen Gruppen in der Gesellschaft, sich überproportional Gehör zu verschaffen und setzten den Landeskirchen und den Gemeinden vor Ort nicht wenig zu. Teilweise kommt es zur Bildung von Parallelstrukturen neben den bestehenden Landeskirchen. Die Wahnidee der Kirchen, im Besitz der Wahrheit zu sein, reklamieren diese Konventikel, frommen Vereinigungen und Freikirchen in besonderem Maße.

Der Protestantismus hat kein bestimmendes Lehramt wie die Katholiken. Gegenüber der Tradition hatte ja Luther geradezu das *sola scriptura* (allein die Schrift) betont. Damit machte sich die Reformation frei von einer Fülle von tatsächlich nicht in der Bibel stehendem, aber von der katholischen Tradition behauptetem Glaubensgut (Papsttum, Marienkult, Anzahl der Sakramente, Heiligenverehrung etc.). Fortan fühlte man sich nur an die Bibel gebunden (und freilich an die Konzilien der Alten Kirche, die ebenfalls viel bibelfremdes Dogmenmaterial enthielten). Was wie ein Aderlass etwas Linderung verschaffte, wurde jedoch im Nachgang der Aufklärung ein Problem. Denn die Bibel verlor nun zunehmend an Autorität. Noch die lutherische Orthodoxie hatte mit der Lehre der Verbalinspiration die Schrift auf das höchste Podest erhoben. Nach dieser Lehre war die Bibel bis in das einzelne Wort hinein vom Heiligen Geist diktiert, die Autoren der Bibel spielten als Individuen selbst kaum noch eine Rolle. Damit war die Bibellehre der nachlutherischen Orthodoxie viel radikaler, als sie der Reformator selber noch vertreten hatte.

Doch nicht lange konnte sich die Bibel dieser Wertschätzung erfreuen. Wie eine Katze, die zwar sehr elegant auf einen Baum hinaufkommt, jedoch nur mit mancherlei Abzügen in der B-Note wieder hinunter, so konnten die protestantischen Kirchen den beginnenden kritischen Nachfragen der Aufklärung und den An fängen einer historischen Fragestellung nicht lange standhalten. Mühsam traten sie den Rückzug an. Die Irrtumslosigkeit der Bibel erwies sich als Wunschdenken, die Widerspruchsfreiheit der Heiligen Schrift bei genauerem Hinsehen als Fata Morgana. Das protestantische Fundament bröckelte. Als dann im 19. Jahrhundert eine liberale Theologie ein zeitgemäßes und modernes Christentum zu propagieren versuchte und zudem mit den Lehren eines gewissen Charles Darwin auch das biblische Weltbild insgesamt erschüttert wurde, erfolgte das, was immer in solchen Situationen erfolgt, eine konservative Reaktion. Es bildeten sich frömmlerische Gruppen, die in der vermeintlichen Bewahrung des Althergebrachten ein wie sie meinten aufrechtes Bekennen, in Wirklichkeit jedoch nur einen trotzigen Anachronismus praktizierten. Je mehr die historische Forschung die Bibel relativierte, desto mehr bestanden sie auf deren Irrtumslosigkeit. Je mehr die Theologie versuchte, z. B. die Jungfrauengeburt als Metapher oder in übertragenem Sinne zu verstehen oder als für den Glauben unbedeutend umzuinterpretieren, umso mehr bestanden sie auf deren wörtlichem Verständnis.

Parallel zum Kirchenchristentum entstand eine religiöse Subkultur mit ungebremstem Selbstbewusstsein und starkem Missionsdrang. Kennzeichnend sind eine Ablehnung moderner Forschungsergebnisse und eine Verherrlichung der Bibel, oft geradezu eine Bibliolatrie, ein Bibelgötzentum. Offen bekennt man sich als *bibeltreu* oder *bibelgläubig*, wo die Landeskirchen vorsichtiger von Christusglauben reden. Bibel und Christus werden von den Frommen im Lande naiv identifiziert, eben „eine heftige, aber schlecht informierte Protestbewegung gegen den [...] Liberalismus" (S. E. Ahlstrom, Art. Fundamentalismus in RGG[3], Bd. 2, 1178f.).

Das hat der Protestantismus nun davon, dass er auf ein Lehramt verzichtete und nun als Einbeiniger (ohne das zweite Bein der Tradition) herumhumpeln muss. Doch der Katholizismus sollte sich deshalb nicht freuen. Denn es ist relativ bedeutungslos, ob man einbeinig oder zweibeinig auf dem falschen Weg unterwegs ist.

Während die protestantischen Kirchen sich zumindest Mühe geben, ein auch intellektuell verantwortbares Christentum zu propagieren, und während der Katholizismus durch die Erwähnung moderner Denker und moderner Termini in seinem Katechismus Modernität zumindest vortäuscht, sieht der christliche Fundamentalismus in einer Vergöttlichung der Bibel und einer Vogel-Strauß-Politik den Weg zum Heil. Glücklicherweise findet auch der christliche Fundamentalismus in einer von der Aufklärung geprägten geistesgeschichtlichen Umgebung statt. Man ist zwar Fundamentalist, aber nicht militant, man hält den Großteil der Nichtgläubigen zwar für verlorene Sünder, geht aber nicht gewaltsam gegen sie vor. Die Frommen sind hier tatsächlich auch die Stillen im Lande. Vom militanten islamischen Fundamentalismus ist man da ja anderes gewöhnt.

Psychologisch ist der Wunsch nach Heiligen Schriften der Wunsch nach Sicherheit und Beständigkeit, nach einem festen Grund, einem sicheren Fundament. Der biblische Fundamentalismus versucht seine Bibelgläubigkeit natürlich auch aus der Bibel selbst zu erweisen. Das ist bei näherer Betrachtung ein fruchtloses Unterfangen. Nur die wenigsten Biblizisten wissen, dass es zur Zeit des Neuen Testaments noch gar keine Heiligen Schriften gab. Zu Jesu Lebzeiten gab es noch nicht einmal ein Altes Testament, denn die Kanonisierung der alten Schriften wurde für das Judentum erst um das Jahr 100 n. Chr. abgeschlossen, also fast drei Generationen nach Jesu Tod. Die Kanonisierung des Neuen Testaments war sogar erst im 4. Jahrhundert abgeschlossen. Erst dann kann man von einem Neuen Testament sprechen, so wie wir es kennen.

Der biblische Fundamentalismus tut dagegen so, als wäre damals schon klar gewesen, was erst in jahrhundertelanger Entwicklung entstanden ist. Wie alle Dogmatik denkt er ungeschichtlich. Die beiden Stellen, die herhalten müssen, um eine Inspiration der Bibel zu belegen, finden sich in der späten Briefliteratur des Neuen Testaments

Denn niemals wurde eine Weissagung ausgesprochen, weil ein Mensch es wollte, sondern *vom Heiligen Geist getrieben haben Menschen im Auftrag Gottes geredet.* (2. Petr 1,21)

Jede *von Gott eingegebene Schrift* ist auch nützlich zur Belehrung, zur Widerlegung, zur Besserung, zur Erziehung in der Gerechtigkeit. (2. Tim 3,16)

Die theologische Forschung ist heute fast einhellig der Meinung, dass weder die Petrusbriefe von Petrus noch die Timotheusbriefe von Paulus stammen. Die Verfasserangaben sind Fälschungen (genauer Pseudepigrafen), um den Briefen Autorität zu verleihen, ein in der Antike häufig anzutreffendes Verfahren. Es ist aber besonders pikant, dass ausgerechnet zwei gefälschte Briefe für die Wahrheit und Irrtumslosigkeit der Heiligen Schriften eintreten sollen.

Und welche Schriften wären überhaupt gemeint? Die neutestamentlichen können es ja nicht sein, denn bis zu deren Kanonisierung brauchte es noch mehr als 200 Jahre. Also Teile des Alten Testaments, vielleicht die fünf Bücher Mose (der Pentateuch) und die Propheten? Oder hatten die Verfasser gar keine bestimmten Texte im Blick, wollten sie nur allgemein die Bedeutsamkeit heiliger Schriften hervorheben? Oder ging es gar um eine Bestärkung der eigenen, gefälschten Brieftexte? Wie bei so vielen Schriftbeweisen gilt auch hier: Je schärfer man sie ansieht, desto verlegener werden sie. Im Übrigen sind solche „Beweise" beste Beispiele für Zirkelschlüsse. Was bewiesen werden soll, wird aus den Texten selbst belegt. Nur auf Gläubige machen diese Taschenspielertricks Eindruck, man muss schon an Gespenster glauben, um sie auch sehen zu können.

Nicht nur das Christentum glaubt im Besitz inspirierter Schriften zu sein. Man findet sie auch im Hinduismus und im Islam, im alten Ägypten und bei den Mormonen. Der Islam hat die Lehre, dass der Koran Mohammed vom Engel Gabriel über Jahre wörtlich offenbart worden sei. Also auch eine Verbalinspiration im Islam. Für fromme Christen ist dies eine Irrlehre, dabei ist die Herleitung der Göttlichkeit des Korans sogar noch deutlicher als die beiden dürren Verse der späten neutestamentlichen Briefliteratur, die die Inspiriertheit der christlichen Texte belegen sollen. Man muss schon dran glauben, um von solchen „Beweisen" beeindruckt zu sein.

Jesus scheint übrigens einen viel freieren Umgang mit den religiösen Texten seiner Umgebung gepflegt zu haben. Nichts jedenfalls scheint man zu spüren von dem verkrampften Bibelfetischismus frommer Konventikel im Bibelgürtel der USA oder in Europa. Paulus hatte in seinen Briefen, vielfach Gelegenheitsschriften, nicht im Traum damit gerechnet, dass diese einmal heilige Texte werden könnten. Seinen Lesern schärft er ein, dass das Gesetz kein Weg zum Heil ist und dass der Buchstabe tötet, der Geist aber lebendig macht. Doch schon bald nach seinem Tod wurden seine Briefe Gesetz und zum Kampf gegen Andersgläubige benutzt. Und noch heute wird Paulus in den Kirchen eine Autorität zugestanden, die er selbst nie beansprucht hat. Auch hier also wieder die alte Erkenntnis: Der Glaube schafft sich nicht nur seine Götter, sondern auch seine Stifter, seine Dogmen, seine Ethik, seine Liturgie, seine Feste, seine heiligen Männer und Frauen. Nur einen *wirklichen* Gott braucht es dazu nicht.

Christentum als Ideologie und Esoterik

Religion ist Ideologie

Religionen sind die am meisten verbreiteten Formen von Ideologien. Es ist eine Verkürzung, wenn man den Ideologiebegriff nur im politischen Raum ansiedelt oder nur im 20. Jahrhundert zeitlich verorten will. Es war zwar *das* Jahrhundert der politischen Ideologien, doch wurde hier das Faktum nicht erfunden. Das Erstgeburtsrecht kann vielmehr die religiöse Ideologie in ihren vielfältigen Ausprägungen für sich reklamieren. Die christliche Ideologie hatte das Abendland bis zum Beginn der Aufklärung fest im Griff, und es ist seine Omnipräsenz gewesen, die seine Anwesenheit kaum mehr empfinden ließ. Ähnlich, wie man sich der Luft nicht bewusst ist, die man atmet.

Der Unterschied zwischen politischen und religiösen Ideologien ist nicht so groß, als dass man sie zwei unterschiedlichen Wirklichkeitsbereichen zuordnen könnte. Religionen haben freilich ein massives Interesse, nicht zu den Ideologien gerechnet zu werden. Sie fühlen sich als etwas Besseres, kommen aus der Oberstadt. Nicht zuletzt reklamieren sie höhere Autoritäten für sich, wenn auch jede Religion ihre eigenen höheren Autoritäten vorzuweisen hat, was der Glaubwürdigkeit aller Religionen nicht gerade förderlich ist. Doch gibt es zwischen Ideologien und Religionen frappante Gemeinsamkeiten, die erkennen lassen, dass beide aus *einem* Dorf kommen. In besonderem Maße gilt dies für die abgelebte Sowjetideologie und die katholische Kirche. Die Gemeinsamkeiten beider sind schon oft beschrieben worden (so z. B. auch von dem katholischen Theologen Hans Küng, Umstrittene Wahrheit, 110ff.).

Beide Ideologien sind einem *Wahrheitswahn* erlegen. Sie sahen bzw. sehen sich im Besitz der alleinigen Wahrheit. Ausgerechnet sie vertreten aus der Vielzahl der Weltanschauungen die allein richtige. Diese Anmaßung, die den Wahrheitsbegriff zu einem Kampfbegriff für die eigene Ideologie macht, ist vor allem in den Religionen ein Konstitutivum. Gelebte Religion geht immer mit einer Portion Rechthaberei einher. Wird die Wahrheit dort aus einem wahnhaften Gott abgeleitet, so im Marxismus aus der wahnhaften Erkenntnis angeblicher Geschichtsgesetze. Wobei auch die Religion den Ablauf der Geschichte zu kennen vorgibt, also auch zum Teil eine Geschichtsideologie ist. Grundsätzlich gilt: Bei Menschen und Institutionen, die nicht weniger als die Wahrheit für sich reklamieren, ist immer ideologiekritische Vorsicht geboten.

Beide Ideologien berufen sich auf *Heilige Schriften* und damit auf quasi höhere Autoritäten. Ein Infragestellen dieser Autoritäten ist prinzipiell nicht vorgesehen. Der daraus entstehende Klassikerkult führt dazu, dass die Wirklichkeit nur noch verzerrt wahrgenommen wird, weil deren Beschreibung aus den klassischen Texten *erlesen* wird. Überholte Meinungen und Irrtümer werden so konserviert. Die Blindheit der katholischen Kirche für ethische Fragen der Gegenwart (z. B. der Sexualethik) erklären sich daraus ebenso wie die Schwierigkeiten auf der anderen Seite, die angebliche Klassenstruktur der Gesellschaft einer Modifikation zu unterziehen. Heilige Schriften sind grundsätzlich schädlich für das Denken.

Wer seine Lehre für wahr hält, ist auch anfällig für einen *Unfehlbarkeitswahn*. Sowohl der orthodoxe Marxismus wie der römische Katholizismus sind dieser Versuchung erlegen. Der Katholizismus hat im Ersten Vatikanischen Konzil hieraus sogar ein Glaubensdogma (in der Sprache der Kirche eine Glaubens*wahrheit*) gemacht. „Die Kirche, die Kirche, die hat immer Recht!", wie Hans Küng das Lied von der Partei in Bezug auf die Mentalität der römischen Hierarchie kritisch umdichtet. (Küng, Umstrittene Wahrheit, S. 350)

Wahrheit und Unfehlbarkeit ermöglichen, ja provozieren ein *unfehlbares Dogmen- und Lehrgebäude.* Über der Reinheit der Lehre wacht ein Zentralkomitee auf der einen und eine Glaubenskongregation auf der anderen Seite, die frühere *Heilige Inquisition.* Neben deren Deutungshoheit darf es keine abweichende Meinung geben. Andersdenkende wurden verfolgt und bekämpft, im orthodoxen Kommunismus ebenso wie durch die Kirche, jedenfalls solange diese noch die Macht dazu hatte. Angemaßte Wahrheit verträgt sich nicht mit Toleranz. Noch bis 1966 gab es in der katholischen Kirche den Index der *verbotenen Bücher* mit mehr als 3000 Autoren und über 6000 Werken, ein rauchfreier katholischer Scheiterhaufen. Hier fanden sich Werke von Descartes, Spinoza, Kant, Locke, Rousseau, Voltaire, Sartre, Bücher von Kopernikus, Balzac, Montaigne, Pascal, Flaubert, Heine und vielen anderen mehr. Wer als katholischer Theologe wegen mangelnder Rechtgläubigkeit auf den Index gelangte, war zumindest beruflich erledigt. Selbst Priester durften Bücher nicht besitzen oder lesen, die auf dem Index standen. Theologische Literatur bedurfte einer kirchlichen Druckerlaubnis, die Rechtgläubigkeit musste bescheinigt sein.

Das Gespenst einer kommunistischen Weltrevolution, das besonders Katholiken gerne an die Wand malten, verdrängte, dass die Kirche schon seit fast 2000 Jahren ebenfalls eine Herrschaft über die Welt anstrebte. Doch bei ihr heißt dies *Weltmission.* Es sei für die Menschen das Beste, wird von beiden Seiten betont. Und die Kirche rechtfertigt die Weltmission bis heute mit einem unechten Jesuswort, das in einer erfundenen Auferstehungslegende erscheint.

Beide Ideologien haben oder hatten ein gestörtes Verhältnis zur offenen Gesellschaft und zur Demokratie. Beide sind *hierarchisch organisiert,* beide bekämpfen oder bekämpften einen weltanschaulichen Pluralismus. Parteidisziplin auf der einen und Autoritätsgläubigkeit in die Hierarchie auf der anderen Seite, Kooptation des Führungsstabs, weitgehende Machtlosigkeit des Fußvolks kennzeichnen beide Ideologien gleichermaßen. Ein Führerkult mit einem großen Vorsitzenden findet sich hier wie dort. Heilige werden auf beiden Seiten verehrt.

Beide Ideologien berufen sich auf *Geschichtsmythen,* die eine auf das Abrollen einer Weltgeschichte mit dem Endziel einer klassenlosen Gesellschaft, die andere auf eine göttliche Heilsgeschichte mit einem imaginären Himmelreich als Endzustand. Doch beide sind keine Offenbarungen, weder der Geschichte noch eines Gottes, sondern nur schlecht getarntes Menschenwerk. Beiden Ideologien ist dies bewusst, zumindest was die jeweils andere anbetrifft. Ihre Zukunftsvisionen sind Vertröstungen, gleich ob das Reich des Friedens nun auf Erden oder im Himmel verortet wird. Beide Ideologien lenken damit von den realen Bedürfnissen der jetzt lebenden Menschen ab.

Und doch ist der christliche Geschichtsmythos von größerer Kraft (nicht von größerer Wahrheit), weil er in der Verkleidung des Göttlichen daherkommt. Denn dadurch ist es möglich, so etwas wie eine göttliche Gerechtigkeit als Ausgleich für erlittene Ungerechtigkeit hienieden zu offerieren oder gar durch den Gedanken eines ewigen Lebens selbst eine Vergöttlichung des Menschen (nämlich als dann *wie ein Gott* ewig lebendes Wesen) herbeizufantasieren. Der Marxismus hatte dies nicht anzubieten, er musste der Erde treu bleiben, sein Heil bringt nichts für das Individuum, sondern nur für eine freie Gesellschaft in ferner Zukunft.

Der christliche Glaube betont zwar das Individuum und weniger das Kollektiv. Dies hat jedoch nicht dazu geführt, dass die religiöse Ideologie dadurch menschenfreundlicher oder humaner geworden wäre. Menschenrechte, Freiheitsrechte, Gleichheit und Toleranz standen nicht auf der Agenda der Religion. Diese Werte sind antireligiös und haben auch keinen christlichen Ursprung, auch wenn Theologen dies immer wieder behaupten und ihre Religion mit fremden Federn schmücken wollen. *Gegen* den Einfluss der Kirchen mussten diese Werte geltend gemacht werden. Selbst Hans Küng spricht für die Zeit vor dem Zweiten Vatikanum von einem „autoritären, quasi faschistischen Kirchenverständnis" (Hans Küng, Erkämpfte Freiheit, S. 145). Während frühere Päpste die Menschenrechte verdammten (noch Pius XII. hatte die Menschenrechtserklärung der Vereinten Nationen 1948 ignoriert), hat erst Johannes XXIII. im Jahre 1963 in seiner Enzyklika *Pacem in terris* diese positiv aufgenommen. Seitdem und besonders durch das Pontifikat Johannes Pauls II. ist der Katholizismus eher im Rückschritt begriffen.

Wir konstatieren erschreckende Gemeinsamkeiten zweier Ideologien, die sich erbittert bekämpft hatten, obwohl (oder weil?) sie so vieles gemeinsam haben. Durch den realen Machtverlust der Kirche (Einfluss hat sie weiterhin) ist deren Ideologiecharakter für den Menschen von heute schwerer erkennbar. Weil sie keine Macht mehr hat, hat sie aus der Machtlosigkeit eine Tugend gemacht und gibt sich friedfertig, als sei sie dies schon immer gewesen. Sie beruft sich dabei auf das Vorbild ihres Herrn, so als hätte dies nicht auch in den vergangenen Jahrhunderten ihr Leitbild sein sollen.

Dass der Ideologiecharakter der Religion sich besonders gut am Katholizismus demonstrieren lässt, ist weniger einer Polemik als vielmehr der Sache selbst geschuldet. Deutlich wird dies wieder, wenn man einen Vergleich mit dem Protestantismus zieht. Tatsächlich tritt dieser weit weniger ideologisch auf als der römische Katholizismus, lässt man die (allerdings einflussreichen) Evangelikalen einmal außen vor. Ein viel ungezwungeneres Verhältnis hat er zur Aufklärung, zu anderen Religionen und Weltanschauungen. Von einem landesherrlichen Kirchenregiment hat er sich strukturell und inhaltlich zu demokratischen Grundstrukturen weiterentwickelt, während der römische Katholizismus die Sackgasse der Hierarchie nicht nur nicht verlassen, sondern mit Unfehlbarkeitsfantasien geradezu noch vierspurig ausgebaut hat. Auch Frauen haben im Protestantismus prinzipiell gleiche Rechte. Der Katholizismus ist dagegen immer noch eine Herrschaft alter Männer und stempelt die Hälfte auch der eigenen Anhänger zu Gläubigen zweiter Klasse ab. Daran ändern auch die ständigen Bekenntnisse, dass dies nicht so sei, und die Verehrung der Jungfrau Maria nichts.

Der Protestantismus ist vorzuziehen, jedenfalls wenn man sich denn überhaupt entscheiden zu müssen meint. Ihm gebührt der Vorzug, dies sei hier wiederholt, nicht weil er gegenüber dem Katholizismus wahr oder auch nur näher an der Wahrheit wäre. Denn alle christlichen Konfessionen sind Kunstgebilde. Vom Gekreuzigten führt kritisch betrachtet nicht einmal ein Schleichweg zum Glauben der frühkatholischen Kirche, erst recht nicht zu den *Glaubenswahrheiten* der altchristlichen Konzilien. Der Rest ist Theologengezänk oder gegenstandslose Gedankenlyrik, Verschwendung geistiger Ressourcen. Mal mit mehr, mal mit weniger Niveau, aber immer unter dem für die Akteure nicht sichtbaren Vorzeichen der

Selbsttäuschung. Der Vorzug des Protestantismus leitet sich nicht aus einem Wahrheitsanspruch ab, sondern soziologisch aus der größeren Kompatibilität der meisten protestantischen Konfessionen mit den Werten einer modernen, aufgeklärten und demokratischen Gesellschaft. Es ist ein rein pragmatischer Vorzug.

Ob darüber hinaus der christliche Glaube auch noch einen utilitaristischen Zug haben, ob er also auch in einer modernen Gesellschaft *von Nutzen* sein kann, wird man angesichts seiner Wurzeln, seiner Geschichte und auch nach persönlichem Standpunkt des Betrachters unterschiedlich beantworten können. Ein strikter Atheismus würde dies verneinen, denn es kann für diesen kein Wahres im Falschen geben, ein Agnostizismus in Verbindung mit einem mehr praktisch ausgerichteten Humanismus oder ein pragmatischer kritischer Rationalismus wird hier aber auch Positives erkennen können.

Und in der Tat ist das Wirken von Christen in der Gesellschaft vielfach positiv zu werten, jedenfalls dort, wo der christliche Glaube durch das Fegefeuer der Aufklärung geläutert wurde und sich nicht an der Dogmatik meint festkrallen zu müssen. Wo die Kirchen sich weniger orthodox-dogmatisch definieren, werden sie humaner. Dann werden die Christen besser als ihre Lehre, ihre praktische Ethik ist dann besser als ihre krause Dogmatik. Es gibt eben doch Wahres im Falschen.

Glaube ist Aberglaube

Glaube ist die beliebteste Form des Aberglaubens. Weltweit glauben Menschen in Hunderten von Religionen oder Konfessionen. Die meisten dieser Religionen schließen sich gegenseitig aus und halten nur *ihre* Religion für wahr. Mit ihren unvereinbaren Ansprüchen liefern Religionen damit selbst das beste Argument zu ihrer Entlarvung, freilich ohne dies zu wollen. Die Vielzahl der Religionen belegt deren Selbsttäuschung quasi mathematisch-logisch. Dieses *formale* Argument ist vielleicht das stärkste gegen Religionen überhaupt. Auf die *Inhalte* einzelner Religionen braucht man dazu gar nicht einzugehen. Bei sich ausschließenden Religionen kann nur eine die wahre Religion sein. Und der Verdacht drängt sich auf, dass alle falsch sind. Es wäre deshalb durchaus gerechtfertigt, Religionsvertretern auf den Kopf zuzusagen, dass sie sich mit an fast hundert Prozent grenzender Wahrscheinlichkeit im Irrtum befinden, sich etwas vormachen, einer Lebenslüge erlegen sind. Bei hundert anwesenden Religionsvertretern läge man mit dieser Aussage zumindest bei neunundneunzig richtig; kein schlechter Wahrscheinlichkeitswert also für eine Aussage. Die Diskussion über die Wahrheit einer Religion erübrigt sich so schon aus statistischen Gründen.

Zur Beurteilung des Christentums muss es dabei nicht bei der Statistik bleiben. Denn wenn wir die geschichtlichen Umstände seiner Entstehung und die Bildung seiner zentralen Glaubensinhalte betrachten, und genau dies haben wir in diesem Buch bisher getan, so ist auch ohne Statistik deutlich geworden, dass wir es hier nicht mit einer Gottesoffenbarung, sondern mit Menschenwerk zu tun haben. Dass dies für andere Religionen zwar vermutet, jedoch nicht so deutlich gesagt werden kann, hängt damit zusammen, dass das Christentum die am meisten erforschte Religion ist. Hier ist schon so viel Licht gemacht worden, dass man einigermaßen klar sehen kann, während die Rumpelkammern anderer Religionen noch vor sich hindämmern.

Deshalb noch einmal: Religiöser Glaube ist Aberglaube! Es ist bei *Aberglaube* dabei (zunächst) nicht gedacht an harmlose Spinnereien, an die Begegnung mit Männern oder Frauen aus der Schornsteinfegerinnung oder das sachgerechte Unterschreiten von Leitern, das Auffinden seltener Kleeblätter oder die Frage, welcher Fuß sich zum Aufstehen morgens am besten eignet. Auch die Begegnung mit schwarzen Katzen ist hier nicht gemeint (die ja, Katzenfreunde werden dies bestätigen, keineswegs Unglück, sondern immer einen Augenblick des Glücks bedeutet). Das Wort Aberglaube wäre viel zu gewichtig.

In unserem Zusammenhang ist das Wort Aberglauben schärfer gefasst. Es beschreibt eine Fehlorientierung im Lebensganzen, eine defizitäre Prämissenstruktur im Ich, dauerhafte Störungen im Wirklichkeitserleben, kurz: ein Leben unter falschen Voraussetzungen. Wegen der weitreichenden Konsequenzen von Fehlorientierungen im religiösen Bereich (das ganze Leben kann von unzulänglichen oder falschen Ideen bestimmt werden) geht es hier also um mehr als einen Spleen. Ein Spleen mag liebenswert sein, eine lebenslange Fehlorientierung, z. B. als Anhänger einer falschen Religion, ist tragisch.

Glaube und *Aberglaube* sind aber auch Kampfbegriffe des Christentums. Der wahre (christliche) Glaube wird so von (falschen) anderen Religionen abgegrenzt. Selbst Atheisten können sich diesem durch die Sozialisation erworbenen Gebrauch der Begriffe oft nicht entziehen. Wir behalten den Begriff *Aberglaube* trotz seines Vorbelastetsein bei, rechnen aber nun auch diejenigen darunter, die meinen, ihre Religion damit von anderen abgrenzen zu können.

Es gibt keine wahre und falsche Religion, vielmehr ist aus dem Gesagten pragmatisch davon auszugehen, dass alle Religionen lediglich unterschiedliche Ausbildungen des Aberglaubens sind. Das Christentum kann keine Sonderstellung beanspruchen, im religiösen Überflieger gibt es keine erste Klasse, nur Touristenklasse.

Es gibt keine Unterscheidung von Christen und Heiden, sofern dieser Unterscheidung eine Wertung beigelegt wird, wie dies im christlichen Kontext immer geschehen ist. Es entfällt damit auch die Unterscheidung zwischen Rechtgläubigen und Häretikern. Es gibt keine wahre Lehre, die von einer falschen Lehre unterschieden werden kann, wenn, wie im Christentum, schon die Anfänge sich als Konstruktion und Wunschdenken erwiesen haben. Auf einem eingebildeten Fundament lassen sich schlecht Kathedralen bauen. Bis zum Erweis des Gegenteils kann dies aus pragmatischen Gründen auch von anderen Religionen angenommen werden. Grundsätzlich muss davon ausgegangen werden, dass die Alternative „wahr – falsch" im religiösen Bereich eine Scheinalternative ist.

Die Unterscheidung zwischen Hochreligionen (gemeint sind damit meist die Weltreligionen) und anderen (paganen, polytheistischen oder inzwischen toten Religionen) ist ebenfalls wenig hilfreich, da mit dem Christentum ja gerade eine Hochreligion als Konstrukt entlarvt worden ist. Das Herabsehen auf andere Religionen verbietet sich deshalb. Wer im Glashaus sitzt, soll nicht mit Steinen werfen.

Daneben macht es selbst vielen Christen Sorgen, dass sich in ihrer Religion auch „abergläubische" Formen und Gedanken finden. Teufelsglaube, die behauptete Existenz von Engeln und Dämonen, Exorzismen sind auch aufgeklärten Christen anstößig. Ausufernde

Heiligenverehrung, Reliquienkult, der ungebremste und offenbar kein zu tiefes Niveau fürchtende Volksglaube an Wallfahrtsorte, an Wunderheilungen, Fatima-Weissagungen, heilige Röcke oder eine Maria, die sich ausgerechnet im Saarland offenbart, bringen selbst Teile der katholischen Hierarchie in Verlegenheit. Gebetsmühlenartige Rosenkränze, kaum verdeckte Zauber-, Beschwörungs- und Fluchformeln, versuchtes Gesundbeten, übersteigertes Versenken in christliche Symbolik, Amerikaner, die für viel Geld nach Israel reisen, um dort am Karfreitag mit Theaterblut beschmiert ein Kreuz durch die Altstadt zu tragen, das Essen von Heiligenbildern zur Genesung von Krankheiten und zur Abwehr von Dämonen – da flehen selbst Kardinäle entnervt: O Herr, lass Hirn regnen!

Wenn auch hier der Katholizismus die Nase wieder vorn hat – auch bei den Protestanten, vor allem im christlichen Fundamentalismus, praktiziert man zuweilen Seltsames. Die Bibelfixierung führt hier schon mal zum *Bibelstechen*, dem Lösen eines Problems oder einer Frage mithilfe einer willkürlich aufgeschlagenen Bibelstelle. Man beginnt den Tag mit *Losungen*, tatsächlich ausgelosten Bibelstellen, freilich unter vorheriger Aussortierung allzu primitiver Teile der Heiligen Schrift. Bei Katholiken wie Protestanten ein wenig aus der Mode gekommen ist dagegen das früher sehr beliebte Gottesurteil, das gerne auch in Verbindung mit dem Hexenglauben Anwendung fand. Christentum ist eben nicht nur hehrer Glaube und gelehrte Theologie, sondern immer auch eine gute Portion Volksfrömmigkeit und Aberglaube im vulgären Sinn des Wortes.

Und man darf nicht vergessen, dass auch die anerkannten Glaubensinhalte bereits Anlass zum Kopfschütteln bieten würden, wenn sich Gläubige und Ungläubige qua Sozialisation nicht längst daran gewöhnt hätten. Was würde ein Außerirdischer wohl sagen, der sich verflogen hat oder der wegen einer Reifenpanne sagen wir bei einem Jesuiten übernachten muss, welcher die Gelegenheit nicht ungenutzt lässt und dem Gast die christlichen Glaubenswahrheiten näherbringen will. Schöpfungsglaube, Jungfrauengeburt, Zeugung aus dem Heiligen Geist, Wundergeschichten, Exorzismen, leibliche Auferstehung von den Toten, Transsubstantiation von Wein und Brot in Blut und Fleisch Christi, Himmelfahrt, wahrer Mensch und wahrer Gott, gezeugt, nicht geschaffen, geschüttelt, nicht gerührt. Geistausgießung, göttliche Trinität, Kreuzestod für die Sünden der Menschen (auch für Außerirdische? Der Gastgeber verspricht in

Rom nachzufragen), Teufel, Engel, Dämonen, päpstliche Unfehlbarkeit, leibliche Aufnahme Mariens in den Himmel (wo soll das sein? Unser Gastgeber erkundigt sich). Die christlichen Dogmatiken enthalten auch ohne Volksaberglauben viel im Wortsinn Unglaubliches. Weil christlich geprägte Abendländer dies aber quasi mit der Muttermilch eingesogen haben, fallen vielen die Abstrusitäten ihrer Heimatreligion gar nicht mehr auf. Unser Außerirdischer jedoch wäre sicherlich kaum zu überzeugen.

Obwohl? – Ein Jesuit könnte es vielleicht schaffen.

Religion und Esoterik

Esoterik als Ausverkauf des Geistes

Seine Nachbarn kann man sich nicht aussuchen. In großen Buchhandlungen finden Sie die theologischen Bücher oft direkt neben der Esoterik. Diese Gesellschaft ist der Theologie gar nicht recht, denn sie wähnt sich als etwas Besseres. Wenn schon, dann möchte sie die Philosophie als Nachbarin haben. Davon zeigt diese wiederum sich nur wenig begeistert. Wie Christen sich entrüsten, vergleicht man ihre Religion mit einer Ideologie, so will der christliche Glaube auch nichts mit der Esoterik zu tun haben. Und diese Abneigung beruht auf Gegenseitigkeit.

Die westliche Esoterik ist ein bunter Schnäppchenmarkt, auf dem spirituell gestimmte Männer und mehr noch spirituell gestimmte Frauen sich munter bedienen. Hier wacht kein Kontrollgremium über eine reine Lehre. Hier kann nun wahrlich jeder die Welt so machen, wie sie ihm gefällt, und sich aus den Versatzstücken eingebildeter oder tatsächlicher alter Lehren eine eigene verschrobene Weltsicht zusammenbasteln, für die das Wort *Weltanschauung* wirklich zu viel der Ehre wäre. Denn Angst vor allzu tiefsinniger Niveaulosigkeit scheint hier niemand zu haben, ja diese wird noch als wohltuend natürlicher, weil gefühlsmäßig und erfrischend unrationaler Zugang zur Wirklichkeit verstanden. Besonders seit den 1970er-Jahren ist das esoterische Angebot gewaltig. Längst hält man sich nicht mehr, wie noch die Vorgänger im 19. Jahrhundert, mit Elektrizität und Alchemie auf. Auch der Magnetismus hat heute viel von seiner Anziehungskraft verloren. Damit lockt man keinen Esoteriker mehr hinter den Räucherstäbchen hervor. Die Esoterik findet heute auch nicht mehr in Freimaurerlogen oder bei den Rosenkreuzern statt. Die Esoterik ist öffentlich geworden. Gegen Bares und über den *Vermischtes*-Teil einer Stadtzeitung kann man bequem am Wochenende (Anreise Freitagnachmittag, Abreise Sonntag nach dem Mittagessen) öffentliche Einweihungen in Geheimlehren und alles das erhalten, was die Welt im Innersten zusammenhält. Was für den armen Faust noch eine unlösbare Lebensfrage war – heute wird seine Frage bequem in ein paar Sitzungen gelöst. Kreditkarten werden akzeptiert.

Ein ganzes Heer von Kursleitern bietet Einweihungen in alle möglichen Techniken und Kenntnisse an. Szenegurus und solche, die es werden wollen, führen ein in eine ganzheitliche Meditation, in das *alte Wissen* untergegangener Kulturen, beschwören Indien, China, Ägypten, Tibet, Atlantis oder Alpha Centauri, vermitteln Kenntnisse der Maori, der Indianer, Azteken, Kelten, Babylonier, Germanen oder Hildegards von Bingen. Kaballisten und Zahlengläubige enträtseln die Welt, Erleuchtete weihen gegen (natürlich freiwillige) Spende in ein erfüllteres Leben ein, ermöglichen erst eigentlich eine harmonische Existenz, verhelfen zu mehr Selbstbewusstsein. Mitunter geben sie sogar Tipps, wie man kritischer werden kann und nicht mehr auf jeden Unsinn hereinfällt.

Harmonie und Wohlfühlen sind angesagt, das Ego steht völlig im Mittelpunkt, kritische Töne schaden der Stimmung, und was man nicht versteht, das erklärt man sich. Goethe hatte in *Dichtung und Wahrheit* noch bekannt, dass ihm das eigene Ich *nicht* genüge, er müsse im Kontakt mit der Welt sein, um Erkenntnisse zu erlangen. Unsere Spirituellen sind da heute weiter. Meditativ spürt man dem Weltganzen nach und dreht munter seine Runden im Orbit der Selbstbespiegelung. Geister und Gespenster früherer Okkultisten sind allerdings selten geworden, sie wurden ersetzt durch modern klingende Wörter wie *Energie* oder *Schwingung*. Allezeit schwingt irgendetwas bei den Esoterikern, ständig fließt irgendeine Energie, zeigt sich fortwährend irgendetwas *Feinstoffliches*, artikuliert sich irgendeine *Ganzheitlichkeit*. Im Verbund mit Gleichgesinnten berauscht man sich an Begriffen ohne Inhalt, an Worthülsen, die Sinn und Zusammenhang nur vortäuschen, und bestätigt sich in einer Art spirituellem Bekifftsein fortwährend gegenseitig.

Nicht dass geleugnet werden soll, dass Meditation oder gewisse Entspannungstechniken sinnvoll sein können oder dass das Reflektieren auf das eigene Ich tatsächlich einen Beitrag zur Sinnfindung bieten kann. Wer wollte das leugnen? Doch zu billig (nicht im monetären Sinne!) ist oft der geistige Überbau, der damit vermittelt wird, zu abstrus die Theorien, die damit einhergehen. Statt Wirklichkeitserkenntnis doch nur Wirklichkeitsflucht, statt Gefühl oft nur Gefühlsduselei. Und es gibt ja nicht nur die Meditation.

Überaus zahlreich sind die Holzwege und Traumbilder einer nach Sinn verlangenden Esoterikszene auf Brigitte-Niveau. Da werden Tote beschworen (modern: Channeling) und vergangene Leben freigelegt. Auren, Chakren und Meridiane, die sich jedem nachvollziehbaren Nachweis entziehen, werden in der Szene wie selbstverständlich vorausgesetzt, Auren nicht nur postuliert, sondern auch gleich geheilt und sogar fotografiert. Wünschelrutengänger und Erdstrahlenjäger streifen durchs Unterholz, Edelsteintherapeuten und Graphologen bieten halbtags ihre Dienste an. Finanzbeamte und Sekretärinnen, im Nebenberuf Magier und Handleser, versuchen sich in der Zukunftsdeutung. Geprüfte(!) Astrologen grenzen sich zwar von ihren nur noch peinlichen Kollegen im Astro-TV ab, schaffen es aber trotz ihrer *Kenntnisse* nicht einmal für sich, reich und glücklich zu werden. Tarotgläubige und Enneagrammsüchtige suchen und finden willige Opfer und Adepten. Pendler und Mondgläubige, Runenleser und Trancetänzer erschließen neue Wege der Erkenntnis, selbsternannte Hexen und bekennende Satanisten verschrecken friedliche Bürger und den gesunden Menschenverstand gleichermaßen. UFO-Gläubige berichten von ihren Entführungen durch Außerirdische und erwarten alles Heil vom Sirius. Lichtnährer wollen sich nur noch von der Sonne ernähren und finden Anhänger unter Magersüchtigen. Yogiflieger versprechen die Freiheit von der Schwerkraft und hüpfen herum, Urinschlürfer prosten einem zu.

Es kommen einem da derart skurrile Gestalten entgegen, dass man den Eindruck hat, die geschlossene Abteilung habe heute Wandertag. Es scheint nichts zu geben, was man nicht behaupten könnte und wofür sich nicht Anhänger finden ließen. Dabei wird auch alles munter kombiniert und zu einem synkretistischen Brei auf wirklich kleiner Flamme verkocht. Auch Anschauungen, die eigentlich unvereinbar sind, beispielsweise buddhistische Wiedergeburtsvorstellungen und islamischer Sufismus, werden munter vermengt. Letztlich seien das ja alles nur Ausprägungen der einen Wahrheit, werden Nachfragende belehrt.

Was stören schon Widersprüche, wenn die Sache selbst doch so gefühlsecht ist. Theodor W. Adorno, der die Auswüchse der Esoterik im späten 20. Jahrhundert gar nicht mehr kennengelernt hat, wird in seinen *Minima Moralia* außergewöhnlich deutlich.

> Die Neigung zum Okkultismus ist ein Symptom der Rückbildung des Bewusstseins [...]. Wenn die objektive Realität den Lebendigen taub erscheint wie nie zuvor, so suchen sie ihr mit Abrakadabra Sinn zu entlocken. Wahllos wird er dem nächsten Schlechten zugemutet: die Vernünftigkeit des Wirklichen, mit der es nicht recht mehr stimmt, durch hüpfende Tische und die Strahlen von Erdhaufen ersetzt [...]. Okkultimus ist die Metaphysik der dummen Kerle [...]. Der faule Zauber ist nicht anders als die faule Existenz, die er bestrahlt. (Theodor W. Adorno, Thesen gegen den Okkultismus, in: Minima Moralia, S. 321)

Es ist heiliger Zorn, der sich hier zeigt. Es ist die deutliche Weigerung, einer Dekadenzerscheinung und ihren Vertretern den Rang eines gleichberechtigten Gesprächspartners zuzugestehen und sie damit aufzuwerten, die Weigerung, über das esoterische Hölzchen zu springen, das einem hingehalten wird. Manchen Phänomenen kann man nur durch Missachtung begegnen, den Vorwurf mangelnder Gesprächsbereitschaft hat man als das kleinere Übel zu ertragen.

Ist Christentum Esoterik?

Soll man das Christentum wirklich mit diesem esoterischen Kasperletheater in einen Topf werfen? Oder ist vielleicht doch eine Tradition von 2000 Jahren gewichtiger als das Potpourri der spirituellen Beliebigkeit, das Dogma doch besser als eine schlecht getarnte Supermarktmentalität? Das Christentum oder andere Religionen mit ihrer langen Geschichte, mit heiligen Schriften und einer ausgebildeten Organisationsstruktur, ihrer theologischen Tradition, der Vielzahl ihrer durchaus auch positiven Bekenner erscheinen doch soziologisch ganz anders als die Eintagsfliegen esoterischer Bewusstseinserweiterer. Man mag einen Vergleich aus der Literatur bemühen, wo ein Roman von Stanislaw Lem etwas anderes ist als ein Perry-Rhodan-Heftchen. Und doch sind beide der Science-Fiction-Literatur zuzurechnen. Die Hochreligion also gehobene Literatur, die Esoterik nur gedruckte Banalität? Die Antwort ist so einfach nicht. Auch Religionsgegner werden hier unterschiedlich urteilen.

Das Christentum kam nicht als „Hochreligion" auf die Welt. Als es im ersten Jahrhundert ins Leben trat, war es überhaupt noch keine eigenständige Religion. Es trat ins Licht als jüdische Sekte. Bedeutende Teile des Urchristentums, vermutlich auch Jesus selbst, waren ernsthaft bemüht, die jüdischen Ritualgesetze einzuhalten. In der Urgemeinde hat dieses Ansinnen noch bis weit ins zweite Jahrhundert bestanden. Allerdings sah die Urgemeinde in Jesus eine messianische Gestalt und erwartete seine baldige Wiederkehr. Damit unterschied sie sich von den orthodoxen Juden, aber mehr gezwungen als wirklich gewollt.

Anders war die Sache für die Heidenchristen, die wenn überhaupt nur lockere Verbindungen mit den jüdischen Gemeinden hatten (als sogenannte Gottesfürchtige oder Proselyten). Hier war oft nur wenig Interesse am jüdischen Gesetz vorhanden, man bezog sich ganz auf Jesus und hätte auf die alten Schriften der Juden vielleicht ganz verzichten können. Dafür wurde hier Jesus aber nicht mehr als Messias verstanden, sondern mit hellenistischen Bezeichnungen belegt. Hier wurde Jesus zum *Sohn Gottes*. Mit der, positiv gesprochen, relativ großen weltanschaulichen Offenheit der Heidenchristen, mit deren, negativ gesprochen, Anfälligkeit für Synkretismus kamen viele Gedanken, Legenden, theologische Sätze und Vorstellungen in das junge Christentum hinein, die diesem ursprünglich fremd waren. Die heidenchristlichen Gemeinden verdrängten jedoch bald die judenchristlichen Anfänge und spielten bei der Ausbildung einer frühchristlichen Theologie und Dogmatik die erste Geige. Man war nicht zimperlich mit der Übernahme von allerlei Traditionsgut aus anderen Religionen, aus antiken Kulten und Mysterienreligionen, aus Volksgut und teilweise auch aus der Philosophie, vor allem der Stoa und dem Neuplatonismus. Ganz kräftig hat man sich aber auch bei der Gnosis bedient.

Die Gnosis war so etwas wie die antike Esoterik schlechthin. Hier wurde wild aus allen anderen Denkrichtungen kopiert, und die Versatzstücke wurden dann zu gnostischen Mythen neu zusammengebaut, jeder gnostische Mythos eine pure Phantasie, die als Offenbarung daherkam und ihre Jünger fand. In den gnostischen Mythen fanden sich oft auch Erlösergestalten, und es ist schon vielfach darüber spekuliert worden, ob hier das Christentum die Gnosis oder die Gnosis das Christentum hervorgebracht oder zumindest befruchtet hat. Gnosis und andere Zeitströmungen haben das Christentum beeinflusst, so viel ist klar, nur der Umfang der Beeinflussung ist umstritten. Karlheinz Deschner sieht es gar als vollständig von fremden Kulten und Traditionen beeinflusst und will ihm gar keine eigenen originären Gedanken zugestehen. Er bringt hierfür gute Argumente, seine These wird jedoch in dieser Radikalität heute kaum noch vertreten.

Für Nichtjuden aber war irgendeine Sonderentwicklung im Judentum wohl kaum der Erwähnung wert, noch dazu, wenn sie aus Syrien-Palästina kam, einer Gegend, die bei gebildeten Römern in denkbar schlechtem Ruf stand. Denn Syrien-Palästina war so etwas wie das Indien der Antike, ständig traten hier neue Gurus, Propheten und religiöse Führer auf, der religiöse Wahn dieser Gegend war sprichwörtlich. Tacitus hat sich, wie früher schon erwähnt, laut darüber beklagt.

Das Christentum war deshalb an seinem Beginn für die einen eine jüdische Sekte und für die anderen nur eine der vielen Ausprägungen des religiösen Synkretismus, war modern verstanden Esoterik. Als eigenständige Religion wurde das Christentum lange nicht wahrgenommen. Aber es war eine Form von Esoterik, die letztlich siegreich war. Sie hat sich gegen ihre religiösen und weltanschaulichen Widersacher durchgesetzt, besiegte den griechisch-römischen Polytheismus ebenso wie später die Religionen der Germanen, Kelten und Slawen. Das Christentum trug den Sieg davon über die Gnosis, die Mysterienreligionen, den Manichäismus und auch über das Judentum. In diesem geschichtlichen Erfolg haben Christen gerne einen Ausweis für die Wahrheit ihrer Religion sehen wollen. Doch haben sich in der Geschichte *immer* irgendwelche Paradigmen durchgesetzt. Dies ist ja gerade ein Grundgesetz der historischen Entwicklung. Dies spricht für Stärke, nicht für Wahrheit. Hätte Jesus nie gelebt, eine andere Religion hätte sich durchgesetzt. Mit Wahrheit hat dies nichts zu tun. Jedoch bedeutete der Siegeszug des Christentums die Metamorphose von einer esoterischen Sektenreligiosität hin zur Dominanzreligion, ja zur Staatsreligion.

Was an der heutigen Esoterik so unseriös wirkt, ist ihre Vielzahl von Strömungen. Die schiere Menge esoterischer Positionen, von denen viele sich gegenseitig ausschließen, erzeugt das gleiche Phänomen wie im Bereich der Religionen, wo alle *ihre* Wahrheit anpreisen und eben dadurch unglaubwürdig werden. Schon ihre Zahl entlarvt sie als Irrende. Man kann sich nicht allen zuwenden und sie mit dem Christentum in Vergleich bringen. Es gibt jedoch Gemeinsamkeiten, die auf fast alle Gruppen der Esoterikszene zutreffen.

Am Anfang stehen immer bestimmte Setzungen, die unhinterfragt hingenommen werden. Man behauptet die Existenz von Dingen, für die ein Nachweisbeleg fehlt. Dann werden diese nicht vorhandenen Dinge (denn als solche müssen sie gelten, will man nicht auch surfende Eichhörnchen mit in die Diskussion hineinnehmen) verknüpft und in klassischer Scheinrationalität Schlüsse gezogen oder Lehren aufgebaut. Die Schlüsse müssen noch fragwürdiger sein als die schon haltlosen Prämissen, auf denen sie beruhen. Mit ein wenig kritischem Verständnis lassen sich solche Konstruktionen leicht durchschauen. Eine Adeptengruppe hat jedoch gerade daran keinerlei Interesse, sie *wollen* an eine bestimmte Lehre, eine bestimmte Weltsicht glauben. Sie sind Gläubige. Und sie sind autoritätssüchtig. Wo immer es möglich ist, rekurrieren sie auf Autoritäten, seien dies nun indische Gurus oder tibetische Lamas, Erleuchtete oder spirituelle Lehrer. Sie suchen nach Führung und finden diese auch in alten Schriften und Überlieferungen, von denen sie annehmen, dass sie irgendwie auch an sie gerichtet seien und Wahrheit enthielten. Bestätigung suchen sie zuweilen in Ritualhandlungen und in der selbstbestärkenden Gemeinschaft mit Gleichgesinnten. Sie sind der Überzeugung, eine Wahrheit zu besitzen, die anderen Menschen noch verborgen ist, eine Entdeckung gemacht zu haben, die auch für andere, ja für die Welt insgesamt segensreich wäre. Zumindest im noch nicht überzeugten Freundeskreis wirken sie oft missionarisch.

Es ist keine Frage, dass diese Beschreibung esoterischer Zirkel sich auch gut auf die Christen und das Christentum übertragen lässt. Die psychologischen Grundstrukturen ähneln sich teilweise frappant. Das Christentum kann wegen seiner längeren Geschichte mehr Autorität in die Waagschale werfen, es kann eine höhere Zahl von Zeugen aufbieten, die klügeren Köpfe denken darüber nach. Auch ist das Christentum in der Gesellschaft präsenter als jede einzelne esoterische Gruppierung. Das Christentum ist organisierter, finanziell potenter und gesellschaftlich einflussreicher. Doch ist der Unterschied wirklich so groß zwischen einer Lehre, bei der ein auf die Erde kommender Gottessohn durch seinen Tod die Sünden der Menschen abwäscht, und einer anderen Lehre, in der der Charakter und die Zukunft bestimmt wird durch den Stand und Lauf der Gestirne? Besteht tatsächlich ein qualitativer Unterschied zwischen dem Geheimnis der Eucharistie mit der wundersamen Verwandlung von Brot und Wein und irgendwelchen anderen esoterischen Geheimnissen, z. B. der behaupteten Wirksamkeit von Edelsteinen? Wir haben es doch im Grunde bei der Esoterik und der Religion nur mit unterschiedlichen Ausprägungen desselben Phänomens zu tun, mit zwei Brüdern, von denen es der eine schon zu etwas gebracht hat, während der andere noch herumdilettiert.

Letztlich ist es eine gewisse Schwäche im kritischen Denken, die beide Strömungen speist. Es ist keine Frage von Intelligenz, denn intelligente Menschen finden sich bei den Religionsbefürwortern wie bei ihren Gegnern. Aber die Fähigkeit, die Geister zu scheiden, eine gewisse *kritische Rationalität* ist bei Religionsbefürwortern und Esoterikfreunden geringer ausgeprägt. Das Vermögen, eine kritische Sichtung im Supermarkt der Weltanschauungen vorzunehmen, ist weniger vorhanden. Kritikgeschwächte Menschen sind eher geneigt, religiösen oder esoterischen Hausierern die Tür zu öffnen, sie lassen sich eher begeistern, lassen sich eher minderwertige Weltanschauungen verkaufen, neigen weniger zu Reklamationen.

Zur persönlichen Disposition kommen noch soziologische Gegebenheiten hinzu. Menschen ergreifen in der Regel *die* Religion, in der sie selbst aufgewachsen und erzogen sind oder in deren gesellschaftlichen Dunstkreis sie hineingeboren wurden. Andere Religionen kennen sie in der Regel auch gar nicht. Kinder von Christen, wenn sie denn religiös werden, engagieren sich für das Christentum, so wie Kinder von Moslems Anhänger des Islam werden. Also von wegen Wahrheit: Man hält diejenige Religion für wahr, in der man aufgewachsen ist. Religionszugehörigkeit wird kulturell vererbt und erst dann individuell übernommen. Diese beiden Grundbedingungen, die persönliche Disposition und eine gewisse Übereinstimmung mit dem religiösen Mittelwert konstituieren den Großteil der Gläubigen in allen Religionen. Würden Religionen dies wirklich einsehen, müssten sie den Wahrheitsanspruch ihrer eigenen Religion relativieren. Doch es reicht immer nur zur Infragestellung des Anspruchs *anderer* Religionen.

Gebete

Um das Besondere gerade des christlichen Glaubens zu betonen, werden Theologen nicht müde, immer wieder die *Geschichtlichkeit* ihrer Offenbarung und ihres Gottes zu betonen. Gott ist für sie keine Gestalt der Mythologie, er selbst habe durch die geschichtliche Gestalt Jesus von Nazareth in die Weltgeschichte eingegriffen. Doch was soll das für ein Beweis sein? Wie es mit dem geschichtlichen Wirken Jesu von Nazareth steht, haben wir schon eingehend erörtert. Und reicht es schon aus, dass man sich von mythologischen Gottesvorstellungen zu entfernen meint, um sich am Türsteher der intellektuellen Redlichkeit vorbeizumogeln? Genügt schon das Festnageln einer Religion auf dem Zeitstreifen der Geschichte? Was macht da das Christentum so herausragend? Können nicht die Anhänger von Buddha und Bhagwan, von Moses und Mohammed sich ebenfalls auf die Geschichtlichkeit ihres Meisters berufen? Es ist fast so, als würde auf einem Fischmarkt Fisch angepriesen.

Der christliche Gott, so betonen die christlichen Kirchen weiter, sei ein *persönlicher* Gott, ein Gott, der sich um den einzelnen Menschen (Gläubigen?) kümmert, um seine Nöte und Probleme weiß, an den sich der Gläubige auch persönlich wenden kann. Auch dies ist wieder ein Alleinstellungsmerkmal, welches keines ist, auch wenn zu einer individualisierten Gesellschaft ein individualisiertes Gottesbild sehr gut passt. Der Gott Israels war noch ein Gott, jedenfalls in seiner frühen Zeit, dem es mehr um das Volk als Ganzes als um den einzelnen Gläubigen ging. Heute hat jeder Christ durch das Gebet einen direkten und persönlichen Draht zu Gott.

Christen jedenfalls bilden sich ein, sie könnten mit ihrem Gott in ein persönliches Gespräch treten. Im Gebet würde Gott nicht nur *zu* ihnen, sondern auch *mit* ihnen sprechen, sich ihre Sorgen und Bitten anhören, ja sogar mitunter auf ihre Wünsche eingehen. *Bittet, so wird euch gegeben*, hat Jesus schließlich selber gesagt. Jesus hat auch selbst gebetet und seine Schüler dazu angeleitet. Ja vielleicht hatte er sogar ein besonderes inniges und persönliches Verhältnis zu seinem Gott gepflegt. Das Beten Jesu wurde Vorbild für die, die sich auf ihn zu berufen glaubten.

Gebete finden sich bei vielen Religionen und sind nichts spezifisch Christliches. Die Religionsgeschichte kennt unzählige Beispiele, auch für das persönliche Gebet. Und es gibt wohl keine Religion, deren Anhänger nicht davon überzeugt sind, damit tatsächlich in gewisser Weise auf Gott und auf ihr eigenes Schicksal einwirken zu können, von den archaischen Fruchtbarkeitsritualen hin zum christlichen Gebet um eine gute Ernte oder das Verschwinden einer Krankheit. Viele Einwände freilich lassen sich hier machen und wurden teilweise selbst von theologischer Seite schon formuliert.

Nehmen wir an, es gäbe einen Gott, es gäbe droben *ein Ohr zu hören meine Klage, ein Herz wie meins, sich des Bedrängten zu erbarmen* (Goethes Prometheus): Ist es denkbar, dass dieser Gott sich quasi überreden lässt, etwas zu tun, was er eigentlich nicht vorhatte? Dass er auf die Wünsche eines Menschen eingeht, sich seine Situation schildern lässt (er sollte sie doch längst kennen) und also beschließt zu helfen? Ein Gott, der das Leiden lindert und der sich nicht zu schade ist, sich für den Menschen aus dem Fenster zu lehnen? Einen solchen persönlichen Gott verkünden die Kirchen. Einen zu beeinflussenden Gott, einen Gott, der sich bequatschen lässt, den seine frühere Entscheidung reut, der sich umstimmen lässt und sich wie der Vater im Supermarkt doch noch von seinem nervigen Kind zum Kauf des eigentlich unsinnigen Spielzeugs überreden lässt.

Ein solcher Gott war für die antike Philosophie, und nicht nur für diese, Ausdruck für die Primitivität eines Gottesbilds und eines durchsichtig menschlichen Wunschdenkens. Und die jesuanischen Verheißungen haben sich ja nicht erfüllt. Das *Bittet, so wird euch gegeben, suchet, so werdet ihr finden, klopfet an, so wird euch aufgetan* – so schön diese Worte auch klingen mögen, sind sie doch nichts weiter als frommes Gerede und geblendete Hoffnung geblieben. Wie viele sind von solchen falschen Versprechungen schon getäuscht worden? Wie viele haben bis zuletzt vergeblich gehofft?

Dennoch sind die Christen davon überzeugt, dass ihr Gott nicht nur helfen kann, sondern ihnen in der Vergangenheit auch schon oft geholfen hat. Kirchen und Kapellen in Wallfahrtsorten hängen voll von Danktafeln (*Maria hat geholfen* oder *Dank dem heiligen Sowieso*). Wie früher schon erwähnt, hat man im Heiligtum in Epidauros ganz ähnliche Tafeln gefunden, nur das hier Asklepios und nicht Maria für eine Heilung oder Hilfe verantwortlich gemacht wurde. Und angebliche Gebetserhörungen kennt man auch aus anderen Religionen. Christen würden sagen, die Asklepiosgläubigen haben sich die Gebetserhörungen nur eingebildet. Und sie hätten recht damit. Doch beim nächsten logischen Schritt, dass nämlich auch die Christen sich Gebetserhörungen einbilden, verweigern sie entrüstet die Gefolgschaft.

Überall auf der Welt glauben Menschen, dass nur *ihr* Gott solche Dinge vermag, alle anderen sich dies aber nur einbilden. Das mathematische Argument gegen den christlichen Gott (warum sollte ausgerechnet *dieser* aus den Tausenden von Göttern der richtige sein) greift auch bei den Gebeten. Und wie man jedem Gläubigen egal welcher Religion auf den Kopf zusagen kann, dass er einer Selbsttäuschung erlegen ist, und mit fast hundertprozentiger Wahrscheinlichkeit recht damit hat, so kann man auch jeden Betenden mit dieser für ihn unangenehmen Aussage konfrontieren. Die Fähigkeit zur Relativierung der eigenen Position ist der Tod der Religionen, so wie die Unfähigkeit dazu eine Voraussetzung für religiösen Fundamentalismus oder gar Extremismus ist.

Klaus Mustermann aus Castrop-Rauxel hält sich für so wichtig, dass ein Gott mit ihm im Gebet kommuniziert. Seine Frau Hedwig glaubt dies ebenfalls, denn wie hätte, ohne Gebetserhörung, ihr gemeinsamer Sohn sonst den Realschulabschluss doch noch schaffen können? Und beide sind natürlich gerne geneigt, einer Religion Glauben zu schenken, die bestätigt, dass sie nicht nur die Familie Mustermann sind, sondern Gottes Gegenüber, ja sogar das Abbild Gottes, wie es die Bibel selber bezeugt. Der Mensch kann den Gedanken nur schwer akzeptieren, dass seine reale Existenz im eigentlichen Sinne bedeutungslos ist, dass er (vermutlich) weder etwas Bedeutendes schaffen noch je Gegenstand eines Geschichtsbuchs werden wird und dass seine Existenz nur eine unbedeutende Nebenrolle in einem Gastspiel auf einem Planeten am Rande eines Spiralhaufens einer an sich unbedeutenden Galaxie ist. Aber er will doch etwas Besonderes sein! So ist es nur zu verständlich, dass sich Weltanschauungen und Religionen entwickeln mussten, die dem Menschen seine Besonderheit quasi attestieren und sein Selbstwertgefühl bedienen konnten. Und das Christentum leistet hier ganze Arbeit. Hier kann sich der Gläubige nicht nur akzeptiert und ernst genommen fühlen, ihm winkt auch noch ein ewiges Leben im Paradies, dem postmortalen christlichen Schlaraffenland. Wahrlich zu schön, um wahr zu sein.

Ein Gott hätte es nicht einfach, hätten die Gläubigen mit ihren Wunschfantasien recht. Mit welchem Unsinn müsste er sich herumschlagen. Mit dem Gebet engagierter Christen um den Weltfrieden ebenso wie mit dem Wunsch nicht ganz so engagierter Zeitgenossen nach einem Lottogewinn, mit dem Schrei nach Befreiung von einer Diktatur gleichermaßen wie mit dem Wunsch nach guter Zensur im geschriebenen Diktat, mit der Hoffnung auf Bewahrung der Schöpfung wie mit dem Wunsch auf baldige Fertigstellung des neuen Badezimmers. Schwierig wird es z. B. bei Wünschen um den Sieg in einem Fußballspiel, wenn davon auszugehen ist, dass es beim anderen Verein auch Christen gibt, die eifrig beten. Und in Hunderten von Kriegen beteten in der Vergangenheit Christen auf beiden Seiten für den Sieg der gerechten und guten Sache, natürlich immer der eigenen. Wie soll sich ein geplagter Gott hier entscheiden? Würde er die Sache einfach laufen lassen und aussitzen? Würde er sich das dauernde Gequengel der Gläubigen verbieten? Sich von seiner Sekretärin verleugnen lassen? Liefe nur der Anrufbeantworter?

Und doch gibt es viele Christen, die Stein und Bein schwören, dass gerade *ihre* Gebete erhört worden seien, dass Gott sich gerade *ihrer* Probleme angenommen habe und dass man nur vertrauen müsse. Und bei näherer Nachfrage erfährt man dann, dass bei den belanglosesten Lappalien die Hilfe Gottes eingetreten sei. Dafür hält er sich dann oft zurück, wenn es um wirklich wichtige Sachen geht. Welches Elend, welches Leid hat im letzten Jahrhundert die Menschen getroffen, wie viele sind in Lagern und Gulags gestorben. Man wird unterstellen dürfen, dass gerade dort als Reaktion auf eine ausweglose Situation besonders viel und innig gebetet wurde. Doch wie vergeblich war dies alles. Gott hat ganz offensichtlich nicht geholfen, wie die Toten und Geschändeten millionenfach belegen. Da ist es dann doch hilfreich zu wissen, dass Gott sich bei dem erhofften Rabatt für das neue Auto oder bei der gewünschten besseren Zensur im Zeugnis des Filius wenigstens nicht hat lumpen lassen.

Von ausgesprochener Gedankenlosigkeit zeugt auch das weitverbreitete Tischgebet, bei dem Gott oft dafür gedankt wird, dass man etwas zu essen hat. Wäre Gott aber dann nicht auch dafür verantwortlich zu machen, dass eben andere Menschen *nichts* zu essen haben? Und wäre angesichts dieser Einsicht dann nicht eher so etwas wie eine Anklage angebracht? Doch nein, der Christ fühlt sich berufen zu danken, auch zuweilen für Unbill oder gar Unglück, aus der er noch so etwas wie eine Prüfung herauszulesen versucht. Nicht zuletzt findet in jedem Jahr ein Erntedankgottesdienst statt, und zwar auch dann, wenn es eine Missernte gegeben hat. Und in einer Stadt in Süditalien findet sich eine Säule als Dank für das Ende einer Pest, die 80 Prozent der Einwohner dahingerafft hat. Wofür man gedankt hat? Dafür, dass es nicht noch mehr waren.

Doch haben Gebete zumindest *eine* auch wissenschaftlich nachvollziehbare Wirkung. Sie wirken als Placebo und helfen so bei der Bewältigung der Widrigkeiten des Lebens. Der Betende fühlt sich nach dem Gebet einfach besser, ganz gleich, zu wem er seine Gebete geschickt hat. Er verschafft sich dadurch emotionalen Trost und Halt. Er kann Schicksalsschläge, wie sie in jedem Menschenleben vorkommen, besser verkraften und verarbeiten. Die Verzerrung der Wirklichkeit im Gebet führt zu einer besseren Akzeptanz des Gegebenen und Unvermeidlichen. Und ob da nun ein Gott dahintersteht oder nicht, spielt im eigentlichen Sinne keine Rolle. Es genügt, dass der Gläubige dies annimmt. Eben wie bei einem Placebo. Es genügt, wenn der Mensch denkt, dass Gott lenkt.

Richard Dawkins schildert in seinem Buch *Der Gotteswahn* (S. 89ff.) ein ungewöhnliches Experiment, nämlich den Versuch, der Wirkung von Gebeten in einem Doppelblindversuch auf den Grund zu gehen. Die Idee war folgende: Fromme Christen in den USA sollten für bestimmte Kranke in einem weit entfernten Krankenhaus beten. Wenn Gebete etwas nützen, dann sollte sich dies doch in einer schnelleren Gesundung niederschlagen. Das Experiment wurde streng wissenschaftlich aufgebaut, für eine erste Gruppe wurde gebetet, ohne dass diese es wusste. Daneben gab es eine Kontrollgruppe, für die nicht gebetet wurde und noch eine dritte Gruppe, für die gebetet wurde und bei der die Patienten dies auch wussten. Die Ärzte wussten nicht, für welche Patienten gebetet wurde und für welche nicht. Untersucht wurden 1802 Patienten, die sich alle einer Bypassoperation unterzogen hatten.

Dieser originelle Versuch forderte natürlich viel Spott von vielerlei Seiten heraus und kostete 2,4 Millionen Dollar, die eine Stiftung zur Verfügung stellte. Der Versuchsleiter war offenbar vor dem Versuch durchaus geneigt, eine Wirkung von Gebeten auf Kranke anzunehmen. Die Ergebnisse der Studie wurden 2006 im *American Heart Journal* veröffentlicht. Sie können sich vielleicht denken, wie die Ergebnisse waren? Es wurde kein Unterschied festgestellt zwischen den Patienten, für die gebetet, und denjenigen, für die nicht gebetet wurde. Die Gebete hatten offenbar keinerlei Auswirkungen auf die Gesundung der Patienten.

Es versteht sich von selbst, dass Christen und Theologen im Nachhinein die Ergebnisse des Versuchs nicht akzeptieren wollten. Derart streng wissenschaftlich nach dem Wirken Gottes zu forschen erschien ihnen nicht angemessen und vielen geradezu blasphemisch – jedenfalls *nach* dem Versuch. Es scheint völlig klar, dass die Sache anders ausgesehen hätte, wenn der Versuch tatsächlich eine Wirkung von Gebeten belegt hätte. In diesem Fall hätten sich die frommen Christen in den USA und anderswo wie die Wölfe auf die Ergebnisse gestürzt und die Kunde von dem Versuch bis in den hintersten frommen Winkel der schwäbischen Alb getragen, davon darf man überzeugt sein. Selbst fundamentalistische Christen und die esoterischsten Vernunftverächter sind durchaus geneigt, wissenschaftliche Methoden und Ergebnisse zu akzeptieren, solange sie ihr Glaubenssystem stützen. Ist dies nicht der Fall, erweist die Wissenschaft eine vermeintlich fromme Bastion oder eine spirituelle Trutzburg als windiges Kartenhaus, wird eingeworfen, dass die Methode dem Gegenstand nicht angemessen sei. Es ist das Pippi-Langstrumpf-Prinzip – *Dann mach ich mir die Welt, gerade wie sie mir gefällt*. Niemand beherrscht diese Methode so perfekt wie Gläubige.

5. Auf der Suche nach den christlichen Werten

Viele Menschen glauben längst nicht mehr an den christlichen Gott, halten aber die christliche Ethik für eine gute Sache. Selbst den Kirchen fernstehende Mütter und Väter haben oft nichts dagegen, dass ihre Kinder den Religionsunterricht besuchen oder am Kinder- und Jugendprogramm einer Kirchengemeinde teilnehmen. Jedenfalls solange die Kinder nicht christlich indoktriniert werden. Ein wenig *Vermittlung christlicher Werte* könne jedoch nicht schaden. Politiker nicht nur der christlichen Parteien reden von den christlichen Grundwerten und vom christlichen Menschenbild, die unsere Gesellschaft geprägt hätten und die schützenswert seien.

Wir haben in diesem Buch zunächst die Bibel als Heilige Schrift hinterfragt und einige der unheiligen Stellen im Alten und Neuen Testament offengelegt. Der Wert der Bibel als Quelle für ethisches Verhalten und Grundlage einer verantwortlichen Erziehung wurde dort bereits problematisiert. Die Beleuchtung der Ergebnisse der historischen Forschung zu Jesus hat dann die Haltlosigkeit gezeigt, mit der die Kirchen den Juden Jesus zum Gott und zum Begründer ihrer Religion gemacht haben. Es führt kein glaubwürdiger Weg vom historischen Jesus zum Christus der Kirche. In einem dritten Teil wurden dann zentrale Inhalte der späteren christlichen Dogmatik hinterfragt und auch deren Anhaltslosigkeit sowohl am historischen Jesus wie am Glauben der Urgemeinde belegt. Bereits in diesen Kapiteln wurde auf fragwürdige Implikationen im christlichen Menschen- und Weltbild eingegangen. Nun soll abschließend noch die Frage gestellt werden, ob das Christentum, wenn schon die Dogmatik sich als Fantasiegebilde erwiesen hat, zumindest in der Ethik noch etwas Brauchbares aufweisen kann. Besteht die Hochschätzung der christlichen Ethik zu Recht?

Vom Wert und Unwert der Zehn Gebote

Zu *christlicher Ethik* fallen vielen Menschen oft zuerst die Zehn Gebote ein. In Sonntagsreden von Politikern werden sie gerne als Grundlage einer humanen und gerechten Gesellschaft bezeichnet. Sie gehören zu den populärsten Texten des Alten Testaments. Doch können Sie wirklich dem Anspruch an eine verantwortungsvolle Ethik gerecht werden?

Die zehn Gebote finden sich in der Bibel in zwei Varianten (Ex 20,2–17 und Dtn 5,6–21), die sich leicht unterscheiden. In der Überlieferungslegende werden sie durch Mose dem Gottesvolk am Sinai übergeben. In Wirklichkeit haben diese Gebote eine jahrhundertelange Überlieferungsgeschichte hinter sich, die in Teilen noch vor der Sesshaftwerdung Israels im zweiten Jahrtausend v. Chr. anzusetzen ist und die ihren Abschluss erst im sechsten Jahrhundert v. Chr. gefunden hat. Auf alle Fälle sind sie über 2000 Jahre alt. Mit der Person Mose dürften sie eher nichts zu tun haben. Sie haben im Prinzip auch weder etwas mit dem Christentum noch mit dem klassischen Judentum zu tun. Denn das klassische Judentum mit Thora und Synagoge, mit Rabbinern und Gesetzesauslegung ist deutlich jüngeren Datums und so, wie wir es kennen, sogar erst nach der Zeitenwende anzusetzen. Und das Christentum, das ja im Wesentlichen ein Heidenchristentum ist, war seinerseits mit dem Judentum nur entfernt verwandt. Nur die christliche Dogmatik zieht hier Verbindungslinien und bringt zusammen, was nicht zusammengehört. Die Zehn Gebote sind gerichtet an das fiktive Volk Israel, das in der Zeit nach dem babylonischen Exil als eigenständiges politisches Gebilde gar nicht mehr bestand. Es ist ein Gesetzestext, der mit uns heute vielleicht ebenso wenig zu tun haben sollte wie der *Codex Hammurabi*, den man im Louvre heute noch bestaunen kann. Kann ein solcher Text für uns heute eine ethische Relevanz haben? Sehen wir uns die Gebote einmal näher an.

Ich bin der Herr, dein Gott, du sollst keine anderen Götter neben mir haben.

Dieser Satz ist gleich zu Beginn eines der Unworte der biblischen Überlieferung überhaupt. Denn er markiert, ja fordert geradezu die religiöse Intoleranz. Unter Berufung auf dieses Unwort hat die christliche Kirche andere Religionen blutig verfolgt. Während z. B. das Grundgesetz mit der Würde des Menschen beginnt, erhebt hier ein Gott seine exklusiven Herrschaftsansprüche. Während ein moderner Verfassungsstaat Religionsfreiheit vertritt, ist dieser Gedanke unserem antiken Text noch völlig fremd. Die religiöse Intoleranz ist eine alttestamentliche Konstante, dieses Gebot kann

kein Vorbild für eine heutige Ethik sein. Es kann höchstens zur Anschauung dienen, welches Gebot eine moderne Gesellschaft *nicht*
haben sollte. Seinem Geiste nach ist es verfassungsfeindlich.

Du sollst dir kein Gottesbild machen und keine Darstellung von
irgendetwas am Himmel droben, auf der Erde oder im Wasser
[...]. Denn ich, der Herr, dein Gott, bin ein eifersüchtiger Gott:
Bei denen, die mir Feind sind, verfolge ich die Schuld der Väter
an den Söhnen bis zur dritten und vierten Generation [...].

Auch weiterhin werden wir auf so etwas wie die *Würde des Men-*
schen vergeblich warten. Sie kommt im Alten Testament nicht vor.
Stattdessen auch hier die Propagierung religiöser Intoleranz. In der
ältesten Form (im Exodustext) war mit dem Bilderverbot auch die
Zerstörung fremder Kultstätten (vor allem kanaanäischer Frucht-
barkeitskulte) gemeint, von denen es in Israel bis zur Kultreform
Josias (ca. 622 v. Chr.) und vielleicht auch später noch eine ganze
Reihe gegeben hat. Die göttliche Strafandrohung gegen Abweichler geht von einer Kollektivschuld aus, die von modernem Rechts-
empfinden sich deutlich unterscheidet. Rache und Eifersucht sind
hier die Handlungsmaxime eines Gottes, der hoffnungslos modernem rechtsstaatlichem Denken hinterherhinkt. Auch solche Sätze
können ja wohl kaum gemeint sein, wenn von den positiven ethischen Grundlagen des Christentums die Rede ist. Und es sei nur
nebenbei bemerkt, dass sich die Kirchen realiter nicht an das doch
recht einfache Bilderverbot halten. Eine Ausnahme bildet hier nur
die reformierte Kirche (und auch der Islam), ansonsten findet man
bei Lutheranern, Katholiken und Orthodoxen eine mannigfache
Bilderfülle in den Kirchen und der religiösen Kunst.

Du sollst den Namen des Herrn, deines Gottes, nicht missbrau-
chen [...].

Gedenke des Sabbats, dass du ihn heiligst [...].

Auch diese beiden Gebote wirken heute harmloser, als sie gemeint
waren. Denn sie waren nicht einfach gut gemeinte Ratschläge. Ihre
Missachtung konnte rechtliche Konsequenzen haben und physi-
sche Strafen nach sich ziehen bis hin zum Tode des Übertreters. Wir
haben ja schon gesehen, dass selbst kleinste kultische Vergehen mit
der Todesstrafe bedroht wurden. Zahlreich sind die Beispiele von

Steinigungen für Sabbatschänder im Judentum. Und möglicherweise wurde selbst Jesus deshalb getötet, weil sein provozierendes Handeln mit Tempelreinigung und freierem Sabbatverständnis als Schändung des Namens Jahwes interpretiert wurde. Bei den Christen gab es über Jahrhunderte als Ausdruck der Kirchenzucht eine Überwachung der Gläubigen, was Lebenswandel und Gottesdienstbesuch anbelangte. Wie das Alte Testament keine Würde des Menschen und keinen Toleranzbegriff kennt, so auch nicht die uns heute selbstverständliche Überordnung der Meinungsfreiheit über das Recht auf freie Religionsausübung. Das Alte Testament kennt überhaupt keine Meinungsfreiheit. Doch eine Kritik an Religion muss möglich sein, das Recht auf freie Meinungsäußerung muss mehr gelten als religiöse Interessen von Einzelnen oder Kirchen. Ebenso muss die Kunst die Möglichkeit haben, sich religionskritisch zu artikulieren. Mit den beiden Geboten haben wir erneut ein Rechtsdenken vor uns, das elementaren Menschenrechten widerspricht. Auch diese Gebote können die Verteidiger einer christlichen Ethik wohl nicht als beispielhaft gemeint haben. Und auch hier sei nebenbei bemerkt, dass die Kirchen sich wie beim Bilderverbot auch selber nicht an das Sabbatgebot halten. Denn sie feiern ja ausdrücklich den Sonntag als Tag der Auferstehung des Herrn, in Widerspruch zum alttestamentlichen Gebot. Dies wird nur leicht verdeckt bei freieren Übersetzungen wie „Du sollst den *Feiertag* heiligen".

Ehre Vater und Mutter, damit du lange lebst in dem Land, das der Herr, dein Gott, dir gibt.

Die ersten vier Gebote drehten sich ausschließlich um die rechte Gottesverehrung und die Abwehr fremder Kulte. Verschenkter Raum, wenn man bedenkt, dass man ja nur zehn Gebote (in Anlehnung an die Anzahl der Finger) formulieren will. Doch nun kommen Einzelanweisungen, an erster Stelle die Ehrung der Eltern. Die Position an solch prominenter Stelle verwundert. Hätte man nicht zuerst das Tötungsverbot erwartet? In unserer Gesellschaft ist die Elternehrung zudem kein einzuklagendes Gesetz, bestenfalls ein Gebot des Anstands und der Dankbarkeit denen gegenüber, denen man sein Leben verdankt und die einen erzogen haben. Und man tut das dann aus freien Stücken und nicht, weil man damit hofft, lange zu leben, wie es das Gebot moralisch fragwürdig begründet.

Keinesfalls sollte man aber dieses Gebot zur Grundlage einer Art Familienpolitik machen. Denn die Elternstellung beinhaltete im alten Israel nicht nur die Prügelstrafe, sondern auch das Recht der Eltern, einen renitenten Sohn notfalls töten zu dürfen. Auch dieser so positiv klingende Vers hat also seine Tücken und ist z. B. zur Unterweisung von Kindern und Jugendlichen nur bedingt geeignet.

Du sollst nicht morden.

Hier also nun endlich das uns vertraute Tötungsverbot. Doch Vorsicht: Hier wird das hebräische Verb *razach* verwendet. Dieses meint nicht einfach nur Töten, sondern das gemeinschaftswidrige Töten, das Morden aus niederen Beweggründen. Nicht damit gemeint war z. B. das Töten in Übereinstimmung *mit* einem Gemeinschaftswillen, also z. B. das Töten im Krieg. Wir haben im ersten Kapitel dieses Buches eine Reihe von Stellen kennengelernt, wo dieses Töten nicht nur nicht erlaubt, sondern geradezu geboten wird. Das Tötungsverbot bezieht sich nur auf Angehörige des eigenen Volkes. Volksfeinde und Andersgläubige waren davon ausdrücklich ausgenommen. Auch mit diesem Gebot wird man deshalb nicht richtig glücklich, wenn man sich vorgenommen hat, den hohen sittlichen Wert der Zehn Gebote zu begründen.

Du sollst nicht ehebrechen.

Auch hier lesen wir wieder keine freundliche Empfehlung. Der Ehebruch konnte schwerwiegende persönliche Konsequenzen haben, in der Regel natürlich für die ehebrechende Frau. Auch hier war man mit einer Steinigung schnell dabei, wie die Geschichte Jesu mit der Ehebrecherin (Joh 8,1–11) illustriert. In vielen religiös geprägten Gesellschaften haben auch heute noch Frauen mit schweren Strafen bei Ehebruch zu rechnen. Es ist ein Fortschritt, dass es in unserer Gesellschaft keinen Straftatbestand *Ehebruch* mehr gibt und dass das Zusammenleben von Mann und Frau als Privatsache angesehen wird. Partnerschaftliche Treue ist sicherlich ein positiver Wert, ihn aber Heranwachsenden gerade mit den Zehn Geboten nahebringen zu wollen, bietet sich nicht wirklich an.

Du sollst nicht stehlen.

Das siebte Gebot ist endlich eines, das tatsächlich auch heute noch uneingeschränkt Gültigkeit beanspruchen kann. Gleichzeitig gehört es jedoch zum ethischen Grundbestand aller Religionen und Gesellschaften, es ist insofern nichts spezifisch christliches, sondern ein Gemeinplatz des menschlichen Zusammenlebens überhaupt.

Du sollst nicht falsch gegen deinen Nächsten aussagen.

Dieses gemeinhin im Christen- und Judentum mit *Du sollst nicht lügen* übersetzte Gebot meint vom Wortlaut eigentlich nur die vorsätzliche Falschaussage vor Gericht. Luther hatte deshalb noch übersetzt *Du sollst nicht falsch Zeugnis ablegen wider deinen Nächsten.* Offenbar hat dieser Tatbestand in der israelitischen Gesellschaft eine große Rolle gespielt, sonst wäre er wohl kaum in den Zehn Geboten berücksichtigt worden. Doch eigentlich ist dies zu viel der Ehre. Das generelle Verbot der Lüge und eine Mahnung zur Wahrhaftigkeit wäre als ethischer Topos sicherlich interessanter gewesen, ist hier aber nicht gemeint. Zudem ist mit dem *Nächsten* hier wie an anderer Stelle an den Volksgenossen gedacht. Dieser ist nicht im Sinne von *Jedermann* zu verstehen. Damit eignet sich auch dieses Gebot nur bedingt zur Vermittlung anspruchsvoller ethischen Prinzipien.

Du sollst nicht nach dem Haus deines Nächsten verlangen. Du sollst nicht nach der Frau deines Nächsten verlangen, nach seinem Sklaven oder seiner Sklavin, seinem Rind oder seinem Esel oder nach irgendetwas, das deinem Nächsten gehört.

Das Wort *begehren* meint im Hebräischen nicht nur einen bloßen Wunsch, sondern auch schon den Versuch, das Begehrte in seinen Besitz zu bringen. Katholiken und Lutheraner machen aus diesen Zeilen zwei Gebote, während die Juden und auch die orthodoxe Kirche das Begehren nach dem Haus des Nächsten mit dem Folgenden zu einem Gebot summieren. Sicherlich könnte man das Gebot für eine ethische Unterweisung verwenden, wäre da nicht der Umstand, dass die Frau hier quasi unter den Hausrat gerechnet wird. Wie Rind und Esel gehört sie dem Mann. Dieses Gebot spiegelt eine archaisch-patriarchalische Gesellschaft wider, die von der Gleichberechtigung von Mann und Frau noch weit entfernt ist. Ja mehr noch: Wie die Zehn Gebote keine Menschenwürde, keine Religionsfreiheit, keinen Toleranzgedanken und keine Meinungsfreiheit kennen, so ist auch der Gleichheitsgrundsatz diesem Denken noch völlig fremd. Und dies bezieht sich nicht nur auf eine rechtliche Gleichheit der Geschlechter. Auch Sklaven und Sklavinnen gehören wie seine Frau zum Besitz des Herrn.

Den Zehn Geboten fehlen demnach elementare Menschenrechte. Sie spiegeln eine Gesellschaft wider, die, man möchte sagen, *Gott sei Dank* vorbei ist. Das ethische Niveau eines modernen Verfassungsstaats ist deutlich höher und anspruchsvoller als das, was Kirchen und Gläubige einem hier aufschwatzen wollen. Überhaupt bleiben bei einer kritischen Analyse von den Zehn Geboten bestenfalls drei übrig, die mit den Prinzipien einer freiheitlichen Grundordnung einigermaßen zu vereinbaren sind. Viel höher ist dagegen die Zahl der Gebote, die explizit oder implizit einer solchen Ordnung widersprechen. Es ist deshalb absurd, ausgerechnet die zehn Gebote als positive Grundlage einer Ethik sehen zu wollen. Gerade sie sind es nicht. Christliche Politiker, die dies immer noch in Sonntagsreden spazieren tragen, wissen offensichtlich nicht, wovon sie reden.

Biblische Unworte

Nicht nur die Zehn Gebote, auch die Bibel insgesamt wird als Quelle einer verantwortlichen und für eine moderne Gesellschaft brauchbaren Ethik weithin überschätzt. Sie ist eben kein überzeitliches Dokument, wie die Kirchen suggerieren wollen, sondern im Gegenteil wie andere historische Urkunden auch mit zeitbedingten und aus heutiger Sicht auch rückständigen Wertvorstellungen befrachtet. Eigentlich gehört sie aufs Altenteil, muss aber immer noch antreten, um für die Gläubigen und die Kirche Begründungsdienst zu tun und bei der Lebenssinnstiftung zu helfen. Denn die Kirchen haben nichts Besseres, neue Heilige Schriften lassen sich nicht aus dem Hut zaubern. Also versucht man, diesen antiken Schriften weiterhin Bedeutsamkeit zu attestieren und Wegweisungen zu entlocken, obwohl der Graben der Geschichte gerade in den letzten zweihundert Jahren die Konstruktion einer ideengeschicht-

lichen Hängebrücke fast unmöglich gemacht hat. Viele biblische
Verse und Kapitel, die vormals für die Gläubigen keine Schwierigkeit bedeutet hatten, sind heute derart fragwürdig geworden, dass
das Lesen dieser Stellen selbst für Gläubige zu einer Quälerei wird.
Antike Vorstellungen sind oft so weit von modernen Anschauungen und modernem Wertempfinden entfernt, dass es selbst für
Gläubige besser ist, manche Stellen besser nicht zu lesen. Einige
der biblischen Unworte seien hier erwähnt, deutlich genug, aber
ohne Anspruch auf Vollständigkeit.

> *Wer glaubt und getauft ist, der soll selig werden, wer aber nicht
> glaubt, der soll verdammt werden. (Mk 16,16)*

Die Scheidung der Welt in Gut und Böse, in Gläubige und Ungläubige, in Gerettete und Verworfene ist ein Grundübel auch der
christlichen Religion. Immer damit im Bunde ist die Intoleranz.
Der Ungeist der Intoleranz findet sich nicht nur im Alten, sondern
auch im Neuen Testament. Von hier aus war es für die Kirche ein
Leichtes, ihre Machtansprüche, ihre Kriege gegen Abweichler und
Andersgläubige aus den vermeintlich Heiligen Schriften zu rechtfertigen. Die Intoleranz ist die Nachgeburt des Monotheismus, fast
zwingende Folge einer mit absolutem Wahrheitsanspruch auftretenden Religion. Was freilich nicht heißen soll, dass Intoleranz
nicht auch in anderen Zusammenhängen vielfach aufgetreten ist.
*Ich bin der Herr, dein Gott, du sollst keine anderen Götter neben mir ha-
ben* – so spricht ein Tyrann. Und seine Priester haben diesen Herr-
schaftsanspruch über Jahrhunderte mit Feuer und Schwert durch-
zusetzen gewusst.

> *Gehet hin in alle Welt und machet zu Jüngern alle Völker.
> (Mt. 28,19)*

Das Christentum war über weite Strecken seiner Geschichte religiöser Imperialismus. Was für Christen fast wie eine Verheißung
wirkt, war für andere Völker der Beginn von Unterdrückung und
Vernichtung ihrer angestammten Religion und kulturellen Identität. Dabei wurde den Völkern, wie wir heute relativ sicher formulieren können, keine Frucht vom Baum der Erkenntnis, sondern
nur ein lediglich anderes Erzeugnis aus dem Garten des religiösen
Aberglaubens gebracht, auch wenn die neue Religion in vielen Fäl-

len einen relativen Fortschritt gegenüber der Ursprungsreligion bedeutet haben mag. Eine moderne Gesellschaft braucht die Vielfalt der Ideen. Wo alle dasselbe denken, wird nicht viel gedacht. Doch die Auseinandersetzung muss frei erfolgen. Der Missionsbefehl hat stattdessen zu oft Krieg und kulturellen Völkermord gebracht.

Sein Blut komme über uns und unsere Kinder. (Mt 27,25)

Der Antisemitismus und Antijudaismus ist nicht denkbar ohne das Neue Testament und vor allem ohne den eben zitierten Satz. Wie auch die beiden vorigen Zitate sind es übrigens reine Erfindungen der Evangelisten, unhistorische Faseleien mit blutigen Konsequenzen. Jede Pogromstimmung konnte sich im Neuen Testament munitionieren, die Juden waren die Feinde, „die sowohl den Herrn Jesus als auch die Propheten getötet und uns verfolgt haben und Gott nicht gefallen und allen Menschen feindlich sind" (1. Thess 2,15). Sie sind „Söhne des Teufels" (Joh 8,44). „Denn es gibt viele Ungehorsame, Schwätzer und Schwindler, besonders unter denen, die aus dem Judentum kommen. Diese Menschen muß man zum Schweigen bringen […]." (Tit 1,10–11a) Über Jahrhunderte hat die Bibel mit solchen Unworten Handlangerdienste für die christlichen Mörder und Verfolger verrichtet. Sie hat die Flamme am Brennen gehalten, ohne christlichen Antijudaismus kein völkischer Antisemitismus. Hitler konnte in *Mein Kampf* (1925) formulieren: „So glaube ich heute im Sinne des allmächtigen Schöpfers zu handeln: Indem ich mich des Juden erwehre, kämpfe ich für das Werk des Herrn." (zitiert nach Dawkins, Der Gotteswahn, S. 383) Selbst wenn, wie Christen immer wieder behaupten, hier Menschen etwas missverstanden haben, es sich nur um Randphänomene in der Bibel handelt, um Zeitbedingtes in an sich wertvollen Schriften, wird die Frage erlaubt sein, und Deutsche werden sie umso dringlicher stellen müssen, ob die Bibel als Grundlage einer ethischen Unterweisung z. B. für Kinder und Jugendliche dienen kann, in der sich neben durchaus vorhandenen wertvollen Stellen eben auch solche befinden, die, stünden sie eben nicht in der Bibel, sondern auf einem rechtsextremen Flugblatt, zu Recht vom Verfassungsschutz verfolgt werden müssten.

Ihr Frauen, ordnet euch euren Männern unter wie dem Herrn; denn der Mann ist das Haupt der Frau wie Christus das Haupt der Gemeinde ist [...]. Wie aber die Gemeinde sich Christus unterordnet, sollen sich die Frauen in allem den Männern unterordnen. (Eph 5, 22–24)

Wie geht es an, dass Frauen in fast allen Religionen unterdrückt werden und dennoch häufig eine viel größere Frömmigkeit an den Tag legen als die Männer? Die Stellung der Frau in der Urgemeinde und in den frühen heidenchristlichen Gemeinden war offenbar viel besser als in der späteren, gänzlich männerdominierten Theologie. „Die Geschichte des Christentums ist auch eine Geschichte des fortschreitenden Totschweigens und Entmündigens der Frauen." (Ranke-Heinemann, Eunuchen für das Himmelreich, S. 133) Beigetragen zu dieser Entmündigung hat auch wieder das Neue Testament mit Stellen wie jener im Epheserbrief, die sich sogar bei kirchlichen Trauungen auch heute noch gewisser Beliebtheit erfreut. Dies hängt damit zusammen, dass die Männer später aufgerufen werden, ihre Frauen zu lieben, scheinbar also ein gegenseitiges Geben und Nehmen vorherrscht. Doch dies ändert nichts daran, dass der Mann mit Christus in Beziehung gesetzt wird, die Frau aber nur mit der Gemeinde. Der Mann ist das Haupt der Frau wie Christus das Haupt der Gemeinde ist. Ohne den Leser langweilen zu wollen: Auch diese Stelle ist wieder eine Fälschung, die Forschung ist sich weitgehend einig, dass der Epheserbrief *nicht* vom Apostel Paulus geschrieben worden ist, wie er vorgibt. Doch was ändert das? Kirchengeschichtlich wirksam wurde diese Stelle auf jeden Fall. Erst im 20. Jahrhundert haben sich Christinnen aus dieser religiös verbrämten Geringschätzung und eines Menschseins zweiter Klasse befreien können, doch auch dies längst nicht in allen Kirchen. Während in den protestantischen Kirchen es inzwischen sogar weibliche Bischöfe gibt, werden den Christinnen im römischen Katholizismus noch immer in selbstgerechter religiöser Bewusstlosigkeit elementare Menschenrechte vorenthalten. Und während auch hier viele bekennende Katholiken in den Gemeinden weit fortschrittlicher und freiheitlicher denken als ihre kirchliche Hierarchie, zeigt sich Papst Ratzinger davon „überzeugt, dass die Kirchenkrise, die wir heute erleben, weitgehend auf dem Zerfall der Liturgie beruht." (Joseph Ratzinger, Aus meinem Leben, S. 174) Schöner lässt sich Weltfremdheit kaum formulieren.

Eine Hexe sollst du nicht am Leben lassen. (Ex 22,17)

Es braucht nicht viel Fantasie um zu erraten, wo dieser Vers seine praktische Anwendung fand. Zwar ist das mosaische Gesetz, aus dem dieser Vers stammt, für den Christen eigentlich abgetan und der Hexenglaube eher heidnischen Ursprungs. Dennoch haben die Scheiterhaufen für Hexen und deren angebliche Buhlen in der frühen Neuzeit sowohl bei Katholiken wie Protestanten munter gebrannt. Dieses „alte Brauchtum" (so eine besser nicht namentlich genannte Provinzzeitung) hat nach neueren Untersuchungen zwar nicht Millionen, aber immerhin Tausende Frauen das Leben gekostet. Den Stempel der Rechtfertigung konnte man sich auch hier wieder in der Bibel abholen. Dass solche Exzesse sich immer wieder auf die biblischen Schriften berufen konnten, lässt die gängige Aussage, es habe sich um Missverständnisse und Fehlinterpretationen der Bibel gehandelt, fragwürdig erscheinen. Und selbst wenn es so wäre: Welchen Wert hat ein Buch, dass über die Jahrhunderte ständig missverstanden wird? Muss man nicht annehmen, dass der Grund der ständigen Missverständnisse dann nicht auch in der Bibel selbst zu suchen ist?

Jeder ordne sich den Obrigkeiten unter, die über ihn gesetzt sind; denn es gibt keine Obrigkeit, die nicht von Gott wäre; die bestehenden Obrigkeiten aber sind von Gott eingesetzt. Wer sich also gegen die Obrigkeit auflehnt, der widersetzt sich der Ordnung Gottes [...]. (Röm 13,1–2)

Dieses Pauluszitat (diesmal echt) ist der christliche Ursprung aller Untertanengesinnung und Obrigkeitsverbrämung. Es war zu allen Zeiten die Lieblingsstelle christlicher Potentaten und Landesherren. Und keine Herrschaft ist sicherer als die, die sich als *von Gottes Gnaden* ihren Untertanen verkaufen kann. Paulus hat hier einen Herrschaftsmythos geschaffen, ohne sich dessen bewusst gewesen zu sein. Diese Paulusstelle hat eine Knechtsgesinnung gefördert, denn wer Untertan sein soll, tut sich schwer mit dem aufrechten Gang. Und hier wird das Untertan-Sein ja geradezu als gottgewollt propagiert. Zwar betont Paulus an anderer Stelle die christliche Freiheit, diese findet jedoch für ihn nur im Inneren der Gläubigen statt, sie geht nie so weit, dass daraus (dies wäre ja auch denkbar gewesen) ein Aufruf erfolgt, auch die unfreien Verhältnisse zu verändern oder zumindest zu kritisieren. Doch so wenig Paulus am irdischen Jesus interessiert war und nur den erhöhten Christus predigt, so wenig ist er an einer Veränderung der irdischen Verhältnisse interessiert. Verstärkt oder gar hervorgerufen wurde dieses christliche Duckmäusertum bei Paulus freilich durch seine Naherwartung. Da er der festen Überzeugung war, das Reich Gottes stehe unmittelbar bevor, sah er keine Notwendigkeit, noch große Veränderungen anzustreben. Denn diese Welt war für ihn ja ohnehin dem Untergang geweiht. Deshalb ermahnt er auch die Sklaven, sie sollen in ihrem Stand bleiben. Doch nun, da die christliche Hoffnung sich als heiße Luft erwiesen hat, das Reich Gottes nicht gekommen ist, haben die Nachgeborenen nur noch seine Aufforderung, sich der Obrigkeit unterzuordnen. Folgt man seinen Ausführungen, müsste man auch die totalitären Regime des vergangenen Jahrhunderts als gottgewollt ansehen. Dann würde Stalin zum Werkzeug Gottes und Hitler tatsächlich ein Mann der Vorsehung? Wollte Paulus uns dies sagen? Doch sicher nicht. Eher darf man davon ausgehen, dass Paulus sich der Implikationen seiner Sätze einfach nicht bewusst war. Der Völkerapostel redet hier schlicht Unsinn. Oder wie soll man es sonst nennen? Weniger Glauben, mehr Denken wäre hier angesagt gewesen. Doch sein Gerede wurde kanonisiert und hat nicht zuletzt den Widerstand gegen die NS-Diktatur massiv behindert und geschwächt.

Und Gott sprach zu ihnen: Seid fruchtbar und mehret euch und füllt die Erde und macht sie euch untertan; und herrscht über die Fische im Meer und über die Vögel des Himmels und über alles Lebendige, das sich regt auf der Erde! (Gen 1,28)

Dieses Wort war einst als Segen gedacht. Der Sinn war: *Ihr dürft* fruchtbar sein und über die Erde herrschen. Es war eine Verheißung angesichts einer Welt, in der der Mensch seine ungesicherte Existenz einer feindlichen Umwelt noch abtrotzen musste. Bald jedoch hat man es als Befehl missverstanden. Auch hier erscheint wieder wie in den vorigen Unworten die Wendung *untertan machen*. Die Frau akzeptiere ihr Untertan-Sein unter den Mann, der Christenmensch sei gehorsamer Untertan der Obrigkeit, der Mensch mache sich die Erde untertan. Ein friedliches Zusammenleben in gegenseitiger Achtung scheint den Autoren der Bibel an vielen Stellen fremd zu sein. Und aus dem Segen ist heute ein Fluch geworden, aus der Verheißung eine Drohung. Herrschaft soll der Mensch über die Natur ausüben und tut dies heute im Übermaß. Ökologisches Bewusstsein in einem antiken Text zu erwarten, wäre sicherlich unrealistisch. Die Bibel hat für viele der heute drängenden Probleme kein Konzept, woher sollte sie auch. Die Umwelt ist für sie kein Thema, die Natur nur ein Gegner. Auch eine auch nur ansatzweise Tierethik fehlt sowohl im Alten wie im Neuen Testament, zugegeben aber auch in den allermeisten moderneren ethischen Konzeptionen. Wie in so vielen anderen Bereichen ist die Bibel einfach nicht auf der Höhe der Zeit. Ihre angebliche Bedeutsamkeit *für uns heute* immer wieder zu betonen, ist Ausdruck christlichen Wunschdenkens.

Die biblischen Schriften taugen deshalb nicht zur ethischen Fundierung einer modernen Gesellschaft. Dennoch ist es nur natürlich, dass es bei einer solchen Schriftensammlung auch Stellen und Ansatzpunkte gibt, die für eine ethische Unterweisung oder als Grundlage menschlichen Zusammenlebens sinnvoll wären. Nur: Solches kann man auch erwarten für Texte aus dem Koran, dem Buddhismus oder gar esoterischen Schriften, man könnte sie finden bei Platon, Cicero oder Marc Aurel. Was die Bibel als ethische Quelle fragwürdig erscheinen lässt, ist ihre an so vielen Stellen offen liegende Inhumanität und ethische Rückständigkeit. Die vorhandenen positiven Stellen befinden sich in ausnehmend schlechter Gesellschaft. Patriarchalische Überlegenheitsphantasien relativieren das andernorts propagierte Liebesgebot, Obrigkeitsdenken entkräftet die behauptete christliche Freiheit, Autorität entlarvt sich für den heutigen Leser nur als autoritäres Gebaren. Wegen dieser Gemengelage ist die Bibel für eine heutige Wertevermittlung ungeeignet. Die Bibel wird eben überschätzt. Die für unsere Gesellschaft entscheidenden Werte stammen gerade *nicht* aus ihr.

Sind Glaube, Hoffnung und Liebe wirklich Tugenden?

Die Zehn Gebote erweisen sich bei näherer Betrachtung als weitgehend unbrauchbar, die Bibel mit ihren vielfach überholten ethischen Richtlinien nur teilweise verwendbar zur ethischen Grundlegung eines modernen Gemeinwesens. Vielleicht sind es ja die christlichen Tugenden, die Politiker meinen, wenn sie die christlichen Grundlagen unserer Gesellschaft beschwören? Diese werden von Paulus in 1. Kor 13 formuliert. „So aber bleibet Glaube, Hoffnung und Liebe; die *Liebe* aber ist am größten". Dieser Satz bildet den Schlusspunkt von Versen, in denen es um die Liebe geht, weshalb man auch vom „Hohelied der Liebe" spricht.

> Und wenn ich meine ganze Habe verschenkte und wenn ich meinen Leib dem Feuer übergäbe, hätte aber die Liebe nicht, nützte es mir nichts. Die Liebe ist langmütig, die Liebe ist gütig. Sie ereifert sich nicht, sie prahlt nicht, sie bläht sich nicht auf. Sie handelt nicht ungehörig, sucht nicht ihren Vorteil, lässt sich nicht zum Zorn reizen, trägt das Böse nicht nach. Sie freut sich nicht über das Unrecht, sondern freut sich an der Wahrheit. Sie erträgt alles, glaubt alles, hofft alles, hält allem stand. Die Liebe hört niemals auf. (1. Kor 13, 3–8a)

Zu Recht sieht man in dieser Stelle einen Höhepunkt der biblischen Überlieferung, und kein Kirchenjahr geht ins Land, wo dieser Text nicht würdiger Gegenstand einer Predigt wäre. Er ist dazu angetan, mit manchen anderen Stellen, auch bei Paulus, zu versöhnen und hat so etwas wie eine Allgemeingültigkeit über die Grenzen der Religionen und Weltanschauungen hinweg, ist wahrlich ein Stück Weltliteratur. Dies liegt auch daran, dass Paulus hier offenbar auch von der zwischenmenschlichen Liebe spricht und weniger von der Liebe zu Gott. Denn so positiv der Liebesbegriff auch besetzt ist, in christlichem Kontext ist die Liebe meist zweigeteilt. Vor die Menschenliebe haben die Christen und Juden oft die Gottesliebe gesetzt. Diese Zweiteilung spiegelt sich in der Frage nach dem größten Gebot, welche Jesus, wie schon erwähnt, so beantwortet:

> Darum sollst du den Herrn, deinen Gott, lieben mit ganzem Herzen und ganzer Seele, mit all deinen Gedanken und all deiner Kraft. Als zweites kommt hinzu: Du sollst deinen Nächsten lieben wie dich selbst. Kein anderes Gebot ist größer als diese beiden. (Mk 12,30–31)

Diese christliche Sicht der Liebe ist problematisch, denn die Liebe erreicht die Menschen nicht ungeteilt. Wie viel Liebe wird an Götter verschwendet, die gar nicht existieren? Und die Christen lassen die Liebe zu den Menschen oft aus der Gottesbindung resultieren. Doch dass dies nicht stimmen kann, widerlegen ethisch vorbildliche Agnostiker und Atheisten ebenso wie der Umstand, dass die Gottesliebe oft auch zu Untaten inspiriert hat. Die Kirchengeschichte hat dies mehr als deutlich gezeigt. Auch bei anderen Religionen kann die Gottesliebe dazu führen, besonders grausam gegen Mitmenschen und vor allem Andersgläubige vorzugehen. „Die neunzehn Selbstmordattentäter von New York, Washington und Pennsylvania waren zweifellos die gläubigsten Menschen an Bord dieser Flugzeuge. Vielleicht wird jetzt nicht mehr ganz so lautstark behauptet, dass gläubige Menschen moralische Vorzüge besitzen, um die andere sie nur beneiden können?" (Hitchens, Der Herr ist kein Hirte, S. 47)

Nächstenliebe ja – aber doch besser nicht in Abhängigkeit vom Glauben an einen Gott, sondern eher im Gefühl einer Solidarität mit den Mitmenschen insgesamt. Oder wie Lessing es wollte, das Gute zu tun um des Guten willen. Lessings Konzept ist einer religiösen Herleitung überlegen. Paulus verzichtet in seinem Text auf die Gottesbindung, und dies macht den Text so positiv. Er setzt diese Gottesbindung aber selbstverständlich voraus und spricht dies an anderer Stelle auch direkt aus.

Auch die *Hoffnung* ist ein Begriff, der gewöhnlich positiv besetzt ist. Es geht jedoch nicht um ein allgemeines Hoffen auf bessere Zeiten oder Hoffen als Ausdruck eines optimistischen Lebensgefühls. Die christliche Hoffnung ist zunächst Hoffnung nur für die Christen. Sie meinte ursprünglich die freudige Erwartung auf die baldige Wiederkehr Jesu und später, als diese nicht eintrat, die Hoffnung auf ein ewiges Leben im Himmel oder einem jenseitigen Reich. Der doppelte Ausgang der Weltgeschichte bedeutete aber für alle Nichtchristen Hölle und ewige Verdammnis. Wer heute leichtfertig von christlicher Hoffnung spricht, ist sich dieser durchaus negativen Konnotation nicht bewusst. Das Paradies gibt es nur mit gültigem Taufschein, die anderen müssen draußen bleiben. Andere Religionen haben ähnliche Einlassbedingungen. Und christliche Theologen, die die Güte Gottes so groß sehen wollten, dass am Ende *alle* das Heil erlangen, wurden als Ketzer verfolgt. Es ist schade, dass sich die christliche Liebe so schwer verwirklichen lässt. Doch dass die christliche Hoffnung getrogen hat, ist für die allermeisten Menschen ein Segen.

Und es ist noch ein zweites, was den christlichen Hoffnungsbegriff fragwürdig erscheinen lässt. Die Jenseitshoffnung lenkt vom Diesseits ab. Die Hoffnung auf eine Welt, die vielleicht kommen wird, schwächt den Willen, die Verhältnisse in einer Welt zu ändern, die bereits da ist. Das Diesseits wird als *Vorläufiges* und *Vorletztes* abgewertet. Dagegen ruft u. a. Feuerbach auf: „Erwartet das Bessere nicht von dem Tode, sondern von Euch selbst! Nicht den Tod schafft aus der Welt; die Übel schafft weg[…]." (Ludwig Feuerbach, Sämtliche Werke, 1903/1911 Bd. 1, S. 116f.) Und Joachim Kahl gibt zu bedenken:

> [J]ede erträumte Erlösung im Jenseits käme immer zu spät. Was zuvor geschehen ist, könnte sie nicht im Geringsten ungeschehen machen. Die Unumkehrbarkeit der Zeit ist die unüberschreitbare Grenze jeden Allmachtsglaubens. Kein religiöses Erlösungsversprechen verhindert Erdbeben-, Kriegs-, Folter-, Mord-, Vergewaltigungs-, Krebs- oder Verkehrsopfer. Kein religiöses Erlösungsversprechen macht das darin erfahrene Leid wieder gut. Das liebenswerte Sehnsuchtsbild einer vollendeten Gerechtigkeit, einer universalen Versöhnung bleibt unerfüllbar, weil selbst bei einer jenseitigen Kompensation das zuvor Geschehene nie ungeschehen gemacht werden kann. Wer gefoltert wurde, bleibt gefoltert." (Kahl, Weltlicher Humanismus, S. 107)

Dass der *Glaube* ein positiver Wert sei – dieses Gerücht hält sich hartnäckig nicht nur bei den Gläubigen. Auch viele Nichtgläubige halten es für positiv, dass Menschen an etwas glauben. Die Inhalte scheinen egal zu sein, denn wie sonst sollte man verstehen, dass man die Frömmigkeit lobt, die tibetische Buddhisten veranlasst, sich einhunderttausendmal (es wird mitgezählt) vor ihren Kultbildern niederzuwerfen oder einen heiligen Berg auf Knien zu umrunden. Oder wenn brasilianische Ureinwohner stundenlang ums Feuer tanzen, um ihre Ahnen zu besänftigen. Der Tourist hält dies für positiv und bewahrenswert, auch wenn er selbst, nüchtern betrachtet, dies selbst nie tun würde. Warum genügt die Form des Glaubens, warum spielen die Inhalte keine Rolle? Sind die den heiligen Berg umrundenden Tibeter nicht eher bedauernswerte

Menschen, gefangen in den Fesseln *der* Religion, in die sie zufällig hineingeboren wurden? Wie sollen aus Gläubigen, die mit der Hypothek einer solchen Religion belastet sind, jemals aufrechte Menschen werden? Und kann man eine Fehlorientierung im Leben gutheißen, weil sie sich als religiöse Folklore gut macht? Oder weil die Gläubigen sich wohl dabei fühlen? Und dass die Gläubigen mit an Sicherheit grenzender Wahrscheinlichkeit einem Aberglauben erliegen, erhellt wieder aus der Vielzahl der sich gegenseitig ausschließenden Religionen. Glaubende sind zum Irren verdammt.

Glaube ist deshalb kein Wert, sondern ein Unwert, denn er ist für die individuelle wie kollektive Fehlorientierung verantwortlich, das Leben in der selbstgewählten oder übernommenen Illusion, das Verharren in religiös verzerrter Weltsicht, das trotzige Zuendegehen des Holzwegs. Der Glaube eine Tugend? Wäre nicht die Fähigkeit zur Glaubenskritik ein viel sinnvollerer Wert als der Glaube? Man macht sich dann wenigstens nichts vor. Religionsfreiheit ist ein zu respektierender Wert ebenso wie Freiheit von Religion. Doch warum akzeptiert man immer noch den persönlichen Glauben als so etwas wie einen heiligen Bezirk, als tabuisierten Bereich, wo kritische Nachfragen nicht erwünscht sind? Auch über unterschiedliche politische Meinungen ist Diskussion erlaubt und erwünscht, warum nicht auch ein kritisches Nachfragen und Infragestellen von religiösen Anschauungen? Warum ist in der Religion erlaubt, was in der politischen Diskussion als unfein gilt: Diskursverweigerung und Rückzug ins Schneckenhaus der Innerlichkeit?

Auch die drei christlichen Kardinaltugenden haben also nur bedingt erkennen lassen, dass sie für unsere Gesellschaft wirklich konstitutiv sind. Es findet sich in ihnen zu viel morsches Strandgut, sodass sie wohl kaum ausreichen, daraus ein tragfähiges Schiff zu zimmern. Auch die Karte der christlichen Tugenden sticht also nicht. Doch eine haben wir noch: das Vorbild Jesu. Auf dieses soll in gebotener Kürze eingegangen werden, denn in früheren Kapiteln haben wir uns schon eingehend mit ihm und seiner Lehre beschäftigt.

Jesus, ein fragwürdiges Vorbild

Warum den Umweg über die Dörfer machen? Warum sich an überholte Gebote, widersprüchliche biblische Schriften und unzureichende christliche Tugenden halten, um die christlichen Grundwerte zu demonstrieren? Was Christentum ist und wie ein Christ handeln soll, versuchen Christen gerne durch einen direkten Rekurs auf Jesus und seine Verkündigung deutlich zu machen. Jesus als Vorbild?

Diese Lösung hat den Vorteil, dass man sich nicht mit dem alttestamentlichen Gottesbild herumschlagen muss, welches ja noch keinen Gott der Liebe, sondern einen Gott des Krieges und der Gewalt bietet. Jesus hat, sicherlich nicht als Einziger, sondern in Anlehnung an schon vorhandene Strömungen in Palästina, an einen menschenfreundlicheren Gott geglaubt. Dieser Gott ist weniger der furchtbare Rächer als vielmehr der liebende Vater, der sich seinen Geschöpfen in Wohlwollen zuwendet. Jesus hat auch den religiösen Legalismus der pharisäischen Umwelt menschenfreundlich umgestaltet. *Das Gesetz ist um des Menschen willen da, nicht der Mensch um des Gesetzes willen* (Mk 2,28), wobei allerdings umstritten ist, ob er das wirklich gesagt hat. Jedenfalls hat sein praktisches Handeln humanisierende Züge, und wenn es um konkrete Hilfe in einem Einzelfall geht, dann lässt er auch schon mal beim Gesetz fünfe gerade sein. Das macht ihn sympathisch ebenso wie seine Hinwendung zu den Ausgegrenzten und Randgestalten der damaligen Gesellschaft, seine Freundschaft mit *Zöllnern und Sündern*. Ebenso pflegte er zu Frauen, die im damaligen Judentum als unbelehrbar galten, ein ungezwungenes Verhältnis. Sie haben ihm bis zu seinem Tod die Treue gehalten, als seine Jünger schon aus Jerusalem geflohen waren. Den Reichtum hat er kritisiert, das Himmelreich den Armen (und nicht nur den Armen *im Geiste*) zugesprochen. Seine Aufrufe zu Liebe und Vergebung sind zeitlos, seine Gleichnisse vom verlorenen Sohn und vom barmherzigen Samariter und Teile der Bergpredigt gehören zum Besten, was in den neutestamentlichen Schriften überliefert wurde.

Die Kirche ist ihm in vielem nicht gefolgt, wurde selber reich und mächtig, vertrat bald selbst statt einer am Menschen orientierten Verkündigung eine Dogmatik, die über Leichen ging, und verfolgte die *Zöllner und Sünder* mit der Schärfe des Schwertes, wo Jesus noch Friedfertigkeit gepredigt hatte. Eine Kirche, die von Jesu Umgang mit den Frauen bald nicht nur befremdet war, sondern die Frauen als Einfallstor der Versuchung zu Menschen zweiter Klasse, wenn nicht Schlimmerem machte. Und die die Liebe, die Jesus zweifellos für sein jüdisches Volk empfunden hatte, in Judenhass verwandelt hat.

Man kann schon Verständnis dafür haben, dass dieser Jesus nach wie vor Gläubige und Ungläubige fasziniert. Doch dass diese positiven Züge manchen Romantizismus im Gepäck haben, dafür haben schon die Evangelisten selbst gesorgt. Sie idealisieren ihn, glätten Widersprüche und Anstößiges, machen aus ihm das reine unschuldige Lamm, das die Sünden der Welt trägt. Besonders seine Reden und sein Auftreten im Johannesevangelium, für die Gläubigen oft besonders wertvoll, sind fast völlig Produkte frommer Gedankenlyrik, zeigen einen Jesus, wie ihn seine frühen Anhänger haben wollten. Und auch in den anderen Evangelien muss das, was Jesus wirklich wollte und gesagt hat, mühsam freigelegt werden. Wer aber noch näher an ihn herankommen will, muss das Markusevangelium lesen, dieses in der Kirche eher ungeliebte Evangelium, das noch einen spröden Jesus zeigt, der sich für die Verkündigung der Kirchen nur mit Mühe einspannen lässt. Die ältesten Zeugnisse zeigen Jesus als Wanderprediger und Exorzisten. Als Apokalyptiker verkündet er die Gottesherrschaft, das Ende der Welt, so wie man sie kannte. Er war ein Endzeitprediger und wollte seine Volksangehörigen aufrütteln. An die Heiden hatte er offenbar keine Botschaft, erst recht nicht an uns heute. Als gläubiger Jude sah er sich nur zu den Juden gesandt. Seine Predigt der Gottesherrschaft wäre für Heiden ohnehin unverständlich gewesen. Zu seiner Vorstellungswelt gehörte auch der Glaube an Hölle, Teufel und Gericht. Sie machen das Dunkle in seiner Predigt aus, das von den Christen heute meist ausgeblendet wird.

Wer also Jesus z. B. als ethisches Vorbild sehen will, hat es nicht einfach, jedenfalls dann nicht, wenn er sich ernsthaft bemüht, den wirklichen Jesus von den späteren Übermalungen zu befreien. Man erhält dann doch ein sehr ambivalentes Bild, bei dem sich neben Licht auch viel Schatten findet. Christen müssen sich fragen: Lohnt es sich, einem Menschen nachzufolgen, dessen Botschaft die heutigen Christen überhaupt nicht im Blick hatte? Der sich als religiöser

Ekstatiker im Zentrum seiner Verkündigung geirrt hat und es trotz vieler positiver Ansätze nicht schafft, sich von bestimmten Formen des Volks(aber)glaubens zu lösen? Machen seine Äußerungen zur Friedfertigkeit und zur Nächstenliebe den religiösen Partikularismus wett, den er eben auch vertreten hat?

Der Blick auf den wirklichen Jesus ist ernüchternd und nur teilweise erbaulich. Die historische Untersuchung ist zudem schwierig und von „normalen" Gläubigen eigentlich kaum zu leisten. Was aber einfach ist, ist die Person Jesus so vorzustellen, wie sie uns die Evangelisten präsentieren. Dies tun heute wie ehedem weitgehend die Kirchen und fast alle kirchlichen Gruppen. Man glaubt an einen Jesus, der so nie existiert hat, den man aber so vermittelt bekam und den man im Grunde auch nicht anders haben möchte. Und war es früher tatsächlich eine Glaubensentscheidung, weil man die historische Frage so noch nicht stellen konnte, so glauben viele Christen heute wider besseres Wissen oder im Nichtwahrhabenwollen wissenschaftlicher Ergebnisse. Ein selbst gemachter Gott ist jedoch auch nach christlichem Verständnis ein Götze, ein selbst gemachter Christus wäre dann eine Anbetung des goldenen Kalbs.

Dennoch kann man natürlich sein privates Leben am Leben Jesu ausrichten, was viele Menschen auch tun. Doch es ging uns hier weniger um die Frage des privaten Glaubens als vielmehr darum, ob die Grundlagen unserer Gesellschaft sich irgendwie vom Leben Jesu herleiten lassen. Man wird dies nach dem Gesagten eindeutig verneinen müssen. Jesus kann als religiöse Figur niemals Grundlage eines säkularen und pluralistischen Staates sein. Denn Religion hat fast immer auch eine Abgrenzungstendenz. Bei einem weichgespülten Protestantismus wird dies sicher weniger der Fall sein, doch beim römischen Katholizismus als größter christlicher Denomination gehört dieser religiöse Geburtsfehler fast zum guten Ton, zumindest in der katholischen Hierarchie, weniger sicherlich bei den Gläubigen selbst. Papst Ratzinger hat in seinem Pontifikat schon Protestanten, Moslems und Juden heftig vor den Kopf gestoßen, und man darf gespannt sein, wer noch alles drankommt.

Aber man kann natürlich dennoch fragen, ob wenigstens Inhalte der Verkündigung Jesu sich gleichsam als Spolien im politischen Gemeinwesen wiederfinden. Doch es fällt schwer, Begriffe wie

Barmherzigkeit, Nächstenliebe oder gar Feindesliebe als Kategorien staatlichen Handelns zu beschreiben, sie haben eher im zwischenmenschlichen Bereich ihren Platz. Bei konkreten Verboten Jesu wie dem Eidverbot, dem Verbot der Ehescheidung und dem Vergeltungsverbot gehen moderne Gesellschaften andere Wege. Die Bindung Jesu an den jüdischen Gott und dessen Verehrung und die Herleitung von Handlungsmaximen aus der jüdischen Überlieferung spielen ohnehin keine Rolle. Zu Fragen der staatlichen Ordnung sind von Jesus kaum Äußerungen vorhanden. Ob das *Gebt dem Kaiser was des Kaisers ist* wirklich auf Jesus zurückgeht oder nur Jesus von der Gemeinde untergeschoben wurde, um die politische Loyalität der frühen Gemeinde gegenüber dem Römischen Reich zu betonen, ist umstritten.

Man wird deshalb abschließend sagen dürfen, dass auch das Vorbild Jesu nicht gemeint sein kann, wenn Kirchen und Politiker von den christlichen Werten und den christlichen Grundlagen oder Wurzeln unserer Gesellschaft sprechen. Dennoch hört man sie ständig davon reden. Wie ist dieser Widerspruch zu erklären?

Woher stammen unsere Werte wirklich?

Wenn Politiker in Sonntagsreden von den christlichen Werten sprechen, meinen sie damit in Wirklichkeit Werte der Aufklärung, sind sich dessen aber nicht bewusst. Unsere Gesellschaft hat viel mehr von der Aufklärung übernommen als vom Christentum. Wenn vor allem Protestanten immer wieder behaupten, dass die Aufklärung letztlich irgendwie ihre Wurzeln im Christentum habe, ist das glatte Rosstäuscherei oder zumindest ein Schmücken mit fremden Federn. Es wird bei einer Sichtung sogar deutlich, *wie wenig* spezifisch christliches Gedankengut unsere Gesellschafts- und Rechtsordnung tatsächlich geprägt hat, ja mehr noch, wie das Christentum unserer Gesellschaftsordnung im eigentlichen Sinne widerspricht.

Der *Toleranzgedanke* z. B. ist dem Christentum seinem Wesen nach fremd, für ein modernes Gemeinwesen jedoch konstitutiv. Toleranz ist kein christlicher Wert, die Aufklärer haben nicht an christliche Vorbilder oder Gedanken anknüpfen können. Dennoch ist man geneigt, das heutige Christentum als eher tolerante Religion zu verstehen, vor allem im protestantischen Bereich. Dies liegt jedoch daran, dass das abendländische Christentum selbst die Aufklärung durchlaufen und von daher den Wert der Toleranz adaptiert hat. Nun meint es fälschlich, Toleranz habe immer schon zu seinem Wesen gehört. Doch ein Blick in die Geschichte zeigt deutlich, dass nicht Toleranz, sondern Intoleranz die weitaus größten Teile der Kirchengeschichte bestimmt hat. Schon der alttestamentliche Gott war ein eifersüchtiger Gott, der die Verfolgung fremder Völker und Kulte befohlen hat. Und nachdem das Christentum im Römischen Reich selbst nicht mehr verfolgt wurde, begann es seinerseits sofort mit der Verfolgung von Abweichlern und polytheistischen Altgläubigen. Der Abfall vom rechten Glauben wurde ein Staatsverbrechen, gegen das kirchliche und weltliche Herrschaft vereint vorgingen. Dies wird verständlich aus dem Selbstverständnis einer Religion, die sich als die einzig wahre verstanden hat, von Gott selbst offenbart, und wo ein Abfall ein Vergehen gegen Gott selbst darstellte. Die Intoleranz war deshalb kein Versagen Einzelner oder der Kirche insgesamt, sie ergab sich folgerichtig aus dem System einer sich exklusiv verstehenden Religion. Deshalb hatte die Aufklärung ihre Gegner auch gerade in klerikalen Kreisen (wie allerdings auch manche Befürworter). Toleranz wurde schlicht als Verrat am einen und einzigen Gott empfunden und gebrandmarkt. Deshalb hat vor allem der Katholizismus die Aufklärung und ihre Begleitumstände noch bis weit ins 20. Jahrhundert hinein bekämpft. Im *Syllabus Errorum* von 1864 verurteilte Pius IX. die modernen *Irrtümer*, setzte jedoch für sich selber auf dem Ersten Vatikanischen Konzil die Unfehlbarkeit durch. Pius X., auf den sich noch heute katholische Traditionalisten berufen, führte 1910 den *Antimodernisteneid* ein, der noch bis in die 60er-Jahre hinein für Kleriker verpflichtend war und die Amtsträger ideologisch auf Linie halten sollte. Den Schritt in die Moderne hat der Katholizismus erst mit dem Zweiten Vatikanischen Konzil (1962–65) halbherzig vollzogen, seitdem sind, vor allem unter den Päpsten Woytila und Ratzinger, eher Rückschritte als Fortschritte zu erkennen. Es ist ein Skandal, dass eine Religion immer noch einen so großen gesellschaftlichen Einfluss hat, die in ihrer Lehre elementaren Grundsätzen unserer Gesellschaft widerspricht.

Auch das *Gleichheitsprinzip* ist kein Erbe des Christentums, im Gegenteil. Zwar seien vor Gott angeblich alle Menschen gleich; diese Kanzelweisheit hat jedoch in der Kirchengeschichte nur verschleiert, dass gerade das Christentum die Ungleichheit der Menschen als göttliche Setzung gepredigt hat. Es ging nicht darum, gleiche Rechte zu verwirklichen, sondern de facto das Bestehende zu rechtfertigen. Jeder sollte in dem Stand bleiben, in den ihn göttlicher Ratschluss versetzt hatte, sei er nun Sklave oder Herr. Aufbegehren gegen diese Ordnung war Aufbegehren gegen Gott. Mit Paulus im Gepäck wurde so eine gesellschaftliche Emanzipation durch die Kirche über Jahrhunderte verhindert. Als dann mit der Aufklärung und später der Industrialisierung gesellschaftliche Kräfte auftraten, die eine reale rechtliche Gleichheit der Menschen anstrebten, wurden diese von den Kirchen bekämpft und verketzert. Die Kirchen erwiesen sich als Bremsklotz einer Entwicklung, deren Ergebnisse heute zum Grundbestand jeder freiheitlichen Ordnung gehören. Nicht zuletzt die Gleichberechtigung der Frau gehörte hierzu, mit der sich viele Kirchen auch heute immer noch schwertun, weil sie sich auf rückständige pseudogöttliche Traditionen berufen.

Die *Meinungsfreiheit* ist ebenso ein Pfeiler einer modernen Gesellschaft und ebenfalls kein Gewächs der Kirche. Dass die meisten Gläubigen diesen Wert dennoch heute verinnerlicht haben, liegt wieder an einem durch die Aufklärung geläuterten Christentum. Ihr Glaube müsste eigentlich andere Meinungen bekämpfen, wie es auch in der Kirchengeschichte lange geschehen ist. Die Meinungs- und Gewissensfreiheit wurde nicht nur gegen politische Herrschaften, sondern auch gegen den Widerstand der Kirchen erkämpft. Denn Meinungsfreiheit bedeutete auch Religionsfreiheit.

Alles bisher Gesagte bedingt auch ein gespaltenes Verhältnis des Christentums zum *Freiheitsbegriff*. Auch die Freiheit kann kein christlicher Wert sein, beinhaltet sie doch die theoretische Möglichkeit, sich auch gegen Gott und die Kirche entscheiden zu können. Doch diese bürgerliche Freiheit ist eine theologische Sünde. Der Freiheitsbegriff des Christentums ist fadenscheinig, tatsächlich erlaubt und akzeptiert er eine freie Entscheidung des Menschen nicht. Wehe dem, der die Freiheit nicht nutzt und sich nicht für den christlichen Gott entscheidet! Er hat sein Leben verwirkt und fällt der ewigen Verdammnis anheim. Wirkliche Freiheit sieht anders aus.

Protestanten verweisen gerne auf Luther und sein Einschreiten gegen einen entarteten römischen Katholizismus. Gegen ihn habe er die Freiheit des Glaubens betont und verteidigt. Doch war es eben nur *seine* Sicht des Glaubens, für die er hier Gewissensfreiheit beanspruchte. Gegen andere Ausprägungen des beginnenden Protestantismus haben er und seine Nachfolger erbittert gekämpft und nur die alte Dogmatik durch eine neue ersetzt. Mit Freiheit in einem modernen Verständnis hat seine Opposition gegen die römische Kirche gerade nichts zu tun. Luther war nicht Bahnbrecher der Neuzeit, sondern bedeutete viel eher einen geistesgeschichtlichen Rückschritt, die Reformation hat nach den hoffnungsvollen Anfängen des Humanismus und der Renaissance nur eine neue Runde der Orthodoxie und der Scholastik eingeläutet.

Das Grundgesetz betont an prominenter Stelle in Artikel 1:

(1) Die Würde des Menschen ist unantastbar. Sie zu achten und zu schützen ist Verpflichtung aller staatlichen Gewalt.

(2) Das Deutsche Volk bekennt sich darum zu unverletzlichen und unveräußerlichen Menschenrechten als Grundlage jeder menschlichen Gemeinschaft, des Friedens und der Gerechtigkeit in der Welt.

Die Würde Gottes betonen alle Religionen. Die *Menschenwürde* kennen sie dagegen nicht, ihre Definition ist im Wesentlichen eine Errungenschaft der Aufklärung. Auch dem Christentum ist dieser Begriff nicht nur vom Namen, sondern auch vom Inhalt her fremd. Gelegentlich wird die Gottesebenbildlichkeit des Menschen (Gen 1,27) an den Haaren herbeigezogen, um die Menschenwürde doch noch irgendwie in der Bibel dingfest zu machen. Doch die biblischen Schriften waren noch nicht so weit, dieses Thema auch nur zu empfinden, es lag noch nicht in ihrem Gesichtsfeld. Man kann ihnen daraus keinen Vorwurf machen, das Problem liegt viel eher darin, dass an sie der Anspruch herangetragen wird, als müssten sie auch für unsere Zeit irgendwie bedeutsam und ethisch wertvoll sein. Das Gegenteil ist der Fall.

Es dürfte deutlich geworden sein, wie wenig unsere Gesellschaft tatsächlich auf christlichen Grundlagen beruht. Freiheit, Gleichheit, Toleranz, Menschenwürde, Menschenrechte, Rechtsstaatlichkeit: Diese Grundpfeiler einer modernen Gesellschaft finden sich in den biblischen Schriften und in der christlichen Überlieferung gerade nicht. Und sie fanden sich folgerichtig auch nicht in eineinhalbtausendjähriger Kirchengeschichte. Dagegen finden sich in den biblischen Schriften immer wieder Stellen, die einem freiheitlichen und modernen Verständnis gerade entgegengesetzt sind. Man darf geradezu froh sein, dass unsere Gesellschaft *nicht* auf christlichen Grundlagen basiert. Es war gerade die Überwindung einer religiös geprägten Menschen- und Weltsicht, die *den* Werten zum Durchbruch verhalf, auf denen unsere Gesellschaft wirklich fußt.

Wozu noch Christentum?

Das Christentum hat seinen Höhepunkt schon vor langer Zeit überschritten. Wie alles ist es dem natürlichen Fluss von Werden und Vergehen unterworfen. Ob an seine Stelle andere Religionen treten oder ob die Gesellschaften insgesamt religionsloser werden, werden wir nicht mehr erfahren. Bemerkenswert ist jedenfalls, dass in den am meisten entwickelten Gesellschaften Religion eine immer geringere Rolle spielt. Und dass die Religionsbedürftigkeit mit zunehmender Bildung abnimmt. Religion ist eben nichts, was zwangsläufig zum Menschsein gehört, sie ist keine anthropologische Konstante, auch wenn die Kirchen dies gerne suggerieren wollen. In Ostdeutschland hat es nach dem Fall der Mauer eben keine massenhafte Rückkehr zur christlichen Religion gegeben. Nur noch 26 Prozent der Menschen gehören dort einer christlichen Kirche an (EKD-Statistik 2006). Man hat in den Zeiten der DDR viel vermisst, die Religion gehörte jedoch offenbar nicht dazu. Und an die Stelle der Kirchen sind nach der Wende auch nur in geringem Maße andere Weltanschauungsvereine oder esoterische Gruppen getreten. Die meisten Menschen kommen offenbar ohne religiöse Gehhilfen aus. Und trotz weitgehender Religionslosigkeit ist dort kein ethisches Chaos oder auch nur ein ethisches Vakuum entstanden. Dass die Kirchen zur Wertevermittlung tatsächlich gebraucht würden, ist Wunschdenken der Kirchen.

In Deutschland insgesamt sind derzeit nur noch ca. 63 Prozent der Menschen einer Kirche zugehörig. Der Anteil der davon aktiv am kirchlichen Leben Teilnehmenden ist verschwindend gering. Fast alle Pfarrer predigen am Sonntag vor leeren Kirchenbänken. Die Gruppe der Religionslosen wird in 10–20 Jahren mehr als die Hälfte der Bevölkerung ausmachen. Als Stützen der Kirchen erweisen sich im Westen weniger persönliche Glaubensüberzeugung und echte Religiosität als vielmehr ein staatlich unterstütztes Kirchensteuersystem und eine gewisse Traditionsmentalität, das diffuse Gefühl, dass das Christentum irgendwie für die Bildung der Persönlichkeit oder als Grundlage der Gesellschaft sinnvoll sei und dass es zumindest nicht schaden könne, wenn Kinder damit in Verbindung kommen, auch wenn deren Eltern selbst längst unreligiös sind.

Doch die letzten Kapitel dieses Buches haben gezeigt, dass auch der ethische Ertrag des Christentums heute eher marginal ist und von Christen wie Nichtchristen überschätzt wird. Man braucht das Christentum nicht, um verantwortlich zu leben. Dass die Grundlagen des Christentums haltlos sind und es keine wirkliche Verbindung zwischen dem Apokalyptiker Jesus und der späteren Kirche gibt, wurde ebenso aufgezeigt wie die Abstrusitäten und Fantastereien einer sich fälschlich auf diesen Jesus berufenden altkirchlichen, mittelalterlichen und sogar neuzeitlichen Dogmatik. Es sind Luftgespinste, es passt alles nicht. Zu offensichtlich sind die historischen Unzulänglichkeiten, zu wunschgesteuert der dogmatische Bau der Kirche, zu hilflos die modernen Versuche, zu retten, was zu retten ist. Ein solches Gebäude *muss* einstürzen wie alle weltanschaulichen und religiösen Gesamtkonzeptionen bisher.

Und für den einzelnen Gläubigen geht es nicht mehr um Glauben oder Nichtglauben als zwei möglichen Varianten einer persönlichen Entscheidung, sondern nur noch darum, ob er die Kraft hat, auch persönliche Konsequenzen aus einem offensichtlich unhaltbar gewordenen Weltbild zu ziehen oder ob er in religiöser Hartleibigkeit so weiterglauben will wie bisher. Ob er den Mut hat, eine nüchterne Wirklichkeit einer allzu schönen Fiktion vorzuziehen?

Karriere eines Gottes – letzter Teil (statt eines Nachworts)

Der alte Mann sitzt in der letzten und kaum mehr wärmenden Herbstsonne. Er sitzt etwas abseits vom Hauptweg, der zur Eingangshalle führt, ohne den Lärm aus dem Küchentrakt und ohne vom Haupthaus aus beobachtet werden zu können. Es ist sein Lieblingsplatz, an den er sich fast täglich bringen lässt, sofern das Wetter es erlaubt und ein Pfleger sich finden lässt, der ihn hinausschiebt. Er hat keine Angst, dass er dort vergessen wird, obwohl dies schon des Öfteren fast geschehen ist. Die Ängste davor, die die jungen Pfleger vorgeben zu haben, sind die seinen nicht. Fast sehnt er sich sogar nach dieser Nachlässigkeit, die ihn für kurze Zeit herausfallen lässt aus der Obhut, in die er sich vor vielen Jahren schon hat begeben müssen.

Er ist nicht ganz freiwillig hier, dennoch fühlt er keinen Gram. Er spürt etwas von der Lebenssattheit, von der die alten Schriften berichten. Nun endlich versteht er, was sie damit meinten. Er hat sein Leben hinter sich, und es hat ihn reich beschenkt. Doch seine Zeit ist vorbei, das Leben draußen geht ohne ihn weiter, und ihm bleibt selbst nur noch die Erinnerung. Doch diese ist ein kostbarer Besitz, viel wertvoller, als die Jungen verstehen können. Er breitet sie vor sich aus wie eine große Karte, die er studiert und auf der er mit dem Finger die Stationen seines Lebens nachfährt. Dazu braucht er niemanden, und so sitzt er meist allein. Ohnehin sind nur wenige übrig geblieben, denen er sich noch mitteilen könnte. Lange schon totgesagt, scheint ihn doch der Tod vergessen zu haben.

Ein erfülltes Gottesleben liegt hinter ihm. Aus kleinen Verhältnissen hatte er sich seinerzeit emporgearbeitet, seine Lehr- und Gesellenjahre hatte er als Berggott eines heute längst vergessenen Volkes verbracht am Rande einer Wüste, die heute wie damals nichts zu bieten hat als Entbehrung und Trostlosigkeit. Magere Kultfeste, Verehrer mit durchaus zweifelhaftem Ruf, ärmliche Beduinengeschenke, wenn auch gut gemeint. Wenn er es zu etwas bringen wollte, dann musste er weg. Viele andere Götter hatten den Absprung nicht geschafft und endeten letztlich in Bedeutungslosigkeit. Ihr Beispiel vor Augen nutzte er den Elan seiner

359

jungen Jahre, um in Begleitung eines Stammes von Halbnomaden den Sprung nach Palästina zu schaffen. Das war immerhin etwas, wenn auch keine erste Wahl. Doch die großen fruchtbaren Gebiete des Niltals und Mesopotamiens blieben ihm verwehrt. Deren Götter bewachten eifersüchtig ihren Besitzstand und zeigten sich Fremden gegenüber reserviert und abweisend. Für den kleinen Grünstreifen in den Randgebieten dieser Großreiche schien sich jedoch niemand von ihnen so recht zu interessieren. Dort ließ er sich nieder. Es folgten Jahrhunderte des Aufbaus. Auch hier war er nicht allein, musste sich einer Vielzahl von Kult-, Stammes- und Fruchtbarkeitsgöttern erwehren, hat aber auch viel von ihnen gelernt. Mit der Zeit hatte er es hier zu einem gewissen Ansehen und Wohlstand gebracht. Sein Volk war klein und unbedeutend und wurde bald ein Spielball der sich ablösenden Großmächte. Doch sie hatten es sich in den Kopf gesetzt, nur ihn zu verehren. Er hatte ihnen dies nicht eingeflüstert, ja es war ihm anfangs sogar peinlich den anderen Göttern gegenüber. Erst viel später merkte er, dass dies vielleicht der entscheidende Schritt war, sich in der Götterwelt zu profilieren. So war er etwas Besonderes, wenn auch sein Volk die Fremdherrschaft bis zuletzt nicht abschütteln konnte.

Immerhin kam er jetzt nach Alexandria, Athen, Korinth und sogar nach Rom, wo sein Volk bedeutende Diasporagemeinden bilden konnte. Die Tempel und Kultbilder der römischen und hellenistischen Götter hatten ihn beeindruckt, gerne wäre er selber einer von ihnen geworden, doch sein Volk hätte dies niemals zugelassen. Und nie im Leben hätte er gedacht, dass er die Götter des römischen Weltreichs einmal an Größe überbieten könnte.

Dass es ihm doch gelingen sollte, verdankte er weniger sich selbst als dem Wirken eines seltsamen galiläischen Wanderpredigers. Und mehr noch dem Ansehen, das dieser Mann bald bei seinen Anhängern gewann. Denn man beließ es nicht beim *Prediger*, *Rabbi* oder *Propheten*, sondern machte ihn bald nach seinem Tod zum Messias, ja zu seinem Sohn. Er hatte bis dato noch nie von ihm gehört, und natürlich war es absurd, dass dieser Mann plötzlich ein solches Ansehen genoss. Als einziger Gott, als den ihn sein Volk ja immerhin verehrte, wollte er scharfen Protest einlegen, merkte aber dann, dass mit der Popularität seines angeblichen Sohnes auch sein eigenes Ansehen gewaltig im Steigen begriffen war. Indem sie seinen Sohn ehrten, ehrten sie auch ihn selbst. Und mit seiner Hilfe konnte er tatsächlich die bisherige Beschränkung auf sein angestammtes Volk überwinden und seine Popularität auch in den heidnischen Bereich ausdehnen. Plötzlich stand ihm das ganze Römische Reich offen. Verlockende Möglichkeiten taten sich auf. Welcher Gott wäre da nicht schwach geworden? Also schickte er sich in sein Schicksal und räumte dem anfangs verlegen lächelnden Prediger einen Platz neben sich ein. Und hat es nie bereut, denn nun war der Weg tatsächlich frei, ein Weltgott zu werden. Nun nahm er Wohnung in den Städten, in denen er vorher nur immer göttlicher Tourist gewesen war.

Auch als Maria hinzukam, die Mutter des Predigers, und ebenso verehrt wurde, hat er dies hingenommen, ja bald sogar begrüßt. Denn nun waren sie wahrhaft eine heilige Familie. Die psychologische Wirkung dieser Konstellation auf die Gläubigen war enorm. Nun konnte man wirklich daran denken, die alten römischen und griechischen Götter zu beerben. Ein besseres Programm hatte man ohnehin, und anders als viele der etablierten Religionen sprach man das einfache Volk an. Über die Masse der Sklaven musste man auch bald die Herren erreichen. Er hatte sich nicht getäuscht.

Dass aber mit dem Heiligen Geist noch eine dritte Person im nun christlichen Pantheon residieren sollte, in seiner Hoheit ihm gleichgestellt und weit über Maria, dies hat er bis heute nicht verstanden. Wozu sollte das gut sein? Und was hat es gebracht? Und überhaupt: Wer sollte das sein? Merkwürdig unkonkret, wie ein Nachbar, den man nur sehr selten zu Gesicht bekommt, wurde einem hier jemand an die Seite gestellt, mit dem er bis heute nichts hat anfangen können. Noch über Jahrhunderte hat er in den Schriften der Theologen nachzuvollziehen versucht, was sie sich dabei wohl gedacht hatten. Doch das schienen sie selbst nicht so richtig zu wissen, sie beschäftigten sich lieber mit ihm oder seinem angeblichen Sohn. Doch was wollte man machen, die Konzilien hatten nun einmal so entschieden, irgendwie musste man sich arrangieren, und so ließ er auch das über sich ergehen. Er hat immer gewusst, was er seinen Gläubigen schuldig war. Doch während er sich mit dem Prediger arrangierte, für dessen Mutter sogar eine gewisse Sympathie empfand, konnte er mit diesem Geist, ob heilig oder nicht, wenig anfangen.

Egal, es ging aufwärts. Überall im Reich schossen die Kirchen wie Pilze aus dem Boden, und manche erreichten bald die Größe der Tempel seiner immer noch die Nase rümpfenden römischen Vorgötter. Deren Tage waren gezählt. Heftig beklagten sie die Treulosigkeit der Menschen und beschworen den alten Glauben und die Tradition. Es hat ihnen nicht geholfen. Sobald man die Macht dazu hatte, wurden sie aufs Altenteil geschickt. Lange sind sie schon tot. Dass auch Götter sterben müssen, haben die Götter selbst immer gewusst. Es waren stets nur die Menschen, die sie unsterblich sehen wollten. Vermutlich weil die Menschen selber unsterblich sein wollten.

Bald nun hatte man die Macht im römischen Reich errungen und war so stark geworden, dass man, als dieses Reich nach über tausend Jahren unterging, auch ohne es weiterexistieren konnte. Auch die Reiche der Bezwinger des Reiches überdauerte man. Solange man die Gewalt über die Seelen der Menschen hatte, war es egal, wer oder was regierte. Und doch bedeutete Herrschaft über die Seelen immer auch politische Herrschaft, und christliche Seelen bedeuteten christliche Reiche. Und tausend Jahre nach den Anfängen hatte man eine Höhe erreicht, von der aus man sogar Anspruch auf die Weltherrschaft erheben konnte. Dabei hatte ihm persönlich daran nur wenig gelegen, es waren mehr die Ideen seiner Statthalter, die sich hier verselbstständigten, die er aber auch nicht bremsen wollte. Zwar hatte er eine wilde und blutige Jugend hinter sich und immer nach Einfluss und Macht verlangt. Doch seltsam: auf der Höhe der Macht angekommen, war er nun gar nicht mehr so sehr an ihr interessiert. Viel eher konnte er sich nun begeistern für die großen Kirchen und die ersten Kathedralen, wurde überhaupt ein großer Freund der Kunst und bedauerte es nun sehr, dass so viele Zeugnisse seiner Vorgänger von seinen fanatisierten Gläubigen zerstört worden waren, angeblich zu seiner höheren Ehre, was immer man damit gemeint hat. Ganze Jahre verbrachte er nun in Klöstern, studierte die Alten, sofern sie den christlichen Scheiterhaufen entgangen waren, und versuchte sich, mit mäßigem Erfolg, sogar in der Buchmalerei. Es waren seine schönsten Jahre. Theologische Werke las er nur noch wenige, auch wenn deren große Zeit gerade erst anbrach. War er anfangs noch begierig, etwas über sich zu erfahren, so merkte er bald, dass die Herren, die die Gottesweisheit vertraten, letztlich einfach nicht wussten, wovon sie sprachen.

Woher hätten sie das auch wissen können? Anfangs hatte er sich noch amüsiert über ihr allzu selbstbewusstes Tappen im Dunkeln und ihre kühnen Definitionen hochtrabender Absurditäten, über die Beschreibung seiner Eigenschaften, seine angebliche Rolle bei Schöpfung und Erlösung. Alles lächerliche Versuche von Goldfischen im Glas, das Universum zu begreifen. Natürlich hätte er ihnen auf die Sprünge helfen, die blinden Gottesgelehrten zumindest in die richtige Richtung schieben können. Andererseits: War die Dreieinigkeit etwa *seine* Idee gewesen? Und hatte *er* sich etwa die Sache mit dem Kreuzestod seines angeblichen Sohnes ausgedacht? Sollten die Theologen doch sehen, wie sie nun klarkamen, sein Problem war das nicht. Als Gott kam er auch sehr gut ohne Religion aus.

So hat er sich wenig um die rechte Lehre gekümmert. Das Durcheinander von Fehldeutungen war ihm immer reizvoller erschienen als die Stringenz mathematischer Gewissheiten. Er war kein Orthodoxer. Und Rechthaber wie Thomas, Luther oder Calvin, die er allesamt inkognito in ihren Vorlesungen selbst gehört hatte, waren ihm zuwider. Einer dieser Schnösel hatte ihn vorgeführt, als er eine Sentenz des Lombarden nicht recht wiedergeben konnte. Er verlor zunehmend das Interesse an der Theologie und konnte sich auch nicht mehr über das amüsieren, was die großen Theologen als Wahrheit ausgaben.

Unvermittelt sah er auf und lauschte. Drinnen wurden die Tische gedeckt. Die Sonne war vom Horizont verschwunden, es war merklich kühler geworden. Er lächelte. Man hatte ihn vergessen. Bald würde ein Pfleger kommen, sich entschuldigen und ihn zu den anderen schieben. Dabei machte es ihm doch gar nichts aus, noch etwas hier zu sitzen.

Viel früher als seine Gläubigen hat er selbst begriffen, dass die alten Zeiten zu Ende gehen und sich nicht wiederbringen lassen. Auf die Hoch-Zeit musste ein Niedergang folgen. Doch diesmal war es anders. Kein anderer, kein jüngerer Gott erschien am Horizont, das göttliche Schauspiel schien insgesamt zu Ende zu gehen. Als einer der Ersten hatte er die Schriften von Kopernikus, Keppler und Galilei gelesen und ihre Sprengkraft erkannt. Obwohl er spürte, dass diese Schriften auch sein Ende einläuten würden, und während seine Statthalter darum noch einen Eiertanz veranstalteten, verschlang er sie gierig, betrachtete er fasziniert die Jupitermonde. Giordano Bruno sah er von ferne brennen, und es zerriss ihm das Herz. An Bord der Santa Maria hatte er Amerika entdeckt, mit Magellan die Welt umsegelt, eine Welt, die viel größer und schöner war, als er es je gedacht hatte. Und er wurde gewahr, dass sein christliches Reich keineswegs bis an die Enden der Welt sich erstreckte, sondern trotz aller Größe bescheiden war, mehr Anspruch als Wirklichkeit. Seine Statthalter kamen deshalb in arge Erklärungsnöte. An die Unendlichkeiten, von denen Bruno gesprochen hatte, mochten sie gar nicht erst denken.

Er spürte den Beginn eines neuen Zeitalters wie das Heraufziehen eines neuen Tages. Nur Verblendete konnten versuchen es aufzuhalten. Und er war kein Verblendeter. Doch in der neuen Zeit würde es für ihn keinen Ort mehr geben. Man würde ihn umdefinieren, spiritualisieren und schließlich ganz ohne ihn auskommen. Seine Lebensaufgabe war erfüllt, nun brach auch für ihn die letzte Zeit an. Wie die Priester seiner römischen und griechischen Vorgänger appellierten jetzt auch seine Priester an die Bewahrung der Tradition, beschworen den alten Glauben und beklagten die Treulosigkeit der Menschen. Und so wie dies damals vergeblich war, würde auch diesmal dies nichts ändern können. Niemand sah dies deutlicher als er selbst. Lange bevor Nietzsche sein *Gott ist tot* in die Welt rief, wusste er, was die Stunde geschlagen hatte. Man muss wissen, wann man abzutreten hat. Wird der rechte Zeitpunkt versäumt, gibt dies nur Anlass zu Peinlichkeiten.

Deswegen ist er jetzt hier. Unpassend die Versuche seiner Gläubigen, das Rad der Geschichte doch noch rückwärts drehen zu wollen, rührend der Präsentkorb, der aus Rom, von seiner größten und treuesten Gemeinde, jedes Jahr pünktlich hier eintrifft. Doch es ist vorbei. Wie ein Schwerkranker oft sehr genau um seine Situation weiß, während die umstehenden Verwandten und Freunde noch eine baldige Genesung herbeireden wollen, so weiß auch er: Ein Zurück kann es nicht geben. Es ist alles in der Ordnung der Dinge.

Gleich wird man drinnen seine Abwesenheit bemerken und der Pfleger ihn abholen. Noch viele Male wird er hier draußen sitzen. Er spricht stumm in die beginnende Dunkelheit Verse von Stefan George, seinem Lieblingsdichter. Er muss sie nicht lesen, kennt sie auswendig.

Ihr tratet zu dem herde
Wo alle glut verstarb
Licht war nur an der erde
Vom monde leichenfarb.

Ihr tauchtet in die aschen
Die bleichen finger ein
Mit suchen tasten haschen –
Wird es noch einmal schein!

Seht was mit trostgebärde
Der mond euch rät:
Tretet weg vom herde
Es ist worden spät.

Personen- und Sachverzeichnis

Literaturverzeichnis

Adorno, Theodor W., Minima Moralia, 1969

Albert, Hans, Das Elend der Theologie. Kritische Auseinandersetzung mit Hans Küng, [2]2005

Albert Hans, Joseph Ratzingers Rettung des Christentums. Beschränkungen des Vernunftgebrauchs im Dienste des Glaubens, 2008

Alt, Albrecht, Der Gott der Väter, 1929

Althaus Paul, Die christliche Wahrheit, [5]1959

Assmann, Jan, Die mosaische Unterscheidung oder der Preis des Monotheismus, 2003

Assmann, Jan, Moses der Ägypter. Entzifferung einer Gedächtnisspur, [6]2007

Augstein, Rudolf, Jesus Menschensohn, 1972

Barth, Karl, Kirchliche Dogmatik, ab 1932

Ben-Chorin, Shalom, Bruder Jesus, [3]1970

Berger, Klaus, Die Urchristen. Gründerjahre einer Weltreligion, 2008

Blinzler, Josef, Der Prozess Jesu, 1951

Bornkamm, Günther, Jesus von Nazareth, [9]1971

Buggle, Franz, Denn sie wissen nicht, was sie glauben. Oder warum man redlicherweise nicht mehr Christ sein kann. Eine Streitschrift, 2004

Bultmann Rudolf, Neues Testament und Mythologie, 1941, in: Kerygma und Mythos I, 1948

Bultmann, Rudolf, Das Urchristentum im Rahmen der antiken Religionen, 1949

Bultmann, Rudolf, Geschichte der synoptischen Tradition, [3]1957

Bultmann, Rudolf, Jesus, 1983

Bultmann, Rudolf, Theologie des Neuen Testaments, [8]1980

Conzelmann, Hans, Geschichte des Urchristentum, [3]1976

Dawkins, Richard, Der Gotteswahn, [4]2007

Deschner, Karlheinz (Hg.), Das Christentum im Urteil seiner Gegner, 1986

Deschner, Karlheinz, Abermals krähte der Hahn. Eine kritische Kirchengeschichte, Taschenbuchausgabe ²1996

Deschner, Karlheinz, Kriminalgeschichte des Christentums, bisher 9 Bde., 1986ff.

Feuerbach, Ludwig, Sämtliche Werke, neu hrsg. von Wilhelm Bolin und Friedrich Jodl, 10 Bde., 1903/1911

Flavius Josephus, „Altertümer" und „Der jüdische Krieg" div. Ausgaben

George, Stefan, Ausgewählte Gedichte, Edition Wortstatt: Klassiker, 2004

Gray, John, Politik der Apokalypse. Wie Religion die Welt in die Krise stürzt, 2009

Groos, Helmut, Christlicher Glaube und intellektuelles Gewissen, 1987

Harris, Sam, Brief an ein christliches Land, 2008

Heiligenthal, Roman, Der verfälschte Jesus. Eine Kritik moderner Jesusbilder, ³2006

Herrmann, Horst, Sex und Folter in der Kirche. 2000 Jahre Folter im Namen Gottes, 2009

Hitchens, Christopher, Der Herr ist kein Hirte. Wie Religion die Welt vergiftet, ²2007

Hoerster, Norbert, Die Frage nach Gott, ²2007

Holl, Adolf, Jesus in schlechter Gesellschaft, ³2002

Jaspers, Karl, Der philosophische Glaube angesichts der Offenbarung, 1962

Kahl, Joachim, Das Elend des Christentums oder Plädoyer für eine Humanität ohne Gott, ⁹1976

Kahl, Joachim, Weltlicher Humanismus. Eine Philosophie für unsere Zeit, ³2007

Katechismus der Katholischen Kirche – Kompendium, 2005

Katholischer Erwachsenen-Katechismus, hrsg. von der Deutschen Bischofskonferenz, 2 Bde., 1985/1995 (online verfügbar)

Küng, Hans, Christ sein, 1974

Küng, Hans, Erkämpfte Freiheit. Erinnerungen, 2002

Küng, Hans, Umstrittene Wahrheit. Erinnerungen, 2007

Künzli, Arnold, Gotteskrise. Fragen zu Hiob. Lob des Agnostizismus, 1988

Kurzke, Hermann / Wirion, Jacques: Unglaubensgespräch. Vom Nutzen und Nachteil der Religion für das Leben, [2]2006

Lehnert, Uwe, Warum ich kein Christ sein will. Mein Weg vom christlichen Glauben zu einer naturalistisch-humanistischen Weltanschauung, [3]2009

Leicht, Robert (Hrsg)., Geburtsfehler? Vom Fluch und Segen des Christentums. Streitbare Beiträge, 2001

Leipoldt, Johannes, Sterbende und auferstehende Götter, 1923

Lohse, Eduard, Die Frage nach dem historischen Jesus in der gegenwärtigen neutestamentlichen Forschung, in: Theol. Literaturzeitung 87, 1962

Lüdemann, Gerd, Das Jesusbild des Papstes. Über Joseph Ratzingers kühnen Umgang mit der Schrift, [2]2007

Lüdemann, Gerd, Die Auferweckung Jesu von den Toten. Ursprung und Geschichte einer Selbsttäuschung, 2002

Lüdemann, Gerd, Jesus nach 2000 Jahren. Was er wirklich sagte und tat, [2]2004

Mackie, John L., Das Wunder des Theismus, 1985

Mynarek, Hubertus, Herren und Knechte der Kirche, 2010

Neuner, Josef / Roos, Heinrich, Der Glaube der Kirche in den Urkunden der Lehrverkündigung, [13]1992

Newberg, Andrew / D´Aquili, Eugene / Rause, Vince: Der gedachte Gott. Wie Glauben im Gehirn entsteht, 2003

Nietzsche, Friedrich, Der Antichrist, 1888

Nietzsche, Friedrich, Werke in drei Bänden, hrsg. von Karl Schlechta, 1954

Onfray, Michel, Wir brauchen keinen Gott. Warum man jetzt Atheist sein muß, [3]2007

Overbeck, Franz, Christentum und Kultur, 1919

Peisker, Carl Heinz, Zürcher Evangelien-Synopse, [9]1969

Ranke-Heinemann, Uta, Eunuchen für das Himmelreich. Katholische Kirche und Sexualität, [11]1989

Ranke-Heinemann, Uta, Nein und Amen. Mein Abschied vom traditionellen Christentum, [7]2002

Ratzinger, Joseph, Aus meinem Leben. Erinnerungen, 1998

Religion in Geschichte und Gegenwart, ³1957–1965

Rilke, Rainer Maria, Werke in sechs Bänden, 1955–66

Russel, Bertrand, Warum ich kein Christ bin, 1968

Schmidt-Salomon, Michael, Manifest des evolutionären Humanismus. Plädoyer für eine zeitgemäße Leitkultur, 2. Aufl. 2006

Schnädelbach, Herbert, Religion in der modernen Welt, 2009

Schwager, Raymund, Brauchen wir einen Sündenbock? Gewalt und Erlösung in den biblischen Schriften, 1986

Schweitzer, Albert, Geschichte der Leben-Jesu-Forschung, 1913

Sloterdijk, Peter, Gottes Eifer. Vom Kampf der drei Monotheismen, 2007

Szczesny, Gerhard, Die Zukunft des Unglaubens. Zeitgemäße Betrachtungen eines Nichtchristen, 1958

Theißen, Gerd / Merz, Annette, Der historische Jesus. Ein Lehrbuch, ³2001

Theologische Realenzyklopädie (TRE), 1977–2004

Thielicke, Helmut, Und wenn Gott wäre. Reden über Gott, 1980

Thonhauser, Johannes, Das Unbehagen am Monotheismus. Der Glaube an den einen Gott als Ursprung religiöser Gewalt, 2008

Troeltsch, Ernst, Über historische und dogmatische Methode in der Theologie, in: Ges. Schriften II, 1913

von Campenhausen, Hans, Der Ablauf der Osterereignisse und das leere Grab, 1952

von Harnack, Adolf, Marcion, 1921

von Rad, Gerhard, Theologie des Alten Testaments, 2 Bde., ⁸1982/1984

Weber, Otto, Karl Barths Kirchliche Dogmatik. Ein einführender Bericht, ¹⁰1984

Wynecken, Gustav, Abschied vom Christentum, 1963

Zahrnt, Heinz, Die Sache mit Gott. Die protestantische Theologie im 20. Jahrhundert, 1966